明代前七子 诗曲大家

王九思研究

段景礼 著

陕西新华出版传媒集团
三 秦 出 版 社

图书在版编目（CIP）数据

明代前七子诗曲大家王九思研究/ 段景礼著. -- 西安：三秦出版社，2014.12

ISBN 978-7-5518-0932-0

Ⅰ.①明… Ⅱ.①段… Ⅲ.①王九思（1468～1551）—人物研究 Ⅳ.①K827=48

中国版本图书馆CIP数据核字(2014)第241936号

明代前七子诗曲大家
王九思研究

段景礼 著

出版发行	陕西新华出版传媒集团 三秦出版社
社　　址	西安市北大街147号
电　　话	（029）87205121
邮政编码	710003
印　　刷	陕西群艺印务有限责任公司
开　　本	720mm×1000mm 1/16
印　　张	23.5
字　　数	410千字
版　　次	2014年12月第1版
	2014年12月第1次印刷
印　　数	1—3000
标准书号	ISBN 978-7-5518-0932-0
定　　价	50.00元

网　　址 http://www.sqcbs.cn

序言

王九思（1468 ~ 1551）是我国明代正德、嘉靖年间的一位重要文化人物。

秦地文化自宋代以后，在中华文化圈中日益边缘化。宋代关中虽然产生了大理学家张载，但是他在宋明理学中，却是个导夫先路的人物，与其后中原和江南的二程、朱子等人的如日中天以及对明清理学的影响相比，显得稍有逊色。但是在明代前中期，陕西文学和文化突然崛起，成为当时中华大地令人瞩目的焦点。明末清初的大历史学家万斯同曾深有感慨："关中自李梦阳、康海、王九思后，作者迭兴，若吕柟、马理、韩邦奇、韩邦靖、马汝骥、胡缵宗、赵时春、王维桢、杨爵辈，彬彬质有其文，而（张）治道辈鼓吹之，一时号为极盛。"（**《明史·文苑传》**）前七子之复古，堪称为明代首次全国性文学运动，声势浩大。其领袖人物李梦阳、康海、王九思均为秦人。此一时期陕西文学盛况，起于云南安宁人杨一清弘治四年（1491）入陕任提学副使，督学陕西，拔擢人才，渐成气候，大批陕西籍文人进京登科入仕，蔚成一时大观。

一般认为，李、康、王进士高第入京为官，是这一文学运动的起点。而王九思，又先于李、康入京。李梦阳虽于弘治六年登科，王九思晚其三年，然李梦阳由于丁忧数年，到京履事反而迟于王九思。王九思在明代文学中，为上承明代前期茶陵诗派，又转为明代中期前七子运动的关键人物。而乡籍秦地之大宦官刘瑾被诛，秦地文人亦多受株连，王、康罢官返乡。此后秦地文学转率性，转清逸，转闲致，转通俗，形成别种风貌。王、康在乡间多做乐府杂剧，是前七子后期"真诗在民间"之说的身体力行者。王九思身历明代前中期文学的三个阶段，并成为这些转折的中枢，在文学史上具有这种地位的人物是非常罕见的。可惜对这样一位文学和文化人物，目前的研究是很不够的。几十年来，发表的有关王九思研究的专题学术论文只有20余篇，其中的硕士论文只有3篇，虽有些博士论文曾有提及，但是论述既乏广度，也缺深度。

摆在我们面前的这部《王九思研究》，是学界研究王九思的第一部学术专著，仅就此一点而言，说其有着开山意义也是不过分的。此书的作者段景礼先生积数十年之心力，对于王九思的生平和文学成就做了全面分析和论述。

有关王九思生平的资料存世甚少，较为完整的仅有其友人李开先的《渼陂王检讨传》，今人研究成果为陈鋈宝的硕士论文《王九思年谱》。前者不足3000字，只能算是个述生平之大体的传略，后者五六万字，虽对王氏生平做了系年，但是由于完成较仓促，内证多采自王九思本人著述《渼陂集》等署有明确年月者，因此作为履历者可，而作为全面研究王九思一生的思想、文学变迁者，则显不足。

段景礼先生大作40多万字，其中前三分之二评传部分将王九思生平大体分成两个时期。第一时期为王九思早年学习和仕宦生涯。作者将王九思的政治活动放在明代前中期之交、朝政日见腐败和大宦官刘瑾专权的背景之下观察，根据大量史料和王九思的著述，不仅对这一时期王九思仕历中的各种事件做了详细描绘，如据《送丰学原先生序》考出王九思与刘瑾的关系既非亲昵依附，也非毫无瓜葛，而是止于“桑梓之乐”的乡谊往还而已，而且概括出其一以贯之的思想是忠君、进贤、厚民等。第二时期则是王九思因刘瑾一案丢官归乡后的生活，对这一时期王九思各方面的活动如游山玩水，吟诗作曲，友人交往，田园隐逸，教授子孙，提掖后进等进行了详细的描述，还挖掘出其表面的疏狂不羁、风流放旷之下针砭现实、寄意民生的胸襟。由于引用了大量王九思本人的诗文词曲作为例证，显得厚实而并不浮泛，平允而时有高见。

显而易见，作为长期的忠实研究者，作者对王九思作品相当熟稔，并且有深入的理解，因此在评论王九思的文学成就时，往往是言说切当中的。虽然对李梦阳“真诗在民间”的理论，作者有相当正面的评价，但是认为其在诗歌创作方面却很难突破，因为中国古典诗歌在明代以前已取得极高艺术成就，成为后人难以逾越的高峰。李梦阳本人有仿民歌的作品如《童谣三首》《长歌行》等，但“只是民歌的表现形式和语言特征，同文人的诗歌传统实在不易融合为一体”，故其努力不成功。

然后顺理成章地评论道：

王九思却避开诗歌一路，以散曲形式踵武李梦阳等的余绪，大力实践“真诗在民间”这一命题，再加上九思长寿，即为“明代文艺主潮由正统诗文到民俗文艺的转向”贡献了力量。其成就即是对民间俗曲广泛搜集、改造。

将王九思对“真诗在民间”一说所做贡献的背景、源流、地位和影响交待得清清楚楚。

这部著作有个特点值得注意。一般来说，民间学者通常大胆假设有余，而小心求证不足；证据的不够充分，即使得立论不够稳妥。而作者并非学院派的学者，但是这方面的失误，却很少见。王九思、康海是否参加过苏州虎丘曲会，是清人留下的一段公案。清初学者宋直方在其《琐闻录》中首倡王康“二公来吴中”与曲会之说，并得到近人胡忌、刘致中的赞同。但今人汪超宏认为，王九思返乡后未离开过关中，且宋直方活动期距王康约有百年之久，故其说不足为信。但作者发现王九思［驻云飞］曲中有“肠断苏州总为君”句，以及《恭谒孝陵》诗，且有证据说明康海曾于嘉靖七年（1528）到南京祭祖。但作者还是说：“汪先生的推论大体合情合理，但有可商榷之处”，“以上这些证据，还不能说明康、王到过苏州虎丘中秋曲会”。并未因拿到一点材料，就将话说死，而留下疑问，待后人解决。

我本人研究过陕西地方戏曲，对于乱弹之祖秦腔产生的时代，宁愿往后说。因为无论是先秦说、唐代说还是明代说，都没有铁证支持，因此都不可靠。其中明代说认为，康、王创秦腔，并置戏班。我对此说并不认同，道理很简单，秦腔是板腔体，而康、王所做剧本，均是宫调联曲体，与元代杂剧体制相同。作者虽未涉及康、王与秦腔的关系，但是认为康、王对眉户戏的产生可能起了重要作用。并且说明：“眉户演唱至今沿袭曲牌体，以固定的曲牌填进唱词进行演唱，同一曲牌可以反复使用。”我近来正主编《陕西地方戏曲》一书，其中有专节“康海王九思与眉户戏”，并且思路也是从眉户曲牌对康王曲牌的袭用入手，说明眉户戏与康王的关系。看到作者的这些文字，使我顿生“吾道不孤”之慨。

李白被称为“诗仙”，其《月下独酌》诗云：“举杯邀明月，对影成三人”；苏轼被称为“坡仙”，其《水调歌头》词曰：“起舞弄清影，何似在人间。”二仙说的都是月、人、影三者相伴相随的关系。王九思、段景礼和我三位都是陕西户县人，三者中，九思约略相当于光印万川的明月，景礼是深得其文心的诗人，我就权当伴诗人起舞的影子。我曾写过一些有关王九思的文字，并得发表之，故自认为当景礼先生的知音，还是有点儿资格的。

贾三强

二〇一二年十一月

目录

第一章 前七子诗文复古概述

明弘治、正德年间的“前七子”诗文复古运动，在中国文学史上可谓举足轻重。几百年，尤其近百年来，不断有学术研究成果出现，使前七子的历史地位及学术影响逐渐扩大。

前七子除列名于史的李梦阳、何景明、康海、王九思、王廷相、边贡、徐祯卿七才子外，还有郑善夫、崔铣、顾璘、孟洋、王韦、殷云霄、陆深、朱应登等，甚至还包括严嵩，为一个文学集团。王九思、康海自然是其核心人物。所以研究王九思以及康海，必然要对“前七子”诗文复古运动进行整体观照，以便从宏观上把握王、康的文学思想及与其他五子，尤其与李梦阳、何景明的异同。从而将能更加深刻地探索王九思几十年的文学活动及其成就。

一 历史背景

弘治、正德年间，明朝廷及其贵族、官僚、大宦官穷奢极欲、搜刮无度，加之连年灾荒，致使农民破产失业，四处流浪。全国不断爆发大规模的农民起义，同时藩王叛乱不断，外族侵略频仍，使明王朝的政治统治发生严重危机。另一方面，明王朝长期推行以程朱理学为教条的科举考试，形成儒家学说独尊的局面，牢固地束缚着文人士大夫的思想，阻碍着社会思想文化的发展。

从永乐至成化年间，文坛上形成以三杨（杨士奇、杨荣、杨溥）为代表的“台阁体”，体现上层官僚的精神面貌和审美情趣，并广泛地影响和弥漫于文坛。“三杨”身居高位（均为大学士），远离社会生活，以显宦主持文柄，以平正典雅之诗文领袖群伦。他们所作诗文以歌唱承平、歌功颂德，甚至阿谀奉承为主要内容。后来之士争相仿效，多流于肤廓。而弘治年间的李东阳，虽在纠正“台阁体”流弊上有所建树，但却将诗文引上重声调、重格律的道路，艺术形式虽有所翻新，内容仍跳不出“台阁体”的窠臼。李东阳同样以内阁首辅之高官，主持文坛数十年，在其周围聚集大批青年士子，追随其踪，形成控制文坛的“茶陵诗派”。其流弊较之“三杨”有过之而无不及。

在这样的历史背景下，弘治、正德年间，文坛上便出现前七子的诗文复古运动。其复古的要旨被后学概括为“文必秦汉，诗必盛唐”。

所谓复古，并不是倒退，它其实是一块招牌或者说旗帜。七子们是用鲜明的标识，以一种偏向去纠正另一种偏向，以期达到所谓“矫枉过正”的效果。不管复古这块招牌后来负面效应有多大，招来的訾议有多少，但其初衷大概如此而已。

前七子的复古就其实质而言，乃是市民阶层的崛起，反对宋明理学对人性的禁锢，以求得人性在文学领域的解放。康海曾著文抨击宋儒之害，言道：“自宋以来，儒者以迂僻不经之论媚惑后世，俗儒诵而不绎，具以为是。是则所以贻万世无穷之害者，未必其人以启之也。”（康海《秦州画卦台新建伏羲庙记》载《康海全集》卷二四）前七子其所以标榜“文必秦汉，诗必盛唐”，是因为先秦两汉作为封建社会文化草创时期，有其空前绝后之处：那是一个百家争鸣、文化繁荣、思想自由、人性空前解放的时代（相对奴隶社会），所以其文风古朴尚实，具有明显的进取精神。盛唐作为封建文化的鼎盛时期，其政治清明、文化昌盛，且具前所未有的开放精神，尤其唐诗以其大气象、新形式，开一代文学新风。前七子的诗文复古，从总的流向看，欲借助先秦两汉以及盛唐古朴尚实、积极进取的文化精神和艺术形式，来宣扬新的政治思想与文学主张。随着复古运动的深入，其在客观上达到摆脱程朱理学和官方政治对文学思想的控制，使诗文创作走向追求自然、反映真情实感之路，同时在一定程度上，起到有明以来诗文改革的嚆矢，为晚明文学变革起到先导的作用。

二　复古运动的史实

李东阳（字宾之，号西涯，又号长沙）以宰辅领袖文坛，他在成化、弘治年间曾是反对三杨“台阁体”，力挽诗文颓风的主要人物。其强调文与诗不同，文只要顺理成章，诗则可以歌吟讽咏，故必须讲究音调和谐。在其所著《怀麓堂诗话》中说：“诗必有具眼，亦必有具耳。眼主格，耳主声。”就是说，诗歌除给人以赏析玩味的文字功能，还必须给人以听觉上的音调快感，也即音乐价值。并认为王昌龄的七绝之所以使人倾倒，其音调悦耳是原因之一。

李东阳早年也确实创作了许多出色的诗篇。王世贞《艺苑卮言》卷五云："李西涯如陂塘秋潦，汪洋澹沲，而易见底里。"可谓谈言微中。卷六又云："长沙之于何（景明）李（梦阳）也，其陈涉之启汉高（祖）乎？"说李东阳在这一时期，对矫正"台阁体"和产生前七子的作用，相当于陈胜起义对汉高祖刘邦的推波作用，无疑是肯定李东阳的。

但作为文宗，李东阳后来一味强调音调、格律，将诗文由一个极端引向另一个极端，加之他长期身居台阁，几十年富贵福泽，与诗情绝缘，必然流于无病呻吟、歌功颂德的窠臼。而要命的是，在他周围环绕一群青年后进，竞相效仿，经常汇聚于其家谈诗论文，形成左右文坛的"茶陵诗派"（李东阳为湖南茶陵人）。

王九思于弘治九年（1496）中进士。此前曾修业于太学，小有诗名，得以通款李东阳而获其赞赏。在阁试时以《端阳赐扇》诗，又获李东阳赏识与推荐，得为翰林院庶吉士，走上为官的畅途。李梦阳（字天赐，又字献吉，号空同子。甘肃庆阳人）虽为弘治六年（1493）进士，但连遭内外艰，居家守制六年，待进京任户部主事，已是弘治十二年（1499）。其他除边贡与九思同年进士，康海、何景明、王廷相均为弘治十五年（1502）进士，徐祯卿为弘治十八年进士。可见前七子中王九思最早与李东阳接触，并直接受其拔掖，无疑率先为茶陵诗派人物。

三年庶吉士考满，王九思留翰林院为检讨，应当说李东阳对其十分器重。时人张治道（字孟独，号太微子，正德九年进士）在《渼陂先生续集·序》中说"先生（指九思）在翰林时以文名称，是时西涯在内阁，一时文人才士罔不宗习诵法。而先生亦随例其中。其诗往往为人传布。当时缙绅语曰：上有三老（三老之一为李东阳），下有三讨。盖是时先生为检讨也。"这说明九思依附茶陵诗派已小有名气。

数年后，李梦阳、康海、何景明、王廷相等相继入京。这班新进文士，必然在先进的九思（应该还有边贡）引导下，进入李东阳的茶陵诗派。因而他们被认为"皆出李东阳门下"（《明诗三百首·前言》4页）。"后来力攻东阳，讥其萎弱不足法，于是倡言'文必秦汉，诗必盛唐'，即是复古"（引文同上）。其目的是求真，洗涤流行的平庸滑俗之风。王九思在其《渼陂集序》中说："予始为翰林时，诗学靡丽，文体萎弱。其后德涵（康海）、献吉（李梦阳）导予易其习焉。"这说明最早发难于茶陵诗派的是康海与李梦阳。九思又言"献吉改正予诗者，稿今尚在也，而文由德涵改者尤多”。这不但是对康、李的敬服，也说明其转而背茶陵而附康、李。

前七子们在与李东阳茶陵诗派斗争中，“皆卑视一世，而梦阳尤甚”，自然不能见容于世。而王九思则被李东阳视为“忘恩负义”之叛徒。同时“他们（指前七子）的矜才使气的声势，也容易引起别人的反感，有人一提起七子，仿佛咬牙切齿似的。好话说得过头，坏话说得过头，都不能令人信服”（《明诗三百首·前言》）。正是前七子们这种年轻气盛的凌人之势，使得本为学术之争，变而为感情纠葛，进而演化成政治上的构陷，最终七子们相继遭当权者屏斥，终生不得志或英年早逝。

九思《渼陂集序》有：“然亦非独予也，惟仲默（何景明）诸君子亦二先生（康海、李梦阳）有以发之。”可见初时何景明并非领袖人物。何景明虽与康海为同年进士，其名在三甲，年仅 19 岁，影响必不及状元及第的康海（28 岁）。何的学生乔世宁在《丘隅集·何先生传》中说，何景明“年十九登壬戌进士，授中书舍人，是时北地李献吉（梦阳）、武功康德涵（海）、鄠杜王敬夫（九思）、历下边廷实（贡）皆好古文辞，先生与论文语合，乃一意诵法古文”。可见康海甚至王九思当时都是何景明追慕的对象。又如《李开先集·对山康修撰传》：“一时兴起斯文者，同乡则有王渼陂（九思）、李崆峒（梦阳）、马溪田（理）、吕泾野（柟）、张伎陵（治道），异省更有徐昌穀（祯卿）、何大复（景明）、王浚川（廷相）、边华泉（贡），虽九子，皆让其雄也。”竟推康海在李梦阳、何景明之上。而李开先以上排序，是在前七子等相继去世后若干年为之，并无门户之偏见。

那么，以康海、李梦阳为首，后又为何易而为李梦阳、何景明呢？先是康海、李梦阳在复古的提法上有异，康海提出文与诗的最高楷模为“先秦两汉，汉魏盛唐”（康海《渼陂先生集序》），与李梦阳争执不下，几至互不往来。当刘瑾欲置李梦阳以死，其妻弟语梦阳求康海解救，李梦阳竟沮丧地说：“吾与康子素不相下，今死生之际始托之，宁不愧于心乎？”（《明史纪事本末》641 页）可见其关系已是水火不容。约在正德十年（1515），何景明与李梦阳在复古的“模仿”与“创造”诸问题上，发生争执，持续时间较长且影响较大，在当时文人士子中引起波澜。尽管二人诗文观的是非得失难以定论，但却使李梦阳、何景明名声大振。世人遂以此二人为前七子领袖。他们的“文必秦汉，诗必盛唐”也就成为前七子的诗文复古宗旨。加之此前因刘瑾案发，康海、王九思相继罢归，其文学主张仅限于西北一隅不得张扬。而李梦阳、何景明仍在官场十数年，其名声益张。

事实证明，明代中期的诗坛，有了前七子才显得有光芒、有波澜。陈田《明诗纪事》中言，丁籤甚至说“明代中叶有李、何，犹唐有李、杜，宋有苏、黄”。虽然推崇过高，却非门户之见。

“真诗在民间”，是李梦阳晚年在其《弘德集·诗集自序》论王叔武文时（由王叔武）提出来并付诸实践的。其许多诗如《童谣二首》《长歌行》等，即以民谣的格调加上古朴语言写成的。只是民歌的情感表现和语言风格，同文人诗文传统实在难以融合为一体，它终究不能达到复古所要求的平和古雅。如果强而为之，又会失去民歌的天真率直。而散曲这种体裁却能兼而有之，遗憾的是李梦阳、何景明一生几乎都没有涉及散曲。王九思、康海罢归后，却创作大量具有民歌俗曲特征的散曲，尤其王九思以 84 岁高龄，使“真诗在民间”的命题得到较为成功的实践。而王九思、康海的散曲创作又被认为是继踵汉乐府的遗风，其本身也是复古之一路，此种复古，较之前七子诗文复古也许来得更为深刻。

三　前七子的诗文主张

不管前七子的领袖是康海、李梦阳，还是李梦阳、何景明，李梦阳都是当时与后世公认的领袖人物。加之何景明早逝，王九思、康海远离政治中心，所以历代研究前七子的诗文主张，往往以李梦阳为代表。据太微山人张治道《渼陂先生续集·序》：“无何，崆峒（梦阳）、对山（康海）、大复（景明）诸先生相继至都下，厌一时为文之弊，又相与讲订考论，其文法秦汉，其诗法汉魏李杜，脱去近习，远追往古。高识之士，罔不争趋爱慕，故今诗文之变，盖自诸先生发也。”可见其诗文主张是共同“讲订考论”而得，且在当时并未有“文必秦汉，诗必盛唐”的标准提法，这当是后世研究者的凝结之语。

李梦阳及其七子们的诗文复古思想有两个出发点。一是儒家“言志”、“缘情”的传统诗论；二是严羽“以禅喻诗”理论对诗歌艺术特征的强调。他们要借助秦汉盛唐典范诗文的途径，把两者融合起来，以完善儒家诗论，重新塑造正统诗歌的形象。

他们反对将诗文“载道”、“政教”化，力主将诗文作为自然情感去表现，如李梦阳在《诗集自序》中说：“夫诗者，天地之音也。今途咢而巷讴，劳呻而康吟，一唱而群合者，其真也，斯谓之风也。”康海在《太微山人张孟独诗集序》中说：“夫因情命诗，缘感而生者，诗之实也；比物陈性，不期而与会者，诗之道也。”“弗因于情，则诗无所命，是不缘感而生也。故比兴不明，修饰无据，虽盈笥椟将何以观哉！”王九思在《渼陂集·吟诗》中有“不见少陵老，情真语自佳”“诗不推敲就，情惟淡泊真”之语。在强调“因情命诗，缘感而生”的自然求真上，他们的思想无疑是一致的。

这些诗文观的形成，是他们有感于入明百余年以来，诗文以宋人为典范的弊端。他们在反对宋明理学的同时，亦对宋代文学予以否定，认为宋人“以理为诗”，将诗歌引向歧途。诸如“宋无诗”（李梦阳《缶音序》）、“诗死于宋”（祝允明《祝子最知录》）、“宋儒兴而古之文废”（李梦阳《论学》）等偏激的言论，便是企图通过反对宋儒的诗文观，以“古文辞”接续古代诗文传统的轨道，寻回被歌功颂德的台阁体、茶陵诗派以及僵死的八股文所破坏的真情实感和古朴尚实的精神力量。

在具体复古的方法上，七子们认为盛唐诗、汉赋和楚辞三种诗文样式，代表古代优秀诗文的高尚风范。李梦阳用“格古、调逸、气舒、句浑、音圆、思冲、情以发之”（李梦阳《潜虬山人记》）七者兼备的艺术形式标准，悬出他的“古之高格”，要求诗歌创作须从艺术规律出发，将诗歌的“言志”功能，表现在其本身所独有的诗歌的形态中，即谐音、意象、隐喻、格律和节奏，等等。诗之为诗，就在于其本身所具有的诗歌形态中，获得与其思想本质的统一，也即体现“诗言志”的和谐。

李梦阳在《答周子书》中讲：“文必有法式，然后中谐音度。如方圆之于规矩，古人用之非自作之，实天生之也。今人法式古人，非法式古人也，实物之自则也。”“物之自则”就是李梦阳（包括其他六子）孜孜以求的正统诗文的文体规范极致。在《驳何氏论文书》中，他解释得更清楚：“假令仆窃古之意、盗古形，剪裁古辞以为文，谓影子诚可；若以我之情，述今之事，尺寸古法，罔袭其词……此奚不可也？”李梦阳的这些具体方法，也申明前七子诗文复古有别于此前历代复古运动的一个重要特征，即并非唯古是尚，而是要从各种古代诗文作品精华中，总结诗文体式的规律，以构建新的诗文规范系统。

尽管“尺寸古法”作为诗歌的外在形式，对于李梦阳诗歌创作并非束缚的桎梏，甚至是装饰烘托其诗文的五彩锦缎，能起到与内容相得益彰、锦上添花之效。但这种对“尺寸古法”的标榜，无疑给前七子带来“模拟”的口实，更何况前七子既主张复古，难免模拟，走上盲目尊古的道路。史载他们的“创作一味模拟剽窃为能，成为毫无灵魂的假古董”（游国恩等主编《中国文学史》）。而明末的钱谦益在其《列朝诗集》中竟然说李梦阳“牵率模拟剽贼于声句字之间，如婴儿之学语”。虽有偏见，但可知其复古之弊端，同时可知后来的康海、何景明与李梦阳之争也不纯为意气之争。

何景明认为模拟古人“法同则语不必同”，并批评李梦阳：“公为诗不推类极变，开其未发，泯其拟议之迹，以成神圣之功，徒叙其已陈，修饰成文，稍离旧本，便自杌捏，如小儿依物能行，独趋颠仆，虽由此即曹刘，即阮陆，即李杜，且何以益于道也。”（《大复集·与崆峒论诗书》）康海也持相似于何景明的观点：“古人言以见志，其性情状貌，求而可得，此孔子所以于师襄而得文王也。要自成一家，若傍人篱落，拾人唾咳，效颦学步，性情状貌，洒然无矣，无乃类诸译人矣乎？君子不作凤鸣，而学言如鹦鹉，何其陋也！”（《李开先集·对山康修撰传》）虽然康海、何景明与李梦阳间的争论伤及感情，但毕竟使他们的诗论渐趋一致。李梦阳后来有“余之诗非真也，王子（叔武）所谓文人学子韵言耳，出之情寡而工之词多者也”（李梦阳《诗集自序》）之悔悟。即使李梦阳上述“若以我之情，述今之事，尺寸古法，罔袭其词”的论述，也是在与何景明的辩论中逐渐明晰。正因为有复古者的统一、分裂、再统一的诗文辩论过程以及后世诗论家的明辨，才可能有后世学者较为“完整”的前七子诗文复古的结论性观点。

王九思在这场辩论中的系统观点，我们尚无法得知，但从其诗文的只言片语中，可知其观点与康海、何景明相似。

四　前七子诗文思想异同

前七子的诗文思想总体上应该是趋同的：倡导复古，即复先秦两汉文和汉魏盛唐诗。即使李梦阳、何景明之争也没有原则上的区别，只是在复古的方式方法上有差异。不然后世为什么能将前七子复古主张凝结为“文必秦汉，诗必盛唐”呢？后世论及李梦阳、何景明之争，往往言李主模拟，何主创造，是不全面甚至是偏颇的。应当是前七子们抬出诗文复古的武器，对台阁体、茶陵诗派发动凌厉攻势时，李梦阳作为领袖人物其进攻是趋前的、勇敢的。表现在创作上是复古过头，领导群伦模拟成风。这一点当为历史所定论（如前述钱谦益、游国恩等观点）。于是何景明（先是康海）便提出了“师古应有变化”，应该“领会神情”、“不仿形迹”，认为复古只是入门的途径，不是终极目的，从古人入，须从古人出，是所谓“达岸而舍筏”也！以为李梦阳一味“尺寸古法”，不能“自筑一奥堂，突开一户牖”（李梦阳《驳何氏论文书》），自然也就不能“自立门户”。康海也针对李梦阳提出“要之自成一家”作出“君子不作凤鸣，而学言如鹦鹉，何其陋也”的警示。但何景明、康海所谓的“自成一家”、“自立门户”也都是在复古的基础上求变，不可能超越其复古宗旨，也就是说仍然是“方式方法”问题。

尽管李梦阳在反驳文中针锋相对，却也是“自陷罗网”地提出：“夫文与字一也，今人摹临古帖，即太似不嫌，反曰能书。何独至于文而欲自立一门户也？”（引文同上）他又解释道：“故予尝曰：作文如作字，欧、虞、颜、柳字不同而同笔，笔不同非字也。不同者何也？肥也，瘦也，长也，短也，疏也，密也，故六者势也，字之体也，非笔之精也。精者何也？应诸心而本诸法者也。不窥其精，不足以为字，而矧文之能为文，犹不能为，而矧能道之为。”这种“应诸心而本诸法”的拟古为文，也自有其合理之处，不然何谓复古？但这也有个“度”的问题，如果一味求变，变得失度，也即过之而不及！当然，从司马迁著《史记》“成一家之言”以来，历代文人学士无不追慕其踪，饱读诗书的李梦阳怎么会反对“自成一家”、“自立门户”呢？实在是他们将这种诗文学术的辩论推向极端所致。试看李梦阳在同一文中说何景明“既知其言之不佞，而执迷不悟”，终将“终身野狐外道耳。狂悖不自觉，屡屡至此，悚惧，悚惧”。辩论至人身攻击的地步，焉能不各走极端！

从实践中看，李、何的诗同样是学习盛唐的，但由于两人的个性气质和生活环境不同，诗风自然相异。大约李重气魄，多追求雄奇豪壮；何重才情，偏于清俊明亮。

王九思与康海志同而道合，终生为挚友。他们论文与诗的观点（主张）基本相同。康海在其《渼陂先生集序》里说：“予观渼陂先生之集，其叙事似司马子长，而不屑屑于言语之末；其议论似孟子舆，而能从容于抑扬之际；至其因怀致陈、寄景通情则出入乎风、雅、骚、选之间，振迅于开元、天宝之右，可谓当世大雅斯文之巨擘矣！”这段话阐释康海、王九思诗文复古主张：文必先秦（孟子舆）、两汉（司马子长），诗必汉魏盛唐（开元、天宝）。师法的具体模范有“惠猷启绩”的司马子长，有“弘道广训”的孟子舆，有“序理达变”的“雅”、“颂”，还有“风”、“骚”、“选”的“因怀致陈，寄景通情”的宣泄之作。

康、王认为“秦无文”，秦焚书坑儒，采取文化专制主义，无文可言。倒是先秦诸子百家争鸣，思想文化自由，文章恣肆汪洋、恢宏大气。但康海、王九思这些提法，都不妨其与前七子们诗文观点总体上趋同。这些也许是前七子们在不同场合、不同时间提出的，差异虽然有，但其复古主旨却一致。我们没有必要屑屑于古籍中的只言片语，主观地演绎出不同的或新的观点，进而去强加于古人。

康海、王九思在诗文复古的形式上，以为诗歌不应过分讲求形式，应当恢复《诗经》自然朴实、崇尚真实的传统。康海在为亡友王麟所作《林泉清漱集序》(《对山集》卷四）中，先赞扬王君“有美才敏思，遇有所感，则诗若词应口而出，无俟点窜，俏意俊句，层见叠出。挥洒示人，四座称羡以为难能。至于填腔、诗韵得谐即已。”说明王君极有才华，诗意美而词句俊俏，但并不讲究音韵格律，唯自然和谐而已。又借王君之口曰：“呜呼，三百篇亦古之乐歌也，被之管弦，荐之郊庙，神人以和，顾拘拘于韵者？天地间所闻皆韵，视作者何如耳。夫岂有不协哉？”意为三百篇（《诗经》）不拘于音韵，却能和于管弦，用以祭祀天地和祖先而沟通人神。可见天地间所闻皆是韵，其所作能不协韵？

王九思一生创作了大量诗篇，其诗歌创作遵循“汉魏二三子，唐人几百家。捻髭空锻炼，得意漫矜夸。不见少陵老，情真语自佳”（《渼陂续集·吟诗》）的原则，不主张捻髭苦吟，锻炼词句，即使“得意”也不要随意夸张，不要在形式即格律音韵上过分“锻炼”讲究，要像杜甫一样，只要情感真切，语言自然就会美的。因而后世以为九思诗集中大多是不加雕饰、自然淳朴的诗。俞宪在《盛明百家诗》中，评价九思诗为“礌磈廓落，有大朴不雕之风”。可见九思终生都在反对李东阳过分讲求格律音韵之弊端，追求和恢复汉魏盛唐的古朴真实之风。

总之，康海、王九思认为今人之诗应向《诗经》等看齐，不必严守所谓的音韵格律规范，惟以才情求真，即所谓“情真语自佳”，不必给诗歌附加太多的承担与负累。但在具体诗歌实践中，康海、王九思还是在不同时期以不同形式追求诗歌的形式美，不至于发展到李开先（与王九思、康海交往甚多，且有不少词曲唱和）“诗不必作，作必不工，只是信口直写己见”（李开先《闲居集序》）的极端程度。

康海、王九思的诗文思想与前七子复古宗旨基本上是合拍的。

五　前七子诗文复古的评价

其实前七子的诗文复古主张，脱胎于南宋诗论家严羽的论诗。严羽鉴于北宋以来，诸公“以文字为诗，以才学为诗，以议论为诗”“用字必要来历，押韵必有出处”（《沧浪诗话·诗辩》）之弊端，给开个纠正的药方：“推源汉魏以来，而截然谓当以盛唐为法”（引文同上）。钱锺书先生认为“过去的文学作品是流而不是源，是古人从当时生活的艺术原料创造出来的东西，我们必须继承它、借鉴它”（《宋诗选注序》)。严羽的问题出在只看见“流”，没有从根本上去挖掘那“唯一源泉”——当时的生动活鲜的生活营养。

前七子们也是反对宋诗，不读唐以后书，于是便生吞活剥严羽的理论，提出“文必秦汉，诗必盛唐”改造诗文的复古主张，其实也是将“流”错当成“源”。当他们提出“真诗在民间”这个接近“源”或者是“源”的主张时，却又蜻蜓点水般一晃而过。好在王九思、康海从散曲创作上找到或探求了这个“源”。

中唐韩愈、柳宗元的文学复古运动，主要反对魏晋六朝以来词藻靡丽与轻薄浮躁之风，以及过分追求对偶声律的空泛无聊形式，追溯先秦两汉文章的宏论与质朴的特点，同时强调文章思想内容重于艺术形式。其实质是当时佛老盛行，触及到儒家正统地位，韩、柳要借先秦两汉散文的优秀传统抵制佛老，弘扬儒家思想道统，以整饬社会风尚。由于从汉武帝“罢黜百家，独尊儒术”至中唐近千年以来，儒家道统已经取得独尊的地位，佛老只是“触及”其正统地位，所以韩、柳的复古容易得到政治的支持和社会的认可，其复古也是成功的。而前七子的复古正是宋明理学泛滥之时，“代圣贤立言”的八股文，压得文人士子抬不起头来。他们要利用先秦两汉、盛唐的质朴尚实的诗文，反对宋明理学对人性的禁锢，以求得人性的解放，却是逆主流思想而动的，很难得到政治的支持与社会的普遍认可，加上明王朝政治统治还很强大以及前七子文人士大夫思想的局限,他们不可能公然向正统儒学挑战，只能以正统的诗论，向先秦两汉及孔子修订的《诗经》讨教。诗三百（《诗经》）中郑、卫之风，淫靡之作，孔子未尝删除，可见孔子并不反对诗歌中的人情人欲，并以此为后世“缘情”之说予以理论支持。前七子要矫正宋儒以理趣为诗，重振诗坛，找不到更新的武器，就只有从“缘情”入手，向《诗经》及汉魏盛唐“借尸还诗文”于当代。不管怎么说，他们这种做法在那个时代背景下，还算是明智之举。

在复古的策略上，前七子们有意绕开韩愈、柳宗元复古的故事，因为韩、柳是复儒家道统的，这也正是造成宋儒“僵化”的源头之一，如果接踵韩、柳，岂不又陷入宋明理学的窠臼？再则韩、柳在复古中创作大量优秀作品，对文风变革、推进创作等方面贡献卓著，因而其复古声气的影响力以及被宋儒光大的程度，亦是一时难以撼动的。七子们复古之草创时是无力与之抗衡的，后来又由于人事、政治的变化，在客观上也就绕过韩、柳。这应是一种策略上的成功，然而这也是七子们遭后儒訾议甚至否定的症结。

如果前七子们的复古，仅仅停留在借汉魏盛唐之尸，还当代诗文之魂的层面上，以传统优秀诗文的规范，去构建自己的诗文模式，无疑是肤浅的，也正是七子诗文复古徘徊不前的原因。好在前七子（主要是李梦阳和何景明）在与同时代诗文的比较中，发现“真诗在民间”这个“源”，进而推溯出民歌俗曲不仅在诗体的初始发生时，与正统诗文同属一种文化样式，而且后世许多优秀的文人诗篇，也包含着来自民歌俗曲的构思和技巧原型。从而认识到这些古代优秀诗文的根源，也即是其时生活的艺术原料——民间民歌俗曲。因此便确定了这“源”的理论。也就是说七子们对民歌俗曲地位的认同，应当是一种历史的进步，同时也加深了其复古理论的内涵与诗文变革的社会学意义。

此后前七子的余生者，不懈地实践“真诗在民间”这一理论，造成散曲“为我明一绝”（陈宏绪《寒夜录》引卓人月语）的局面。为明代的杂剧以至于传奇的形成和发展奠定了一定的基础。而王九思、康海（包括康王以后的李开先等大批曲家）即是“真诗在民间”的成功实践者。如王九思在其散曲《病起作》（《碧山乐府·小令》卷上）中有“饮残鲁酒樽，唱彻巴人调”，“懒修山海经，怕奏长杨赋，病起花间删乐府”句。这里的“巴人调”、“乐府”即是民间俗曲小调。可见王九思晚年的情趣所在。

由于前七子诗文复古运动的影响，遂有李攀龙、王世贞为首的后七子复古运动接踵而起。后七子之后又有后五子、广五子、续五子、末五子等诗文复古的余绪，可见其影响的深远。也正是这些诗坛精英演绎了有明一代的诗文大观，而与之相伴的诗文学术争论也是前所未有的激烈。由于有前后七子及其余绪的诗文活动，由明至清以至于近现代，中国的诗文传统还是能随着历史的节奏而流传下来。

以上主要从诗文复古本体而言,有论者以为李梦阳等复古除对萎靡文风的变革，也是对成化以来萎靡不振、陈陈相因士风的反动。如弘治十八年（1505）李梦阳在《上孝宗皇帝书》（《空同先生集》卷三九）中，言国家已因此患元气之病，“今人不喜人言，见人张拱深揖，口呐呐不吐词，则目为老成；又不喜人直，遇事圆巧而委曲，则以为善处。是以转相则效，翕然风靡。为士者口无公是非，后进承讹踵弊，不复知有言行之实矣”。此种老成圆巧的士风，体现在李东阳等老一代官吏身上无疑。李梦阳等有政治抱负的年轻士子，要通过诗文复古振作士气，实现其革新政治的理想。正像王阳明从改造学术入手，令士人树立求圣的志向，实现其政治理想。这两种趋向可谓弘治、正德士人企图革新的殊途，虽不可能同归，却折射出他们人生追求、人格心态上的进步。

正德五年（1510）八月，刘瑾事败，李东阳罗织罪名，王九思、康海以“刘瑾同乡”先后罢官，“屏斥永固”，终生再未出仕。

罢归林泉，王九思以诗酒自娱，邀朋引类，饮宴吟哦，游历山川，遍览名胜，作下大量诗篇。这些诗篇愈到晚年愈加醇正厚朴。相较之下，当年春风得意、仕途顺畅，浪得“七才子”浮名时的诗作实在不值一提。他在其《渼陂集序》中说“予始为翰林时，诗学靡丽，文体萎弱”，因此“暇日检其差可观者，盖十四五”。可见其舍去的大半是当日之作，所以王九思的诗名当在后半生。可惜世人并不全知，仅限于关陇。诚如明代大学问家王世贞所言：“（九思诗）风调甚佳，而选者俱不知之。”（《艺苑卮言六》）所幸历史为我们留下《渼陂集》、《渼陂续集》和《碧山乐府》等文本，使我们有缘见识这位不平凡的诗人。

王九思虽不是名垂千古的大文豪，但其作为有影响的历史人物，自有其代表的历史空间，这个历史空间对于明代文学是独有的，对历史是特有的。所以笔者认为，对其研究既是对历史人物的解剖，也是对历史、对文学史、对戏曲史的补缺。让我们走进王九思的世界，走近那个特定的历史时空吧。

第二章　王九思生平事略

一　家世光耀　邑中望族

王氏祖籍河南太康，迁居陕西高陵。据《王氏族谱》（系王九思嘉靖十一年创修）："九思闻诸先祖高年府君（九思祖父王铉）之言：我王氏其先河南太康人也，来仕京兆，遂家高陵。其县东南风正原上，今有墓十二，人称王大使家坟云。"按王九思所修《王氏族谱》自称"七世孙"，可知王氏家祖"来仕京兆"（长安），约为金（时关中为金统治区）中期，王大使当为其官名。因年代久远，只凭其祖父记忆，当然"其谥讳不可尽知"。据《王氏族谱·世繇》，有名叫元亨者，可能是始来者，但其与子孙皆不可考。有名叫继容、继先、继祖者兄弟三人，也"不详其出焉"。元末兵乱，继容、继先东行出（函谷）关。继祖与其子克诚、克信挈家西走，避居鄠县终南山中。其后明兴，徙居城内北街道东，占籍安泰里，遂为鄠县王氏。继祖殁后，仍归葬高陵。克诚、克信兄弟殁后，始葬于鄠城北郊六老庵，即今王氏祖茔。王氏"徙城内，临街作屋颇大，人称王家大屋，屋三楹，皆南山柏木，有斗拱。前二十年时尚在，然固不甚大矣"（《王氏族谱·继祖传》）。可见王家大屋，在嘉靖十一年（1532）王九思编修《王氏族谱》的前二十年（即正德年间）还存在。

对于高陵风正原祖茔，九思言其曾去过几次。弘治中，高陵知县（阳曲人）朱君"尝为筑垣"。"今虽颓塌，旧址尚存"。往岁，清明祭扫，族人或往或不往，近（嘉靖十一年前数年）定每年四人前往祭扫，而八年族人轮流一周，"其规矩甚守无废"（《王氏族谱·世繇》）。

继祖生克诚、克信，皆以农为业。克诚生敬仁、敬德。据《王氏族谱·敬仁传》："北邻陈宗者，寿九十六岁，尝对九思言及其少时畏邻舍翁（敬仁）如严父也。敬仁刚直负气，不喜修饰，子孙稍有不可，即怒起捶之，至于邻舍子弟对之嬉戏，亦怒骂。"克信生六子，长子凤，字鸣冈。永乐中，岁贡太学，为北直隶（今河北省）蠡县知县。在任"以为养济院，穷民所归；社学，造人之本，于是先及焉，而其政则可由以知也"（《王氏族谱·凤传》）。敬仁生琰、松、茂。琰为长，九思之曾祖父也。据《王氏族谱·琰传》：琰初业农，"日使耕牧田中"，但有志举业，"盖夜中私尝诵习，避其父"。后被刑部按察官举补官学弟子员。乡举不第，岁贡太学，书制诰三年。"吏部铨选太学生在诸司者，补知县缺员"，被选为山西大宁知县。母丧，守制三年，复任山东长清知县。在长清七年，以吏治森严著称，当道以"治行第一"荐为济南知府，奏未及上，不幸病卒，年 59 岁。琰生铉、锡、钥、铃、钦，铉长，即九思之祖父。

铉少时精于诗，喜作对联，又善于书法。因其父长清公（琰）"困学舍"，诸弟幼而无力，遂弃学经商。《王氏族谱·铉传》："长清府君卒于官邸，（铉）乃竭力归葬。诸弟寻欲析产，府君（铉）为之泣曰：'母在何忍至此！'然竟析产。于是奉母焦孺人甚至也。"九思在祖父铉传中言：焦孺人卒，葬日前夕，天气阴暗且大雨，其祖父号泣吁天。葬日，天果开霁。"时九思已十岁，实亲见之"。其祖父暮年对九思说："吾老且死，然未尝一开口骂人，未尝作一讼事，吾服司马温公（司马光）之训，不广治生产，但积阴德于冥冥之中。"据《渼陂集·卷十六·先公行实》："铉宽大博厚长者，而又读书，善知事实，决平里中，里中人人服焉。"弘治元年（1488），孝宗即位，下诏"民间高年有行者，赐官服"，铉得与焉。弘治十一年（1498），九思以翰林庶吉士送幼子（赵夫人卒，幼子瀛失养）归家，为祖父上寿敬酒，铉喜之不禁。九思离家一年，弘治十二年（1499），祖父铉卒，享年 81 岁。李夫人（九思祖母）后六年卒，寿 86。"其合葬也，武功康太史德涵（康海）为之铭云"。

王九思二叔祖锡，居家主耕牧之事。间也往长清县探视其父母，居无数日即归。三叔祖钥早夭。四叔祖铃随侍父（琰）母于大宁县、长清县历时最久。九思在《王氏族谱·铃传》中说其"颇私财货，由此亦多被捶楚（责打）。其后居家，善树艺之事。尝种瓜涝河西湾，瓜甚美。九思儿时往嬉戏于其中。是时析产久，而公抚爱我，惟恐不往。然吾祖及诸兄弟有美酒佳酿必相聚食饮，九思未尝不侍侧也。盖虽析产，其情怡怡然，莫有异焉"。可见其祖辈情谊之淳朴真诚。这些给九思留下深刻的印象和极大的影响。

王九思的五叔祖钦，因为是少子，为焦孺人（九思祖母）所偏爱。随父在长清县时，“常服纨袴，其靡费如此”。及至归乡，信方士，认为丹砂化为黄金，服食而长生不死。又采药弄炉火，点铜为白金，生产出之物又都抛弃。如此日日弄火，数十年不辍，虽家计为之一空，然犹不悟。姻亲、故人偶有所资助，亦俱送入炉火。到老年尚与人语：“惜哉，使我有数十金，即丹可成无难矣。”

九思祖父铉与祖母李夫人生三子，儒、佩、仿。九思父王儒为长。据《渼陂集十六·先公行实》：“先公（儒）隆准（高鼻子）奇頄（颧骨部），双目炯然，背厚若负，进退容止，非礼不行。盖年十五而游学山东，师尊布衣苏先生授蔡传《尚书》，三年而明会大旨。弱冠而领悟，旁及群经。慕先圣之遗风，游歌孔林，沾濡礼乐之化。继乃上邹峄、登泰山、瞻望东海，历览齐鲁之胜，霸王（齐桓公）之迹。充乎，其有得也。于是西归为官学弟子员。”

成化七年（1471），王儒30岁举秋闱，为举人。此后，举进士，连科不第，尝感激发愤曰：“吾长清公之元孙也。昔者，长清公烈烈英英，环奇之资而振古之豪杰也！然莫举进士。顾尝命予曰：‘是在尔小子也。’今我必举进士。吾不举进士，异日何可报之地下乎？”据《渼陂集卷十六·求太恭人墓志铭状》，成化十三年（1477），王儒挈家卒业于太学。成化十四年（1478），王儒37岁（据《先公行实》前部分，成化七年王儒30岁，成化十四年应为37岁。而后半部分记成化十四年王儒40岁，不知哪处有误，权以37岁为准），最后一次赴京会试，不第，乃举副榜（会试正额之外，另取若干人为副榜，不能参加殿试，但可补较低级官员），谒选为教谕。于是叹息曰：“嗟乎，壮士今若是矣，其命也夫，命也夫！吾父母老，然由是以获升斗之禄，顾不可已耶！”（《先公行实》）

于是，王儒遂为四川保宁州巴县教谕，但终非其志也。由京返乡，王儒欲奉父母入蜀，李夫人以道险不往。遂奉父及眷属（刘夫人及九思、九叙）赴巴县教谕任。一年整，其父还乡。“每当具书奉问起居及父母诞日、伏腊岁时，东向拜而泣焉”（《先公行实》）。

巴县鲜有科举者，并非无英俊可教之才，实乃乏施教之人。王儒乃“因才视质而严科条，早作晚罢，月课季试，率怠兴滞，虽风雨，靡有间也”（《先公行实》）。所以巴县连举三人。王儒离任后，二十余年又无中科举者。

成化二十一年（1485），关中大饥荒，王儒使人急回乡，载脯面奉养二老。又召四五两叔父（九思叔祖）及其眷属赴巴县就养。后多至30余人，又出资令诸子弟贸易糊口。关中饥荒既纾，正值任期届满当归，巴县诸生攀送哭泣，竟日不舍离去。

弘治二年（1489），王儒出任河南祥符（大梁）县教谕。祥符较巴县近于鄠县，父母宜来就养，但不许告休，使其歉疚不乐。又加祥符近省垣藩署，终日奔走揖拜，迎来送往，劳苦不辍，致使头发花白。教谕薪俸低微，生活清贫。即便如此，一有空暇，即授业诸生，况诸生多贫穷者，婚丧又给赠赙，致其贫困有加。在祥符任七年，以教人功绩，得迁南阳府教授。诸生送别，哭泣一宿，难分难舍。别后又多问讯于南阳。

南阳距家不算远，然父母年俱八十，随任就养不便，王儒乃决心请归。时提学副使燕山车先生至南阳府，王儒投状告休，“感激泣数行下”。车提学以为南阳府教法废弛已久，王儒前在祥符师道有名，此正需其整饬，岂能告休？因之不准其状。父母知情，也劝其勿归。于是留任南阳。南阳流风，疏远士人。多茂秀异等之才，然也多刚悍而怙势纵逸之徒。其凌侮先生者，时时有之。此固须严厉整饬，“乃终日以捶楚（杖责）责罚”。因之，嫉恨怨谤者日增。事既至此，归乡之心更为迫切。乃投状知府参政顾公，顾公知其曾有归志，乃投书曰：“先生其何适矣？《诗》不云乎，愠于群小，盖伤之也。彼固虽贤圣，犹或弗免焉，宁独先生也？夫违俗者骇众，遵道者被谗，斯固烈夫志士特立独行，超世之盛节也！先生其亡辞焉。”又得留任。幸而没过多久，诸生有所悔悟，互相砥砺，风气有所好转。

在南阳逾三年，父铉卒而归葬。父既葬，侍母李夫人“愉愉劬劬，朝夕莫违”。时李夫人已 81 岁，王儒亦 61 岁矣。

回归三年，长子九思任官考绩，诏封王儒翰林院检讨、阶徵仕郎，其妻刘氏得封孺人。李夫人卒，免丧后，王儒“盖与邑中故旧置酒高会，朔望而乐洋洋，有广受之风焉”。

正德六年（1511），少子九峰（进士，为御史）以病自京师归。正德七年（1512），长子九思自寿州罢归，王儒怏怏不乐，未久即病。于正德八年（1513）冬十一月十二日病逝，享年七十有五。九思母刘恭人（因九峰为金华知府，王儒得赠中宪大夫，其母受封太恭人）于嘉靖五年（1526）四月八日卒，享年八十有四。王儒与刘夫人生有四男（九思、九叙、九皋、九峰），九思为长。

王儒“文章不多，仅至百篇，俱在家传”，今已失传。

二　睿智聪敏　少年英俊

成化四年（1468）秋，王九思出生于陕西鄠县北街——王家大屋中（有关王九思的典籍俱无出生月日，据其《自寿诗》可知生于秋天。据汪超宏《明清曲家考》

一书考证，应为是年秋八月）。在“蕞尔小邑”的鄠县，王家也算得上是世家大族。王九思在《王氏族谱·九畴九野传》后评语中有：“吾族自蠡县公而后，至今百年余，食禄于公者，未有或替也。”出生在这样的官宦人家，况又是长子，其贵可知。《王氏族谱·九思传》中说“母刘太恭人，孕十有二月而生者也，公（九思）生而清颖异常”。其童年，在优裕家境中生活，在祖父辈呵护下成长，锦衣玉食，仆童随侍，自不待言。父辈亦对其寄以厚望，便以《论语·季氏》中孔子语“君子有九思（视思明，听思聪，色思温，貌思恭，言思忠，事思敬，疑思问，忿思难，见得思义）”之意，为其起名九思。

成化七年（1471），九思之父中举，时九思年仅 4 岁。那种官衙报书，乡绅恭贺，亲戚邻里颂扬称赞，家中连日设宴，招待宾朋的喜庆，给其幼小的心灵留下深刻的印象，使其隐隐觉得功名仕途的美妙与神圣。

县城濒临涝河，又兼“西郊花柳”，风光明媚。九思玩在郊野，游于田间，并不太受父祖辈的约束。据《王氏族谱·铃传》，九思的四叔祖，精于树艺，又善于种瓜，其在涝河西湾，所种西瓜、甜瓜味美异常。五六岁的九思，时常“光临”，叔祖总是任其摘食，食足则嬉戏于其中。是时虽已析产，但“公喜爱九思，惟恐不往”。九思的堂曾祖彦明亦“尽力农圃之事”（《王氏族谱·彦明传》），九思经常光顾，其抚摸九思，慨然曰：“其后必有兴者。”九思祖父铉与诸兄弟十分友善，“有美酒佳肴，必相聚饮，而九思未尝不侍其侧”。

“总角（童年），从师受句读或问及于诗，即能吐奇语”。因而，先生料其“当以文章名世，匪区区科第也”。

成化十四年（1478），九思 11 岁，其父王儒赴京会试不第，谒选巴县教谕。当年初冬，九思与祖父、母亲及兄弟九叙、九皋，随父赴四川保宁州巴县。教谕，县之教育长官，掌文庙祭祀，管理县学及所属生员。时九思尚不及受经史之年，堂叔王佑至巴县从其父受蔡传《尚书》等儒学经典，九思在侧旁听。及至堂叔王臻从其父受《尚书》等经典时，九思已在侧陪读。

在巴县读书日，九思年十四五。父亲以公务繁冗，不暇管束，其便与同读者徜徉于山水间，优游自在。其在罢归后的《春兴八首》（《渼陂集》卷五）中，有对当年游览的感慨：

巴城寂寂带江楼，城下清江不断流。
鸟道入云通白帝，渔歌终日起沧洲。

英雄不废严颜庙，割据深知汉主忧。

修竹早梅俱有意，少年春服与同游。

清江绕城，愈显城上江楼的寂静肃穆。那渺渺入云的鸟道直通白帝城，而江中沧洲（隐士居住的地方）时时传来渔歌。这是一种祥和美妙的自然风光。当然，这首诗是九思几十年后，失意之时所作，其对渔歌、沧洲的向往并非当日之情。但那钦羡英雄（严颜，三国蜀将，曾割据巴州，被蜀将张飞所俘而降蜀）反对割据（时正值秦地边患和农民起义）的忧患意识却是自始自终的。当年的修竹早梅（也可指同伴）似乎都是有意的，它们连同穿着春服的少年（王九思）一同游览。可见其当日少年豪迈与舍我其谁之情怀。

但九思这种游冶无度，却招来母亲的反对。其晚年所写《求太恭人墓志铭状》（《渼陂集》卷十六）中有："在蜀时，不肖（九思自称）年十四五，太恭人以府君（九思父）多事不暇，恐废学。乃告诸府君，遣以从师受《易》。旦暮少懈嬉戏，太恭人即箠楚呵骂以为常。"又严加管束："府君堂试诸生，亦及不肖。不肖或入室更衣，太恭人恐其窃取旧文，即命童仆守之，及出乃已。"

九思从此发奋读书，"勤励日犹不足，夜以膏灯继日"（《李开先集·王渼陂检讨传），可谓夜以继日，废寝忘食矣。而其父还不放松，"乃杂多士试之，每次可居前列，恐骄其志，又以为或私其子，故抑末后，以成其学"（引文同上）。至是九思学业精进。"巴久乏科，至是中者三人，而翁（九思）亦可决科矣"（引文同上）。

成化十五年（1479）六月初一日，九思母生九峰于巴县教谕舍中。其时王儒迎养九思祖父于任所，"（铉）闻其啼，喜曰：'儿当贵，我老，恨不能见也。'"（《渼陂集卷十四·寿夫墓志铭》）

成化二十二年（1486），九思自巴县归乡，游于县庠，补官学弟子员。"鄠士咸拱手推让之"（引文同上），九思也自负当居。但当"提学副使潘先生试论《张良劝沛公烧栈道》，极许（阎）允中"（《渼陂集·阎允中墓志铭》卷十三）时，才知自己的浅薄。及至弘治二年秋乡试，与允中同居旅舍，"见其诗学唐人，书行草学右军帖，以为发解无疑"时，方知何为学业精进。

令九思十分感动的是堂叔王佑，"经传合五六巨帙能背诵，不遗一字，于四书亦然"（《王氏族谱·佑传》）。当九思从巴县归里，"叔父（王佑）扣之，以为学问颇有端绪，即每夜就予（九思）论议有善，未尝不叹异焉！"九思叹息道："嗟乎，今见弃父兄、师友而自己亢自以为才矣，况少年儿侄辈耶！"可见其对堂叔德行的敬慕与督课感激之情。

三　乡试中举　游学京师

弘治二年（1489）秋，王九思参加陕西乡试中举，时年 22 岁。陕西提学副使马中锡，对其考卷十分赏识。及至与其交谈，方知其诗文俱佳，因称之曰："必做天下名士。"（《李开先集·渼陂王检讨传》）马为一代名臣，其对九思影响至深且颇为微妙。

其间，有一令九思感动不已的事，九思在《王氏族谱·臻传》中做了记述：九思有一堂叔名臻（字福至），曾从九思父王儒受《尚书》。臻已三次赴乡试不举，此次同九思共赴秋闱。结果又不中，"而予（九思）不意中式"。当赴鹿鸣宴，臻为九思整巾服，"盖喜甚徘徊"，即临赴宴始离去。对此九思慨然叹曰："观叔父为予整巾服事，今有之乎？不怒则望望然去矣，乃知风俗之益偷也。"九思去世若干年，山东章丘进士李开先在《渼陂王检讨传》中亦大发感慨，并举相反事例，予以对比："任丘邝琚，子弟有中者，经年羞与见面；余姚顾达，因其弟遂、子濂中也，愤愤不平，望望而去，虽求见恳切，亦不之许，是果何为者哉？"

金榜题名，新婚之喜，在小县城当是荣耀至极。九思中举，适值王儒巴县任满，举家归乡，正好为之举行婚礼，以光宗耀祖。况九思祖父母尚健在，此情此境此举可谓圆满无缺。

九思新婚夫人为本县人，其父赵孟儒，仕为河东王府教授。曾与九思父王儒"游校庠，同受《尚书》，又同砚席（同学），甚爱。以此结婚姻云"（《渼陂集·妻赠孺人赵氏，继室封孺人张氏合葬墓志铭》卷十五）。新婚大典举行后，父王儒又出任河南祥符县教谕，九思挈新婚妻子，随父母及诸弟同赴大梁，开始其长达七年的游学生涯，其间两赴北京会试不第。

当代学者金观涛、刘青峰，在其《兴盛与危机》一书中，对封建社会中国知识分子由普通士子走向仕宦道路的"游学"这一特殊现象，是这样描述的："古代中国知识分子主要来自地主阶级。优越的经济地位提供了悠闲条件，使他们可以从小饱读诗书，熟读儒家经典，游览大山名川，千里迢迢求教于名师，或在深山书院苦读，或在贵族学校（太学）深造，并建立广泛的社会联系。一旦他们获得必要的知识，就可以通过科举或其他途径被选拔为国家官员。"九思之父已经有游学经历，不用说九思更具备这些条件。这使得他由“学虽有端绪，而文未得肯綮”（《渼陂王检讨传》），到“文学成矣”。

到大梁（祥符），九思首先拜河南提学副使燕山车先生为师，车先生赏识其才华。而河南按察佥事（不久升任南京工部尚书）李善之子李守经也同在车先生门下，九思与之结下终生友谊，且和按察李公多有接触，“公（李善）为佥事，九思以布衣游大梁，公见之甚喜，以上宾礼待之，遣守经从而受易”（《渼陂集·南京工部尚书李公墓志铭》卷十三）。按察李公“尝指正之（守经字）叹息曰：某行年五十，独此子，奈何”。后李守经因眇一目，不肯举进士而经商。“然未尝一日废书不观。诗格清丽，学晚唐、元人，人益以此敬慕，乐与之游。盖不徒以资予……”可见李守经虽未仕进，但却资助过九思。

弘治三年（1490）春，九思从大梁赴京会试不第。返回大梁仍从车先生读，并为其弟九峰讲授《四书》。

当年秋，九思长子瀛生于大梁。王儒夫妇十分高兴，为志其生地，命小字为东京（大梁亦称东京）。六年后，九思举进士选为翰林院庶吉士，乃名其曰“瀛”。十八岁于京师行加冠礼，李梦阳为之字曰“子洲”。其“瀛洲”寓意全矣。意为：唐太宗李世民为网罗人才，作文学馆，以杜如晦、房玄龄等十八人为学士。阎立本作《十八学士登瀛洲》图，为天下所向慕。后以选中者为“登瀛洲”，隐见九思当年踌躇满志矣。

据《陆汝清传》（《渼陂续集》卷中），弘治四年（1491）某天，九思欲会友讲习经史，问父亲官学弟子中谁最优。父亲推荐随其受朱传毛诗的陆汝清与李虔甫。九思与之会见，遂成密友，于是定约每月初六会讲经史，出题写文章，然后由九思点评。评完即啜茶、论古今人物及修身行己于当世之要，无狎谈，不引朋酗酒。

弘治五年（1492）夏，将届河南乡试，九思拟题，备好饮食，置二位于房中模拟考试，到晚答完方可出，如此者数次。有时汝清不到，九思辄当面责之。汝清乃笑谢曰：“兄爱我。”其年秋虔甫中举，汝清落榜。与九思同时修业的还有山西蒲州举子梁梦辅，其年秋梦辅之兄梦卿亦来游大梁。他们交识甚欢。

在大梁学业虽有所精进，但毕竟视野狭窄，不便结交名流，难在士子圈浪得名声。于是当年冬，九思挈眷北上京师，修业于太学，同时，“比注选吏部（在吏部注册）”，若会试不利，即谒选，以举人谋得小官。据《明通议大夫南京礼部右侍郎紫崖马公神道之碑》（《渼陂续集》卷中），九思在太学时，看到《太学进修录》，知传主马廷用“易学冠天下”；“时丘文庄公为祭酒，尝合试六馆之士，公（指马廷用）辄居首。盖所谓进修录者，姓名隐隐动京师”。可见太学之名声，对举进士的重要！

明代中期，虽不直接由太学选拔官吏，但太学作为国家最高学府，其地位仍然崇高。这里聚集许多达官贵族子弟，他们互相结识，互相援引，为其仕途打通关节寻找门路。这里也是士风潮流的寒暑表，可窥测和把握士林风向，以便投机逢迎，结权攀贵。如九思在《太夫人刘母歌词序》(《渼陂集·卷九》）中言及：“弘治庚戌，九思始走礼部。见麻城刘公举春秋第一人，磊落大丈夫也，心窃慕之。欲谒以先进，未敢也。”此即弘治三年（1490）九思第一次进京会试（始走礼部），虽未敢谒见“举春秋第一”的刘公（曾任陕西巡抚，官至兵部尚书的刘养和之父），求得“先进”（中进士），但说明当时走门路打关节已相当普遍。

弘治初中期，社会相对稳定，经济繁荣，自然文风兴盛。当时以大学士李东阳（西涯）为首的茶陵诗派，以凌厉之势冲击着以三杨（杨溥、杨荣、杨士奇）为代表的台阁体诗派。崇高而敏感的太学，自然要领时代之风骚，士子们争相附和茶陵诗派，以期得到权臣的关注和赏识。王九思此次修业太学，也在诗文上努力追随茶陵诗派，但毕竟只有一年多时间。弘治六年（1493）春会试，还是名落孙山。但从中式者九思得到启示：必须在太学浪荡些诗文名气，才有望中进士。于是原打算落第谒选的想法亦即取消，仍然留在太学，一图再举。此年李梦阳（庆阳人）以关中举子中进士。

是时与九思在太学交游的陕西籍举子，有“故长安进士童秉虔，今都御使岐山杨宗文，户部主事凤翔孙敬之，同舍讲学”（《渼陂集·阎允中墓志铭》卷十三）。他们相互切磋词章论诗文，以音韵协律、平正典雅为时尚，讲求音调的轻重、清浊、高下、急缓以及用字的虚实，作出许多时尚而浮丽的诗文。九思是其中的佼佼者。其诗歌不但在太学有影响，而且逐渐在士大夫中有所传诵，甚至连茶陵诗派领袖李东阳也略知其名。

弘治七年（1494），九思因思念父母，于当年冬携眷回大梁省视。暇日，索陆汝清别后之作，以为大异于前，当中举无疑。谁知又不中。而李虔甫此后于弘治九年与九思同榜中进士。及九思以庶吉士归乡，过大梁寓宿相国寺僧舍，汝清与之对榻长谈竟夜，时距乡试榜出二三日。九思请汝清诵其作，铿然可爱，认为必中无疑。谁知又未中。九思叹息曰：也许这是大匠不示人以朴，大器晚成。就此与汝清结为终生友谊。虔甫却“外物移人，同舍而叛”，虽仕途畅顺，却忘贫贱之交，甚而连恩师（王儒）亦不认。此为后话。

以九思“性疏狂”，又少年得志，其以天下为己任的英雄气概，必然时有激发。九思在罢归后若干年所作的《春兴八首》（《渼陂集》卷五）之中，追忆其当年在大梁览胜怀古的情怀。其诗曰：

忆在梁园诗兴发（注），康王城北见黄河。
信陵公子萧条尽，白发侯生感慨多。
落日酒酣提剑舞，中流起风扣舷歌。
十年徒侣仍稀阔，裊裊行云奈尔何。

九思言其昔日在梁园大发诗兴，康王城见到黄河的雄浑气势；信陵君听取谋士侯嬴计窃虎符救赵，大败秦军的遗迹已萧条殆尽，这些故事令其感慨世事之沧桑。但“自信人生当治平”的王九思，在落日的余辉中，趁着酒兴舞起龙泉宝剑，豪情满怀；船到大河中流，风起船荡，他却扣响船舷引吭高歌，目空造化。可惜那十年（在梁园）的朋友所剩无几，而今他呆望着那裊裊行云，无可奈何。但仍略见其当年的豪情。

弘治九年（1496）初春，王九思整装待发，去参加又一度的会试。这次赴京的王九思，虽不敢说志在必得，但却可以说是踌躇满志。这除中举以来七年的磨砺，学业精进，更重要的是在太学两度三年的历练，使其在学界士林中有了名声。虽然无缘见到领袖群伦的李东阳，而李援引同类已为朝野所闻，因之其对李东阳隐隐寄予希望。

元宵节过后，九思与带着行囊的仆人，乘马从大梁出发。据《渼陂集·明故国子监生梁梦卿墓志铭》（卷十三）：时值黄河冻结不可渡，乃取道中牟，刚出大梁城西门抵大堤外，遥见由山西蒲州来的好友梁梦卿，九思十分高兴。梦卿说：“黄气隐隐动眉睫，必举进士。”遂解行囊赠九思文帨（文人带的佩巾）二端说：“南人谓之迎潮头。”二人相顾大笑。梦卿说了些吉利与鼓励的话，遂与九思作别。

（注）梁园：汉代梁孝王刘武所造。故址在今河南商丘。梁孝王好宾客，司马相如、枚乘等词赋家曾延居园中，因而有名。这里泛指大梁一带。

四　金榜题名　钦点翰林

弘治九年（1496）二月初九，王九思与全国应试的举子，经过六天三场的紧张考试后，在下榻的馆舍等待月余。其间不免忐忑不安，虽然考试较为理想，但当时达官贵人援引私人已为公开的秘密。这也是他们以师谊（被录取的士子对考官终生以门生自认）、同年（同科录取的）、亲情（官僚间通婚攀亲）结为官僚网的重要途径。据《李开先集·李崆峒传》，李梦阳在陕西应乡试，即受到丁绅太守（李梦阳之父曾任周王府教授，与丁友善）荐之陕西提学副使杨一清。杨惊叹李梦阳当以文章名天下，认为与此前其赏识的士子张凤翔可称为二杰。但在考前李东阳贻书杨一清："今年解首，将属之华州张潜乎？"因为张潜之父刑部左侍郎与东阳通款。杨一清虽没有将张潜列为解首（解元），但还是将之录取为第三（当然不排除张潜够格）。这说明官僚插手科举成风，尤其大学士往往为主考官或同考官，上下其手更为方便。而李东阳正好参与弘治九年的会试和廷试（据《明实录·孝宗实录》卷一百十）。九思为自己未能通款李大学士而懊悔，但李大学士又岂是一介举子巴结得上的？于是便终日与候榜的举子们寻欢作乐，饮宴游冶。幸而得报会试中式，自然是天大的喜事。然而，下来的殿试却令九思担忧，因为这毕竟是进一步决定仕途命运的关键。

殿试时，九思取胜心切，在策论上不够严密，下场有些懊悔。鸿胪唱名，列为三甲，赐同进士出身。按惯例一甲三名无疑进翰林院为修撰和编修，由二甲三甲选优秀者进翰林院为庶吉士，接受进一步的教育。明人沈德符《万历野获编》有"人中进士，上者翰林，次期给事，次期御史，又次期主事，得之则忻。其视州县令，若鹓鸾之视腐鼠"。可见进翰林院是新科进士的首选。原因是，明代的翰林院为"文翰清贵之司"，与内阁关系密切，内阁大臣多出身翰林。明中后期，甚至形成"非翰林出身不得入内阁"的局面。据《明史·选举二》："由是非进士不入翰林，非翰林不入内阁，南北礼部尚书、侍郎及吏部右侍郎非翰林不任。而庶吉士始进之时，已群目为储相。通计明代宰相一百七十余人，由翰林者十之有九。"因而士大夫俱以进入翰林院为荣耀。

王九思要以三甲进翰林院，按说希望渺茫。但此前的选拔改制给九思带来机遇。

据《明史·选举二》，弘治四年（1491），大学士徐溥上言，认为自永乐二年以来，选举翰林院庶吉士极不规范，有埋没人才之嫌。建议："请自今以后，立为定制：一次开科一次选用。令新进进士录平日所作策论、诗赋、序记等文字，限十五篇以上，呈之礼部，送翰林考订。少年有新作五篇，亦许投试翰林院，择其词藻文理可取者，按号行取。礼部以糊名试卷，偕阁臣出题考试于东阁，试卷与所投之文相称，即收预选。每科所选不过二十人，每选所留不过三五辈。将来成就必有足赖者。孝宗从其请，命内阁同吏、礼二部考选，以为常。”

九思擅长诗文，更加其诗符合茶陵诗派潮流，所交的十五篇策论、诗赋、序记自不必说。关键在于对答吏、礼部偕同内阁及翰林院的试题上。

据《李开先集·渼陂王检讨传》，当日出题为《端阳赐扇》。九思有“谁剪巴江，天风吹落”之句，“闻者以为必膺首选。何也？以其似李西涯（东阳）之作，已而名出，果然。”这两句当为李开先在《康王王唐四子补传》中说“予为四子作传，屡次致书其家，索其状志不可得也，遂据平素所见，并刻行文集，浸然为之”，而记载简单所致。阅之《渼陂集》卷五有《川扇》诗一首，全诗为：“谁剪巴江一片秋，天风吹落凤池头。浣云香护蛮笺小，湘雨寒分翠黛愁。明月随人光欲满，彩鸾归院影还留。几回梦醒诗成后，遍倚层霄十二楼。”（后将有评述）九思将此诗列入“阁试”、“应制”等类诗中，想必应是《端阳赐扇》的全诗。此后的正德六年，当康海闻知九思罢归的消息，即赋五绝《闻王敬夫消息》诗一首，其尾联为：“抱芳竟长歇，悲彼团扇诗。”惜其高才废处，可见此诗影响之大。李开先在《渼陂王检讨传》中，认为这首诗之所以为李东阳所欣赏，因为“是时西涯当国，倡为清新流丽之诗，软靡腐烂之文，士林罔不习宗其体，而翁（九思）亦随例其中”。所以，九思进入翰林院，得为庶吉士。

李东阳不仅是政治家，也是著名文学家，内阁草疏多由其执笔，“疏出，天下传诵”。《宪宗实录》《孝宗实录》《大明会典》《历代通鉴纂要》均由其主持编修。又喜爱“以诗文引后进”，门生遍布朝廷。散朝后，往往群集其府，论艺谈文，形成著名的茶陵诗派。《明史》有“明兴以来，宰臣以文章领袖缙绅者，杨士奇后，东阳而已”、“宰相李东阳主文柄，天下翕然宗之”等记载。

以李东阳的地位和影响，对王九思进入翰林多所关照。因而，九思自觉融入茶陵诗派，也是顺理成章的事情。但是，史乏王九思与李东阳具体事件记载，我们仅从王九思在翰林院为检讨时的一些“应制”诗，可见其诗风追摹李东阳。依九思在翰林参与《孝宗实录》编纂、担任廷试同考官、充经筵讲官等事实，说明九思是受到李东阳重视的，而九思也将李东阳认作恩师无疑。

是年夏，王九思遣人持书到大梁，接赵夫人及子灏入京，租屋而居。而其父王儒亦迁南阳府教授，举家遂入南阳。

五　初涉官场　谨慎从事

初入翰林为庶吉士读中秘，对于王九思来说，是幸运且心满意足的。

按明廷制度，庶常馆（庶吉士学馆）设在翰林院内，由大学士一人主之，翰林院修撰、编修等促催或教授庶吉士。“司礼监月给笔墨纸，光禄寺给朝暮馔，礼部月给膏烛钞人三锭，择近第宅居之。帝时至馆召试。五日一休沐，必使内臣随行，且给校尉驺从”（《明史·选举二》）。庶吉士行走有太监随从，有骑卒护卫，连皇帝都经常来馆召试，以示眷顾。其“储相”待遇可谓隆裕。

王九思起于下层官吏之家，能有这般荣耀实属非常。父亲王儒“久困场屋”的悲苦，自己十年寒窗的惨淡，这其中的辛酸悲苦自非常人所知。从曾祖起孜孜以求的进士梦，终于在其身上得以实现。所以，他倍加珍惜这种机遇，一切谨慎从事。九思平日与同馆士子相处甚洽，对翰林院官员亦十分敬重。暇时，即拜访在京的陕籍官员。据《渼陂集·定峰阎君墓志铭》（卷十五）载：“竹泉先生为御史京师，予为庶吉士，望拜访其门。盖先生尝为庶吉士有名，予故请问焉。”九思除请教竹泉先生，还结识其儿子阎钦，阎钦时在京师句容人曹来凤门下，受胡传《春秋》。

九思在翰林院认识一位李编修，其公事堂下有一花圃，与庶常馆相邻。九思为保护或美化环境，给其花圃编一圈篱笆。借此，九思写一首题为《篱成呈李编修王主事》的诗，呈给李编修和王主事。诗曰：

堂下篱成似水滨，青蒲翠竹自鲜新。
隔篱燕子还寻主，点水蜻蜓不避人。
翰苑公曹俱贵客，王维李白是吾邻。
酒杯稍待秋风后，百遍相邀未厌频。

这首诗无疑是九思对李翰林和王主事的巴结与恭维，说自己是“隔篱燕子还寻主”，与王维、李白（喻李编修、王主事）一样的人为邻。“酒杯稍待秋风后”中的“秋风”，语意双关：一为秋天，一为“打抽风”（秋风谐音。原意指向在任官员索取馈遗，这里稍具幽默），即待我因你有所前进，就是百遍邀你喝酒也不嫌频繁。当然，从这首诗看，九思已和李编修与王主事关系随和，不然这种“还寻主”、“不避人”就有点人格之嫌了。

但以九思的“疏狂”本性，这种歉抑之举决非长久，一旦有场合，便真性显露。

其罢归多年后，为襄城王中郎所写的挽词（《渼陂集·襄城王中郎挽词》卷一）中有“忆昔骖云霓，天衢姿游遨。才超燕台俊，誉倾南国好”。回忆当年他们驾着三马大车，在京城大街上恣意遨游，目空一切，自以为才智超过燕昭王黄金台（此处指北京）招纳的俊杰，美誉倾倒南方（此指南京）的豪儒。这种狂悖不羁也为其埋下不幸的种子。

京华的繁盛，皇家的威仪，却也是控扼与抑制狂士的无形桎梏。那高耸入云、上接天际的辉煌殿宇，无形中使你感到渺小与卑微。更兼那肃穆庄严的仪制典礼，能摧折你的傲骨和锋芒，使你循规蹈矩。九思在罢归十年后，为鄠县知县王某进京述职所作序文，述及当年亲临外官述职的场景。这篇序文所述为弘治十五年（1502）事。文中有“每见述职之典”及“予所见凡三度”语，说明此前的弘治十、十二年两度（按明制：外任每三年、京官每五年述职一次）外任官述职和一度京官述职之典，为九思所亲见或经历。这一序文有影射正德（明武宗）朝去事废典、吏治腐败之意，但却能推及九思当年的敬畏与卑怯心理。其文有：

予在翰林时，每见述职之典。其年春三月，天子郊祀毕，越旬日，御奉天门视朝。是日，诸司始奏事，于是方岳郡县诸吏，咸趋御桥南跪，免冠俯伏首至地待罪。刑部尚书率左右侍郎上御街，北面跪读弹文。继而六科给事中、十三道监察御史皆有弹文，各推老成一人，北面跪读。大意言方岳郡县吏，若弗能事事，宜置之法，以示惩劝。予所见凡三度，天子咸口出德音，特宥之以勉图后效。于是方岳郡县诸吏不下万余人，辄踊跃顿首谢，口呼万岁，响声若春雷在空。既退出，翌日早具公服，谢午门外。然后吏部以黜陟上闻。弘治壬戌（十五年）吏部言：方岳郡县吏政有卓异，不可但已（是），宜稍稍旌之，以动豪杰。于是推毂二人，其一大名知府韩福（陕西人，后为刘瑾罗致），其一宜阳知县胡献黻。皇帝览奏甚喜，命赐宴礼部。未几，皆右迁。盖近代旷典，予所幸见也。（《渼陂集·送王令序》卷九）

这样的旷世重典，在侧的检讨官能不敬畏，敢不谨慎从事?

卑怯敬畏，谨慎从事，并不是九思的本性，这看似虚怀接纳，实则是蓄势以待。从翰林入内阁、为宰辅，对于庶吉士的九思虽然路途遥远，但亦非梦想。在那种“储相”的待遇与尊荣中，他踌躇满志，不免袒露襟怀。一日，九思从翰林院庶常馆出皇宫左掖门遇大雪。仲春遇雪原本是一种异常，但他按耐不住激情冲动，七律《出左掖喜雪》（此为九思佚诗，见汪超宏《明清曲家考》32 页），可见其心态。其诗曰：

春空瑞雪舞萦回，八表彤云曙色开。
明月犹悬驰道直，银河疑泄御沟来。
上林入夜花如霰，广内平明玉作台。
无羡郢人歌独步，愿调商鼎和盐梅。

意为春天的长空瑞雪萦回飞舞，八表（八方极远的地方）的彤云掩映露出曙色。宋之问《奉和春日玩雪应制》诗有“北阙彤云掩曙色”句，可见彤云为阴云。这里的“曙色开”，纯是九思喜悦心情的幻觉。那么，下边的“明月犹悬驰道直，银河疑泄御沟来”即是实景：漫步在宫阙笔直的驰道上，举头望月，明月映雪，天地一统，疑是银河泄（“泄”字极生动）到御沟来。同时也是幻觉：彤云密布的雪天，哪里来的明月？所以说，“明月”“银河”都是喜悦的心境与激越的情绪将诗人置入梦幻般的境界，简直是飘飘然了！这时，入夜的皇家宫苑（上林）雪花如霰，大内平明如昼，台阶如白玉作成。在这样美如仙境的氛围中，九思不会羡慕作闲散的独步善歌的郢（楚）人，他要做调和鼎味（鼎是食器、礼器，亦指朝廷，宰辅替皇帝协调国事，所以将管理国家喻为调鼎。调味用盐和酸［梅］，此处盐梅为协调的方法）的人，即宰辅之类的官员。

弘治十年（1497）夏，王九思夫人赵氏（已诰封为孺人）忽然染病。据《妻赠孺人赵氏、继室封孺人张氏合葬墓志铭》（《渼陂集》卷十五）载：先是咳嗽，越是服药越是咳嗽。医生以为身孕所致，若生子不药自愈。秋九月生一男婴，但咳嗽如故。又过三月余，参政杨宗德（陕西永寿人）时为行人（官名。明设行人司，掌传旨、策封等事），言有一医者为秦人，医术奇甚，应手病除。九思见妻病久，数次更医，“体貌日羸，冀其速愈”而从之。医者予药七八粒，言服后阴有污秽下，即愈。服之，果然有污秽下，九思大喜，以为奇迹发生。未几，反而加重，竟然饮食不下，后悔莫及。另延他医，以为无救。竟于当年十二月二十一日卒。其所生男婴亦于同日夭折。其时瀛仅八岁，九思十分悲痛，在铭文中有：“初，赵孺人之归，堂上馔具必亲焉，衣服缝纫浣濯必亲焉。往来京师道途之辛苦，服恶茹淡、暮夜灯火之需，劝督之勤，未尝一日忘予也！幸予举进士，且有复也，而一簪未及着身以死，嗟乎，天耶，命耶！”赵夫人在弥留之际，握住九思的手，流泪哀告曰：“善视吾儿。”

是时，九思父王儒，尚在南阳府教授任上，诸弟皆年少，不能归其丧。于是“乃援例给假归送幼子，因以明年戊午（弘治十一年）夏五月初三日，葬孺人六老庵祖茔”。

九思扶丧携幼回乡途经南阳，顺便省视父母，并携其弟九峰回关中参加乡试。是时杨一清先生督学关中，极爱九峰，命以儒士入秋闱，不第，复入南阳卒业张文粹所。

是年秋，九思遂聘问张夫人，弘治十三年（1500）六月结缡。张夫人之父为七品散官，咸宁（与鄠县为邻县）人，名臻，曾经商于扬州。其弟刑部左侍郎张鸾，其时在京为御史，喜欢九思，因此做媒与之成全。

六　应制作诗　歌功颂德

庶常馆学习三年，经过翰林院及吏部考试，王九思得留翰林院。按例凡殿试二甲者任编修，三甲者任检讨，九思即任翰林院检讨。同时，诰封九思父王儒为徵仕郎翰林院检讨，封其母为孺人。是为弘治十一年（1498）冬事。

《明史·选举三》对检讨一职的职份无明确记述，只笼统述翰林诸官职份："掌制诰、史册、文翰之事，以考议制度，详正文书，备天子顾问。凡经筵日讲，纂修实录、王牒、史志诸书，编纂六曹章奏，皆奉敕统承之。"明朝廷为王九思进阶徵仕郎的敕书中，对翰林院检讨职份和所具备之德才，阐述较为明确："皇帝敕曰：储才之地在翰苑为独隆，修史之官至检讨而极备。所以垂百年之制作，定一代之是非，事若简而实繁，任若轻而实重，匪兼才行，曷称柬求（选择之意）。尔翰林院检讨王九思，经术名家，甲科高第，词垣绩学，蚤（早）称万选之良，史局绸书，复擅三长之美，校艺式精于藻鉴，检身尤笃于箴规……"（《王氏族谱》，1996年版，第296页）

正如敕命所言，检讨"事简"、"任轻"，无政务之急。既为"词垣绩学，早称万选之良"，又"精于藻鉴"，因而，便多为诗词文翰之事，与擅于诗文的士大夫谈诗论文，结社聚会也是常事。

作为"事简"、"任轻"的翰林院检讨，王九思还有一个重要的任务：应制作诗。这对于初涉高端（时常有和皇帝见面的机会）的"词臣"，当然以为荣耀。王九思以翰林官陪祀大典、侍帝优游，虽不经常，却也间而有之。这种场合，不管出自对王朝的歌功颂德，还是对皇帝的竭尽忠诚，王九思都作了不少的诗篇。

初为翰林检讨，王九思以为应制作诗，既是"从龙播云"的盛事，又是展露才华的良机。他希望陪王伴驾，游幸天街御苑，一展翰林风采。甚至于弘治十年（1497）

初春，偶作一梦：元宵夜陪孝宗皇帝游幸御苑。忽然一声鸡叫，他似乎还在送御辇的台阶上。清醒了，看到夜风吹转而西的月亮，他情不自禁地赋七绝一首。其中有“万花丛里一声鸡，又送龙车上御梯。四海太平真乐事，东风吹转玉蟾蜍（月亮）”（《渼陂集卷四·梦醒偶作》）句。可见九思完全沉浸在一种恩宠与幸运的满足中，以为处身“四海太平”盛世中的他，将借助东风（帝力）之力，使月光明媚转而为阳光灿烂。

九思罢归数年后，一个华灯如昼的元宵夜。县城的农家女子、富户眷属上街赏灯，极尽优游之兴；乡绅耆宿，联袂赏景，猜谜作诗，宴飨作乐。九思却独坐书屋，猝发一丝淡淡的悲凉。想起弘治十五年（1502）在天街御苑、皇宫大内，与朝廷重臣陪伴孝宗皇帝赏灯观月、宴庆欢乐的情形，遥想当年的风光与踌躇满志，追比今夕的冷漠寂然，不禁悲从中来，提笔写下五律《元夕感旧》（《渼陂集》卷四）：

壬戌年今夜，鳌峰拱孝皇。微臣叨侍从，应制有篇章。
忧国劳天听，遗弓历岁长。举头惟明月，洒泪几千行。

那一夜，九思应制作诗。诗中忧国之情，“烦劳”孝宗皇帝听。而今孝皇如黄帝“遗弓”（遗爱），已经去世好多年了。往事烟消云散，举头惟见明月，不禁潸然泪下。

记得那天晚上（元夕夜），九思虽然不能像三公九卿（鳌峰）那样环拱孝皇周围，但作为词臣应制作诗，自然为众目所瞩。虽然这种诗事先有所准备，但即席应变更显才华，亦可能因一首诗而平步青云。当然，大多数人应对得体，能得到皇帝、宰辅的赏识。亦有个别练达之士，以精蕴的诗文略抒衷肠，为其仕途转机暗示玄机，以期得到升迁。

王九思三年庶吉士，按部就班，例升翰林院检讨，倒也不算委屈。但六年翰林供职，向“金字塔”攀进，虽非时不我待，却也不能安于现状。于是当其被钦点赋诗，须得极尽才华，歌功颂德，但也不得肉麻而妄招清议。其《壬戌元宵应制诗》（《渼陂集》卷五）其一云：

佳气葱葱望眼劳，半空歌管月华高。
火明金阙千珠树，云拥蓬仙万锦袍。
阿阁暖烟巢彩凤，瑶池春雨熟蟠桃。
微臣欲献升平曲，却愧无才荷宠褒。

大意是皇苑大内瑞气葱茏，令人目不暇给。将人看得眼睛疲劳（“望眼劳”的“劳”，见其炼字功夫），你道繁盛如何？管弦之音绕空不散，直到华月高悬。灯火通明照金阙（宫殿），千树挂彩灯（珠）。着锦袍的朝臣（万锦袍），如云彩簇拥着孝皇（蓬仙）。苑囿阁亭冒着暖烟，侍候着彩凤般的宫娥，像王母瑶池春雨催熟蟠桃。但九思不忘明退暗进地谦虚一番：微臣本来还能献上升平曲，却愧无才（微词：难道我真的无才，无才能有诗名？“储才”该用了吧!）空受宠爱和褒扬。

午夜过后，九思应制作第二首诗（引诗同上）：

雪静香尘玉漏迟，皇都灯火正参差。
春光早动朝阳殿，月影暗涵太液池。
丹凤盘云仙乐迴，六龙扶辇衮衣垂。
不知李昉舆迎后，湛露何人被宠私。

首联先写宫内：湿润的瑞雪使宫中香尘洁静，玉漏计时已过午夜；再写宫外：此时的京都正是灯火参差的不夜城。颔联先写气象：一元复始的春光早已醒动了朝阳殿（朝阳指东向，朝阳殿即东宫，居住母仪天下的皇后。此处泛指皇宫）；再写景色：月影不动声色地“暗涵”于太液池（明时指皇宫西华门外的北海、中海、南海，此处泛指京城）中。颈联先写天上：祥瑞的凤箫仙乐在夜空中回旋；再写地下：身着衮龙袍的皇帝乘坐着六马驾驭的龙车，到街衢与民同乐。尾联意为：不知李昉（宋代文学家，官至右仆射、中书侍郎平章事）迎皇辇受到重用后，还有谁应对天子之诗，能得到重视（被宠私）。九思无疑是想通过应制诗，暗示孝宗对其重用。当然，九思的良苦用心，并未被孝宗理会，自然不复重用。

还有《壬戌元宵应制八首》（《渼陂集》卷六），从“东风早散霓裳舞，只恐连宵圣体劳”句看，可能是陪孝皇夜游后所作。这八首七绝，既有陪驾幸游受宠的感激：“一夜六宫歌舞倦，晨朝还有听鸡人。”吾皇万岁，你一夜歌舞行乐，已经很晚了。但你放心，明天的早朝自有我给你提醒（当然，不光字面的意思）的。“怯忆前朝有名将，曾于此夜夺昆仑”、“却喜御筵今夜月，清光还为照三边”，想起前朝（英宗朝）的名将（当指于谦、石亨等），曾在元宵之夜打败了蒙古瓦剌部的侵略。在这明月喜筵的时刻，吾皇请你不要忘记边关（延绥战事）的将士。同时九思还不无忧患意识：“东风初送春消息，犹恐高寒拂翠华。”在这东风送暖、春（好）消息不断的时候，还恐怕突如其来的寒流袭击翠绿的花木，此句的“翠华”（皇帝仪仗的一种：绿色羽扇）实指皇帝，是要皇帝居安思危。另外，不知是怕语言冲撞皇帝，还是对仕途险恶的预感，九思似乎有一种“高处不胜寒”的恐惧感。

《明清曲家考》作者汪超宏，在明人王锡爵、沈一贯所辑《经世宏辞》发现九思佚诗六首，其中十三卷中有《五日从游西苑应制》一首七律，其尾联为：“鱼藻万年同宴镐，甘泉欲赋未能工。”其中“鱼藻”为《诗·小雅》篇名，《诗传》谓天子宴请诸侯，歌颂周武王都镐京的功劳。此处将孝宗皇帝宴请臣工誉为周武王宴群臣于镐京，但自己却不能像扬雄作《甘泉赋》的美文，而颂扬汉武帝那样颂扬“吾皇”。

这些应制诗，不管从诗体的起承转合，诗意的回环往复以及音韵和谐、对仗工稳上都无可挑剔，但毕竟未脱台阁体歌功颂德、粉饰太平之弊；在形式上追摹李东阳茶陵诗派之风。弘治十五年（1502）虽然李梦阳、何景明、康海等已经进京，他们在诗文改革上已有嚆矢，却未成气候。九思虽倾向“改革”，但未现行迹。况李东阳诗坛领袖、朝廷重臣（大学士）的影响不可动摇。因之，九思追随李东阳自是情理中事，更兼其作为“师座”又有昔日入翰林之恩。

王九思经翰林历练，官场淘洗，其心声固然以含蓄方式表达，而骨子里却是孤傲的。在《阁试十六夜月》（《渼陂集》卷五）诗里有“佳节才过独依楼，清光俄减一分秋”，“凉逼诗怀删旧句，狂添酒兴换新筹”等句。阁试当是内阁或翰林院对所属官员的例行考核。这种考核无疑是官样文字，或者是毫无意义的形式。试罢，九思独依高楼，清光（不是明光）顿时为秋“添一分冷”（俄减一分秋：不说添，不说冷。妙语），可见其心境。“凉逼诗怀”必然缺乏诗兴，只能删旧句，或者干脆换筹狂饮了。“响入疏桐人静后，韵随寒雨客愁边”。酒醒后，琴（疏桐）声入夜，却是无限的愁肠，那音韵随着寒雨，简直令客（九思）愁到难以忍受（边）的程度。“小僮顽懒启关迟，白纻青鞋独坐时”（《渼陂集》卷五），于是便让顽懒的童仆迟迟开门，身着白纻脚穿青鞋（不着官服）独坐空屋，可谓杜门谢客。“经年诗卷聊还债，绕屋书声自课儿”。诗也不做了，只是教儿读书。此时应是瀛（长子）在身边。

这期间，弘治十二年（1499），九思父王儒因父丧去官，携眷及九峰归里。时虎谷王应韵督学关中，得其友张文粹（九峰师）推荐，“按鄠（县）首问九峰，得九峰大喜，命为官学弟子，遂入正学书院（在省垣，为杨一清所创），与高陵吕柟（正德初状元）等亲授其业”（《渼陂集卷十四·王寿夫墓志铭》）。弘治十四年（1501）九峰中举。

弘治十五年（1502）会试，王九思任殿试堂卷官。三月，399 名贡士策对于殿廷，赐康海进士及第第一，授翰林院修撰。康海《廷对策》备受孝宗皇帝与众考官赞赏。陕西状元自康海始，天下惊传得真状元。大学士刘健称其“奇才，奚啻三百，即千人无以过也”。孝宗皇帝深喜得人。李东阳赞其“条陈礼乐之兴废，发明教之盛衰，以及选课之有方，征输之有法，驭兵之有制，用刑之有条，一一中款，末路归本君身，犹见忠爱卓识”（见金宁芬《康海研究》99页）。这说明李东阳对康海十分赏识，康海的高中，作为殿试主考官的李东阳必然起重要作用。

先是阅卷诸公得康海《廷对策》，欲上奏孝宗皇帝，先问诸大臣谁为关中名士？“应者语数人，非所问也”。时王九思在他所进曰：“关中有康海者，天下士也。”阅卷诸公曰：“信如子言。”遂奏卷。孝宗皇帝亲览，赐进士及第第一（见马理《对山先生墓志铭》）。这说明康海为状元，九思亦助一臂之力！

此科何景明、王廷相中进士，九峰会试不第。不久，九思援引康海、何景明、王廷相等入大学士李东阳茶陵诗派。

弘治十八年（1505）九峰会试又不第，乃入太学，寻复归省。直到正德二年（1507）王九思于检讨任上召九峰至京，昼夜督课，乃于正德三年（1508）中二甲进士，授河南道监察御史。

据《李开先集·康王王唐四子补传》和《王氏族谱》，王九思于弘治十八年（1505）援例归省。是年五月，明孝宗驾崩。临终召大学士刘健、谢迁、李东阳至乾清宫，托以后事。太子朱厚照即位。九月，王九思与送母归籍的武功康海先后接吏部檄，催其入馆，纂修孝宗实录。

冬，九思携眷北上，行经月余日，除夕到邺城（今河南安阳），与北上进京的康海相遇，并宴请于刘克绍之昼锦堂（见《康海全集》卷四《刘安阳克绍昼锦堂宴集同敬夫翰长联句》），康海有诗“三冬尽行旅，万里黯愁色。邺城岁除日，虚堂烛明夕”。二人心情灰黯，无疑因孝宗驾崩所致。也许是一种预感：为孝宗所欣赏的康海、王九思将前途莫测。

至京后，武宗率群臣谒孔庙，九思充陪祀官。

七　经筵讲经　美刺朝政

正德元年（1506）十月，户部尚书韩文率廷臣请诛乱政内臣刘瑾等“八虎”，大学士刘健、谢迁、李东阳许之。吏部尚书焦芳泄密于刘瑾（一说为李东阳），刘瑾等趋帝前泣诉，事遂败于垂成。于是诏令刘瑾掌司礼监兼提督团营，丘聚、谷大用提督东西厂，张永、魏彬等各据要地。三阁臣乞去，刘健、谢迁即日致仕，独留李东阳。户部尚书韩文落职，户部郎中李梦阳因代韩文草疏，降为山西布政司经历，大批官员被罢、被廷杖或逮系锦衣卫狱。十二月，李东阳晋少师兼太子太师、吏部尚书、华盖殿大学士。

王九思、康海未参与此次事变。而马理、王廷相因反对刘瑾而先后离职。

按明中期朝官职责，翰林院修撰、编修、检讨专为史官，史官皆领侍读、侍讲官事。王九思身为翰林院检讨，也应领讲、读事。正德二年（1507），九思六年考满，“次年充经筵讲官，庆成宴得坐中左门”（《康王王唐四子传》）。又有“进讲经筵，触忤刘瑾意”（引文同上）语。可见王九思进讲经筵次数不少。

据《明史・礼九》与黄仁宇《万历十五年》记述，皇帝为太子时即应就读，受傅于翰林院诸学士，称为东宫出阁讲学。登基之后，除继续就读而外，还要出席另一种形式的讲学，即所谓的经筵。经筵于春秋两季气候温和时举行，每月三次。每次经筵，所有六部尚书、左右都御史、内阁大学士和有爵位的朝臣、勋戚都要一起参加，还有给事中、御史多人也在听讲的行列。

经筵举行的时间一般在早朝之后，各种繁复的规章礼仪例行后，讲官开始口讲指划，其他人员都要凝神静听，即是皇帝也概莫能外。如果当今天子偶然失去庄重的仪态，将一条腿放在另一条腿上，讲官就会停止讲授而朗诵：“为人君者，可不敬哉？”这样的责难不断重复，决不宽贷，一直到为人君者改正为止。

这种繁文缛节，乃是当时国家的一种重要制度，经筵的着眼点在于发挥经传的精义，指陈历史的鉴戒，但仍然经常归结到现实，以期古为今用。称职的讲官务必完成这一任务，如果只据章句敷衍塞责或以佞辞逢迎恭维，无疑均属失职，孝宗时几个讲官因此被罢免。

在正面阐述圣贤之道的时候，讲官可以用极委婉的言辞，在不妨碍尊严的条件下，对皇帝作必要的规劝。皇帝可以在经筵上提出问题，甚至说明其不同的观点，但是，责问或者指斥讲官则属失礼。即使讲官准备不充分，讲词前言不对后语，皇帝感到不快，也不能当场流露，只能在事后间接指出。执行任务的讲官所受的优礼，乃是长期历史的产物。

从以上记述可以看出，经筵讲官是有一定独立性的，而且有责任和义务对皇帝规劝。这是正常情况下，且须是开明君主才能做到。但对于明武宗那样荒诞不经、恣意妄为的皇帝，这种所谓的“定制”就失灵了。后来干脆就取消这种令他烦恼的“劳什子”。

正德三年（1508），武宗开经筵，九思进讲于文华殿。此次经筵讲章，九思以经史委婉规劝武宗，以期皇帝能勤政爱民，做一代贤明之君主，正如其在《送丰学原先生序》(《渼陂集》卷九）中说自己“昔在翰林，盖应制而讽谏，寓撰述而美刺，备群居而规戒形”。

正德四年（1509）四月十二日，王九思进讲经筵。根据《经筵讲章》(《渼陂集》卷七》)：九思以《虞书·大禹谟》篇“无稽之言勿听，弗询之谋勿庸。可爱非君，可畏非民。众非元后，何戴，后非众，罔与守邦。钦哉，慎乃有位，敬修其可愿”的思想，向武宗“进讲”。这段话是帝舜欲传位于大禹，先给大禹讲述治理天下的道理。帝舜说：没有根据之言（道理）不要听，没有经过考察的谋略不可用。可爱的并非君主（元后），可怕的不是百姓。没有君主，百姓拥戴谁？没有百姓，谁与君主守卫邦国？君主啊，谨慎才有其位，敬修才能达到你的愿望。

九思在论述中说：“小民虽众，若不奉戴人君，靠谁作主，相欺相害谁与管理，饥寒困苦何处告诉？”人君只有关心百姓的疾苦，才能得到百姓的爱戴。“人君虽尊，若不靠那百姓为本，虽有高城深池着谁维护，坚甲利兵着谁运用？”这就是百姓可怕的地方。

“人君居此可爱之位，临此可畏之民，或有一毫慢易，便失掉人心”。所以九思劝皇帝“言不可不敬也”，人君要“致其敬”，必然要“谨其所居之位”，要“不以尊贵而自傲，不以盛大而自满”，才能“谨守天位”，所以说“慎乃有位”。

“人君欲慎其位，必当敬修其可欲之善”，也就是“心里存的都要合乎道理，外面行的都要合乎人心”，才能“敬修其善”。也就是说“敬修”百姓愿意的事情，则君之可爱益见可爱，百姓的可怕并不见得可怕。所以九思希望皇帝记住圣贤之道，“以小民为可畏而宽恤之恩屡下，以性善为可愿而敬修之心常存”这样才能够“保天位于无穷”，可与“舜禹同揆，唐虞并驾，而陋汉唐宋于下风矣！宗社臣民不胜庆幸！”

这篇《讲章》无疑贯穿着孟子“民贵君轻”的思想，讽劝皇帝树立“民本”的政治理念。可以说，这种劝喻在中国君主专制社会中并不鲜见，且更有言辞犀利、论理精辟的。但在明朝前中期，则要另当别论。根据史学家吴晗《明初的学校》(载吴晗著《读史札记》326页）：洪武三年，朱元璋开始读《孟子》，读到几处对君上不客气的地方，大发脾气，对人说："这老头活到今天，非严办不可！"下令国子监撤去孔庙中孟子配享的神位，把孟子逐出孔庙。洪武二十七年（1394）特别敕命组织一个"审查委员会"，将85条以为对君上不客气、不合"名教"之处全给删掉了。只剩下170余条，刻版颁行全国学校。这一部经过大手术切割的书，叫做《孟子节文》。所删掉的85条，"课士不以命题，科举不以取士"。

这一件事到弘治、正德年间，大约有一百年左右。这期间有没有"违太祖制"，向皇帝进讲或上疏孟子"民贵君轻"思想者，难以查考。但百年后，进士出身的王九思，不会不知道"课士不以命题，科举不以取士"的禁令。虽然他在进讲中语言之扼要，据典之偏僻（不直接引用孟子语），在明初"文字狱"的阴影下，能"违制"进讲，其智勇也是难能可贵的。

后来，随着武宗的荒淫无道、恣意妄为，信任刘瑾等"八虎"，九思的进讲也就进一步升级，从规劝到"美刺"。其《周语仁》（《渼陂集》卷七）几乎是直接指责武宗蓄"虎"伤仁，用悭（奸佞）失臣的错误。在这篇进讲中，言及周王豢七虎于庭，臣子以周武王纳西旅贡獒（大犬），召公戒之为据，批评周王"不慎德而猛兽是蓄，遗先王矣。夫蓄猛兽则不仁，遗先王则不孝"，"不孝者逆，不仁者残，人君将残逆是去而务之，其能国乎？"但周王还是不纳谏，臣子们仍然规劝："夫虎恶类也，暴而难制，怒而噬人，不可狎（亲近）也，狎则祸。"即使蜂蝎也有毒，况且枭虎呢！"昔我周公驱虎豹以宁王室。"周王还是不听忠言，相信佞人，终于酿成"七虎之乱，洛公、越公乃老（死）"。但周王仍不悔悟，不顾忠正之臣劝谏，听信诸寺人（阉臣），以纵周王豢虎的悭人虢公贡为太宰，"周王于是失臣也！"

这篇进讲以影射法直刺武宗重用"八虎"刘谨等乱政，可谓将生死置之度外。因为武宗喜怒无常，"八虎"权欲熏天。幸运的是"八虎"羽翼还未全丰，生杀予夺尚不专擅。所以才落得正如李开先在《康王王唐四子传》中说九思"进讲经筵，触忤瑾意"。不过中国帝王专制社会所谓的"文死谏、武死战"，到明代中期由于文官制度的过于成熟和偏执，武将"死战"倒不多见，而文官"死谏"却成为时尚，他们以被皇帝廷杖（当着朝堂打屁股）为荣。王九思的老师马中锡，就因成化年间疏劾万贵妃弟万通骄横，受廷杖，再劾，再杖。致使其督学陕西时，在《乞休疏》中言"两股俱痿，步履艰辛，阴雨疾痛，虽加治疗，终未奏功"。马中锡作为老师，其"死谏"后遗症对九思不无影响。幸运的是九思没有招来惩罚。但他万万想不到一年后，竟以"瑾党"被参劾，贬官寿州，且给他带来终生的耻辱。

正德三年（1508）春，殿试，赐吕柟进士及第第一（状元）。九思弟九峰为同榜中进士，授河南道监察御史巡视居庸关。

正德四年（1509）四月二十一日《孝宗实录》书成表进。先是正德元年（1506）十二月敕修《孝宗实录》，命英国公张懋为监修官，大学士刘健、李东阳、谢迁等为总裁官，吏部侍郎张元祯、詹事杨廷和、翰林院学士刘忠为副总裁官。未几，刘健、谢迁去位，再命大学士李东阳、焦芳、杨廷和、王鏊为总裁官，吏部尚书梁储副之。王九思、湛若水、焦黄中、胡缵宗、吕柟等20余名纂修官同纂修。按一般编纂程序安排，朝廷大员们是荣誉职，而九思等纂修官，应是实际纂修者。据九思《赵张二孺人合葬墓志铭》（《渼陂集》卷十五）："进呈实录有白金、彩币之赐，兼宴于礼部。"

八　恃才傲物　隐伏祸根

弘治中期到正德初年，发生前七子的诗文复古运动。

先是前七子的领袖人物李梦阳，于弘治六年（1493）中进士。李为陕西庆阳（今属甘肃）人，字献吉，号崆峒（也做空同）。生有殊才，陕西提学副使杨一清惊叹"当以文章名天下"。李梦阳之父李正，曾任周王（藩王）府教授，故迁居河南开封。周宪王朱有燉能诗喜文，精通音律，对梦阳有所影响无疑。李梦阳中进士以前即有诗名，其会试途中题驿壁末句："不堪乡国思，又触雁南翔。"初举进士，出使云中诗云："黄河水绕汉边墙，河上秋风雁几行。客子过壕追野马，将军韬箭射天狼。黄尘古渡迷飞輓，白月横空冷战场。闻道朔方多勇略，至今谁是郭汾阳。"这些警世之作，九思早有所闻。中进士后李梦阳连遭父母丧事，回籍守制六年后，始除户部主事，在京为官。

王九思为弘治九年（1496）进士，实际上比李梦阳在京早三年。李梦阳守制期满到京，因诗名和同乡故，与九思往来较多，并为九思长子瀛行加冠礼，取字曰子洲，可见二人情谊。他们切磋诗文，互相砥砺。李梦阳诗风犀利，大有盛唐风采，给九思以深刻的影响。李梦阳始对诗坛领袖、内阁大学士李东阳的诗文訾议时，九思则保持一种和而不同的态度。弘治十五年（1502）康海（状元）、何景明、王廷相等中进士进京后，他们明确提出"诗必盛唐，文必秦汉"的复古主张，九思方才改弦更张，走上诗文复古之路。从此，便拉开由诗文复古运动引起的一系列历史事件的序幕。

前七子复古，就其实质而言，乃是市民阶层的崛起，反对宋明理学对人性的禁锢，求得人性解放在文学领域里的表现。他们是借助先秦两汉的诗文形式，来宣扬新的文学思想和诗文主张，以期构建诗文艺术形式的新体系。

中国的诗文尤其诗歌发展到唐代，已达到最高构建模式。以至于宋人已无法达到或超越它，就设法从内涵上改造，使诗歌具有哲理性、隐逸性以及一种超自然的形式内蕴。同时更从外在形式上改造，从而创造出完全不同于诗歌规范的词的形式。可以说，从两宋以来，文人学士的创作，一直是对唐诗范式的解构。实际上前七子（包括后七子）倡导复古也是这种解构的继续。虽然他们标榜复古（诗必盛唐），实际上不可能回复到盛唐以至于汉魏。不管它最终是否走向僵化，但它对于诗歌体式螺旋式渐进应是一个必然的环节。

明沈德潜《明诗别裁集》说："永乐以后诗，茶陵起而振之，如老鹤一鸣，喧啾俱废。"但从后来的结果看，李东阳（茶陵）对台阁体并非匡正之，而是将诗文从此一歧途引向另一歧途，即从雍容典雅、歌功颂德之诗文引向重声调、重格律之途，艺术形式上虽有所翻新，内容上仍然是歌功颂德、歌颂升平，其对明代文坛的负作用是显而易见的。而七子们要复古，其对象即是被朝野认同的近百年诗风，而首当其冲的就是主持当代文柄的茶陵诗派领袖人物——大学士李东阳。

王九思因李东阳的提挈，且附和茶陵诗派，得以文名大盛。当时就有"上有三老，下有三讨"（注）的高名，"三老"之一是李东阳，"三讨"之一有王九思。王九思也在一定程度上将仕途升迁之注，押在恩师李阁老（东阳）一边。

然而王九思又是在诗文上有较高追求的翰林词臣。李梦阳、何景明、康海、边贡、王廷相等年轻的下层京官，所作诗篇清新而质朴、情切而志高，深为九思所喜爱。尤其康海、李梦阳的诗文，更使其崇拜。九思在《渼陂集·自序》中说："予始为翰林时，诗学靡丽，文体萎弱，其后德涵（康海）、献吉（李梦阳）导予易其习焉。献吉改正予诗稿今尚在也，而文由德涵改者尤多。然亦非独予也，惟仲默（何景明）诸君子亦二先生有以发之。"此序作于《渼陂集》刊行的嘉靖十年（1531）五月五日，时九思罢归居家二十余年，已 65 岁。可见是其沉淀过滤后之言。这也说明九思在当时已经是复古的中坚人物。

而康海在《渼陂先生集·序》里，也赞扬九思诗文达到他对诗文的要求标准："予观渼陂先生之集，其叙事似司马子长（司马迁），而不屑屑于言语之末。其议论似孟子舆（孟子），而能从容于抑扬之际。至其因怀陈致、寄景道情，则出入乎风、雅、骚、选之间，振迅乎开元、天宝之右，可谓当世之大雅斯文之巨擘矣！”这段话里有康、王二人“文必先秦两汉，诗必汉魏盛唐”的文学高标（思想），又有其“惠猷启绩”之司马子长，“弘道广训”的孟子，“序理达变”的“雅”、“颂”为文典范，还有风、骚、选的“因怀致陈、寄景道情”的宣泄情感的形式。这说明九思在诗文创作上已经复古化了。

后世有以为康海对九思评价过高，但起码“其叙事似司马子长，而不屑屑于语言之末”不为妄评。因为康海自从在南太学发现“刓蚀过半”的《史记》残本后，“博采旁搜十余年”，“殚心竭思，继以日月，参视群册，断拟至理，颇谓苟完斯典”（《康海研究·史记序》卷二三）。其对《史记》不懈研究，可谓精到。最后刻梓印行。其以为《史记》“不虚美，不隐恶”，岂可以“虚美”、“隐恶”的虚伪去评价别人的作品呢？所以说其以司马迁《史记》之“叙事”喻《渼陂集》是有所本的。而从九思所作有限文中（后有专论）亦可见其言之不妄。

九思既为复古的中坚，加之其本是性情中人（经常自称疏狂），必然对恩师李东阳的文风诗篇，由不满到不屑，并讽刺其诗“萎弱”。同时也很少光顾李东阳座中谈论诗文，即使偶有参加，也由沉默到争辩直至不欢而散。身为大学士、三朝元老的李阁老也是风雅之士，若九思有不同的诗文观倒也正常，问题是朝野已经形成訾议其诗文的潮流。那些后进之士，或狂妄自大、不知天高地厚他能原谅。惟王九思他一手扶持的“名士”，亲为提挈的翰林官，公然和那些狂妄之徒同流，或明或暗地攻击他。更有人认为王九思在前七子中年龄最长，在京时间最长，且是茶陵派旧人，最知根底，其应视为“叛徒”。因而，“李西涯（东阳）则直恶其（九思）异己，蓄怒待时而发”（《李开先集·王渼陂检讨传》）。

弘治十八年（1502），王九思以翰林院检讨身份，为当年会试同考官（副主考），李东阳的荫子李召繁参加科考，李东阳或暗示或通过门生要九思予以照顾。“渼陂（九思）以众人遇之，不肯阿意置之首选，西涯（李东阳）深恨之”（《李开先集·王渼陂检讨传》）。

前七子们疏狂，往往恃其长而不体人情。如李开先在其《李崆峒传》中述及李梦阳在京为主事时，公事之余，召集名流为诗会（九思、康海也在座）。邻居有与其同为官者，素不能为诗，但他们每会却坚请其来，并分题要其赋诗。时家童来说“主母将分娩矣”。第二天同僚们都祝贺：“昨夜一定生男孩。”邻居皱着眉头说：“我不会赋诗，不过是借此逃脱罢了。”康海在《与彭济物书》总结自己与权贵、势利小人，不能合作共事时说：“今仆之不可于当世者有五，而甚不宜出就官职者有二。性喜嫉恶而不能加详，闻人之恶辄大骂不已，今诸公者皆喜明逊而阴讥，此一不可也；翰林虽皆北面事君，而勤渠阁老门下者以为贤能。仆懒放畏出，岁不能一造其户，此二不可；人皆好修饰文，诈伪恭假真，而仆喜面讦人，未有不怒者，此三不可；士大夫不务修身法事之业，而但呻吟诗文以为高。业见其诗若文不能不怒，故见辄有言，而彼方望我以为美也，我以言加之，此四不可也；与相好者接，必因其职事加勉戒之词，多忤其所好，彼或未从，即拒而绝之，以此亲疏多怨，苟复见其所爱者又不忍不告，或又告之彼即又不从，而仆又绝之，此五不可。”恃才傲物至此，谓之可爱又可悲。九思与康海为莫逆之交，情投意合，其在朝为人想必与康海也大致不差。由于康海疏狂，人不能接受，往往有人作弄他。据《李开先集·康王王唐四子补传》，有人嫉妒康海，假以国老（李东阳）文，说是自己所作，要康海批改。康海不知，执笔批抹所剩无几。嫉妒者拿去呈给国老，“诸老咸恶之”。

据王九思《康长公墓志铭》（《渼陂集》卷一二）：正德三年（1508）秋，康海母卒于京师玄武门邸舍中，将扶柩西归合葬于父墓。诸翰林葬其亲者，铭、表、传、碑无不持厚币求之馆阁诸公以为荣。而康海不以为然。有劝其不必孤行，康海大怒曰：“孝其亲者在文章之必传耳，官爵何为？”于是康海自述行状，以九思为志铭，李梦阳为墓表，段炅（字德光）为传。“一时文出，见者无不惊叹，以为汉文复作，可以洗今文之陋矣。西涯（李东阳）见之，盖大衔之。因呼为子子股，盖数公为文称子股也。若尔，非大衔者耶？”（张治道《对山先生行状》）当《康长公世行叙述》出，“吕九川（陕西庆阳人，正德三年进士）见而深讶之，以为此去官供状也，尚以其刻送人，何也？”（李开先《对山康修撰传》）

据明后七子之首王世贞《曲藻》云：“敬夫（王九思）有隽才，又长于词曲，又傲睨多脱疏，人或谗之李文正（李东阳），谓敬夫讥其诗。”《明史·李梦阳传》：“（梦阳）又与（何）景明、（徐）祯卿、（边）贡、（康）海、（王）九思、（王）廷相号七子，皆卑视一世，而梦阳尤甚。”《明史·康海传》：“（海）与梦阳辈（含九思）相倡和，訾议诸贤达，忌者颇众。”《明诗三百首·前言》（金性尧选注，上海古籍出版社，1995 年 4 月版）中，对前七子评道：“他们矜才使气的声势，也容易引起别人的反感，有人一提到七子，仿佛咬牙切齿似的。好话说得过头，坏话说得过头，都不能令人信服。”

这还不够，七子们后来又因学术之争，弄得李梦阳与何景明感情破裂，“失和绝交”，康海、王九思又与李梦阳“素不相上下”，以至于李梦阳下狱即死，也无颜面向康海求救。

所有这些，原本由学术问题引发，导致政治权力角逐，又由于七子们恃才傲物和“窝里斗”的悲哀，一旦政局有变、权力重组，这些年轻士子也就难免被以堂而皇之的理由，“莫须有”的罪名，或贬或罢，一个个落得可悲的下场。但却由于政治的失意，官场的失败，命运的多舛，使他们分别在诗文、散曲、戏曲的创作方面有所成就。

王九思在翰林院为检讨时，康海中状元选为翰林院修撰。他们同乡同官同为前七子重要人物，在诗文观念上相同，所以过从甚密。正德二年（1507）十月，两家之妻同时有孕。康海说：“幸一男一女，当结婚姻云。”（《渼陂集·康氏女墓志铭》卷十三）后果然康海妻生一男曰栗，九思妻生一女曰玉英，于是订为婚姻。后二人先后罢归故里，子女于嘉靖二年（1523）冬十月结婚，王、康又为儿女亲家。

（注）据《明清曲家考》作者汪超宏考证：三老（内阁大学士，简称阁老）为李东阳、刘健、谢迁；三讨（翰林院检讨）为王九思、刘瑞、石瑶（宝）。

九　吏部为郎　进贤黜愚

正德四年（1509），王九思为吏部文选司主事，九思在其著作中多处称之为“左迁吏部主事”。按翰林院制，庶吉士三年散馆，经过考试优秀者留翰林院为编修、检讨等职，余皆分发各部任主事或御史等。时九思任翰林院检讨六年考满，晋升经筵讲官（正六品）。正常情况下，作为京官又三年考察无过者，应例升一级为从五品。而九思迁吏部主事仍为正六品，应视为左迁。据《李开先集·王渼陂检讨传》载：“（九思）将及九年（包括庶吉士三年）考满，例升二级，值刘瑾揽权，乖张用事，凡在翰林者，除状元不动，余悉改调部属，历练政务。翁（九思）得吏部主事，辍经筵而游省署，弃文墨而理簿书。”这里仍是说九思九年在翰林（经筵讲官属翰林院），理应“例升二级”，至少也应为从五品，但却“辍经筵而游省署（六部官署）”，仍为六年前散馆时所定的正六品官，岂不是左迁！对于王九思左迁吏部主事，李开先认为是“进讲经筵，触忤瑾意”。从九思进讲《周语仁》言及周王蓄“七虎”事，以刺武宗亲近俭人，触忤瑾意，当属事实。李开先在《康王王唐四子补传》中，又讲了下列事实：一为九思左迁吏部前夕，众翰林见刘瑾，长揖而不拜（普通见面礼），刘瑾虽未发作，但却衔怨怀恨在心。时有皋兰人段炅（字德光，翰林院检讨），“久欲横飞直上”，又恐群贤先于己而升官，便乘机投隙，“与其素相构结者吏部侍郎张綵、焦内阁（焦芳）子黄中，以群贤姓名达之瑾，曰：‘此皆九思类也。’”张綵、焦芳、焦黄中皆刘瑾党羽，《明史》将渠辈列为“阉党”。因此，“瑾党”假借纂修《孝宗实录》功，调翰林十二人于各部。“（张）綵注渼陂（九思）文选主事，将以凌之也”。然而，没有多久，因刘瑾案“三人交败”。张綵对九思说：你转吏部属知道是谁所为？是段炅与焦黄中干的。而焦黄中又给九思说：这是张綵与段炅所为。只有段炅没有说什么。

李开先在《王渼陂检讨传》中，谈及李东阳恨九思异己时，有“刘晦庵虽不喜诗，然犹爱九思才”语。此晦庵者，即与谢迁、李东阳同为内阁大学士、孝宗托孤的顾命大臣之一的刘健。九思等前七子虽然疏狂，但刘健还是看中九思的才能。所以，九思任文选司主事没多久，“考功缺员外郎、文选司郎中，廖廷臣言于刘冢宰（刘健）曰：‘王主政（事）在翰林，历俸垂九年，岂宜久在诸后进之下？须升实授员外乃称。’”于是正德五年（1510）初，九思擢升为文选司郎中（正五品）。由此可知，九思升任吏部郎中与刘瑾无涉，亦王九思按例应得之职。这也是九思为官十多年的最高职衔。

吏部为六部之首，尚书掌管天下官吏选、授、封、勋、考、课之政令，以甄别人才，赞天子之治，为古冢宰之职。文选司掌官吏班秩、升迁、改调之事，以赞尚书。作为吏部文选司郎中，王九思权力可谓不小。

有关王九思在吏部任主事及文选郎中的具体记载很少，能见到的仍为《李开先集·王渼陂检讨传》记述：“时侵夺吏部之权者，不止一（刘）瑾，虽文书房宦寺，亦多请托，翁（九思）悉拒不听。剔滞拔淹，进贤退不肖，唯凭公论行之。向为真翰林，今为真吏部。”

这段话的第一层意思是，当时吏部权为刘瑾阉党、吏部尚书张綵所把持，綵唯刘瑾之命是从，当然应视为刘瑾“侵夺吏部之权”。这样一来，文书房（司礼监）的宦官们也仗刘瑾势，“请托”、插手吏部事。李开先言“翁（九思）悉拒不听”。以理推之，张綵以瑾党中坚掌管吏部事，九思作为文选郎中，一味地以翰林的清高与名士的疏狂，事事都抵制刘瑾及其顶头上司张綵，于情于理也是不通的，弄不好这郎中之官也会泡汤！若为仕宦前程计，九思与之虚与委蛇，或在具体事件上寻找漏洞，进行“合理合法”的抵制，都是可能的。但要“悉拒不听”并不现实。所以，刘瑾倒台将九思列为瑾党，虽为冤案，但也不是空穴来风。只是反对党为泄私愤将之扩大化而已（后将有专章论及）。

第二层意思为，九思在这种艰难的处境下，还作了“剔滞拔淹，进贤退不肖”的好事。因为瑾党控制下的吏部，不会是铁板一块和无隙可乘的。况尚书张綵毕竟为后进，之前的尚书许进、刘宇并非瑾党，还有众多属官各有来历。九思通过这些人推进久官不动和提拔有才能的人是可能的。同时“引进贤才，罢黜不肖”视为份内事去做，也是应该的。

王九思作为吏部文选司郎中，对官吏的升迁、改调当是职权所在。因而，从其对升任、改派官员赴任时作的“序文”，可见其施政思想和对人才选拔的要求。

陕西韩城人李人英，自户部郎中到顺庆出任知府。临行时，同官、同乡、好友等为其饯行，宴会间，文人学士必以诗文相赠，以示祝贺与勉励。九思以同乡、文选郎中身份饯其行。于是众人以九思为诗文高手，属其作序，以志其事。九思作了《赠李人英序》（以下送马公顺、秦民望等序文亦属此情况）。首先嘱其要知道府这一官署，上达布（布政司）按（按察司），下通州县的作用，“是府者，又莅民之重者也”。九思要其认清当前社会的弊端：“自赋敛厚、贪吏横而民始穷；自礼教不兴，而风俗侈，财用匮；游民众，耕者寡。”加之田地没有增加，人口却越来越多，这样的恶性发展，民不穷是不可能的。而这些使下穷的根本原因“是皆在于上者矣”。九思要求李人英，通过“府”这种特殊的位置上通下达，“兴礼教、变风俗、节财用”，达到“贪吏黜、赋敛薄、风俗正、财用足”。只有这样才能“民生厚”，“民生厚，而天下不治，不可得矣”。可见九思对当时社会认识之深刻，并一针见血地指斥时弊。虽为对赴任官吏的嘱咐，实为对现实不满和对时局的忧虑。

九思在《送马公顺提学湖南序》（《渼陂集》卷八）中，进一步阐述其“民生厚”的民本思想。在湖南连岁灾异、盗贼四起的情况下，马公顺将要出任湖南提学副使。提学副使的职责为立圣人之教，“建庠序、敦化理、兴礼乐、格天地”，而且马公顺“文学雄三秦，智识超百士”，“诵法先王，讲论五经，所以为教则善矣”。但九思却要他到湖南先为政，使民食足，无冻馁，弭盗贼，厚民生，并协理方伯（地方行政长官）治理地方。只有这样，社会安定了，才有可能施行教育职责。因而其认为“教者，政之余也”。同时，九思又举孟子言：“饥寒困苦之切身，而其心恝然（无动于衷），虽圣贤者不能也。”大家若都像颜渊、闵子骞“居陋巷，一菽一水，曲肱而枕之”，为了做学问，自甘清苦也不现实：岂不知士也是人，也有生存与享受的需要，他们及其妻子若冻馁饥饿也是不能忍受的。九思通过对马公顺的“教诲”，告诫当道者，当务之急要使民“衣食足、无冻涹、要弭盗贼”而“厚民生”。

王九思作为吏部文选司郎中，掌官吏的升迁、改调等事项。其对人才的任用、开发深有感触。其在吏部时，写有《说官》（《渼陂集》卷七）的短文。他说：“行仁敛义，宰制万有，有道者为之也。”但是，这些“有道者”却不能制陶器，制陶器者必须是有冶陶经验的人。“骅骝骐骥，日可以千里”，但逮鼠则不如黄鼠狼。社会分工有“公孤、九卿、士大夫、岳牧、守、令”，也应有“关市之吏与隶役之守”。吏役们虽然身份低贱，但也各有其能，努力做事，为上者服务。

而世俗认为“吏役之守、关市之吏”是被人役使的，君子是不用他们的，这实在是不明智的。基于此，九思提出一个在今天看似平常，在当时不啻为石破天惊的人才观。

隋唐以来，尤其武则天朝谓吏役之属为贱业，并规定其（甚至包括子孙）不能参加科举为官，这种陋规一直延续到明清。但毋庸置疑，这些人却是支撑王朝官僚体制的基础力量。地方官员依靠这些人，来实施其政治统治和赋役征敛的。他们中的有智慧者，经过一定的历练，往往有出类拔萃者，他们的施政方法往往更切合实际，比之高高在上的官员更有管理才能。但由于科举取士的限制，他们中间的优秀分子不能被任用，实为憾事。因而九思大胆地提出：“（由）吏役之守、关市之吏达于公孤而能焉，皆谓之忠。”这样“吏役之守、关市之吏可方于（并列于）公孤者也！”从而批驳了“吏役之守、关市之吏，人役也，君子不由也”的谬论。

王九思毕竟是圣教熏陶、朝廷钦命的官吏，忠君爱国义不容辞。其在《送鲁业司序》（《渼陂集卷八》）中，先说鲁业司因行孝“屡辞官职，得而甚喜”。当时由于武宗不君，朝官心灰意冷，大家“闻其（鲁业司）归，靡不感动，各念其父母，而日日谋归者，盖数百人焉”。大家为鲁业司饯行于李太史家。有人对鲁君说：“皇上待君厚，君何以报才是？”“鲁君蹶然发悟，敬诺曰：谨奉教矣”。九思在文中认为，“人臣不可退保自身矣”。意谓在此“武宗不君”的非常时期，作为臣子不但不能退身自保，而且要尽职尽责以智慧应对不测。可见九思对朝廷危机的忧心。

在《送秦民望赴陕按察副使序》（《渼陂集》卷八）中，九思言及边备松弛，奸蠹耗费，百端莫究，贪吏侵牟，莫或禁之。所以，朝廷决定派秦民望以按察副使巡视宁夏边事。在这里九思委婉地批评武宗：“往岁环庆（时为州治，即今庆阳，属甘肃）设按察副使一人，专理兵备。陛下（武宗）初即位，幸边鄙无事，诏革罢之（取消）。夫圣人不凝滞于物而与世推移，言今昔之殊时也。故尧舜善宜民而汤武不傲俗。诗曰：‘鱼潜在渊，或在于渚。’言无定处也！因之、革之、益之、损之，贵其时也。今愿推毂才名素著一人，为按察副使来守环庆，以兴滞补敝，则边务不足虑，北虏不足扰，唯陛下留意焉！”此秦民望大概为九思所推荐。九思在这里引经据典，言古圣贤“不凝滞于物而与世推移”，所以尧舜能顺民意，汤武能随时俗；鱼无定处，事无定则，要因时势决定守成、改革、增加、减少，才能成功。要言之，意为武宗不是圣人，不知道与时俱进，一味恣意妄为，给边备已经造成重大损失，今才派秦民望去收拾残局。当然其语气还是平和的。

在《送阎允学序》（《渼陂集》卷八）中，九思则更加明显地指出武宗的错误。言古者先王礼于其臣，“其报功则有世禄之典，其去而怀之也。有召见之体，有存问之仪，因情而为之节礼，其意而勿使咈（乖戾）焉！是故为臣者，仰之（君）如天地，恩之若父母，波流子孙……”而是时武宗，废朝去典，动辄杖臣于廷，视臣下为奴仆。而一旦边防吃紧，才想起旧臣，这样岂能奏功？然而九思还是劝阎允学以国家利益为重，“出一技，破一阵，以报天子而树名当世，声流于无穷焉”。

以上这些序文，总的趋向，都是在忠君爱国的大前提下，阐发感触的，以见其忠诚。

十　连坐瑾案　贬谪寿州

正德五年（1510）四月，宁夏安化王寘鐇反，朝廷命杨一清为总督，太监张永为监军讨伐。十余日寘鐇败。八月师还，张永依杨一清策划，私奏刘瑾不法事，武宗亲籍其家，得其谋反之物，乃下瑾于狱。八月二十五日刘瑾伏诛。这一事件震动朝野，影响明中后期政治数十年。此对于明朝廷的直接影响，则是各种政治力量的消长，其实质是皇权与文官集团、派别权力的斗争。这一案件中直接被诛杀、流放、谪戍、削籍、致仕、贬官者达 60 多人。其中即有吏部郎中王九思和翰林院修撰康海。康海削籍为民，王九思贬为安徽寿州同知。

《中国十大宦官》（三秦出版社 1997 年 5 月版，227 页）中有：“从中央到各部衙门，从京城到全国各地，到处都布满了刘瑾的爪牙和走狗。当然，其中也有个别人并非真心跟着刘瑾狼狈为奸，如康海、王九思等人，就因为是刘瑾同乡的关系，被卷入阉党的行列。”持这种观点的还有《中国文学史》（游国恩等编）、《曲苑观止》（陈邦炎编）、《李开先集》（路工编）、《文史知识》（中华书局编）等书籍与明清以来文人士大夫的文集等。迄今为止，还未见到将康、王真正列为“瑾党”的观点。但所有持“非瑾党”观点的，都述之粗略或含糊其词，其中不乏文人惜惺之情，或陈陈相因的原因。为了将本事廓清，还康、王一个真面目，我们不妨扯远些。

先说刘瑾其人。刘瑾，陕西兴平人，本姓谈，大约是景泰二年（1451）出生于一普通农家。自幼净身，倚某刘姓太监入宫，改姓刘。其在宫中前三四十年之事无多记载。据说其仰慕明英宗时司礼太监王振的为人，因而在孝宗朝愤郁不得志，每切齿。曾获罪当死，不知为何得以赦免。后由于太监李广的推荐，得为太子朱厚照（后来的明武宗）的侍臣。明武宗即位，原班内侍仍聚集其周围，有刘瑾等八人，称为“八虎”。他们日进鹰犬、歌舞、角觝等，引导武宗微服出行，大得宠信。后来，经过一场类似政变的事件，刘瑾等相继掌握了司礼监、东厂、西厂（东西厂为特务机构）的权力。

刘瑾为了扩充势力，拉焦芳入内阁。明代中后期，内阁为无宰相名而有宰相实的机构。其各项职能中，以替皇帝草拟旨意最为重要，叫“拟票”。草拟的旨意经皇帝御笔一批，决定取舍。但这一“御笔”工作往往由司礼监太监代皇帝完成，叫作“批红”。从公文程序看，司礼监“把关定调”的地位优于内阁，权力由内阁转到司礼监是必然趋势。但在刘瑾之前，尽管阁臣往往表现得软弱，还不至于附丽羽翼的程度。焦芳入阁以后，唯刘瑾马首是瞻，使司礼监高居内阁之上。

刘瑾利用手中的权力，网罗大批党羽。为控制百官，制造了几起大案，十分残酷，将大学士刘健、谢迁等五六十人定为“奸党”。历经数事，朝廷无人敢抗其命。

刘瑾网罗党羽首先是拉拢同乡。除将张綵、韩福、李宪等陕籍人笼络并给予高官，还一度重点拉拢康海。康海为弘治十五年状元，授翰林院修撰，又为“七才子”，才高名重，影响非凡。但康海不屑附瑾。据《李开先集·康王王四子传》：“一日，瑾令所亲密者致对山（康海）曰：‘主上欲以汝为吏部侍郎。’对山答曰：‘我服官才五阅岁矣，自来翰林未有五岁而升部堂者，请为我辞之。’事遂寝。瑾深嫌其不附己。文选郎中张綵（陕西安定人，后为吏部尚书，瑾党主要人物）之来京也，对山谓之曰：‘我辈方求去而不可得，君又何来也？’綵云：‘我见械系御史高胤先，恐惨祸相及，不得已再出（綵曾因诖误降职，因言再出）耳。’无何，綵为吏部侍郎。对山曰：‘不来惧祸，既来受官，曷若托病告归也！吾畏骤而恳辞，君独不畏而冒受之，将来不知死所矣！'" 以此可知康海头脑是非常清楚的。

康海与王九思同官、同乡，关系亲密到“指腹为婚”的地步，康海能一再告诫张綵不要附瑾，岂能不告诫王九思？这从王九思在吏部对刘瑾与文书房宦寺请托“悉拒不听”，且“进贤退不肖”不受任何人牵制的事实，可知其与康海同样不附瑾。

康海天生仗义。据《明史·张敷华传》：“刘瑾既得势，朝事大变，宦官势益张。至除夕朝罢，忽传旨（张敷华）与杨守随致仕，敷华即日就道。瑾怀不已，欲借湖广仓储浥烂，坐以赃罪。修撰康海过瑾曰：‘吾秦人爱张公如父母（张曾在陕西为官，有政声），公忍相薄耶？’瑾意稍解，犹坐敷华奸党，与守随等榜名朝堂。”虽张榜公布张敷华为“奸党”，但免其死罪。

康海仗义最有名的便是搭救前七子之首李梦阳事，并因此使其与王九思罢归后分别撰写《中山狼》杂剧，引起一桩公案，数百年来众说纷纭，更使王九思、康海的历史形象扑朔迷离，为后人留下咀嚼不尽的余味。

此事《明史·康海传》《明史纪事本末》《李开先集·康对山修撰传》均有记载，大同小异，似以《李开先集·康对山修撰传》记述较为详细：“时竖瑾擅权，流毒缙绅，怒韩忠定（韩文，户部尚书）及李崆峒（李梦阳）曾疏其过。（瑾等）矫旨逮系，将毙于狱中。崆峒扯衣襟，噬指血，密告于君（康海）曰：‘非吾友，他弗能救！’君与王渼陂（九思）计曰：‘许友以死，分也，奈何老母何？’王言：‘罢官已矣，谅不及母。’君慨然：‘果如是，吾何惜一官而弃二命（包括韩文）。’遂入白于瑾。初不可解，徐徐言及，此来非为二人。瑾扣其故，答以‘韩（文）虽不识事体，久负正人之名，李（梦阳）则文章超绝，可为乡里之光（梦阳为庆阳人，时辖于陕）。倘若被戮，则公之夙望损矣！'"《明史纪事本末》：“康海至，瑾大喜，延置上座。海曰：‘唐玄宗任高力士，宠冠群臣，且为李白脱靴。公能之乎？’瑾曰：‘即当为先生役。’海曰：‘不然，今李梦阳高于李白，而公曾不为之援，奈何欲为白脱靴哉？’瑾曰：‘此朝廷事。今闻命，当为先生图之。’海遂解带与之饮，达曙别去。梦阳由是得释，而海与瑾往复，竟罹清议矣！”

这岂不授人以柄！言者意为刘瑾“恨韩、李切骨，康非有亲于瑾，何以能立脱其危？以如渼陂（九思）之所逆料者矣”（《李开先集·康王王唐四子传》）。“言者又以其（康海）过顺德，遇盗失财，非借瑾势，有司以督捕过严，追给反溢其数”。李开先愤愤不平：“当时附瑾者，不一年由郎署府守至正卿，君为修撰八年，不陟一阶，是果瑾党也？”

据《对山集》散曲［骂玉郎 感皇恩 采茶歌］《丁卯纪事》："玉阶昨夜妖星现，排正直，宠权奸，人人剥削夸刘晏。奏文宣，阿武偃，题封禅。顺水推船，拣空抛砖。假装幺，胡捏鬼，大欺天。翻了旧典，弄出新圈。窜冯唐，囚李广，荐韩嫣。尽争先，要调元，搬腾的赤眉铜马遍中原。已往斯高须未远，方来狐鼠要忧。"

丁卯年，即正德二年（1507），刘瑾矫诏将刘健、谢迁等五六十人列为奸党，榜于朝堂。又命天下镇守太监干预刑名政事，朝野为之不安。江西等地农民起义开始行动。有感于此，康海作曲以讽。将制造此事件的刘瑾等比作"妖星现"，揭露他们"假装幺，胡捏鬼，大欺天"的胆大妄为和"窜冯唐，囚李广，荐韩嫣"的倒行逆施，直言刘瑾等是历史上的李斯、赵高。对刘瑾等如此深恶痛绝的康海，怎么会是瑾党呢？康海这样的痛恨刘瑾，怎能不感化与之莫逆之交的王九思呢？

正德五年（1510）秋八月，三边总督杨一清利用宦官张永与刘瑾的矛盾，将刘瑾置于死地。刘瑾既诛，诸翰林俱回原位，李东阳以旧恶倡言王九思"既官至正郎（郎中），不必复可矣"（《李开先集·王渼陂检讨传》），时九思与瑾案尚无牵涉。接着，朝廷混乱，朝臣借刘瑾案挟私抱怨，互相倾陷，康海即被以"瑾党"削籍。据《李开先集·王渼陂检讨传》，不久"言官深恶王纳诲（王亦吏部郎中，长安人，九思岳父及叔岳父张鸾之从婿），并翁（九思）劾之：'堂上堂下，一陕而三吏部（指尚书张綵与郎中王九思、王纳诲），非瑾党何以得此？'"再加之康海为九思挚友，尝为海策划救李梦阳事，又有平日嫉妒者唆言，王九思即被罢吏部郎中，贬为安徽寿州同知。以"与瑾同乡"被罢或贬官的还有陕西兴平人（瑾亦兴平人）李纪，其与九思同年进士，为御史。刘瑾用事时，李纪在家丁忧守制，甚至不认识刘瑾。因有一进士与李纪有隙，竟号于众曰："如李某'兴平'二字破不得。"乃得贬官陈留。被以同乡罢归的，还有与九思同榜进士的陕西岐山人杨武（字宗文，康海的姊夫）。时杨武为顺天诸郡县巡按，地处京师，刘瑾用事，多所牵制。杨武"荡然无所回避，虽不及祸，然犹罚米百石"（《渼陂续集》卷中）。可见欲加之罪何患无辞矣！

还有一蒙莫名之冤的邵晋夫，为正德丁卯陕西乡试解元。因其才华横溢，刘瑾强其为侄女婿。邵生虽不允，也无计推脱。瑾诛，朝廷以"晋夫茶所预事，赦降为编民"。致其终生不得志，郁郁而终，年仅四十四岁。康海为之作墓志铭，九思作套曲《次韵赠邵晋夫》，均对其遭遇十分同情，在很大程度上有物伤其类之感慨。

当然，陕西同乡未被牵连的亦大有人在。

然而，九思与刘瑾的关系毕竟有其微妙处。据《送丰原学先生序》（《渼陂集》

卷八），当九思于寿州被“勒致仕”，丰原学（丰熙，字原学，鄞州人。弘治十二年殿试第二，授编修，进侍讲，迁右谕德。以不附刘瑾出掌南京翰林院事。与九思在翰林院共事多年）从南京来书相问，有“嗟，玉石共焚，乃至于此！执事不昵于罪人，举朝皆知。何至今犹未明耶？执事固但知桑梓之乐，孰知慨世道者如何也？”九思读后，“感激发愤”，叹息为“知我”之言。《明清曲家考》作者汪超宏认为：语中“昵”意为过于亲近，九思与刘瑾“不昵”，应视为一般接近。“但知桑梓之乐”，说明九思与刘瑾的交往停留在同乡之谊上。九思既认为丰原学之言为“知我”，可见其也承认与刘瑾有交往的。

从字面上讲，丰原学书如果是“桑梓之情”或“桑梓之谊”，当指九思与刘瑾有“乡情”和“乡谊”之交往。而“桑梓之乐”无疑为另指，指九思受挫后，归心迫切，怀念父母，急于追求林泉之乐，竟不顾世人对他的误解。再则，如果九思与刘瑾有“桑梓之乐”，丰原学书中所谓“执事不昵于罪人，举朝皆知”岂不自相矛盾？“玉石共焚”又当何解？

因此，“执事固但知桑梓之乐，孰知慨世道者如何也”似乎也可理解为：九思你固然只知父母之情，追求田园之乐，离开官场，而慨然重世道之人，是怎样理解你？此可聊备一说。

但九思没有依附刘瑾升官发财，更没有卖身投靠、结党营私、助纣为虐，相反还屡次触忤刘瑾。汪超宏认为：九思既没有奋起反抗，又没有辞官归隐，在重视乡土之情的社会“坐与乡里”、列为“瑾党”就不奇怪了。

前节《送鲁司业序》中，九思言及“皇上待君厚，君何以报才是？”鲁司业愿听其教。九思认为在这非常之时，“人臣不可退身自保矣！”这也可以说，在刘瑾把持朝政时，正直之臣不应全身避祸，退而求自保。九思没有像韩文、李梦阳等奋起反抗，也没有像马理、何景明那样辞官隐归，也许是一种韬晦之术。如果正人直臣都“回避”、“归隐”，岂不是更让佞人肆无忌惮、胡作非为了？

刘瑾败，牵连许多无辜，尤其是王九思与康海。这乍看起来似乎冤枉，若康、王远离瑾党，岂不是可以避免祸患？其实不然，我们应将正德五年（1510）那场诛刘瑾事件，视为皇权与阁权、文官集团间的权力较量。即使刘瑾不败，李东阳等也会另罗罪名，陷其于不义。可见康、王早已伏下祸根。

而刘瑾也不是历史所记的“十恶不赦”。如其在全国清丈土地、整理田赋，就不能一概而论。有明一代，特别是中后期，国家财政的主要来源——土地赋税，已经溃烂不堪。世家豪族、王侯缙绅，除拥有大量土地，又以“投献”等手段，将贫苦农民甚至中小地主的土地依附于自己的名下，以其“免赋”的特权套取利益。这不仅使依赖土地生存的大量农民破产，更损害国家的财政收入。另一方面，明中后期国家机构庞大，官僚增多，贪污腐化成风，军费、土木之兴，过度开支，几乎使国家财政陷于枯竭。在这种情况下，清丈土地、整理田赋，就显得合理而且必要。

但这是牵一发而动全局的事情，它的实施必然触动大批王公贵族、缙绅豪族的利益。对于刘瑾，即使武宗赋予极大权力，其也可滥用而不被限制，但刘瑾毕竟是为世俗、士大夫们所鄙视的另类——阉竖。他要登高一呼，号召全国清丈土地、整理田赋，实在有些自不量力。同样是清丈土地、整理田赋，推后五十年，权倾朝野、能够左右万历皇帝的内阁首辅张居正，也因此带来身败名裂（死后被清算）的下场。而况“阉竖”刘瑾乎？

王九思从中进士到贬官寿州，京官生涯前后不足十五年。从一个踌躇满志、名扬士林的年轻官员，忽然卷入一场残酷的权力角逐之中，不明不白地被诬为阉党，也实在是一种无奈和耻辱。

从秦汉到明中期，一千多年的帝王专制时代，士大夫从来都以染指阉党为耻辱。以九思这样疏狂不羁、心高志远的名士，蒙受这样的污垢，会终生以为羞辱的。他在罢归家居十数年所作的五古《咏怀诗四首》（《渼陂集》卷二）中，可见其心灵历程。其一：

昔我游京观，翱翔青云端。明明孝皇朝，弼亮罗庶官。
阳德被海隅，阴佞不可干。谬忝金闺臣，潇洒有余闲。
奋志修孔业，敷词追班马。乘时荡八极，迅举凌风翰。
吁嗟厄阳九，中道罹险艰。鼎湖龙上升，乌号竟末攀。
志士恩未酬，激切涕潺湲。

诗写孝宗朝的政治开明、君明臣贤，同时写其在孝宗朝的潇洒与踌躇满志，“翱翔青云端”、“追班马”（班固、司马迁）、“荡八极”、“凌风翰”，足见其心志情态高扬；身为“金闺臣”，“潇洒有闲余”更见其尊贵优渥。可惜孝宗死了，像黄帝升天，臣民没有攀住乌号（黄帝的弓）一样遗憾悲哀。他没有报答孝宗的恩典，激动悲切得涕泪潺湲（涟涟）。其二：

上天远垂象，丙寅乃其徵。其年秋九月，溶觌灾沴仍。

阉竖渎天纪，二相夺台衡。踉跄发都邑，道路叹且惊。
而我抱沉忧，端居涕泪零。自兹雪焰炽，贤豪委堑坑。
闾阎遂殚竭，豺虎亦纵横。几事各有端，不密乃成害。
嗟嗟韩司徒，徒劳伏阙庭。

诗写丙寅年武宗登基，即有不好的天象，其年秋就一次又一次发生灾害。结果是阉竖（对刘瑾的蔑称）渎天纪（亵渎国法），二相（指李东阳、刘健二位大学士）争夺权力，带累了许多朝臣遭廷杖与远戍。我也受到连累，端居（端坐着）毫无办法，只能暗自挥泪。刘瑾一伙豺狼纵横，贤豪填委堑坑（壕沟）。“几事各有端，不密乃成害”意为：有些事情是有来历的，由于策划不密反成祸害。这里有一桩历史悬案：据《明史》，有关朝臣与三位顾命大臣（刘健、谢迁、李东阳）参劾刘瑾等八虎，武宗已准奏，决定将八虎发往南京。由于焦芳（时为吏部尚书）告密于刘瑾，事情发生逆转，反使八虎夺权，导致大学士刘健、谢迁辞职，而独李东阳留任。户部尚书韩文与李梦阳等革职，大批官员被罢、被廷杖或逮系锦衣卫狱。但李开先于嘉靖二十一年（1542）罢归后，所作《李崆峒传》（《李开先集》604 页）中，认为是李东阳告密于刘瑾的。其中有“西涯（李东阳）久恨晦安（刘健）碎其诗文，简遣心腹人漏言于阉辈”。在述及李梦阳与户部尚书韩文上书劾瑾时，又发感叹：“当时瑾辈求安置南京不可得，非西涯（李东阳）泄其机，何以致十六年（武宗在位十六年）之纷扰？”时为户部右侍郎的王琼（字晋溪）在其《双溪杂记》中持此说。同时代文学家郎瑛、陈洪谟分别在其著作《七修类稿》卷四十一、《继世纪闻》卷一亦持此说。可见此说在当时有一定的市场。

九思这首诗虽非明示，但仅从“二相夺台衡”与“几事各有端”，便可知其亦指李东阳泄密。当然，史当以正史为准，后来士大夫多对李东阳与刘瑾周旋，保护了一些朝臣而对其肯定。这当与李东阳在刘瑾败后仍居相位有关，况其门生遍朝野，制造舆论、以功掩过有关，致使正史谬误，也是可能的。此聊备一说。

既然告了密，韩司徒（韩文）等环跪御前，不但徒劳无益，还招来祸事。其三：

无稽言勿听，非询谋勿庸。经纬有常职，窃拟回天聪。
天聪竟莫回，忌讳触奸雄。夺我凤凰池，置我豺狼丛。
恭显已伏辜，斯甫复予恫。仓皇寿春役，滥罚非所蒙。

这里九思提到经筵进讲时，向武宗讲的《尚书·大禹谟》，强调的无稽之言不要听，没有经过考察的谋略不要用的规劝。经天纬地（常道）的职责（经筵讲官之职），想规劝皇帝回头，皇帝却根本不听，结果还因“进讲经筵”，触忤奸雄的忌讳。从此处字面看，“奸雄”也可指刘瑾。但“奸雄”一词用于刘瑾似乎不当，且史无对刘瑾此称。奸雄一般指操权的宰辅或大将军之类，如曹操、严嵩等。况刘瑾并未夺九思出吏部曹（凤凰池），并未置九思于“豺狼丛”，这里当然指李东阳无疑。既然刘健、谢迁被迫辞去大学士而落籍，独留李东阳在内阁与刘瑾共事，且东阳又有谄谀刘瑾的诗与事，连他的门生都以他为师而耻辱，要求削门生籍。可见目李东阳为奸雄，在士大夫中是有市场的。虽然刘瑾败了，但是他们（李东阳们）仍然以欲加之罪来恫吓，我终于被贬到寿春（州）。这种滥罚无辜，实在太冤枉啊！

查《明史纪事本末》及有关典籍，均无李东阳陷康海、王九思为“瑾党”或处分二人的直接证据。但许多间接证据已可供参考。

嘉靖元年（1522），霍韬（正德九年进士）以兵部职方司主事参与纂修《武宗实录》，在“考瑾窃权事惟悉”后，慨然叹曰：“嗟乎，奸人巧诬善类莫极于康子、王子矣。”他批评李东阳保护“瑾党魁”焦芳、刘宇。刘瑾伏诛后，焦、刘仅削散官一阶，而康、王却被削仕籍。霍韬说：“人云李东阳妒康、王也，谓其古文逾己也，不知李东阳护焦、刘，实瑾党也。东阳为瑾撰功德碑及其褒谀，是故东阳之罪浮焦、刘，护焦、刘以护己也。今之人知东阳之罪寡矣，知康子、王子之贤之诎寡矣。”（以上据金宁芬《康海研究》58页）

霍韬更在其《渭厓文集·卷四·公荐举书》中曰：“因触大臣遂致黜谪如修撰康海、检讨王九思、段炅，得罪大学士李东阳而黜者也……修撰康海、检讨王九思、段炅皆豪杰之士也，李东阳诬为刘瑾之党黜焉……可谓冤矣。乞敕吏部查明康海、伍希儒等冤黜凭何罪迹，为之昭罪。”

以上霍韬之言，是在武宗死后，编纂《武宗实录》时，经过认真考核刘瑾案得出的结论，应当是不谬的。另据郑晓《今言》卷四载：“正德庚午，刘瑾坐奸党律，连及张綵而下狱。张綵呈上具词认为自己冤枉，同时大量揭发李东阳阿附刘瑾事。李东阳大怒，与张永（揭发刘瑾的主要太监）等密谋，认为不重处张綵恐受其乱，乃以“谋反罪”致其死。《明史》载：“瑾伏诛，綵以交结近侍论死，遇赦当免。改拟同瑾谋反，瘐死狱中，仍锉尸于市。”虽然张綵依附刘瑾罪有应得，但若不揭发李东阳，或许可以得到如焦芳、刘宇一样的宽大处理。由此可见当时定“瑾党”及其处分，李东阳实能左右其间。加之杨廷和入阁不久，不便插手瑾案，李东阳即可一手遮天了。在此种情形下，得罪李东阳的康海、王九思当然是逃不出其手的。

十一　舟车劳顿　寿州莅任

正德五年（1510）八月，刘瑾事败，朝臣借此挟私报怨，互相倾陷。既先有“言官恶王纳诲，以‘一陕三吏部’并九思劾之”（《李开先集·王渼陂检讨传》），九思已有辩白之难。在此关键时刻，内阁大学士李东阳授意“其心腹给事中李贯曰：‘瑾党九思，恶得无劾！’遂诬以因乡里列要地”（引文同上）。吏部长官（尚书）列为瑾党是不争的事实（张綵仅次于焦芳，为二号人物），加上二位郎中被劾，可谓“重灾区”，吏部瘫痪。九思虽未定谳，但已不能吏部值事。离开吏部之日，其激愤之情不能自已，在《雨晴退出左掖》（《渼陂集》卷四）诗里有“雨声恨不连三日，松树须教过十围”，以反常的诅咒发泄心中不平。他在翰林供职十数年，“一岁天官曹”（吏部），尽心尽职，却落个“退出左掖”（左掖：中书、门下为掖垣，门下为左掖。中书、门下同掌机要，共议国事。这里指中枢机构）的下场，他能不恨？但其毕竟是受国恩、食皇禄的臣子，不能“玉螭未有”、“诏全稀”就怨及朝廷。他又无可奈何地表白：“侍臣欲老惟疏放，自笑从容退食归”，我也快老了，可以疏放（不受为官的约束）自为，从容含笑地不食官俸回家养老。

不久，九思接到“谪寿州同知”的处分。虽然是一沉重打击，但比起康海“削职为民”的论处要轻得多。他无法安慰还在原籍守制的康海，只能与在京的陕籍同乡互诉衷肠，聊以自慰。

正德五年（1510）九月，王九思携赵孺人及幼子渭，及一仆童，乘船顺大运河南下，取道彭城（今徐州）直驱江淮。船到彭城，九思作一长篇叙事诗，其题序为“彭城别段德光，追曾希圣、侯景德、黄仲实不及，夜宿宿迁县南，独坐无寐，万感俱集，述五百六十字”（《渼陂集》卷一）。其诗曰：

王子谪寿州，暮秋发京国。是时偕我行，彭衙侯景德。
德光下词林，气象颇匍匐。圣初瑞安令，夙昔重交识。
六日候河浒，买舟宁计直。行行及清源，仲实来孔亟。
我生自北土，舟航借冯翊。白昼或差池，清夜必相即。
或开一樽酒，或陈数簋食。身世忘沉浮，谈笑露胸臆。
有时激醉乡，高歌破幽墨。有时掷蒲樗，大叫呼采色。
踪踪若殊轨，指趋竟同域。连宵烛屡更，达旦寐乃得。

不独畅怀抱，兼以防盗贼。徘徊晦朔周，前路彭城逼。
咫尺未能到，风起天气黑。德光及我舟，朴大不雕饰。
其中无何有，簸荡难致力。篙工舍篙坐，系之境山侧。
缅想大风歌，千古一伤蠹。三子驾轻舸，乘风无少息。
将谓憩彭城，感激吊苏轼。因之别德光，携我清河洫。
奈何夜渡洪，停留无顷刻。居然遗我书，我到已日昃。
翌日始穷追，恨不奋双翼。两日竟萧条，疾行恐颠踣。
夜宿宿迁南，荒村人避匿。其地寡稻粱，其途多荆棘。
寒月半欲堕，旷野望不极。鸿雁飞萧萧，蛩鸣亦唧唧。
我梦不可成，我心久已恻。寂寂思往事，嗒然颜忸怩。
十年翰墨林，冥行但擿埴。一岁天官曹，奔走暗品式。
譬之泥土质，昏暗枉拂拭。君恩真浩荡，犹遣列郡职。
星驾走郊垌，春风课耕织。事守如事兄，避恶如避蜮。
岁月久不变，谴罚庶可塞。少小事豪狂，老大始谦抑。
未知杜与韩，敢望契与稷。父母违晨昏，兄弟各南北。
静中一挂念，悲恨累千亿。大儿廿一龄，硕厚非轩特。
误遣学科名，困顿岂差忒。所幸在故乡，庭帷候门阈。
小儿始六岁，亦非歧与嶷。但令读古书，谋生勤稼穑。
不堕名利场，一朝生嫉克。故乡十亩园，佳树旧栽植。
寿亲酒不赊，看山亭可陟。行当赋归去，羸马自控勒。
乾坤浩无涯，我行未偪仄。所贵治我心，嘉禾去螟螣。
行藏自天命，潜修在己饬。不须问龟蓍，幽然亦叵测。
吟余发长啸，风冷水湜湜。鸡声出远林，良朋正相忆。

从诗中“群谑何呶呶”、“踪踪若殊轨，指趋竟同域”等句，可知其乘坐的是普通船。从其饮酒“不独畅怀抱，兼以防盗贼”，可见船上各色人等混杂。从船体“朴大不雕饰”可知其船档次较低。从“其中无何物，簸荡难致力”说明都是穷乘客。由此可见王九思虽十余年翰林、一岁吏部曹，却是囊橐萧然。

与王九思同船的侯景德为彭衙（今陕西澄城）人，段德光（炅）为甘肃皋兰人，还有瑞安县令曾希圣以及黄仲实，他们或赴任，或省亲，或游历，都是九思的同路人。

在被纠劾的日子里，九思冤屈、痛恨，又难以辩白。贬寿州敕下，他反倒坦然，比起同被牵连者，还算是较好的下场。他还能为朝廷效力，还有冤情大白的希望。而一旦离开京城，颠沛于贬谪途中，那功名利禄、前尘后事，怎能不使其浮想联翩？

这篇叙事诗，叙述九思离京赴寿州任，水路航行的全过程。先写其“生自北土”，不适应船之簸颠，到晚上还可以。于是便聚友开樽陈簋，开怀畅饮，忘却身世沉浮。喝到激动处，高歌冲破幽静的夜空。有时参与群谑（船上的赌客）掷樗赌博，大叫呼采色。听到群谑令人讨厌的唠叨，他又默默地孤坐冥想：虽然他与群谑非同类，竟然为同道人。当然，这样通宵达旦地饮酒赌博，除了畅胸怀，还有防盗贼的目的。

从九月底到十月初，终于逼近彭城这楚汉相争的地方。风大天黑，船只簸颠不能行。使他想起汉高祖《大风歌》那千古绝唱，不禁感慨万千。于是，九思告别大船，与侯、黄、曾三子（段德光留下）驾轻舟，乘风急进，欲往彭城凭吊古迹。终因洪水暴发不及而返，大船已行。他们“恨不奋双翼”，疾追两日，夜宿宿迁县。看到宿迁县“荒村人避匿”、寡稻粱、多荆棘，萧条空旷的惨状，触动他的恻隐之心，久久不能入睡。在这寂廖的夜晚想起前尘后事，不禁茫然汗颜。十年翰林生涯，犹如盲人点杖，摸索行进（冥行），事终无成。一年吏部郎中，奔走劳碌，未知就里。自己本为泥土之器，不自知而枉擦拭，其结果适得其反。皇恩真浩荡啊，纵然如此还给我以“列郡职”。到职后，一定不辞劳苦，披星戴月，访贫问苦，劝课耕织，不负皇恩。要辅佐知州如事兄长，避恶如避蜮（能含沙射影的动物），谨言慎行。想自己年轻时豪狂不羁，受到挫折方知谦抑。你连杜甫、韩愈都不配向往，怎敢攀附契、稷那样的贤人！

而今父母相违、兄弟阻隔，不禁悲恨万千，这种下场怎能对得起他们呢？大儿子廿一岁，并不优秀，却误学科举，致使困顿场屋。所幸在家乡，侍奉祖父母。小儿才六岁，亦非奇异之质，虽教其读古书，却望将来“勤稼穑”，不致堕入名利场。

故乡有十亩园，嘉树良木都是我所栽。父母衣食无忧，还能赏景登亭，怡然悠哉。其实，我也应告归还乡，自控马缰，乾坤浩大任我游。“行藏在天命”，潜修却在我。不必去占卜，祸福自由之。

吟罢这首长诗，九思展臂长啸，这时江风凄冷而水清澈，胸中之块垒消散许多。远处山林传来鸡鸣声，东方已见微曦。远去的朋友，也许和他一样在思念对方。

从宿迁乘轻舟追上客船，又行数日，转乘去寿州的小船。淮水风平浪静，两岸滩涂开阔，“平沙冉冉细烟动，双杵悠悠新月悬”（《渼陂集·赴寿州宿张家湾》卷五）。这般风光景色使他心境平和，一种建功立业之情油然而生："献策贾生他未老，传经刘向尔何年。"他自比贾谊，能上书批评时政，能向朝廷献重农轻商、削藩平寇的治国良策；也能像刘向一样，既能皓首穷经，又能弹劾外戚专权。"青藜点检蓬窗夜，且读蒹葭白露篇"。即使年老了，他也要拄上藜杖，在蓬窗前熬夜点检经书，诵读《诗经》的《白露》与《蒹葭》篇，成为"知周礼"的贤人，以俟朝廷所用。

正德五年（1510）十月初五日，王九思与家眷乘坐寿州官衙迎接的车辆进城。到州衙门，早有吴节知州、于澍州判率衙署属员迎接。作为贬谪官的王九思，理应悄然到任，不便张扬。然其"七才子"名声使地方官吏、社会名流、举子生员无不仰慕，便自动组织迎迓。见此情景九思心情激动，便有"客至如归"的感觉。

同知馆舍距官署不远，"宾馆之东，有园仅一亩，其北为屋，向南者五盈析其三，为退食之地。然卑隘弗宏，亦弗详其始作者"（《渼陂集·寿州同知书屋记》卷十）。

初来乍到，又逢寒秋，一种异国他乡的孤寂时时袭来。为排遣胸中郁闷，九思于十月九日登上寿州城墙，迎着萧瑟的秋风，远观落日帆樯的景象，俯察滚滚而来的淮水，不禁百感交集，赋七律《九日》（《渼陂集》卷五）一首：

客里逢秋秋更哀，细雨晴风负登台。
思亲畏说秦山远，忆弟惊看楚雁回。
异国浊醪难独醉，故乡黄菊莫争开。
帆樯落日聊回首，滚滚长波万里来。

一天夜里，九思踽踽行至淮河岸上，体味着异乡风向物候的变化，不禁感慨系之，赋五律《夜行》（《渼陂集》卷四）一首：

十月清淮道，南风白昼多。夜阴波始静，湖口险能过。
远岸投渔火，来船避棹歌。垂堂知有戒，无奈宦途何。

十月的淮河波静水清，白天多有和暖的南风。来到这南国泽乡，他的心也像十月的淮水平静清澈，沐浴着和煦的阳光。夜晚风平浪静时，湖口的险段也能通过。茫茫夜空，他望着远岸的渔火，过往的船只怕碰撞，船夫们唱着《避棹歌》。这歌声也像人们为避免（堂）屋檐瓦掉，砸伤头脑，而时刻告诫自己不要站在屋檐下。但这些都是显而易见的事物，容易躲避，而那阴暗险恶的仕途，你又奈之若何？

卷入刘瑾案的三个月里，九思陷于痛苦的思虑之中，无暇顾及仪表形貌。到寿州虽则心情依然暗淡，但毕竟安定了。一日，他面对菱花镜，忽然发现已是两鬓如霜。联想到时下的处境（贬官是受监视的），他无限感慨：“白发江湖外，清愁虎豹前。户庭真懒出，风雨足高眠。”（《渼陂集·白发》卷四）但他并不因此沉沦，他须有“剑气还冲斗，龙吟或在渊”的勇敢和豪气。“冯唐虽易老，犹得汉文怜。”当年冯唐虽然老了，但还能得到汉文帝的怜念和信任，而今的圣上还能怜念和信任我吗？

由于连月来的风云骤变、恐惧煎熬，兼之月余的舟车劳顿，到寿州又水土不服，九思终于病倒。病中他回顾入仕以来的遭际，思考人生的真谛，忽然大彻大悟。病愈了，他的心情豁然开朗，觉得天也蓝了，地也宽了，鸟叫声也好听了。于是他轻松愉快地吟道：

四顶山前新水生，寿春城上野云晴。
狂夫病起梳头坐，好鸟风来隔树鸣。
相印漫夸苏季子，仙人难遇董双成。
请看前夜登天梦，已属西堂爱日情。

（《渼陂集·病起》卷五）

即使是挎六国相印的苏季子（苏秦）也无须羡慕，像董双成一样的仙人也是不可遇的。昔日建功立业的“登天梦”，已经变成同知堂（西堂）热爱生活的王九思。

十二　戴罪之身　勇于任事

《明史·职官四》载：“同知、判官俱视其州事之繁简以供厥职。”意思是同知没有具体的职责，只以知州为中心辅佐其政务。《辞海》“同知”条有：“明清定为知府、知州的佐官，分掌督粮、缉捕、海防、江防、水利等，分驻指定地点。”王九思在《明亚中大夫山西布政使司右参政郭公墓碑》（《渼陂集》卷十一）一文中，对墓主郭桂任州同知的职责是这样说的：“同知，位尊而无权，有分职，职清戎。盖千孔百疮，其它政令可否，惟郡守。时时视郡守颜色，喜怒不敢多一语。公则不然，视理不视郡守，守亦察知其为人，善待无敢易之。”此文作于正德十一年（1516），距九思罢归不过四五年，可谓九思亲身感受同知处境的阐述。《西归留别吴守（节）四首》（《渼陂集》卷五）中有：“百年义气谁知己，二月风光我别君。”据此可知，九思作为同知和知州吴节的关系还是不错的。又据《李开先集·王渼陂检讨传》：“其（九思）处同官，有如同气，若州守吴节、州判于澍、姚谟，皆敬翁如上官。”可见九思谦抑而不固执。再加其声震天下的文名，长官、同事敬其如上官也是可信的。即使九思“视理不视郡守”，顶撞知州，想必吴节“亦知其为人，善待无敢易之”。

虽为地方副官，要视事也得先知其所辖，认识属下。从现存诗文可知其到过亳州、涂山、寿春等地。在《亳州》（《渼陂集》卷五）诗中有“出门二月已三月，骑马陈州来亳州。暮雨桃花此客馆，春风燕子谁家楼”。他骑马视察一个月，到了亳州，暮雨朦胧，桃花盛开，春风拂面，燕子斜飞，谁家的楼舍点缀其中？“簿书堆案不相放，郡守堂下仍苦留。浮名羁绊有如此，愧尔沙边双白鸥”。案上堆满处理不完的公文簿书，但亳守仍走下堂来挽留他。难道浮名对人的羁绊如此厉害？可惜我们都是沙边（水边）的白鸥，意为被遗弃荒野之人。

九思一行乘舟到涂山遇风，系缆古淮河，举目远望，不禁感慨系之。于是作七律《涂山阻风》（《渼陂集》卷五）：

沛上还乡汉祖歌，涂山系缆古淮河。
中流隐见蛟龙斗，两岸飞腾燕雀多。
赤壁尚闻公瑾战，桑榆空忆鲁阳戈。
北风便逐南薰起，上水还从下蔡过。

九思到涂山经沛上想起汉高祖《大风歌》的豪壮；到涂山则有禹娶涂山氏与会盟诸侯的传说。但见中流波涛汹涌，犹如蛟龙搏斗。陡然激起其胸中的豪气，顿觉两岸人物如燕雀一般。过赤壁还能看到周公瑾英姿勃发、羽扇纶巾的潇洒豪迈。即使天将晚，还能想象到当年鲁阳与敌战酣，日暮，挥戈使太阳返回的英雄壮举。越想心潮越澎湃，只觉北风逐船快，仿佛迎面南风来。逆流而上又从下蔡过，他忽然觉得在此地也可以像古代那些英雄一样建功立业。

可事情并非他想象的那样，当他回到寿州衙署却无所事事。腐败的官场无所作为已是司空见惯。彼此相安无事，也许比贪赃枉法、鱼肉百姓更好些。于是他心灰意冷了，便自寻清闲。在《夏日楼居漫兴三首》（《渼陂集》卷四）中，可见其闲适与消沉：

一榻高楼上，萧然野性存。雀喧邻树晚，雨暗寺钟昏。
问字儿能读，耽诗客共论。吾生真可乐，俯仰任乾坤。

闲卧高楼实潇洒，近处雀喧，远处钟鸣，课儿识字，与客论诗，仰天俯地任我为，“吾生真可乐”！于是他体会到“为吏原非冗，心清境自幽”的情境。微微的凉风吹醒他的梦，明白了，贬官原非要你做事，而是被“软禁”于此。“微风客梦醒，片月下高楼”。他心中一缕光明也悄然泯灭了。“世态容吾拙，官闲似隐居”，这种世态不要你做事，要你装拙，不是“官闲”，而似“闲官”，简直就是在隐居。于是他“苦吟迟得句，倦读卧看书”，“山色凭阑外，花香退食余”，吟诗、看书、凭阑观花，饭罢有余暇了。

但他仍不甘沉沦，在一个晴朗之夜，室内昏暗潮湿，溽热难耐。他来到室外，看皓月光影在大地浮动，明暗闪动的河面难知深浅。在这游移不定、深浅不知、昏明不辨的情景中，“孤臣浑不寐，徒倚白头吟”（《渼陂集·夜晴》卷四）。向朝廷表白：在外孤守的臣子，难以入睡啊，他徘徊着吟诵《白头吟》（乐府《楚辞曲》名，写男人有二心，女与之诀绝，表示“愿得一人心，白头不相离”），其潜台词曰：皇上啊，即使你误解我，我到白头也无二心！

静极则动，久安则乱出，表现的机会来了。寿州城西邻湖泊，北滨淝水，正当淮河泛区。每到梅雨季节则洪灾频仍，“乃五月淫雨浃旬（十日），州城外西北水涨日增而高，荡击城趾，将复于隍（护城河）。既霁两日，乃今六月又雨。夫雨不止，则水又益高，其势不摧城而入不止矣！阛阓（城墙之门，此处指街市）之地，且将为鱼鳖之墟矣！”（《渼陂集·寿州祭水文》卷七）

据汪超宏《明清曲家考》（26 页）：嘉靖《寿州志·杂志卷八》载有九思七古《城头观水》（此诗《渼陂集》《渼陂续集》均未收入）一诗，可见当时洪水情况。诗云：

寿春五月半月雨，西北水来势何怒。
冲啮城根半欲颓，接连湖影远莫睹。
湖头妇子尽乘槎，城外屋庐俱产龟。
不见往来鱼艇过，空余远近云山斜。
北门两旁古泉眼，昼夜浸渍逗苍藓。
营卒负土塞复开，卫官拊髀叹且俯。
只见城颓水入城，城中万家同一惊。
扁舟何如范蠡蚤，乘桴欲为尼父行。
尼父范蠡不可说，众口纷纷谁与折。
国非无道水不凶，古则有然今取决。
仰看青天红日走，不复烈风大雨久。
诘朝携酒再登楼，冯轩共君一开口。

这首诗先是叙事，分别以“冲啮城根”、“接连湖影”、“尽乘槎”、“屋庐尽产龟”

等说水涨“势何怒”。又以“营卒”、“卫官”防洪抢险不成，发生“城颓水入城”的惊险。诗尾以范蠡驾舟游五湖、孔子“道不通，乘桴游于海”（《论语·公冶长》）的典故使之古雅，且于“抢险”词语密集中透一丝幽默，使诗意灵动并为下句蓄势：“国非无道水不凶”、“仰看青天红日走”为警句，暗嘲国运不兴“红日走”的现实。最后以诘朝（翌日早晨）携酒登楼，冯（凭）栏与军民共饮，增加抗洪的信心。

此之前的正德六年（1511）夏四月，“邻境报流贼且至，知州黄梅吴君节、判官潍阳于君澍与予三人者，督率民兵为守城计”。吴君曰：“城守上策顾弗完，奈何。是在我矣，我其图之。”“图之未成，会天大雨”（《渼陂集·寿州修城记》卷十）。修城一为防盗贼，一为防洪，九思作为同知，“职在清戎”，“掌江防水利”，可见其责无旁贷。但在“图之未成”时，又“大雨十日，既晴三日，又雨”。本来“城西北滨水善崩，崩塌者多，东南则间有之”（同上），现更是“大水西北滉漾薄城，城缺处几入水”。

九思等率民兵日夜抗洪，但洪水仍居高不下，时有城毁人亡的危险。在兵民夜以继日防洪抢险的同时，地方缙绅耆老建议安神告天。这虽属荒唐，但也不失为安定人心之举。于是九思作《寿州祭水文》（《渼陂集》卷七），并命胥吏人等设坛以祭天。届时知州、判官等率地方绅耆临坛陪祭，兵民及父老等前来观祭。由九思宣读祭文，其文有：“某等奉朝命为吏于此州，玩惕岁月，不能事事，不能爱养元元（庶民百姓），以仰副天子命吏之意，以迓承上天之休徵，上天不降灾于某等之身……某等负咎在躬，甘受兹罚，然百万性命皆无辜之民，奈何罹此酷也！惟神流动莹澈、明智内蕴，哀此下民俾无灾害，此在某等甚难，在神特易事耳！敬以羊一、豕一投之中流，尚希歆鉴，谨告。”祭文读毕，差役人等将祭献牺牲一羊一豕倾入水中，随巨浪裹挟而去。

祭祀虽属荒唐，但祭文尚且诚恳，既检讨作为地方官的玩忽职守、咎由自取，上对不起天（皇帝），下对不起黎民，宁肯受上天罚己，也不愿百姓无辜罹难。其诚恳自责足可动人感神。李开先在其《渼陂王检讨传》中说：“夏月淫雨浃旬，水势薄城，城将坏而民将为鱼，（九思）遂制一文，杀一羊一豕，投之水中，遂得雨止而水落，亦奇事也。”

“水幸落无事，已顾城，益崩塌弗完”（《渼陂集·寿州修城记》卷十）。州守吴节认为修城刻不容缓。九思与于澍等筹划“陶（烧）砖于野，伐（采）石于山，不足则继以北门废桥之石。石灰则易之公羡，不足则募诸富民之好义者。人匠则城乡壮有力者更为之”。一切材料工匠等齐备，将要动工，吴节知州病，欲辞官归里，不果。其年冬，判官姚谟、吏目高冈相继至寿州，协助九思施工。至正德七年（1512）春正月，九思被罢寿州同知，工程暂停。后在户部右侍郎丛兰（巡视凤阳诸郡，按部至寿）筹划安排下，以判官于澍为总监，联引地方驻军等，历时五十日，大功告成。九思虽罢官，因道路不靖，滞留寿州，仍参与赞划。此后九思又参与正阳镇新修河渠等防御工程。

据《重修鄠县志》（1933 年版）与李开先《渼陂王检讨传》记载：“（九思）降谪寿州同知，尝摄州事，理词讼，备流贼，监收军储仓粮，颇为省费，寻收武平卫兑军粮。前此官胥侵渔，须三千石方满其数，其实千余石足矣，因之减其多半，百姓赖以少甦。”“摄州事、理词讼”无具体记载，“兼收军储仓粮”、“收武平卫兑军粮”也无详细记述。但这却是同知的职责所系。据明朝卫所（地方驻军及保卫地方的军事机构）制度，地方百姓交纳粮赋，须直接就近缴予卫与所，一般应有定额。明初期执行较规范，但到中后期，随着机构扩大，兵员骤增，地方和卫所即设法加大粮赋。问题的严重性还在于，由于卫所制度的腐败，军官与地方胥吏往往互相勾结，虚报兵员，贪污克扣，鱼肉百姓。这在弘治、正德年间，已是普遍现象，那些骄兵悍将谁也惹不起。在这种情况下，九思尚能“兼收军储仓粮”、“收武平卫兑军粮”，不畏强暴，使之“颇省费”，使武平卫军粮“减其多半”，可谓大智大勇的作为。也因此，清光绪《寿州志》卷十六《职官志》将九思列入《名宦》门（见《明清曲家考》27 页）。

十三　交游诸生　敬重名士

寿州城洪水过后，一日，九思难得的清闲。他来到城外，登上爱凫楼。近看花草烟雾，远望碧山沧海（河流），门前流水，沙滩群凫（鸥类野鸭）。不禁感慨系之，作《爱凫楼》（《渼陂集》卷五）七律一首：

花近高楼烟雾开，碧山沧海亦蓬莱。
门前流水涓涓净，沙上群凫日日来。
此鸟见人浑欲舞，老翁恋尔未能回。
彩鸾黄鹤无消息，惟有忘机鸥不猜。

首、颔联以景物的灵动，表现其舒畅的心情。颈联以凫“见人浑欲舞”，写人与鸟情神相通，进而述其被凫之舞姿所吸引，居然不知回去。尾联破题：彩鸾、黄鹤（昔日的高贵朋友）之类高贵鸟不知去向，惟有与鸥（凫，指普通人）定盟在云山水居，才能忘却机杼，不被人猜忌。所以，九思便与寿州的士子有所交谊。

其在《寿州同知书屋记》（《渼陂集》卷十）中载："正德庚午冬，予谪居于此，幸其地僻事简，同寅又皆贤明长者，饱食终日，无所用心，乃取《离骚》《诗经》《左传》《汉书》诵说其中。郡士张昇来曰：愿受教。予弗能拒也。越明年，范庆、薛銮、吴介来。未几，王立、黄海、张晓、熊治来。未几，俞泽、周京、贺寿、许澄、周熊来。又高科暨兰溪、包惟来，兹十有五人者。每见予诵说经传，上下古今论文章、论诗，问民所疾苦。"

九思非教谕、教授之职，这些郡士、举子无疑是慕名而来。他们是以"愿受教"的崇敬心理与九思交游。九思即和他们"诵说经传，上下古今论文章、论诗"，也论其"文必先秦两汉，诗必汉魏盛唐"的复古主张。以九思之"性疏狂"，不免抨击台阁体与李东阳茶陵诗派，讥其萎弱，并言及与李东阳及前七子间的恩怨。若佐以酒肴，不免作出发泄牢骚与怨恨的诗篇。这必然会引起些闲言碎语，抑或被监视者攻击甚至告密。在《即事》（《渼陂集》卷四）里，九思愤慨地斥责："反舌何多事，过时鸣向人！"似乎还有人在议论"瑾党"事件，以诋毁其声誉。同时可见其忧谗畏讥的卑怯心理。这亦是他心情灰暗、散懒消沉、"日高忘盥栉，潦倒见吾真"的原因。

但九思和这些士子的交往却是真情。"诸生从之游者贺寿，性敏而家寒，为之纳室，兼有所济"（《李开先集·康王王唐四子补传》）。又为诸生薛銮之祖父、地方耆宿薛洪撰写墓碑。

《雨夜漫述四首》（《渼陂集》卷五）其一曰：

闻说涌泉亭下竹，青青照水玉棱层。
未能今夜春山雨，去访深林野寺僧。
风籁潇潇千丈下，阑干落落几人凭。
曾烦多士登临约，辜负花前酒似渑。

从此七律可知，多士（诸生们）曾约他去涌泉亭观看青竹林，却因天雨未能成行，不达深山野寺（当是涌泉亭的所在地）访僧的目的。只能在风籁潇潇的千丈山下，倚着零落的栏杆仰头怅望，真是辜负了花前对饮的良机。其四有"寿州才子是吾邻，接席相看关语亲。岂有文章空四海，勿言豪杰在三秦"句，可知王九思和寿州才子（广义的士子）相邻，他们互相关照，关系密切。“才子”们赞扬以他为代表的关中文豪。九思却谦虚地说，天下诗文高手到处有，怎能说文豪只在三秦（关中）？当时所谓前七子，关中除王九思还有武功康海与庆阳李梦阳，且李、康为领袖人物，还有高陵的吕柟（状元）、三原的马理也名震当世。因而这里的“豪杰在三秦”语，实不谬也。

从《雪夜三首》（《渼陂集》卷五）和《画竹》（《渼陂集》卷十）诗可知，九思与一张生友谊很深，张生爱雪成癖，在雪夜狂奔不休。九思知道后，后悔没有带上酒，和其乘兴登上雪江的船，一直驶到“山阴即回首”。可见其已完全融入张生的生活中。当他作画时，张生看他画竹。他说：“张生家住淮河上，不向山扉种绿筠。买得露梢千万叶，却来笔底看精神。”

王九思除交往地方士子，还与一周将军友谊较深。他对周将军武艺高强、身怀绝技，却一生磋跎，特别是国难当头不被起用，而老死家中十分痛惜。联想到朝廷腐败，人才凋零的局面，深恶痛绝地写一首古风《周将军歌》（《渼陂集》卷三）。其诗意为：周将军“十五学击剑，二十学用兵”，“猿肱燕颔将门种”，在他家的“金匮石室”，密藏皇帝颁发的“丹书紫诰”。“神武的大明天子”，天天在御阶“舞于羽”，得到皇恩润泽的“龙驹”（英俊人才）“满帝闲”（皇帝的马厩，此处引申为皇帝的周围），穿着越裳翡翠的佳人“来天府”。有将军请缨出击单于（匈奴），朝廷宣布如今天下太平，无须开疆辟土。

悠悠岁月使周将军老之将至，“封侯万里”（建功立业）自然无望。于是将军以魏晋名士之豪爽而“被酒酣歌缺唾壶（注），临风雄辩挥如意”以发激赏诗文之豪气。儿和孙也都博览群书，掌握战争筹谋，并且“青春拜受将军弁”，但仍无用武之地。所以将军在淮水之渍，买田筑屋、归隐养身“栖白云”，在“垂杨袅袅细烟雾，短竹萧萧繁雨露。芰荷香散碧风池，琴樽兴恋青山暮”的潇洒自在与风花雪月中兜售岁月，致其“山中甲子经七旬，堂下曾孙看几度”。尽管如此，将军“舞剑时令胆气粗，镜光长许仙颜驻”；“跨马夜射南山石，鞲鹰晓猎中山兔”。将军乐此不疲，致使山谷的小虏不敢非为。这种“棘门霸上”、“野草飞沙”的假设战场，真是儿戏！将军感叹“雪盈首”、“柳生肘”（葬人时给棺上饰柳，柳生肘，意快死了）。早起洒扫庭除，不时停下来，呆看墙上的龙泉宝剑：我还能回到少年吗？

王九思为何对周将军壮志难酬“雪盈首”叹息不已？这除当时河南、河北、安徽一带刘六、刘七领导的农民起义声势浩大，还有北方鞑靼小王子（名伯颜猛可）的屡屡犯边掠境，致使地方糜烂，边境不宁，陷朝廷于内外交困的境地。而九思所在的安徽凤阳、亳州、寿州一带更是烽火连天。朝廷派来的将帅，大都畏敌如虎，只追不战。而像周将军这样具有文韬武略、熟悉地方的将才，朝廷却弃而不用，致其老死槽枥。

联想到九思自己，翰林出身，有建功之志，有治国之略，有诗文之名，有名士之誉，却遭人嫉妒、诬陷，以至于被贬抑，所谓“瑾党”之罪，实在是“欲加之罪”。难道他也会像周将军一样，从此一蹶不振，只有归隐林泉而“栖白云”了？

周将军无疑为地方名流，其能向九思坦胸露怀，向朝廷发泄牢骚，可见其与九思交往不薄，又可见九思为人坦诚豪爽，实堪信任。

《画龙引》（《渼陂集》卷三）诗，为九思与江边一善画龙的野叟间的友谊。他通过野叟画龙的生动，联想到叶公好龙和乐安寺画龙点睛的典故，阐发出“古来好龙如好士，不好真龙好形似”的感叹。告诫世人和当权者：“君不见，江潭千尺黑到底，下有蛟龙卧不起。挂壁扰扰蜥蜴尔！”引申为当道用人只图其虚表，所谓人才，其实只不过是挂在墙壁画面上纷乱不堪的蜥蜴（似龙形）而已。而真正的蛟龙（人才），却沉潜在千尺江潭底（不在当权者身边）卧而不起（不被起用），以此抒发自己怀才不遇的悲愤情怀。

（注）缺唾壶：《世说新语·豪爽》，王处仲每酒后，辄咏“老骥伏枥，志在千里，烈士暮年，壮心不已”，以如意打唾壶，壶口尽缺。后人以“击碎唾壶”作为激赏诗文之词。

十四　戎事方酣　邸报致仕

正德六年（1511）初，王九思已经忘却贬谪之痛，逐渐融入寿州的政务之中。在《雪夜三首》（《渼陂集》卷五）中，他写道：“天上谁持北斗杓，四时元气赖均调。雨旸多寡恒无虑，豺虎纵横亦自消”，“江天此日春消息，密雪纷纷在柳条”。这反映他能顺天应时，愿治地风调雨顺，盗匪（豺狼）自消，并希望瑞雪纷纷，给百姓带来春日（好）的消息。“此地春寒也自稀，晓看雨雪夜霏霏”、“何日放船牵锦缆，谁家拾翠换罗衣”（化用杜甫诗句）。早晨起来，昨夜未停的霏霏雨雪，给寿州带来少有的春寒。什么时候民女拾翠（水面的藻类植物）能换上轻妙的罗衣，士人放船牵锦缆（漂亮的船），能自在地游弋江上观景，出现一片太平繁盛的景象？

这种期望太平的心理，正好与稍后寿州的局势形成极大的反差。“正德辛未（1511）夏四月晦，邻境报流贼且至，知州黄梅吴君节、判官潍阳于君澍与予三人者，督率民兵为守城计”（《渼陂集·寿州修城记》卷十）。他们动员人力、物力，修筑缺损的城墙。作为“职在清戎、督粮”的州同知，九思是恪尽职守的。鉴于此现实，以上《雪夜三首》也许是反语，似乎可以这样理解：“豺虎纵横”（农民起义）是因为“持北斗”的皇帝、重臣没有将“四时元气”、“雨旸多寡”调节好所致。再深一点，可以理解为：这些昏君、庸臣，骄奢淫逸、胡作非为、悖逆天理而造成这种“豺虎纵横”的局面。

由于明朝统治者的腐败，农村土地被豪强（主要为皇庄、官庄、官僚、地方士绅）大量兼并，农民无以生存。正德初年各地农民起义不断，尤以河北人刘六（宠）、刘七（宸）与齐彦明等声势浩大。当时安徽凤阳（为明朝中都、皇寝所在地）等地屡被义军围困，毗邻的寿州、亳州也数次波及。

当年五月，修城工程甫峻，部分农民起义军至，寿州城一片混乱，幸而城墙完好，城内百姓稍为安定。九思作为城防主官，命兵民紧关四门，凭城固守。

他在五律《闻盗贼且至，登寿州南城楼野望，兼示避盗诸君子四首》（《渼陂集》卷四）中，生动地描述当时的情况和其愁苦心理。其一：

极目川原外，无言自怆神。云山晴见楚，烟树远浮秦。
平地干戈满，临风羽檄频。西飞羡归鸟，随意过城闉。

九思站在南城楼上，远望（极目）川原外的萧条景象，默默无言却心中悲怆。绵亘云山那边是楚地，烟树远浮之处是秦川（故乡）。但寿州却平地起干戈，不断传来敌情警报（羽檄）。他真羡慕西飞的归鸟，随意就能飞过城门，人却不能。其二：

寇盗东南近，吾生去住难。举头惟见日，何处是长安？
野迥愁多垒，楼高独依阑。佩刀逢郡叟，垂涕说凋残。

寇盗从东南来了，我们的死活难以预料。抬头只见白惨惨的月亮，我的故乡（长安）在什么地方呢？那夜色也因人愁肠百结（愁多垒）而与往常不同，我只能孤独地依着高楼阑干发愁。身佩刀剑下楼巡查时，遇见城里一老叟，流着泪向我倾诉凋残的境况。其三：

草木阴风起，凄然惨客怀。王师思上将，地险恃长淮。
薄霭浮青野，残阳下紫厓。城头金鼓发，悄悄立昏霾。

草木被阴风刮起，一片萧杀，简直是草木皆兵了。这种凄凉的景象，使我心怀惨然。朝廷的军队缺乏上将之才，只能恃长江淮河之险死守，援兵何时才能来啊？

薄霭烟雾浮遍青色的郊野，残阳发着暗紫色的光将要落山，好一派悲怆恐惧的景象。为了壮胆，我命令守城的士兵敲起金鼓，擂完一通鼓，又悄悄的立在昏暗的烟尘中。

官兵终于来了："闻道仇元帅，行兵捷有神。嫖姚真汉将，王翦是秦人。父老持牛酒，儿童识虎臣。穷愁怜白首，悬望息黄巾。"（《渼陂集·官兵至，盗去有作》卷四）仇钺（字廷威，镇原人，世袭宁夏前卫指挥同知，封咸宁伯，后又因功进世侯）元帅带领的官兵，虽未与盗直接交锋，但仇来盗去也是胜利，起码解了寿州之围。因之，赞美仇元帅是汉将霍去病（嫖姚将军），是秦将王翦之流的英雄。九思组织城中父老，抬着牛肉和美酒慰劳官军，要儿童们认识这位"虎臣"。因为九思实在怜悯城中父老，指望（悬望）官军能够打败（息）贼寇。

这些官兵在寿州驻防数日，又接到命令开赴颍上县（安徽西北部，淮河北岸，颍河下游）。九思在《睹官军赴颍上歌》（《渼陂集》卷三）中，对官军的威武与父老观看的场景，写道："银鞍绣甲剑在腰，马鸣十里风萧萧。羽旗犹转杏花坞，铁骑先过杨柳桥。将军妙手逞轻捷，一箭飞落双皂雕。道旁观者众如堵，奔走流汗喜欲舞。"就是这样百姓盼望、爱戴的威武雄壮之师，其实却是老师玩寇，与敌捉迷藏，或者畏敌如虎，与敌兜圈子而见死不救的痞兵骄将。在大家对官军赞赏之余，"父老叹息忽不乐，暮年今见持戈斧。七日贼围颍上县，一县万人命如线。闻说提兵李佥事，日夜登城奋孤战。城中妇子愁唧唧，恨不人人生羽翼。晨炊走汲井水竭，夜号声绕春云黑。步兵间道单身出，简书马上飞来急。岂谓辕门坐风雨，不念愁城卧荆棘"。颍上城已被围困七日，李佥事率孤军奋战。城中妇女儿童惊恐哭泣，恨不能生翅飞出城。城中已无米做饭，连井水都用竭。叫苦的呼号声冲空绕春云。有一步兵间道出城，持书飞马求援，谓诚中百姓急须解救，而官军将帅不在辕门坐（守定）风雨，"不念愁城（百姓）卧荆棘"，却按兵不动。九思只好呼吁督师凤阳的户部右侍郎丛兰和马部督："丛侍郎、马部督，请君早发元戎纛。扫净烟尘四千里，我亦西归杜陵曲。"他几乎是哀求丛侍郎、马部督：只要你们早日驱动大军（元戎），扫平四千里烽烟。地方安宁了，我也不做官而西归家乡（杜陵，指鄠县）隐居了。

王九思有时也处于两难之中，既要官兵御"盗贼"保护地方，又不能使他们滋扰地方。这就不得不与这些官兵枭将们委蛇周旋。在《送平贼将军右都督时公序》（《渼陂集》卷八）中，对平贼将军、延绥副总兵都督佥事时源在寿州驻军的追述，可见其情："（正德六年）夏五月将军驻节于寿。九思上门谒拜，具道由来，请决进止。将军迎见甚喜，称说，乡里问道，故旧具杯酒，接殷勤之欢。九思托于麾下，窃有所献，以为将军寿。盖采诸风谣，撰述功德云。”九思诚心请教时源“决进止”，实际上是试探虚实，同时讨其高兴。所以时源甚喜，“具杯酒，接殷勤之欢”。他又备礼为时源祝寿，以自己的诗文之长，为时源歌功颂德，其目的就是既不要大军快撤防，又不要其淹留滋扰地方，给百姓带来灾难。

当王九思正在为地方安宁劳碌奔走、弥缝其间时，却突然接到朝廷的致仕邸报。

李开先在其《渼陂王检讨传》（《李开先集》599 页）中说：“忽闻致仕邸报，一郡皆惊，不知其由。久而后又传，乃云南地方闻将复遣钱太监镇守，此前有‘王恕（陕西三原人，太子太保吏部尚书）再来天有眼，钱宁不去地无皮’之谣，苦其虐政久矣。遂给言大雾连三朝，不见天日，以阻其来。而朝议将使大臣自陈，大臣恐有去位者，须曲意求浼（央求）司礼监，始得保全，宣言此不系大臣事，乃刘瑾余党去之未尽。”李开先接着愤愤不平地说：“夫以云南天变而罢寿州州同，有何干涉？况天变又未尝有耶！”

李开先在其《康王王唐四子补传》（《李开先集》635~636 页）中，对具体弹劾者作了记述：“盩厔（为今户县邻县）王元凯，新任兵部给事中，会天变，纠弹庶僚，无故谓同列曰：‘九思复用，则朝士空矣！’遂劾以假调官而污选法。”

杨一清（邃庵）曾受刘瑾迫害，又是倒瑾的主谋者，刘瑾败后为内阁大学士。九思若为瑾党，杨无疑会鄙弃或置之不理。但在此关头，杨一清“复本言其已经论列，合留用，以图后效。西涯（李东阳）不从，下报曰：‘着致仕去。’”（引文同上）可见九思得罪李东阳如此！李开先又为之鸣不平：“呜呼，果有污选法事，瑾败时，其谁能见容？彼元凯者，何从而闻此言，何故而为此事也？”（引文同上）如果九思真有“污选法事”，当初刘瑾败时，谁能容他！你这个王元凯呀，你在什么地方听到此话？你为什么要这样做呢？

当然，李开先为王九思鸣不平，作为朋友之谊不无情理，但王元凯所谓“污选法”事亦不是空穴来风。根据王九思《梦吁帝赋》（《渼陂集》卷一），谓其在吏部曾遭“众口议予之形影兮，谓假途（借别人升迁）而黩货（受贿）”之议，而受到弹劾，其虽在赋中一再辩白，且最终亦未坐实。可见王元凯所据大概即此。

王元凯、王元正、王元亨兄弟三人，为今户县祖庵人，弘治、正德年间两为进士一为举人，时谓盩厔（王氏为户县祖庵人，时祖庵尚辖于盩厔）三贤，其父王傅亦为进士。王九思、王九峰、王九叙兄弟三人，亦分别为弘治、正德年间两进士一举人。鄠县城距祖庵仅十公里，在这同一地方、同一时期应为科举奇迹。两王家有无鄠族地属之纠葛无从考证，因此王元凯无端诬陷王九思不可思议，此为一历史疑案。其实王元凯也为一耿直之士，据《王氏宗谱·元凯传》，其“立朝仅四十日以谏忤旨，致仕归”。一生再未出仕，且晚年“因告变，忤权珰，下狱”，虽得救，“公已毙矣”。据“立朝仅四十日”论，新科进士王元凯弹劾王九思最早应在正德六年夏，此后便罢归。也就是说王元凯与王九思是先后罢归的。两位同为进士出身、同罢官乡里的士人，又近在咫尺，但在九思、康海的大量著作中竟毫无与之往来的记载。九思既与远在华阴、武功、陇州、高陵、泾阳各县甚至外省的进士多有往来，而不和王元凯往来，可见其怨恨之深。《王氏宗谱》记载王九思曾为王元凯祖母撰写墓志铭，这大概也是收笔润的；在涉及九思罢官时，有“辛未冬，科道以天变弹劾庶僚，给事中王某者，与公（九思）乡里，而素忌公，遂假公前在吏部事劾之。西涯报下罢公”的记载，意为王元凯劾九思是出于嫉妒。

致仕命既至，九思悲愤不已。虽然同官与地方士子多所劝慰，但终不能缓其情。于是他便以酒浇愁，酒后独眠馆舍，却听到舍后鸠鸣。作七绝《闻鸠三首》（《渼陂集卷六》）以抒其情。其一：

同知舍后高榆树，上有春鸠咕咕鸣。
我亦乾坤无羁绊，不劳花鸟较阴晴。

舍后高树上的春鸠，你叫什么呀？我不做官了，天地间没有什么事要我牵肠挂肚。我也不必早起，更不烦劳花鸟来较验天气阴晴与否。其二：

呖呖春声亦可怜，万家耒耜雨余天。
客船买系城门下，我欲西归学种田。

清脆而流利（呖呖）的鸠鸣实可爱，你的呼唤是要我督促万家在春雨的间歇天（雨余天），抢耕抢种。不用叫了，我已经买好系在城门下的客船，要回故乡学种自家的庄田了。

尽管如此，王九思还是病了一场。在病中他将前尘后事反复思考，加上病痛的生命危机，使他醒悟许多：短暂的人生其真谛到底是什么？难道只有功名利禄？而且还要火中取栗、虻蝇叮血一般去索取。病愈了，他在七律《五月十日病起聊短述》（《渼陂集》卷五）诗中写道：

仲春病起雪冥冥，此日南风洒户庭。

节序变迁催短鬓，乾坤漂泊任浮萍。
榴花葵叶纷纷见，语燕鸣鸠细细听。
故国昼长应更好，便看归去碧山亭。

虽然已是仲春，却还大雪漫天，但今日毕竟有令人爽心的南风洒满户庭。节序变迁催人老（催短鬓），而人却无法把握自己，只能像浮萍随水到处漂泊。寿州春天的榴花、葵叶到处可见，燕语鸠鸣随时可听。想必故国（关中）春暖少雨应更好，还是归乡看碧山亭（九思家后园有春雨亭）吧！去国还乡情迫意切。

接任王九思的天台人林薇（字世烈）到寿州。林君乃名臣之裔，对九思十分尊敬。他们交接手续后，九思让出同知书屋。林君“数过予曰：‘是屋也，先生既去，当葺之使新，奉书关中，请记之勒石，陷之屋壁之间，俾后有考者也。’”（《渼陂集·寿州同知书屋记》卷十）九思西归关中，正德八年（1513）林君果来书曰，“屋葺之完，已磨淮山之石矣”，要九思为之记。九思十分感动，才有《寿州同知书屋记》传世。据汪超宏《明清曲家考》（28 页），嘉靖《寿州志》卷八收录此文。

当王九思打好包裹行囊，即将乘船上路时，河南凤庐诸郡兵祸又起。

十五　困坐愁城　白身督防

王九思在《赠延绥副总兵都督佥事时公序》（《渼陂集》卷八）中说：“两京畿内之地，河南、山东、四川诸路盗贼蜂起，劫掠邑聚，攻陷城池，焚烧官府，州郡失据，长吏逃亡。守臣驰奏，朝廷以为忧，下大臣集议。兵部臣言，各路兵壮，狃于承平，勇怯相半，贼势如火益炽，未易扑灭。”可见当时之烽火连天，连朝廷都无计可施。同时也阻塞九思回关中之道，异地他乡，梦环魂绕，思亲心切。五律《梦亲》（《渼陂集》卷四）诗中可见其情：

三月音书断，连宵梦寐繁。羞看乌鸦哺，虚听鹊声喧。
客舍慵弹铗，孤城早闭门。黄昏对风雨，愁思绕乾坤。

三月来家信断绝，连连作梦回故乡。羞看乌鸦反哺（愧对父母），聊听乌鹊喧闹。在客舍无聊弹铗（学冯谖，却无孟尝君赐车），孤城早闭，以防盗贼夜入城。面对黄昏的风雨，怎能不愁思绕天地？

五律《三月十五夜对月》（《渼陂集》卷四）诗：

春月虽堪爱，离人自不欢。寂寥看北斗，迢递忆长安。

吹笛关山迥，栖林鸟鹊寒。何时茅屋下，沉醉照更阑。

此地春月虽堪爱，而要离去的人却无心观赏，只是寂寞寥落地望着北斗星，思想着遥远的故乡（长安）。栖居寒林的鸟鹊，怎能越过关隘山川，到那迥异于此的地方？“吹笛关山”，指边陲，此处意为遥远。他不知何时能在自家的茅屋下，饮得沉醉如泥，于迷离恍惚中，看着更加灿烂的明月。

五律《故乡》(《渼陂集》卷四)：

雨雪今留滞，他乡忆故乡。春分催酿酒，燕至得开堂。
山月梨花院，园风竹笋墙。旧栽四青柏，应比昔年长。

滞留客舍，慵懒无聊，对着黄昏的风雨，又勾起他对故乡的怀念。家园的堂屋、春酒、山月、梨花院、园风、竹笋墙，都是那么美好，想必他亲手栽的四季青柏，应该比过去长高了。

“暮城楼阁风云暗，野戍关山道路非”(《渼陂集·三月晦日》卷五)。不归的愁绪怎堪那“暮城楼阁”，还有阴暗的风云！道路的遥远怎耐关隘山川，又加到处的战乱。他感慨道：“白首庞公（庞德公，东汉襄阳人，与诸葛亮、司马徽、徐庶、庞统等友善。拒绝刘表礼请）能避世，青春杜甫未还乡。”庞公年老隐居鹿门采药为生，而杜甫穷愁潦倒，晚年羁留夔州（巫峡）。九思在这里羡慕庞公的避世独善，悲悯杜甫的颠沛流离，同时自比杜甫，对前途充满悲观。“开落桃花仍结子，飞归社燕已巢堂”，桃花结子、社燕飞归，已经初夏。“山城日暮闻风雨，梁父吟成恨转长”。寿州城日暮降临，却又来了风雨。《梁父吟》（为葬歌。李白有《梁甫吟》，喻其报负不能实现的悲愤）成，却遗恨绵绵无终期。

罢归与道阻使九思愁肠百结，悲苦不能自拔时，却忽然接到父亲一封家书，悲喜交集，不禁潸然泪下。

九思在《先公行实》(《渼陂集》卷十六）中，有关此家书的记述：“先公（其父王儒）赐书谕诸道，开其心焉。其辞曰：盖闻萋菲之谗，诗人叹息；流言之兴，圣人惧焉，此古今万世而天下所闻睹也。故曰：众口铄金、积毁销骨，此非过语也，盖其有见言之也。夫古之君子，竭忠其主非有不尽也，修身慎行其越人非不多也，然卒以罹于馋，是故屈原放而《离骚》兴，贤者不必贵矣！今其辞悲婉愤厉，读之盖渢渢焉，罔不泣下沾衿也！而小子何为哉？古曰：弭谤莫如自修，固尝奉教于君子矣！天地日月巍乎焕然，仰而观之，俯而察之，亦求亡愧于斯，斯可矣，而又何惑焉！夫贤者有一世绌，负百世之名，此其道固云尔矣。吁嗟小子，其将何为哉，其将何为哉？”

李开先在《渼陂王检讨传》中，这样记载：“会盗起，不得归，父恐其动情也，以书教之曰：‘萋菲之馋，诗人刺焉，流言之兴，圣人惧焉。此古今所共闻睹也，君子求无愧于身心已矣，而又何惑焉！人固有一时之绌，而成百世之名者，其道固有然矣。’（李记从略）翁（九思）得书，欣喜拜受，出示于人曰：‘谢政事亲，吾心所愿，但不忍舍州民及多士耳。’”

父亲的德行学问，永远是九思的楷模。书中数语使九思茅塞顿开。谗言流语连圣人都惧怕，何况区区王九思！正如父言，君子只求无愧于身心就够了。人固有一时的委屈、灾难，但这也可能是其成就百世名的缘由。所以他给自己找到冠冕堂皇的心理平衡的理由：“谢政事亲，吾心所愿。”

既然“不忍舍州民及多士”，那就得在未归之前，为寿州百姓和诸生做些好事。

正德七年（1512）暮春，平贼将军右都督佥事时源，率所部尾追农民义军，由河南到凤庐诸郡，又驻军于寿州。“侦候四出，日报无虞，严刑戢下，噤无敢哗，城中寂然，按堵如故”（《赠延绥副总兵都督佥事时公序》）。腐败的官军，贪残暴戾，剽掠搜刮更甚于“盗匪”。这里的“侦候四出，日报无虞”，可以理解为：他们到处派出侦察兵，却并无敌情。就这样无忧无虑地驻扎地方，分享战利。这些骄兵悍将因争利分赃，动不动就哗变，主帅还得“严刑戢下”。“城中寂然，按堵（安居）如故”，可以理解为：官兵进城，百姓逃匿，能不寂然？而百姓疾苦还是没有改变，或者更甚。难怪九思的老师马中锡于正德六年（1511），召为右都御史，往督军务（镇压刘六、六七农民起义），主张招抚，“谓盗本良民，由酷吏宁杲与中官贪渎所激，若推诚待之，可无战降也”（《明史·马中锡传》）。但他却因此为言官所劾，下诏狱（皇帝所设监狱）而死。

既然骄兵悍将已进驻寿州，作为曾分管“清戎”的王九思，能做的就是安抚驻军，使之尽量少滋扰百姓。时源为陕西延安人，此前九思曾以州同知身份慰劳其军，并为之作寿辞。此次只能以乡里之谊去设法接近他。九思先使同为陕西籍的刘子实（富平人）“晨诣军门求见，公（时源）曰：‘客欲何言。’子实长七尺余，阔面广须髯，抗（亢）声秦语曰：‘大将军苦于风尘，愿献牛酒飨士，非有他愿也。’公曰：‘义人携之上，与语其悦。’”由于子实的举措和引荐，时源表示愿意见九思。据《赠延绥副总兵都督佥事时公序》（《渼陂集》卷八）九思拜见时源时，子实已先在，竟然长揖向九思提示："太史公（九思曾任史官，此处有意恭维）难道不对大将军进一言？"九思引经据典，称时源为"丈人"（《易经》谓军帅）、"方叔"（周宣王时有军功的大臣），赞誉其"老成持重、涉世深、临事好谋，累建边功，为时宿将，用兵如老医用药，药到病除"。并预祝其"将受爵、封万户侯"，赞扬道路既通，自己能回乡亦是时源所赐。这些近乎拍马屁的赞誉，赳赳武夫爱听。接着九思又邀集寿州士子"窃有所献，以为将军寿，盖采诸风谣，撰述功德云。又一月贼平，九思讴吟歌笑……"既给其祝寿，又以诗文（风谣）撰述功德。不用说时将军亦附庸风雅，乐于接受这种奉承。他说："我武人，不读书，尝受教于君子矣！"（引文同上）但九思们的目的是，送时将军赶快离开寿州城。

"正阳镇在寿州南六十里，淮水自桐柏来，直走其西。人家负水而居，几七千户。舟楫所通，四方商贾，无有远迩，毕会于此。物货之委积，精粗美恶，交易而后退。惟人物曼丽，惟声伎繁，惟居室美好，惟服食器用侈于习。由淮西望之，帆樯林立，屋瓦栉比，烟火云接，南北数里，连络如绣，盖中都（凤阳）第一镇云"（《渼陂集·寿州正阳镇修河渠记》卷十，以下引文同）。

正德六年（1511）秋，江北"诸郡盗起"，占领颍上县，而逼近正阳镇。时九思等指挥兵民严守，幸而有惊无险。正德七年（1512）二月，"兵备佥事乐平李君天衢，巡行颍上，会盗数千人亦同日至，攻围甚急。盗又数十骑东行劫掠，去正阳二十里所，人乃大恐，讹言惊扰，争走逃避，相蹂践有溺水死者。"九思作为曾职在"清戎"、保证地方安宁的官员，他却无能为力，岂不痛心疾首！

所幸户部右侍郎丛兰，"巡视庐、凤诸郡，会出按部，闻颍上围，跳驱至正阳。其日，盗闻即解去"。丛兰认为："夫难度者变，易失者时，此镇繁华诲盗之地，盍思永图，以辑尔后。不然，终患奈何。"钦差大臣既有"永图"之意，地方何乐而不为。于是九思等曰："惟西长淮之险可恃，无恐其三面受敌。若浚土引水，水以环之，土以垣之，垣以楼之，人以守之。"丛兰视察后，认为可行。在丛兰的协调下，九思以白身（无官职）参与赞划，军民动员，各方努力，月余修成。"三面为门，门有楼有桥，垣之上为楼，十有七所，离列惟均"。完成正阳的御防工事，众人建议将这一事件"勒之贞石，为后世法礼，亦宜之"。"于是介生员高科来，请记于致仕寿州同知王九思"。于是便有《寿州正阳镇新修河渠记》一文。

十六　离愁别恨　西归关陕

正德七年（1512）五月，都御史彭泽、咸宁伯仇钺平定河南诸地“盗乱”。九思得报欣喜若狂，遂赋七律《喜官军破河南诸盗》（《渼陂集》卷五）一首：

王师忽报收群寇，乘胜长驱汝蔡间。
久客风尘繁老鬓，春深花鸟破愁颜。
瘦躯醉后狂能舞，长路平来好便还。
画舫喜春经汴国，小车行见入秦关。

王九思此刻大有当年杜甫羁留梓州，忽闻官军收复河南、河北那种“剑外忽传收蓟北，初闻涕泪满衣裳”的欣喜若狂。他虽然没有“白日放歌须纵酒”，却也“瘦躯醉后狂能舞”。虽非“青春作伴好还乡”，却也“长路平来好便还”。杜甫“却看妻子愁何在，漫卷诗书喜欲狂”，九思“久客风尘繁老鬓，春深花鸟破愁颜”。杜甫还乡心切：“即从巴峡穿巫峡，便下襄阳向洛阳。”九思回家愿迫：“画舫喜春经汴国，小车行见入秦关。”虽无杜甫从巴峡穿巫峡，下襄阳到洛阳顺江而下的心意如飞，却也有乘舫上溯入汴、行车漫道秦关的惬意。从诗体上似见模仿，但正如李梦阳所论，此为“以我之情述今之事，尺寸古法，罔袭其词……此奚不可也！”（李梦阳《驳何氏论文书》）

这除有道路畅通，能够还故乡的狂喜，更有希望国家安定、百姓安居的释然。他想象着乘坐上华丽（画舫）的船只，喜迎春风到汴国（开封），然后换乘驿车，边行边观途中风光，不知不觉就进入关中（秦关）。九思开始占卜（选择）西归的吉日，情不自禁地吟七律《盗止息卜日西归喜作》（《渼陂集·卷五》）一首：

八公山前豺虎稀，空翠堂中人欲归。
青春虽去不作伴，紫芝有约仍未违。
才呼舟子入城市，便觉岸风吹客衣。
香醪正甜沽一醉，来日片帆开晓晖。

八公山（泛指淮南一带，因东晋谢安破前秦苻坚于淝水，八公山“草木皆兵”而出名）一带盗匪少了，空翠堂（九思因家近杜甫当年游览之渼陂，因自号渼陂。杜甫有《渼陂行》诗，渼陂水中央有以杜甫诗句命名的空翠堂。这里空翠堂指九思家乡）中的王九思要回家了。春天虽然过去了，不和我作伴同行（“青春虽去不作伴”，化用杜甫“青春作伴好还乡”），但爽秋（紫芝，秋天的花）伴我并未违约（这里也有归家将路过商山四皓采紫芝而食之地，意为与隐居的贤者有约，他将也隐居）。才呼船家入城市，便觉得江风吹动我的衣裳。此时正好香醪（酒）熟，沽来一醉方休。来日东方见彩霞时，我便挂帆西去。可见归乡急切到神情荡漾、难以自制的程度。

然而毕竟是离别，而且是蒙受不白之冤的离别。当他要离开这风雨晴晦之地，告别这些同官和相处甚欢的士子时，留恋之情，不免黯然伤神。这种罢归断送的是他的仕途前程，断绝的是他奉君报国之志。七律《西归留别吴守四首》（《渼陂集》卷五）中有“浓云不酿催花雨，闭户春寒日日阴。眼底有情惟绿酒，世间无用是黄金”句，可知其灰暗之心情。“连宵惯作还乡梦，壮士难忘报国心。肯向离筵挥老泪，笑看宝剑赋长吟。”这种壮志未酬的报国之心，使他在和知州吴节等的告别宴席上，禁不住老泪纵横，却仗着酒力，笑看墙上挂的宝剑吟长赋，可见其忠贞不二的悲壮情怀。

“百年义气谁知己，二月风光我别君。秦楚路长同见月，关山树迥尽连云。”（美联）与之相处一年多的吴节，对他是理解、同情、尊重的，一旦分离，这些也就变成终生的友谊，这是山川树迥隔不绝的，它像明月千里能共见，像天云万里能连通。“形容不上麒麟画，萋菲还成贝锦文”。我没有建立功业画像麒麟阁，就被人罗织罪名遭陷害。《诗经》有“萋兮菲兮，成是贝锦，彼谮人者，亦已太甚！”以此比喻谗言陷害。“君若欲归归亦好，湘江（吴为黄梅人，在湘江支流）春水白鸥群。”在宴席上吴节不只是同情，还看破了官场，在酒酣耳热中动了感情，表示也要归隐家乡，与春水白鸥为伍。九思表示赞同。

但九思还是尽量超脱些，不要在宴席上期期艾艾，让同仁见笑。于是他表现出隐士的高岸和逐臣的自嘲：“画工不买毛延寿，高士还归鲁仲连（战国齐人，以善于计谋著称）。犬马到头终恋主，英雄回首即登山。参禅已悟三生石，负郭何须二顷田。况有南山苍翠在，年年相对酒杯前。”王昭君宁愿和番，也不买毛延寿的账；纵然有鲁仲连的智谋，也要归还，他参透了人生：不要二顷负郭（依城）田。据《史记·苏秦列传》：“使吾有洛阳负郭田二顷，吾岂能佩六国相印乎？”苏秦若有负郭田二顷连官都不做了，而我连二顷负郭田都不要，只要归隐终南山，年年对山饮酒。

正德七年（1512）暮秋某日，王九思携夫人、幼子及一童仆，离开寿州馆舍。“郡吏壶觞惜别筵，将军笳鼓在楼船。雨中父老能相送，江中人家（九思一家）亦自怜。”（《渼陂集卷五·发寿州寄谢彭中丞、孙佥事》）郡吏们送他到船上，还设宴惜别。远远地望见彭中丞（安徽巡抚）和按察副使都督佥事孙某的楼船，并听到船上的笳鼓声。这里言明是彭中丞、孙佥事送别，实与船中设宴的郡吏及“雨中父老”形成对照：郡吏、父老等人壶觞惜别，一直送他到江边，他能不感动！而达官贵人却楼船笳鼓远离而去，可见宦情世态之浇薄。

船启动了，九思托人给彭中丞和孙佥事捎信，要两公向朝廷报书。虽然致仕了，还得例行手续，这样就保证了致仕后的待遇。更重要的是，九思因罪致仕，还须地方长官向朝廷说好话，也许还有再度起用的可能，这就得有劳二公了！

船到颍川，告别随船相送八日的寿州朋友。他在七律《颍川别诸友》（《渼陂集》卷五）诗中有：“相随八日颍川郡，叹尔愁怀转更深。南北江山看涕泪，舟航风雨罢讴吟。”八日相送的情义，分别后，使他愁怀感慨直到深夜。他们将各奔南国北地，执手相看泪眼，舟航（也喻在南方的寿州）的风雨（所经过的事）不再讴歌吟咏。“此生岩石惭吾老，何日云霄寄尔音。踪迹未须论去就，巢由稷契本同心”。惭愧我今生只能在林泉（岩石）老死，不知哪一天能够从万里云外，得到你等的音讯。唉，不必悲伤了。纵迹山林无须计较为官为民，其实巢父、许由（皆隐士）和稷、契（尧帝时有功的辅臣）本同心，或隐或官都是心向朝廷，只是采取的方式不同罢了。

船行至河南朱仙镇，准备改行陆路。这时九思却意外地遇上冒暑热来会他的陆汝清。老友相见，百感交集。他们一个罢官归途，一个屡试不第，彼此胸中的积郁尽情袒露。九思得罢官敕命时，汝清曾寄书寿州慰问。九思得书除感激之情，又感慨汝清：“累数百言，词翰并茂，把玩不忍释手。为之叹息曰：有才如此，而不得一举，岂非命乎？”（《渼陂续集·陆汝清传》卷中）今日他们“坐柳荫中叙，契阔至夜分”。言及九思之父，“汝清辄泣下曰：师于我有罔极之恩，恨无以报耳”。

在陆路车辆未就之际，他们同谒镇中的岳王庙。联想岳飞当年的遭遇，不禁感慨系之。于是便有五古《朱仙镇谒岳王庙》（《渼陂集》卷四）诗。其诗曰：

古庙依名镇，百年感废兴。金牌甘尔伪，玉殿竟谁登。
世难多遗孽，才高忌尽能。相权操白刃，谗口叹青蝇。
遂有华夷乱，难扶社稷崩。攀留怜父老，报祀换云仍。
松籁山墩动，楼霞日驭升。丹青相炳燿，神爽欲飞腾。

汴水流东浙，夷山接宋陵。雄图犹在目，旧恨已填膺。
贱客遭瑕弃，归途拂剑棱。疏愚惭对越，系恋失炎蒸。
吊古英雄尽，忧时涕泪凝。终南从此去，萧散老渔罾。

前十二句诗交代岳飞受秦桧等陷害的史实。但其中“世难多遗孽，才高忌尽能。相权操白刃，谗口叹青蝇”四句，不能说不是影射当朝事：刘瑾乱政，贤才受诬，李东阳操权，以谗言排除异己。这种现实也会使社会动乱（当时内有农民起义，外有西北边陲战争），以至于“社稷崩”的。诗的中间部分，写英雄壮志未酬的遗恨和悲哀，以及世人的义愤难平。其中的“雄图犹在目，旧恨已填膺。贱客遭瑕弃，归途拂剑棱”，则喻其治国平天下的雄图还在，但却被诬陷的痛恨所左右。虽然遭到遗弃，但仍不甘心，于归途依然拂着剑棱。然而，凭吊完英雄后，他忧虑时势的艰险，不禁“涕泪凝”。我从此就要回终南山下了，要做一个闲散的渔人农夫了。

第二天，九思一行转为陆路，陆汝清一直将他们送到中牟县，“相与执手垂泪而别”（《渼陂续集·陆汝清传》卷中）。一路晓行夜宿，不数日即到潼关。在关楼北可遥见山西永济县南的首阳山，西南远望华岳三峰。九思见关隘形胜，不免触景生情。即有五律《入关》（《渼陂集》卷四）一首：

客子何来暮，关门愧昔贤。首阳祠未远，商洛路依然。
飞鸟三峰外，孤城落照前。终军（注）今白首，非复弃繻年。

九思来到关前，深愧不如昔日贤人。供奉伯夷、叔齐的首阳祠不远，通往商州、洛南（商山四皓隐居地，有四皓庙。九思有《四皓图歌》传世）的路依然如故。飞鸟像他的归心，已飞到三峰外，而人还在孤城（关城）的夕日余晖里。我非当年的终军，过关能受“弃繻”的对待。我是个罢官的罪人，只好按规定过关。

过潼关进入陕西，八百里秦川，道途平坦，处处可闻浓浓的乡音，使九思感到分外亲切，也就忘了旅途劳顿之苦。越是近家，心情越急迫，往往兼程而行。

（注）终军：西汉济南人，十八岁为博士弟子，《汉书·终军传》：“军从济南当诣博士，步入关，关吏给予军繻。”繻：古代通行证，以帛写字，分两半，过关验合，以为凭证。

十七　回归故里　挚友共勉

王九思一行到赵王镇，已是中午时分。这里距鄠县城 20 余里。他们在驿站吃过午饭，稍事休息，便打发仆童单骑先行，报讯于家。

驿车抵县城北门外，家人弟兄、亲朋及乡党们，已经迎了上来。看到家人及父老乡亲，九思不禁潸然泪下。他在古风《至家三首》（《渼陂集》卷一）中描写的情景，其一：

西风吹雨丝，游子归故里。亲朋知我至，候我城东趾。
下马拜亲朋，相见悲复喜。盗贼满淮南，居民半凋毁。
怪我羽翼短，何为遽脱此。行行入城闉，问对未能已。
大雨忽沾湿，分携各远近。

西风吹着雨丝，游子还归故里。亲朋父老知道我铩羽而归，都来接尘，久已等候在城门外。我下车拜见亲朋父老，悲喜交集。但并没有说什么“九思不才，愧对父老乡亲”的客套话。而是以淮南战乱，民生凋敝，我实在无能，才离开那里，来掩饰胸中的委屈和羞辱。人们慢慢地步入城里，问答没完没了。幸而雨大了，人们衣裳已经淋湿，便分别携带行李，匆匆往家里跑。其二：

冒雨入吾门，柏槐相映绿。老父立堂上，母亦出后屋。
牵衣哭不休，泪下满胸腹。宗族尽掩泣，邻人亦颦蹙。
群弟苦劝止，跪拜始能肃。叹我白发生，忧煎累万斛。
顷刻欲具陈，何由尽所蓄。

冒雨进家门，柏树槐树绿叶相映。父亲立在堂口，母亲已从后屋出来，牵衣哭不休，泪下满胸腹。宗族人都掩泣，连邻居人都愁眉苦脸。兄弟们苦苦相劝，以至跪拜向大家乞求，才慢慢平静下来。他们感叹我为官（万斛即俸禄，此指做官）忧煎劳累，头发都白了。这种感人的场景，使我顷刻间想把话说完，没有必要埋在心里头。其三：

雨稀众客散，诸父仍淹留。晚炊香稻熟，园蔬青且柔。
春酒浮满缸，相劝洗我忧。对此团圞夜，谁能辞巨瓯。
新词自述作，高唱激清秋。语及阻贼中，潸然还涕流。
愿老南山下，此外安将求。

雨稀了，人散了，只留下几个叔父。晚饭是自家的香稻米，青菜是自家园里的，春天的桑落酒还有满缸。他们互相劝慰我，以解我的忧愁。这样的家人团聚，谁能推辞大杯的酒呢？于是我兴奋了，将新作的词曲，在秋天的夜晚激情高唱。但一提起在寿州的苦难，不免泪水涟涟。经历一番起伏跌宕，但愿老死在家乡（南山下），除此以外，还有什么企求呢？

此三首古风，大有陶渊明古朴简洁的气象，语平淡而意深远，能生动传神地创造一种意境，达到言有尽而意无穷，有一种于平凡中见风范的审美效果。正如苏轼言陶诗："质而实绮，癯而实腴。"这既是九思诗风的转变，也是其人生道路的转折。谕示着九思的思想感情、人生观念、生活方式都将要发生新的变化。他告别曾经踌躇满志、却也是险象环生的官场生涯，也告别了靡丽、豪放的诗风，从此多以日常生活、农家农事为诗，也时常抒发不平的情绪，宣泄"一肚子不合时宜"的愤懑。至晚年，万念俱寂，诗风趋于平淡古朴，竟以陶渊明作为追慕的典范。

九思还家后，诸事安排停当。一日闲坐，忽然高陵吕柟（字仲木，号泾野）之弟，持吕柟"素书"来见。吕柟为正德三年（1508）状元，授翰林院修撰。其与九思弟九峰同入正学书院，在陕西督学王应韶门下受业，并为同榜进士。当吕柟入翰林时，九思已在翰林为经筵讲官，得与吕柟同官。他们既是同乡，又有兄弟之交，因而友谊极深。《明史·吕柟传》有："刘瑾以吕柟同乡，欲致之，谢不往。又因西夏事，疏请帝入宫亲政事，潜消祸本。瑾恶其直，欲杀之。引疾去。瑾诛，以荐复官。"吕柟为著名理学家，后与王阳明、湛若水齐名，但其学旨不同。此当是吕柟"引疾去"，居家未复官时。吕柟素知九思，深信其蒙冤。然而九思在蒙羞含垢之心未已，忽然接到忘年交（比其小 11 岁）、当朝名流并受刘瑾迫害的吕柟遣弟"持书见访"，真是感慨不已。读罢"素书"，问及吕柟居安与否，便提笔作五古《吕仲木遣其弟持书见访，酬答来意》（《渼陂集》卷一）托吕弟捎回。其诗曰：

佳人抱沉疴，高卧泾川浔。闭户理瑶瑟，寥寥稀赏音。
白云宿高槐，清风吹古岑。茅檐流月晖，照见千载心。
恋故结遐梦，道长违盍簪。暮秋仲氏至，恍如颜色临。
遗我尺素书，琤然璆与琳。上言长相思，乃在终南阴。
再拜谢仲氏，此意良已深。我欲往报之，愧乏双南金。
含情靡终极，坐晚枫树林。

九思赞美吕柟（佳人）托病，高卧泾河畔（泾河流过高陵境），闭门（隐居）弹琴弄瑟，欣赏世间的高雅之音。称赞他如白云宿高槐，清风吹小山一样飘然自若。虽然居住茅草屋（非实指），但檐下月光可见他高远的胸怀。当然这里不无对吕柟不附刘瑾而归隐之高风亮节的钦佩，同时也对自己因刘瑾案而罢归之复杂心理的自怨。过去的友情如梦幻，相隔太远（道长），使朋友难以相聚。暮秋时节遣弟至家，恍然如看到你的模样。给我捎来尺幅素书，犹如璆（美玉）琳（青碧美玉）相撞，琤然有声。你在书上说“长相思”乃在“终南阴”（鄠县在终南山北麓）。我再次拜谢仲木，你这句话含义深刻。我想报答你，可惜没有双南金（一指南方产的铜，一指南方优秀人才，按九思由南归），只好天黑还坐在枫林里，体味着其中的深意。其中“白云宿高槐”句，既是九思对吕柟隐居的赞扬，同时也表明九思对隐居生活的认同。白云，向来与隐居者相连。齐梁名士陶弘景隐居于曲句山，齐高帝萧道成有诏问他：“山中何所有？”陶以诗答曰：“山中何所有？岭上多白云。只可自怡悦，不堪持赠君。”从此白云便与隐者联系起来了。另，白云自由不羁，高举脱俗，洁白无瑕，是隐者品格的美好象征。九思在这里既以白云喻隐者，又让其“宿高槐”。高槐，可理解为高高的槐树，喻意可为“槐鼎”、“三槐”等指代“三公”的高官，即有祝吕柟先隐而后官（吕后复官为南京礼部侍郎）的意思，实际上也是对自己即将隐居生活的一种无奈诠释。

既然吕柟能捎书见访，他也应该给分别五年的挚友康海一封书。康海虽在不足百里的渭河北岸，但地僻道偏，又有渭水险隔，难免消息闭塞。正德四年（1509）康海母卒于京邸，其奉灵柩西归武功葬母守制。正德五年暮秋，“黜报至武功，有来唁者，则解之曰：玉石俱焚，自古有之。瑾诛，天下之幸，吾一人何足惜！”（《李开先集·康对山修撰传》）可见其襟怀。但随着时间的推移，蒙冤坐实，便渐渐地牢骚满腹，并时刻感到羞辱与不平。不平则鸣，便产生影响至今的《中山狼》杂剧，又和难友王九思演绎了有明一代，文人士大夫经天纬地的文学佳话。此是后话。

于是九思给康海寄书存问，并附《寄康五（注）德涵》（《渼陂集》卷四）二首。其一：

忆别承明殿，飘然五见秋。浒西新有业，太白正当楼。
恋主饶遐思，怀予定隐忧。两淮豺虎乱，刚喜到林丘。

想起咱们在朝廷（承明殿）分别，不觉已经五年。想必你在浒西（康所居村庄，因自号浒西山人）应该有新的作为，大概像李白一样当楼赋诗（康海居之楼舍，遥对秦岭最高峰太白山，气势不凡）。你虽然恋主（皇帝）思绪不断，但想念我也一定隐隐的忧愁。两淮（淮南淮北）战乱不断，可喜的是我已经到家乡了。其二：

对策江都相，能文太史公。下帷心独苦，遁世意何穷。
天马遗霄汉，神蛟会雨风。渭川行乐地，应不坐书空。

你像江都相（董仲舒）一样有经邦之“天人三策”，像太史公（司马迁）一样有济世之雄文。离开朝廷（下帷）你一定孤独痛苦。但是，你是天马被遗弃在霄汉，既是神蛟（天马）是有风云际会之时的！渭川（指武功）是行乐之地，不应像殷中军（浩）那样，被废后，终日书写空字（《世说新语·黜免》：殷中军浩被废，终日恒书空字……窃视，惟作‘咄咄怪事’四字而已。意为想不通）。此二首诗当为九思与康海共勉。

在书中九思不会不涉及王元凯纠劾之事。

康海乃性情中人，得书除安慰九思，又附《简渼陂子》（《对山集》卷四）诗。其诗对王元凯的人品道德多所指责，其中有：“关中自古英豪窟，忠良往往传余馥。岳神近来岂失守，不产兽类产尤物。”意为关中自古是出英豪的地方，忠良的余香缕缕不绝。是不是近来掌管地方的神灵有失职守，不是产兽类就是产尤物！当然“兽类”、“尤物”指王元凯无疑。又有“八月初妆事已诬，因循到此将安止。张谭（注）反作捕判人，盩厔（今周至县）良家何负尔？”刘瑾败于正德五年八月，九思既已被诬陷，本来到此就该结束了，你为什么还要落井下石呢？王元凯于正德六年中进士，两王家父辈并无恩怨，子辈亦无龃龉，况彼王元凯中进士任兵科给事中时，刘瑾案已过，你纠劾王九思缘由何在？真是令人不可思议！康海只好愤怒地说：“盩厔良家何负尔！”同时他还认为，虽然“群公”舆论上能说实话，但“百家”（指朝官）何日能给九思澄清冤枉呢？像王元凯这种“少正卯”、“四凶”的恶人，是不可原谅的。他又不无遗憾地说：“愧我不为圣世用，故令是人（王元凯）横所论！”可惜我不为朝廷所用，才使王元凯这种人胡说八道。

好友的来书，使九思的心情平静了许多。恰值中秋，作五律《中秋对月》（《渼陂集》卷四）以抒怀：

> 旧是他乡月，今从故国看。但闻吹玉笛，无复忆长安。
> 仙桂分秋早，嫦娥耐夜寒。年年约相见，烂醉草楼端。

初回家的中秋夜，他面对同一明月，今天却是从家乡看，可见世事莫测。远处传来幽咽的笛声，又使他产生一种淡淡的寂寞与忧伤，但却没有他乡思故乡的伤感。仙桂，秋天物候，意指秋天早到；嫦娥，指月亮，意为月冷夜寒，面对冰轮，但愿年年相约，烂醉如泥在草楼端。

不久，王九思又收到好友、前七子之一的王廷相来书。正德七年九十月间，王廷相曾同康海游华山。九思当年秋冬之际回鄠县，王廷相未能与九思见面，此书应在廷相离陕后寄来。书中有《渼陂子还山歌》（王廷相《浚川集》）。他首先说九思的罢归是太微垣中的少微星光彩被吞蚀，意指吏部英才王九思遭斫丧。虽然由于九思回来“终南山前玉发光”，九思也能“采苓歌明”，但毕竟还有“明月徒照青林人，开花落花空恼春”的空憾和无奈。接着，他又肯定九思为“飘翩鸾鹤本难匹，出没蛟龙自有神”。安慰九思说，“风云不发李飞将（李广），奴史封侯取卿相。敬通文章绝世奇，垂老蓬蒿苦相向”。李广战功卓著，却终生未封侯；卫青出身奴隶，却封侯拜相；冯衍（字敬通，西汉末人）虽然文章绝世奇，却不被当时人所赏识，老死蓬蒿间。这些古来不公平的事，是没法说清的。像你（九思）这种“城火”殃及鱼池的冤情，白璧受青蝇污染的不幸，也是人始料不及的。但归山隐居能使人修身养性，你那里有“太乙山、渼陂水”，可以“摇荡晴春几千里”；可以“长日独弹琴，青天时隐几。不为枯查悲伤波，且倚幽兰赏佳士”。他且羡慕九思“佳士栖碧山，浮云任往还。著书弥岁月，消息满人间”。王廷相在诗的最后，亦发出自己的悲叹：“嗟予留滞秦城东，鄠杜风流在眼中。梅花雪落空惆怅，明日关门自转蓬。”言其在秦城东（正德三年，王廷相因忤刘瑾谪亳州判官，后为监察御史出按陕西，其间又因裁抑镇守中官廖堂被诬，逮系诏狱，谪赣榆县丞。“滞秦东”大概指此），眼见鄠杜（九思家乡）的风流千古，而自己却像梅花雪落一样空惆怅，也许明天由“关门”转为蓬门——罢归。这里王廷相以真挚的友情给九思以安慰，他们的声气在诗中暗通，九思自然是心领神会的，这种惺惺之情使九思少了孤寂之苦。王廷相的仕途也是一波三折，终被诬下狱，后又革职为民，这也是七子们的不幸。

（注）康五：康海，康在族中排行为五，因称之。时人习惯以排行称，康海在其著作中往往称九思为王大（音 duō），因九思在族中排长。

（注）《对山集》卷一《送桑华州》诗中有“前年张谭徒，凭陵省城北。官军多见伤，行旅况蒙忒”。可知张谭为“贼匪”。

十八　罢归林泉　壮心不已

一天，司徒（户部尚书）刘用齐（名玑，成化进士，陕西华州人）与按察马公顺不约而同来探望九思。刘与九思同乡同僚，在京结识。马与九思为同年进士，亦为同乡（马为咸宁县，今陕西长安县人）。这当是九思归乡以来，第一次有高级官员来探望，不但使其感到温暖，且对未来有了淡淡的希望。他在《司徒刘用齐、按察马公顺同日过访》（《渼陂集》卷四）诗中说，我的荜门茅舍（泛指隐居，并非就住茅舍）很少有人到，忽然有长者的车停在门前，连星辰都有了光，似乎春回大地，连风雪都停了。这样的“忧时”（高官才配忧时）政要和“诗赋”（马善诗）名人，却不忘山野之人，来动问我的生活起居，能不让我感动。诗中“忧时刘子政（用齐字）”，将刘比作西汉经学家、光禄大夫刘向。刘向曾校阅群书，治《春秋穀梁传》，更关心国家兴亡，多次上书劾外戚专权，推荐人才。九思虽非暗示刘用齐荐用，至少应对刘寄以主持公道的希望。

挚友康海终于来了。康海在得知九思罢官且滞留寿州时，十分想念。从其《夜梦王敬夫》（《对山集》卷五）诗中“五年不复见，今夕梦中亲”句，可见其相思成梦的情谊，并以“不是偕耕者，谁怜抱玉人”（《搜神记》：杨伯雍得神助，种玉高地，得双白璧。意为自己作为种玉人），喻自己是种玉人杨伯雍，理解“抱玉人”卞和的苦衷，赋予九思以极大的同情。

同官、同乡、同气、同遭遇，无形中将他们联结得难解难分。康海的来访，九思兴奋异常，只有这样的挚友才能毫无保留地袒露胸怀。他在七律《喜康五过访》（《渼陂集》卷五）诗中写道：

山郭秋风入寒夜，翩翩车马到门阑。
宁劳天上乘龙客，来访林中老鹖冠。
两日淹留鸡黍会，百年交谊子孙看。
虚传李杜齐名久，实有陈荀见面难。

其中“乘龙客”指康海为状元。来访林中“老鹖冠”（指九思），“鹖”通褐，为贫贱之服，而鹖冠，指插有鹖鸟羽的冠，为武士冠。另，褐好斗，戴此冠以示英武，又言壮心不已。康海在九思家饮酒尝鲜（鸡黍会），确立了子孙的百年友谊。据《康氏女墓志铭》（《渼陂集》卷十三）“丙子春，予二人同在田里，于是结婚云”，即为康子栗与其女玉英订婚约。接着九思将自己和康海的诗名与友谊比作李白与杜甫，也可见其豪气，并为其不久所作自比杜甫的《杜甫游春》杂剧设下伏笔。再接着将他们分别五年“难见面”，比作陈子昂与荀卿。陈、荀不是同时代人，当然不能见面。但九思之意并不在此，陈子昂为唐代文学家，武则天时任右拾遗，敢于陈述时弊。其诗标举汉魏风骨，强调兴寄，反对柔靡之风，诗风高昂清峻，是唐代诗歌革新的先驱。而荀卿又是先秦（战国）的文学家。这两人实际上代表康海、王九思诗文思想“文必先秦两汉，诗必汉魏盛唐”（与前七子略有不同）的高标。在这里王九思以此比喻他们昔日在朝诗文改革的辉煌，以壮心力。而今他们离开京华人文荟萃之地，但对诗文改革的执著追求不可偏废。

罢归之初，九思虽牢骚满腹，但并未沉沦，他自信有东山再起之机。他在《与刘德夫书》(《渼陂集》卷七）中，先谈及先贤们遭时讥毁，而后发愤有为，其原因“盖知夫时之难得，而我生之弗可虚也，所以阐幽发虑（探求真理，发表高论）而振藻垂声（振兴文词，研究声律）于无涯也”。但是，“如予不类，植德弗固，招尤积毁，庸与时违，已矣已矣，尚何言哉，何言哉！”比之先贤似乎他已经不可救药了。但话语一转，“然自六籍以降，吾孟氏之正大，左氏之蕴籍，屈子之豪宕，太史公之洪丽，班固之丰厚，庄生之奇怪，国语之温雅，战国策之纵横。博以取之，满以发之，上下千载余，游心觚翰，自成一家之言。则藜藿终身，老死岩石，诚能甘心悦意，勿有复怨也！此仆之本意也”。这种“游心觚翰，自成一家之言”的理想，即使终身在野，老死林泉也能甘心悦意，不复有怨也。于是他以先贤自励：“寻又自惟老骥伏枥，志在千里；伏生耄耋，犹授尚书；伯玉省愆（过失、罪责），亦在五十；武公既老，进修弗渝。有如予者，上之既无以策勋天朝，下之又无以潜精艺苑，老且倦厌，填委沟壑，犹足与缙绅齿耶！”我既然不能和先贤们相比，“于是强力苦心，奋翼渑池，以收桑榆之功，此仆今之志也！”

此刘德夫，名瑞，与九思同年进士，是所谓翰林院“三讨”之一，其后在南方做官。九思将其比作曹植、韩愈，可知其诗文成就不小。刘寄来“尊公”（刘父）的遗诗，要九思“删定”。九思于是去书向其倾吐胸怀，文中“上既无以策勋天朝，下又无以潜精艺苑”，可见其仍有心于仕途，有志于觚翰。

另，从《柳屏精舍记》(《渼陂集》卷十）“迨夫策云台之勋业，图麟阁之形容，然后奉身而退，优游柳屏之下”句中，九思对大中丞张汝霖功成名就而引退，予以赞赏，也是对自己人生理想的点画。意为自己还没有建立云台之勋业，没有将形容画在麟阁（亦作麒麟阁。萧何造，以藏秘书，处贤才也。汉宣帝时曾图霍光等功臣画像。后以之表示卓越功勋和最高荣誉）就归隐了，这非他的意愿，他还要努力追求，以图正果。

然而，最能体现九思壮心不已，壮志不泯的，当为送东谷先生（昔日在翰林与九思、康海、何景明等皆为知名士，后获谤贬官，时在盩厔为知县三载）考绩北上，九思在其家春雨亭设宴夜饮，所作离别序文。同时，这也是一篇短小精悍的美文。其题为《春雨亭夜饮离歌序》(《渼陂集》卷九），不妨录于下。

序曰：厉志亢节者，君子之高蹈，由衷而悲喜者，恒人（常人）之情也，有所托而鸣焉者，风人之意也！击剑悲歌者，烈士之行也。东谷王子，燕山之豪杰，文苑之精英。出宰昆山，沮于萋菲，改莅盩厔。于兹三载，锄去豪横，培植善类，直道而行，不怵于势，不求于闻，始终不渝，以慊于志，盖古之君子历志亢节者，则东谷子其人焉。夫彰幽疏滞，举贤以裨国者，监司之任也，而荐书不及于东谷，踪迹犹惑于改辙，无亦悲喜之由衷者乎！东谷子携其成绩，报于天府，过鄠杜之下，别于渼陂子。渼陂子视其行李，萧然无何有也。然神采益睟，四体益舒，慨乎其言，洋洋乎其气也。渼陂子与之饮春雨之亭。酒酣耳热，悲歌击剑，声振林樾。烈夫志士，感激兴叹，上视古人，恐或未过也！于是遂以其歌赠东谷子焉，而序其所由，盖亦托于风人之意云尔。

其同声气而惜惺之情，使人感动；其豪迈之气概，令人激越；其悲壮之风咏，犹在耳目！

十九　新怨旧恨　自况杜甫

正德八年（1513）的中秋，九思罢归已近一年。远离官场是非，居家安稳的感觉以及朋友看望的欣慰已经淡漠，回想前尘后事不免滋生怨恨。中秋之夜本是团聚欢乐的时刻，想当年花好月圆的此夜，他陪孝宗皇帝游御苑赏月。而今同是中秋之夜，却“浓云垂暮野，密雨洒寒风”，使他心情灰暗，便作《十五夜不见月》（《渼陂集》卷四）五律一首：

晨起看晴旭，斜阳变远空。浓云垂暮野，密雨洒寒风。
天亦悭清赏，蟾疑避老翁。星槎如可泛，吾欲问苍穹。

首联、颔联以晴好变恶劣的气候，比喻其心情的灰暗。颈联转为怨天（暗指朝廷）太悭吝，不让人快乐（指欣赏清曲）地享受光明。难道我真的老了？竟然被怀疑避而不用。蟾，指月亮，相对于天，暗指宰辅之类的权要。尾联以质问苍穹关合诗题“不见月”。其意为：如果乘星槎（传说中的神筏到水尽头，能浮上天的星际间，因称星槎）可以上天的话，我就要到天庭（朝廷）问个究竟，质问苍天为什么这样吝啬？从此，隐逸与出仕的矛盾开始困扰九思，使其一生都在一种希冀与无奈中生活。

大约正德八年（1513）晚秋，王九思骑马过渭河，应是去武功访问康海，或在渭北一带游览。路经兴平县马嵬驿（杨贵妃自缢处及其陵墓所在地），看到马嵬驿附近一废弃的庙宇，听到当地父老的一番陈述，引起他对李东阳虚伪面目的憎恶：明明是刘瑾的帮凶，却装出受刘瑾迫害的假象，又反过来诬陷与刘瑾不相关的人。进而又激起九思的愤愤不平，于是作七言古诗《马嵬废庙行》(《渼陂集》卷三）一篇。

据《明史·刘瑾传》：刘瑾一伙在怂恿皇帝大兴土木的同时，也为自己建造乐园。刘瑾为炫耀富贵，表示孝顺，在陕西兴平原籍，汉代上林苑境内、杨贵妃墓旁尽占风水，为其父修建有碑亭建筑的坟墓、祠堂。为夸耀于乡里，又在其家居地马嵬镇，建一座义勇武安王庙，由武宗皇帝御赐“忠义”匾额，令地方官逢年过节都去祭拜，并颁布敕令予以保护。还勒石刻碑书写祠庙内祭器、房屋数目，以防被侵占或盗窃。

诗中所反映的事实，当与上述记载相关。诗的前部分主要写事件的起因和建筑的宏伟，及其地方官吏的献媚、渎神媚鬼的无知。但此诗的关键句“往往才士过吟哦，尽道台臣与秉笔。听来依稀记姓李，云是文章名第一”，明确告诉这“台臣与秉笔”是李东阳一伙。李东阳在“正德丙丁戊己年”（正德一、二、三、四年），直到刘瑾倒台（正德五年）后至正德七年，一直为内阁大学士，且以台阁重臣为文坛领袖，领导群伦，当然被尊为“文章天下第一”了。这些人不远千里从京城来到陕西兴平，阿谀奉承刘瑾，为其歌功颂德，可见其卑鄙。而李东阳所谓对刘瑾“阳倚阴违”，实际上是欺骗。据黄仁生《论王九思及其杂剧创作》(《中国文学研究》1988年第2期）义勇武安王庙“碑文为李东阳所撰，至瑾诛，李东阳立即寄书兴平县官将碑捣毁”。

《明史纪事本末》(卷四三）选数例以为李东阳助纣为虐，简直就是刘瑾的帮凶：其一“惟瑾自建白本，则送内阁拟旨，东阳等必极为称美，又曰‘尔刚明正直，为国除害’等语，识者鄙之”；其二“瑾自擅政，马永成等八党父俱都督，造坟祭葬，所命祭文，皆东阳撰，台谏不敢言”；其三，正德三年十一月，刘瑾创玄真观于朝阳门外，李东阳为之制碑文，极其称颂；其四，瑾党张綵下狱称冤，“尽发东阳阿瑾事，卒毙狱，剉尸市中”。作为京官的王九思即使不全知其详，也会略知其大概的。

李东阳于正德七年（1512）告归，如果当时李东阳“尚秉钧”，此时最多不过正德七年底。九思听了野叟言，坐在树下激愤不已：赫赫内阁大学士尚且如此，地方官吏又算得了什么？无奈九思“月明骑马陟前冈，仰天一笑秋空碧”。仰望清碧无垠的夜空，那笑实在是苦涩的……

《渼陂集》卷八中的《送丰原学先生序》，无法考证写于何时，但从作者情绪之激越与“击剑悲歌，拊膺流泪”等句推测，大概作于罢归不久的正德七年（1512）底。据该文，丰原学昔日与九思同在翰林为侍讲，同修《孝宗实录》，进秩右谕德未久，又视事南京翰林院。时九思已在吏部为主事。他们在翰林共事十年，友谊颇深。当九思被定为“瑾党”而谪为寿州同知，丰原学来书说：“执事（对九思的尊称）‘格心之学’，忤逆寺者（刘瑾等），谁弗知也！”当九思到任寿州，丰又从南京来书曰：“嗟，玉石共焚，乃至于此！执事不昵罪人（刘瑾），举朝皆知，何至今犹未明耶？”这些话是九思在文中，引用当年丰“赐书存问”之语。而今送丰原学至京时，他向丰表白：知我者，谓我心忧，不知我者，还以为我有所求。然除非丰先生，谁不说我是小人企图文过矣！九思不禁情绪激烈：“屈子曰：‘竭忠诚而事君，反离群而赘肬。’又曰：‘交不终兮怨长。’”在这种忠君却遭人误解，交人不慎（指交李东阳和李梦阳），终招怨尤的情况下，犹如“水搏则势激，情急而感兴”；怎能不使“烈夫壮士，击剑悲歌，拊膺流涕而至于痛哭”？

至此，九思的激愤感兴之情，已经达到不得不迸发的地步，千古绝唱——《杜甫游春》产生了。

《杜甫游春》为“四折一楔子”模式杂剧，是中国杂剧史一部划时代的作品。剧的大意为唐代大诗人杜甫怀才不遇，到曲江游春买醉而流连忘返。他目睹安史之乱后宫殿萧条、民不聊生，痛恨宰相李林甫妒能嫉贤，不禁悲愤交集。又加穷愁潦倒以至不敷酒钱，准备再次典当朝服于酒家。适逢好友岑参兄弟至，邀其游渼陂，暂得宽怀。杜甫与岑参兄弟游渼陂的依据为杜甫的著名诗篇《渼陂行》，其中有“岑参兄弟皆好奇，携我远来游渼陂”（现存杜甫有关渼陂的诗篇不下五首。九思因崇拜杜甫又近居渼陂，因自号渼陂子）句。杜甫对岑参兄弟倾吐胸中不平，后来新任宰相房琯，遣使来接杜甫到朝廷任翰林学士，然而杜甫已对仕途失望，对做官不感兴趣，“我只要沽酒再游春，乘桴去过海”（《杜甫游春》第四折）。

王九思笔下的杜甫，明显不是安史叛军占据长安，诗人被困城中，目睹叛军肆虐虏掠、生灵涂炭，感慨“国破山河在，城春草木深”而忧国忧民以及“感时花溅泪，恨别鸟惊心”而哀不自禁、吞声哭泣的杜甫。而是将杜甫忧国忧民的悲哀愤懑，转化为对当道者李林甫嫉贤妒能、构陷忠良，使贤才断送的痛斥。例如剧中斥李林甫：

［寄生草］他空皮袋，无学问，恶心肠，忒忌恨，笑冷冷掌定三台印，慢腾腾送了千人俊，乱纷纷造下孤辰（臣）运。

［朝天子］他狠心似虎牢。潜身在凤阁，几曾去正纲纪，明天道。风流才子显

文学，一个个走不出漫天套。暗里编排，人前谈笑，把英雄都送了。

这哪是历史？岂不是活脱脱地给王九思心目中的李东阳勾画了幅像。李东阳排挤刘健、谢迁二位顾命大臣，依附刘瑾，为刘瑾歌功颂德。刘瑾败，他仍掌“三台印”。前七子这些风流才子，到头来一个个都走不出他的“漫天套”，把这些“英雄都送了”。

历史上的杜甫仕途不得意，仅任一年左拾遗，即被贬谪华州。这些都与李林甫无关。但剧中三番五次地让杜甫骂李林甫“口蜜腹剑”、“鸦栖凤巢二十年”（李东阳在翰林、内阁二十年）。九思的矛头所向，在杜甫登大雁塔质问苍天时，表露清楚不过：“我这里从容问苍穹，为着那平地里风波，损了英雄，三三两两斯搬弄，管甚么皂白青红，把一个商伯夷生扭作虞四凶……”王九思、康海不正是被李东阳、李贯、王元凯等“斯搬弄”，不分青红皂白地“生扭作”“瑾党”吗？再看下面的小曲：

［青哥儿］呀，我是个文林文林豪俊，常与那帝王帝王亲近。怎做的富贵粗豪那样人，玉斝银盆、翠袖红裙，列鼎重裀、炙凤炮麟，他们都伎俩全无二三分，空皮囤。

杜甫并没有与帝王亲近，也没有封为文林郎。倒是九思作为词臣常与帝王亲近，也封了文林郎。他认为那些粗豪富贵者奢侈荒淫、饮宴无度，却全无伎俩，是“空皮囤”。

《杜甫游春》剧中有：“工部尚书之子卫大郎说：‘久闻先生（杜甫）高作好便好，只是太深奥。我闻得先父说李林甫丞相的诗最好，清新流丽，人人易晓。’”《全唐诗》虽收有李林甫三首诗，但李林甫并无诗名，且以“弄麞”（弄璋）宰相为后世耻笑，以为其胸无点墨。倒是李东阳为内阁首辅“诗最好，清新流丽”（李早期诗被赞为清新流丽）。这李林甫岂不是指李西涯（东阳）！不过，平心而论，无论就为官为人、学问才气而言，李东阳决不是李林甫之类的人物。九思如此激烈，可见其与李东阳积怨之深！

［满庭芳］深拚醉倒，青春已去，白发难饶。满园桃李，风吹落，万点飘摇。高塚外麒麟卧草，小堂中翡翠为巢。推物理须行乐，浮名蜗角，何用绊吾曹。

［绵搭絮］不怕你经纶夺世，锦绣填胸，前挤后拥，口剑舌锋。呀！眼睁睁难分龙与蛇，烈火真金假铜，似等样颠倒英雄，不如的激流中归去勇。

历史上的杜甫，虽然穷愁潦倒，但从未消极颓废到“翡翠为巢”、“麒麟卧草”，视功名为浮名蜗角的程度，而是一生都在颠仆呼号，要“致君尧舜上，再使风俗淳”，只是际遇欠佳，没有实现其理想而早逝（56 岁）。他既没有激流勇退的思想，也没有激流勇退的经历。而王九思却官至翰林、吏部郎中，仕宦十年，一旦不分青红皂白被罢归，痛定思痛，激流勇退、隐居山林是其必然的选择。选择了隐居，又不甘心而满腹牢骚。即借杜甫之口，抒发自己的思想感情。

明人后七子领袖王世贞，在其《曲藻》中对此有述：“刘瑾以扩充政务为名，诸翰林悉出补部属。鄠杜王敬夫（王九思）其乡人也，独为吏部郎。不数月，掌文选。会瑾败，谪同知寿州。敬夫有隽才，尤长于词曲，而傲睨多脱疏。人或谗之李文正（东阳），谓敬夫曾讥其诗。御史追论敬夫，褫其官。敬夫编《杜少陵游春》传奇剧骂。李闻之，益大恚。虽馆阁诸公，亦谓敬夫轻薄，遂不复用。”

明人祁彪佳在《远山堂剧品》中云：“王太史（九思）作此，痛骂李林甫，盖以讥刺时相李文正（东阳）者，卒以此终身不得柄用。一肚子不合时宜，故其牢骚之词，雄宕不可一世。”

九思因此不复被用，这一事实虽被当时与后世所坐实，但王九思从来没有承认过。他在许多诗文中对此事都是虚晃而过。

但明眼人一看便知《杜甫游春》的用心，可见“言于朝者”也不是空穴来风。同时作为“影射文学”也可见九思的苦心孤诣。

另，杜甫一生颠沛流离、穷愁潦倒，根本不可能去“寻找这楼中风月”，去“做诗仙”的风流潇洒。而剧中的杜甫却如后来的九思、康海（他们有较优裕的生活条件，又有致仕官禄），挟声妓酣饮，放荡形骸，渼陂泛舟时，与歌妓董妖娆对饮，兴致极高，真个是“兀的不笑煞白头坐客”：

［水仙子］佳人微醉笑颜开，两朵桃花上脸来。酒酣越显风流态，似垂杨风内摆，转秋波暗与多才。袖结鸳鸯带，髻偏鸾凤钗，困倚瑶台。

王九思后来写了许多风格迥异于前人的散曲，均收集在《碧山乐府》中，其艺术价值超过他的诗歌，成为有明一代重要的散曲作家。而其中不乏此类艳曲。

王九思《杜甫游春》写出后，当时影响很大。首先，其思想内容的高飙，突破明初神仙道化、金榜题名的模式，而是抒写人间世情与现实人生。明中期，尤其是正德年间的丑恶现实，已使士大夫、文人学士对王朝政治失去信心，社会普遍希望一种反向力量去抨击丑恶，挽回颓局。《杜甫游春》正好符合这种社会思潮。因而，尽管王九思是针对李东阳所作的影射讽刺剧，却使他具有了普遍的社会意义。关于

《杜甫游春》的艺术特征和社会意义，后将有专述。

《杜甫游春》创作不久，王九思又根据其老师马中锡（也是李梦阳的老师）所作小说《中山狼传》，创作《中山狼》院本（实为单折杂剧）。明何良俊《四友斋丛说·卷八》、李诩《戒庵漫笔·卷八》，皆谓马中锡刺李梦阳负康海而作。康海削籍的直接原因，是走刘瑾门路救李梦阳遭清议，被列为“瑾党”。王九思致仕的原因之一是和“瑾党”康海关系密切。更何况康海欲救李梦阳，有连累老母之虞，九思力劝康海救李梦阳。“后浒西（康海）获罪，崆峒（李梦阳）议论严刻，马中锡作《中山狼》以诋之”（明焦循《剧说》引何元朗语）。

可以推测，一短篇小说必不及到处演出之杂剧影响大。王九思和康海既因救李梦阳而罢官，他们相聚时，必然以此为重要话题。既然老师做了，学生（九思）发扬光大，也是情理中事。

后来，康海又根据王九思《中山狼》院本，创作《中山狼》杂剧，深化了主题，丰富了内容，影响更大。

《中山狼》是一般人熟悉的忘恩负义故事，也是因为王九思、康海的发扬光大，才为妇孺皆知。说是中山狼被打猎的赵简子追杀，情急，哀求书生东郭先生救命。东郭先生将其藏于书囊，避过大难，中山狼要吃掉东郭先生，幸被土地神设计杀狼，东郭先生才得无事。在这个短剧中，王九思借中山狼之口，将其愤世嫉俗的思想感情表达出来：“你看世上的人，一个个穿衣戴帽，都说他是好人，他是君子，一旦受了人的恩惠，一切都忘了。遇着讨便宜处，就下手。”联系官场那些为个人利益，逢场作戏或落井下石的无耻之徒，王九思也是有感而作，决非无病呻吟。有关《中山狼》所指及其艺术特征，后将有专门论述。

二十　复出受挫　孤臣难悟

正德末年，刘养和由陕西按察副使出为山西提学副使，九思并陕中士子相送并作序文。嘉靖初，刘养和（字天和，号松石）出任陕西巡抚。据《太夫人刘母寿歌词序》（《渼陂集》卷九），刘为湖北麻城人，正德三年（1508）与九思弟九峰同榜进士。九峰向时在翰林任检讨的九思引见，九思“见而奇之，问之，丰城公子也”。弘治三年（1490），九思第一次赴京会试，“见麻城刘公（养和之父）举春秋第一人，磊落大丈夫也”。他“心窃慕之”，想去谒见，以利下科先进，但又不敢。后听说其在丰城为知县，有德于民，不幸早逝，民为之立祠纪念，人无不叹异焉。当日见养和不无感到亲切。经九思等推荐，养和得为南京礼部主事。“自是与之通家相爱如兄弟”。据《明史·刘天和传》，刘瑾曾以同姓与之联宗，被养和拒绝。

据《与中丞刘养和书》（《渼陂集》卷七），刘养和以抚台身份巡视各县，路过鄠县，王九思得以“侍左右”。九思见其“忧劳百姓，形诸颜色”，“所过咨访，下及刍荛”，认为其“忧国如家，爱民如子父”古来无有矣。

在分别时，刘养和向九思询问为政之当务。仓卒之际，九思未及陈对。过月余天，九思经过深思熟虑，向刘养和提出为政之要。

九思言道：你到郡县，“辄进乡老，询以民瘼”。前次来鄠县，所询问者多为市井、商人。这些人不注意政礼，或以一人之私，或以仇家之故，不负责任地信口胡言。他们不知道抚台亲自询问，是不容许信口胡言的。九思以为刘养和在其他县也大概如此而已。

所以九思认为，治理地方之道，作为一省之长官，在于选择官吏，重视宏观规划，而不能拘于细小甚微。以私察暗访，下及刍荛，取悦于民，树已之廉，这在很大程度上是一种矫廉与沽名钓誉之举。一省之长官，须“总其纲，去其大恶”，如果不把握大政方针，而去就于细微末节、关心一户一人，看似勤政，实为无序。而更为重要的是你对下属藩、臬及诸道、郡县官员的不信任，这会耽误国家大事的。

九思语言不为不尖锐，但却也极诚恳。他在最后言道：“不肖（九思自称）与高明（对刘尊称）为通家兄弟父子，辱（承蒙）知爱于门下甚深，是故敢以此言进之。”又不忘谦虚与恭维：“异日高明坐于庙堂之上，佐天子进退百官，倘不迂于不肖之说，推而行之，则天下其庶几乎，惟高明留意，幸甚，幸甚。”

看来刘养和最起码将九思当作诤友，九思能如此推心置腹地建言，他无疑是感动的。集于此，念及以往的交情，刘养和对九思更加崇敬。巡抚为封疆大吏，负有向皇帝荐举贤良的职责，既然刘瑾事已过十年，况九思又为冤枉。时值纂修《武宗实录》，他便按程序向朝廷疏荐恢复九思官职，参与纂修《武宗实录》（见《王氏族谱·九思传》）。

但这并未成为事实。所能见到叙及此事的典籍，都持大同小异之说。而记述最为具体者，为清人焦循《剧说》卷三引《蜗亭杂订》（明人作品）之说：“长沙（李东阳）当国时，王九思以少年屏斥，永锢不用，无所发怒，作《杜甫游春》杂剧，力诋西涯（李东阳），流传关、陇，群相符和。嘉靖初纂修实录，议起用九思，有言于朝曰：‘《游春记》李林甫固指李西涯，杨国忠得非石斋，贾婆婆得非南坞乎？’

吏部闻之，缩舌而止。”

此说如果以李林甫指李东阳还能令人信服，而一个卖酒的贾婆婆又与时为大学士的贾南坞（贾詠，字鸣和，河南临颍人，与九思同年进士）有何相干？而《杜甫游春》中本无杨国忠事，何以又与内阁首辅杨廷和（石斋）联系在一起呢？李东阳早已死亡，当朝宰辅的贾、杨如何敢得罪！难怪“吏部闻之，缩舌而止”。

到底是谁向朝廷进此谗言，在能见到的典籍中都未言及。只有王九思的忘年好友李开先，在九思死后若干年所写的《渼陂王检讨传》中略露痕迹，其中有“嘉靖初年，将征之纂修实录，而同罢吏部者，摘取《游春记》中所具人姓名，毁于当道。”

据《明史·曹元传》列举瑾案被罢官的名单中有：“吏部郎则王九思、王纳诲。”吏部尚书张綵于瑾败后死狱中，再无他人。可见进谗言者当为王纳诲。李开先《渼陂王检讨传》记载：瑾败，“言官深恶王纳诲，乃并翁（九思）劾之”。王纳诲与康海、九思为同乡，亦为吏部郎中。时有“一陕三吏部”之说，既然九思与康海为瑾党，带累了王纳诲遭罢官也是情理中的事情。

另，据王九思《明故通议大夫刑部左侍郎张（鸾）公墓志铭》可知，王九思与王纳诲同为张鸾从婿。而正德末，王纳诲已复起为按察副使。其亲属间是否有矛盾也未可知。不过王纳诲既与九思同乡又有亲戚关系，又同过官、同被罢官，其言九思攻击朝廷重臣，可谓是来自第一线最可靠的信息，当然可信程度也高。可怜王九思时年 56 岁，因此，断送了一生的仕途。他能不牢骚满腹，能不发怒？

《渼陂集卷七·怒箴》中，王九思这样说：“我年既高，血气斯惫。怒之弗胜，其害甚大。惟怒之发，如火斯烈。焚我五脏，穿我百节。今滋之怒，其端尚微。既久既深，药不可治。爰究其根，惟谮（诬陷、中伤）斯怒。彼谮人者，苍天弗顾。彼谮我诬，我闻则舒。胡为彼怒，以殒我躯。我作此诗，庶警我为。此而弗警，悔不可追。”尽管箴规自己不要发怒，怒而伤身，“此而弗警，悔不可追”。但其受到谮诬、中伤的程度非同小可。以九思的修养，决不可为一件小事，如此大动肝火。其所谓“其端尚微”，不过是宽慰自己将大事小看而已。况这种“焚我五脏，穿我百节”之怒，纯粹是因为“谮”、“诬”。一个在乡里的士绅，既无财欲，又不强霸，谁谮你诬你何为？虽然这篇《怒箴》并未说明年月与因何事情，我们仍然可知，其为王纳诲在朝廷的“谮”和“诬”。另从卷七的排次上，将其排在《与刘养和书》与《答王德徵书》之间，可推断其为王纳诲事而发怒。

嘉靖三年（1524）秋，九月初八日，忽有两骑到九思家门。家童走报：“山西王使君遣以存问。”（汉魏时对郡、州牧或出使官称使君，从后文的“异日填抚关内”，可知王德徵时应为山西巡抚）九思初不知为谁，细问之，方知为王德徵的使者。时已向夜，九思呼童发灯，读完，不禁感慨：王子知我者乎！

从九思答书可知，王德徵已知有关《杜甫游春》受谮之事。他敬佩九思的气度，仰慕九思的学问，并对九思说：“何愧此（指《杜甫游春》事），可发英雄一笑耳！”又评价《杜甫游春》“风流可盖一世”，言及朝廷不用九思之失误，“政不必拘拘学，寒酸语也”。

九思《答王德徵书》（《渼陂集》卷七）中，说自己处境为“当世之士，自负豪杰（王纳诲之流），闻其（九思）姓名罔不怒骂”。并为《杜甫游春》辩解：“自归里舍，农事之暇，有所述作。间慕子美（杜甫），拟为传奇（杂剧），所以抒情畅志，终老而自乐之术也。不意亲朋（指王纳诲之辈）指摘瑕颣（缺点、毛病），投诸馆阁，发怒起祸，幸以消沮。”“投诸馆阁”，在朝野舆论上对九思打击非同小可。王德徵昔日在京亦属官高位显者，九思“往年在京亦尝及门报刺，未能承颜接辞，结生平之欢，甚恨”（引文同上）。今德徵又为地方大寄之巡抚，向其倾诉心中不平，难免有平抑舆论之意。

“答书”末，九思向王德徵表明心迹：我与你虽未“承颜接辞，结平生之欢”，而你从千里之外“遣使存问”，不是“极慕其人，甚爱其才”，是不可能的事情。我是“天下狂人也”，而执事（王德徵）并不嫌弃，可见知九思者王子也！我老了，执事异日若能巡抚陕西，哪怕一见，亦可消我昔日未“承颜接辞”的遗憾。如果没有这种可能，我唯一的选择是“坚守素志，操励晚节”，以求对得起你及关心我的人。

在《亲交赠言后序》（《渼陂集》卷八）中，九思已能够消极地，然而也是理性地接受这一事实。他借劝喻“序主”李子中，发己之感慨：“随时而升者古今之同情，遵道而不渝者君子之雅操。盖流水难识，阳春和寡。”卞和献璧而被刖足；鼓瑟于齐，不能改变吹竽者的固有习惯；屠龙之技，不如射覆之能。这并非璧珷、瑟竽工拙之别，而是时势使然！

他鼓励李子中，也是与之共勉：“况复龙泉、太阿不以埋藏或沉，梧桐凤凰终以感通而相遇者哉！”相信好剑不被埋藏，梧桐凤凰终会相遇的。其对明朝廷还存有幻想。

王九思在为太子太保兵部尚书皋兰彭泽（字济物）所作《荣归录序》（《渼陂集》卷九）中，通过对彭泽的赞扬，委婉地说明皇帝和臣下的关系。《荣归录》的事由，为彭泽以病乞归，同朝卿大夫作诗歌以赠。其从北京回兰州过陕西，抚按及藩臬诸君子，亦作诗歌赠彭泽。西安郡守将这些诗歌“刻诸木以传”，请九思作序。

彭泽为一代名臣。明中期内忧外患、战乱不断，彭泽以文臣督师，确如文中说“宣力四方，维持国本，大臣之道，几无不尽”。但由于他秉性耿直，嫉恶如仇，屡遭构陷。正德末，西北边患，诏命彭泽提督三边军务，因种种原因“哈密之失”、“嘉峪关兵败”。议和成，彭泽“乞骸骨归”。既归，又遭王琼、钱宁等诬陷，“斥泽为民”。嘉靖初，彭泽虽官至太子太保兵部尚书，又因连上二疏言事，得罪权贵被劾，且皇帝听信谗言，“泽不自安，累疏乞休”。九思认为彭泽“心系天下，未能一日忘焉”。嘉靖皇帝新即位，“励志中兴”，一定会理解其拳拳报国之心的。以为“荣归”是诗人之辞，只言“荣归”不言“复出”，实非彭泽之志也！

其实，此后彭泽不但未能复出，且以前事再次被劾，“复夺为民，居家郁郁而卒”（《明史·彭泽传》），直到数十年后的隆庆初，才“复官，谥襄毅”。

难能的是九思在这篇短文中，以“君臣之义，终始为难，进退之节，完者亦罕”，道出孤臣孽子的心声：你再忠君爱国，皇帝也不会一直信任你的，你永远只是皇帝衡权均势的一颗棋子，说扔就扔了。一代名臣彭泽尚且如此下场，你王九思又算得了什么？

当然作此文时，九思不会知道彭泽未来的下场，他只是同情，为彭泽遭诬陷而“乞归”鸣不平而已。同时也能看出九思虽言“复出”，其实已无复出的强烈欲望。如前所言，他只能“随时而升”、随遇而安了。

二一　仕宦情结　难分难解

中国两千多年的儒家思想传统，将“君君、臣臣、父父、子子”以及“修、齐、治、平”等思想，浸透到士大夫及其知识分子的每一个细胞。即使边鄙流地的孤臣孽子也矻矻终日，竭忠竭诚。况王九思、康海皆为世禄之家，他们对“治国平天下”的仕宦追求是与生俱来的，对朝廷的忠贞也是至死不渝的。正如王九思在罢官二十余年后的嘉靖十一年（1532），所编的《王氏族谱》最末说：“吾族自蠡县公（王凤，九思高祖）而后，至今百余年，食禄于公者未有或替也。夫蒙人十金之惠，尚有以报，况世受国恩者乎？凡我后人其懋敬之，仕则举其职，民则出赋役，急公上要于竭忠而已。”康海也是世代食禄，并将其堂题名为“世爵堂”，以示对皇恩的感戴之忱。我们将这种由思想文化传统长期积淀与世禄家道相结合形成的士大夫忠君、建功立业的心理，姑且称之为仕宦情结。

王九思在朝受到李东阳一伙的构陷，复官又受到无端的“谮”“诬”，使他无比愤怒，甚至对“君臣之义”，产生怀疑，失去信心。但这些都是一时一事的感慨，过一阵子，心平了，气和了，又对皇权敬畏如初，仕宦情结又复萌起。

《渼陂集》于嘉靖十一年（1532）刊行，时九思已经65岁，按明朝官制九思基本上无复出的希望。九思在编排这部十六卷的诗文集时，将长达106句的《梦吁帝赋》（《渼陂集》卷一）列为第一篇。其以诗人的气度，以飘逸的神思，以虚写实的手法，抒发自己受迫害而不甘忍受的情绪，同时得到皇帝“惟忍尤而含垢兮，斯于大道之安”的安慰而满足。这篇赋未标明作于何时，但从诗中的事实与情绪及“岁冉冉其九更”，可知作于其罢官后的正德十四年（1519）左右，无疑是对明武宗而言的。罢官二十余年后编诗集，将其放在第一篇，可见其用心。仅赋题《梦吁帝赋》即可知其连做梦都呼吁皇帝为他“平反”，以期重新得到信任。

赋的开头，言我“罹谗言”而忧虑，其冤“幽窅而难明”。我茕茕独居，恍惚而意乱。我有“薄言”（谦称）而诉，但“君门九重而迢迢”，浮云浩瀚充满天宇，道路艰险而多阻。所以我只能“空拊膺而流涕兮，指苍天以为誓”。我心中隐忧恍惚如醉，陋室中独坐而呻吟，谁能知道我的痛苦呢？

我伏几案假睡，悠悠乎进入梦乡。我驾青云当车，命祥飙（风）为驭（天马），羲和氏在前为向导，“鸾凤飞腾而拥护”。我穿白榆、渡银河直达天阙。“帝居高其崔巍”，我“弭节而仰视”：群仙纷出从我身边飘然而过，像闪电一样上了帝王崇（高）阶。我敛息而拜，天帝命我进门，拿白雪团当饭让我吃，以湛露让我畅饮。天帝看着我哀惨的面容，问我来者因何事。我“长跪而陈辞”，希望皇帝（又似乎面对皇帝）“垂听于下怀”：我待罪于承明之世已经九年（接着将其在朝的经历，及被人构陷的经过用26句述说），“众口议予之形影兮，谓假途而黩货”。又信誓旦旦地说：“若曰予有此内疚兮，敢复狺狺（胡言乱语）而文过？”“冤矣哉！”希望皇帝明亮清白，能顾惜怜悯我这受冤枉的人。陈辞完毕而等待上命，仿佛听到皇帝的声音：“小子，朕告汝以大道兮，比于尔身。”当年屈平（原）忠诚正直，众人蔽其美而嫉妒，他投汨罗江以自明，而楚怀王并不理解他。睽卦言“见豕负涂，载鬼一车”，“匪寇，婚媾”（注），不是坏人（鬼、寇），原是娶亲的队伍，其实是吉象。只是薏苡与明珠，形象相类似，“载鬼一车，亦见豕之秽也”，只是“议形影”的错乱。这些都是《易经》所载，前世所固有的事情，所以你惟有忍尤含垢，这才是大道对你的安排。皇帝又劝他，“返汝驾于南山兮，结丹霞以为房。佩明月之团团兮，剪春云以为裳。太白（山）岩岩而西来兮，沣（河）洋洋以东注。怀故都之信美兮，服朕言而远骛。奏朱弦于空谷兮，矢白首以为期。曰修汝之初志兮，奚犹豫而狐疑”。我听见皇帝的话，恍然神爽而气豁。于是我九叩首拜别皇帝，下了崇阶，循来时之路返回。鸡叫了，梦醒了，闪烁的星星渐渐稀疏而远去。我命仆夫早起驾车（夙驾），我将返乎故都（明人称长安为故都）。

王九思“梦中”向皇帝诉冤，总不会只为得到归隐于太白、沣水间，“奏朱弦于空谷”，直到白头，去追求所谓的“修汝之初志”！他是要皇帝相信他，重新起用他，以实现他“治国平天下”、“图形容于麟阁”建功立业之仕宦情结。可惜皇帝将他的“初志”理解为“结丹霞”、“佩明月”的隐居林泉生活。好在这是一场梦！不然他将奉旨隐居了。从这一赋的词面看，九思希望隐居生活，其实质还在于鸣冤、进言，不甘沉沦而希冀复出。

《梦吁帝赋》与曹植的《游山》《远游篇》以及李白的《梦游天姥吟留别》等有相似之处，都是借鉴屈原《离骚》《招魂》等所谓“骚体”的形式，虚构神奇鬼幻的境界，借荒诞的事实，寓庄于谐，寄托情志。而且结构也相似，都是先写实境：因困于诬陷而不容于世，又无所控诉的现实矛盾得不到解决。然后游历于天宫仙界，无所不至，得到天帝神仙的指点或在仙界顿然感悟而茅塞顿开，然后回到现实中，似乎明白了，但却又有了新的迷惑与不解。但《梦吁帝赋》没有曹植《远游篇》末之“金石固易弊，日月同光华。齐年与天地，万乘安足多”那样超绝尘世而进入仙界，方能与日月同光，与天地同寿和对帝王权势藐视的豪壮与洒脱，以及其明亮心迹与肺腑之言深寓于忧愤之中的悲壮！更没有李白“飞来之句”——“安能摧眉折腰事权贵，使我不得开心颜”的狂傲以及对权贵的抗争，唱出帝王专制社会多少怀才不遇者的心声！相较之下《梦吁帝赋》显得平庸，不但没有升华题旨，且拖沓冗长，不免使人觉得有“模仿”之嫌。可见形式尽管相似，只要充分利用“骚体”本身形成的悲壮怨愤本色以及错落参差的句式，写出警策之意，达到题旨升华就不嫌“模仿”。这即是李梦阳所谓“若以我之情，述今之事”，即就是“尺寸古法”，又有何不可呢？

王九思这种仕宦情结，在其诗文中亦或明或暗表现很多，仅举五古《杂诗十四首》（《渼陂集》卷二）数首，以见其情。这 14 首古体诗的写作年代，据诗情与“嘉靖兴殷邦”句推测，可断为嘉靖初年。据《明史・世宗纪》，嘉靖即位后，“大赦天下，恤录正德中言事罪废诸臣”，并且对各种冤案都不同程度予以甄别，许多因刘瑾案受牵连者亦复出，其中包括王纳诲。所以这是九思、康海等申辩的最佳时期。

九思却因《杜甫游春》事受挫，但他并不甘心。在这 14 首诗中，前 11 首虽各有所指，但都有仕宦情结。如“雪姿清庙才，和凝间世奇”（第 1 首），对自己“清庙才”的肯定；“明月照女心，深闺誓独处”（第 3 首），清高自许；“周公扶王室，管蔡有流言”（第 10 首），谗言不毁忠直。而用以表达心迹的在于 11~14 首。第 11 首：

高楼有怨妇，叹息当窗牖。昔为倾阳葵，今为含露柳。
柳条易摧折，葵心终不朽。女萝附松枝，贝锦罹谗口。
谗口会有明，松枝固耐久。君无弃贱妾，终以奉箕帚。

九思自比怨妇，向丈夫（指朝廷）表诚心，述幽怨，以求丈夫的理解与宽容。九思这首诗取唐人朱庆余《闺意献张水部》（又名《近试上张籍水部》）意。朱诗以借闺房情事，来隐喻考试，自比新娘，将张籍比作新郎。其诗曰：“洞房昨夜停红烛，待晓堂前拜舅姑。妆罢低声问夫婿，画眉深浅入时无。”后两句作为新妇将见公公、婆婆，羞赧地问夫婿，画眉浓淡（深浅）是否时髦，的确极有生活情趣。只可惜其真意是要张籍通融主考，将自己比作妇人，未免有些低俗。而王九思为了复出，自比怨妇，格调也不高。但诗本身还是优美的。这当窗牖叹息的高楼怨妇，昔日曾是向日葵，今天沦为含露柳。柳条虽易摧折，但葵心是不会变的。女萝依附松枝，像谗口罗织罪名，终有明的日子，因为松枝较之女萝总是耐久牢固的。这几句全是诉冤明志的。“君无弃贱妾，终以奉箕帚”，才是诗旨，只要君王不抛弃“贱妾”，哪怕终生为君王奉箕帚（打扫屋子）。

第 12 首：九思自比日行千里的“神驹”，这样的“龙种”（千里驹）却生长在水泽深处，并非轻易能搜寻得到，也往往不被人所认识。然而，“驽骀”（劣马，比喻才能低下的人）却能走康庄大道，驾御年，载皇帝急速出行，虽不费力却十分光耀（“驽骀务康庄，鸣銮气骎骎”）。相马的伯乐是应该有的（意为朝廷要有贤相能臣），若以王良（春秋时善御马者）这样只会驾驭马的人去相马，必然造成“老骥伏槽枥，踯躅有哀音”的情形。九思自喻千里马，不是“驽骀”，只能走平坦的大道。他呼吁伯乐快点发现自己，不要叫年近花甲的他伏槽枥，“踯躅发哀音”了。

第 13 首诗，又以牵牛与织女分处银河之南北，“鹊桥未易成，银河不可探”，来比喻自己与朝廷睽违相隔。但他相信“牛女会有期”，自己的向往不会是“阳台梦”（宋玉《高唐赋序》：楚王会巫山神女其实是一场梦）而后会无期。第 14 首诗为：

檐宇蟋蟀鸣，感兹秋夜长。纨扇生怨悲，牛女限河梁。

寒露零阶除，众草萎不芳。浮云蔽魏阙，一别永相望。
中夜起浩叹，纵横涕沾裳。

愿望总是与现实相违的：为“怨妇”不被理解，是“神驹”伯乐不来，为“牛女”没有鹊桥。于是便生伤感尤怨：屋檐下蟋蟀鸣，不眠的九思感到秋夜长；牛郎织女被限在河梁的两岸，连纨扇（相传汉班婕妤失宠，所作《怨歌行》有恐天凉将纨扇“弃捐箧笥中，恩情中道绝”的哀怨。这里可指九思与君别的哀怨）都生哀怨；寒露打湿台阶庭院，众草萋萋却失去芳芬；浮云遮蔽魏阙（同巍，高大雄伟之意，此指皇宫），一别而相望无期。这些都令九思夜半浩然长叹，转而悲伤得涕泪纵横，沾湿了衣裳！可见其“仕宦情结”之深，不得仕宦之悲伤！此诗第二联写景物从地到天，第三联从里到外，第四联从远到近，起伏跌宕，错落有致。为尾联“中夜起浩叹，纵横涕沾裳”蓄满势，使感情更显强烈。

这些希冀与仕宦情结，相对还是隐晦的。其在《代徐生送王令》（《渼陂集》卷二）中，面对王令（知县）也是直面当道，发出仕宦的呼唤：“我侯（指王令）东山豪，识我多士林。欻然乘云起，弃我南山岭。仰观鹍鹏搏，羞为篱鹌吟。安得天风发，霄汉相追寻。”我不能被抛弃在南山岭，我要乘云而起；我不为“篱鹌吟”，我要作“鹍鹏搏”。有朝一日天风发（时来运转），我也要到霄汉（朝廷）奋斗一番！

但并非一直没有伯乐，据《重修鄠县志》（1933 年版）、《王氏族谱·九思传》：九思因《杜甫游春》复起受挫，后礼部尚书霍韬（字渭先）、吏部尚书王琼、御史总制蒋旸（注），皆一时名臣，“率一再奏荐，不见报”。尤其嘉靖七年四月，朝议霍韬出任礼部右侍郎，霍力辞，举康海、王九思以自代，“帝不允”（《明史·霍韬传》）。

自是王九思不得不消解“仕宦情结”，而正视现实，对自身进行理性的解剖。这对于“一肚子不合时宜”的士大夫，也是难能可贵的。其在《杂诗十五首》（《渼陂集》卷二）的第一首写道：

北山何濯濯，中有坚贞石。托体文章流，大书为深刻。
龟趺郁盘薄，赑屃造云霓。传留亿万祀，珍玩箧琛璧。
南山蕴陆海，宝藏货财殖。其石粗粝姿，良工巧莫即。
乃知穹壤内，清浊各有适。

北山虽然光秃（濯濯），但却产贞石，造碑刻文章，气象万千，受万人祭祀，如珍玩宝玉一般。南山虽为陆海（《汉书·地理志》：秦地“有鄠杜竹林，南山檀柘，号称陆海，为九州膏腴”），但产石却粗粝，虽良工巧匠也难以刻琢。结论是：天地万物，清浊各有用。那么，天生我王九思虽有诗文之长，也不一定有治世之能，不能在官场久站，也非全怪“贝锦谗口”。那么，为什么还要对“结丹霞”、“佩明月”、“修汝之初志”，“犹豫而狐疑”呢？

九思进一步对自己解剖：“中林有巨鸟，自矜羽毛贵。一朝振翮飞，忽与飘风会。辗转万余里，下息丹山背。扶桑丽朝暾，彩霞结成盖。栖止青桐柯，渴饮澧泉濑。久假不自知，殊非鸑鷟（凤凰）类。”这林中巨鸟的经历，实在就是九思罢官前的情形：自恃多才（羽毛贵），中进士为翰林，志得意满，前途无量（一朝振翮飞，彩霞结成盖）。在翰林（青桐柯）受到同僚敬仰，心舒意爽如饮澧泉。其实是久假不自知，根本不是凤凰类，那些荣耀都是假象，自己不过林中一只普通的鸟类。

既然认识了自己，就应融合于自然：“日入群动息，鸡鸣各为谋。江河日卑趋，万派同一流。”用世间万物的自然规律，思考自己的人生，还有许多“绸缪不可解”。于是他想到远游，“西到昆仑，南溯湘沚，东到海滨，北到地角”，逍遥在河海群山中，“庶以解我忧”。

如果这样的远游还不现实，那么就像子真、君平（皆隐者），一面“下帘授庄老”，一面“荷耒耕岩墟”。这样既不乏“沧波鳞”（鱼），也可像蜗牛以涎自濡（自我满足）。决不学那群燕雀，“可以握粟呼”，贪图小利被人指使。要像“朱鸟翔寥空，下集高岗梧。狷士多苦心，蜚誉溢皇衢”。说着说着，“狷介之士”的孤高、矜傲的毛病又犯了。“苍雀变海蛤”，飞在天与潜在水忽然变异；“腐草化流萤”（隋炀帝典故），动态与静态顿时竟然易形。所以，海蛤也不要得意，流萤也无须自矜，这好比“士处大化内，道固有废兴”，不是自己的意志所能左右的。这样的道理我自然明白，但是不安的情绪还时常萦怀于心。怎样才能使我安然自得（休休）呢？看来逆来顺受是不行的（“顺受没吾宁”）！

真是愁肠百结，百思不得其解，于是便想到了人生的大限，突然醒悟了：“昔予游渭滨，北上咸阳原。高塚郁垒垒，苍苍松柏繁。慨彼泉下人，贤愚同一墩。处世夸名誉，死没谁复论？反顾望城邑，清渭带郭门。冠盖东西游，往来车马喧。滔滔若流水，大道尘埃昏。终焉即长夜，胡为苦奔驰。人非王子乔，谁能久生存？”“贤愚同一墩”、“死没谁复论”、“终焉即长夜”，这些铁律一样的事实，你难道还不明白，“胡为苦奔驰”？人不是神仙（王子乔），“谁能久生存”？

这些是尽人皆知的道理，但人们还是熙熙攘攘为名利往来。建功立业永远是士人的向往与追求，王九思、康海概莫能外。

（注）《易·睽卦》：“睽孤，见豕负涂，载鬼一车：先张之弧，后说之弧。匪寇，婚媾。往，遇雨，则吉。”

（注）王琼：字德华，号晋溪。成化进士，历成化、弘治、正德、嘉靖四朝。官至户部、兵部、吏部尚书，与于谦、张居正称明代三重臣。霍韬：字渭先，号渭涯，正德九年进士，官至吏部左、右侍郎，南京礼部尚书。博学多才，敕撰《古今政要》《诗书直解》。蒋旸：正德十六年进士（第三名），曾任陕西按察佥事、山西巡按御史，嘉靖九年任直隶巡按御史。

二二　愤世嫉俗　疏狂不羁

康海在王九思《碧山乐府序》中道：“山人（九思）旧不为此体（指散曲），自罢寿州后始为之，其才情之妙，可以超绝斯世矣。”可知九思在仕途受挫之后，始为散曲这种民歌俗曲的。这种文学形式，对于以正统诗文为追求的文人雅士是不屑而为的。王九思弃雅而从俗，本身就是对世俗的抗争。更何况其一反散曲闺情艳词之能事，用以抒发愤愤不平的情绪，可见其疏狂。

王九思在《碧山乐府》卷四中，有套曲《秋兴次春游韵》，可见其以醉解愁的生活。

［端正好］篱菊折、雨中黄，山枫改、霜前绿。望平野衰草云铺，短藜步出烟霞坞。走不错长安路。

眼前秋景一片萧瑟，九思拄着短藜（竹杖），从迷离烟霞的村墟中，恍惚地走出。还自信走不错长安路（陕西地面）：在家已经喝（酒）得多了。

［滚绣球］我这里过西桥杨柳渠，访东庄水竹居。端的是画中人物，把那个浪忧愁万种抛除。我这里趁西风恰待要沽，他那里傍斜阳不住的呼。霎时间醉横双目，任从他笑俺村（蠢）俗。我这里埋头岭下看射雁，洗耳河边且钓鱼。打叠起锦帐纱厨（当在野外餐食）。

过桥赏景、访友，以酒浇愁。虽然醉眼朦胧、踉踉跄跄，任人笑他蠢俗，还要“埋头岭下看射雁”（不知何典）、“洗耳河边且钓鱼”（据《高士传·许由》：尧帝召许由为九州牧，由不欲闻，洗耳颍水滨），不与世俗低头。

［叨叨令］我将这淡黄齑（粗盐粉）粗布袄，乐陶陶且把流年度。有时节驾轻

车鞭羸马，慢腾腾且向柴门住。我只见雨儿零风儿紧，韵悠悠响过梧桐树。又只见牧儿歌船儿摆，乱纷纷惊起沙汀鹭。兀的不喜煞人也么哥，兀的不叹煞人也么哥。想当初吐霓虹、吞湖海，气昂昂要把干将铸。

虽然简朴度年，处处游乐，如闲云野鹤，与自然融合，但总不忘昔日风光。“吐霓虹、吞湖海”，自比人中龙。要“铸干将”（铸就镇国宝剑），作一番大事业。

［脱布衫］再不取沧海骊珠，再不屣紫殿红氍。寻几个樵夫共语，盖一座草亭闲住。

沧海骊珠：“千金之珠，必在九重之渊而骊龙颔下”。有“探骊得珠”语，比喻行文能得题旨精蕴所在，作诗能炼得好句子。现在我不文也不诗，写几阕俗曲消遣，也不再踏（屣：鞋，意为走）宫殿里的红地毯。盖一座草亭闲住，与樵夫谈天共语。

［小梁州］一枕黄粱出鼎垆，感叹踌躇。朱颜镜里已衰枯，穷达数算不准智和愚。

在朝做官原为一场黄粱梦，醒后方感叹踌躇，朱颜已改，真是穷达智愚难算定啊！

［么］殷勤休把农桑误，也索寻赤脚长须。若提起龙虎争风云聚，抬头休觑，只好把眼儿糊。

不误农桑，虽老（长须）也得赤脚下田。若提起朝廷的龙争虎斗、风云际会，虽然抬头也不去看，只好把眼睛糊（闭）上。一个“只好”便见心地，能甘心为农夫吗？

［上小楼］这一个神仙洞府、村庄平路。任我逍遥，任我追游，任我驰驱。看他鲁大夫、楚大夫，无人回顾。一个个膔胸脯，几曾醒悟？

所谓“神仙洞府”，实为其村庄的游乐去处。一任逍遥快乐，谁管他鲁大夫（孔子）、楚大夫（屈原）？他们不是一肚子不平，就是满腹“修齐治平”，什么时候醒悟过？藐视屈原，对孔子不恭。

［么］喜之喜脱离狼虎，结交鸥鹭。见如今万国朝元，千载逢尧。四岳扶虞气，已输德不孤。春来秋去，一任我性疏狂，野麋山鹿。

脱离了朝廷（狼虎），结交农樵（鸥鹭）。如今国泰民安，万国来朝，帝如尧舜，明主在上，贤辅（四岳）在下，则君安虞而民和睦。因此，我要像“野麋山鹿”一样，一年四季无拘无束地狂奔乱跳。看似歌颂升平，实以浮言诬朝廷。

在［双调］《归兴》（《碧山乐府》卷一）中有数阕，也可见其疏狂、愤世。如［驻马厅］中有“路危常与虎狼狎，命乖却被儿曹骂。到如今谁管咱，葫芦提一任闲玩耍”。说自己在危险路（指仕途）常与虎狼（指诬陷者）亲近，命运乖蹇反被小人骂。如今归来了，提一酒葫芦任意闲玩耍。在［沉醉东风］中，颠狂不类有如阮籍：“有时节露赤脚山颠水涯，有时节科（光）白头柳堰桃峡。戴什么折角巾（“折角巾”与下句“狂生袜”应是比较讲究的缙绅穿戴），结什么狂生袜？得清闲不说荣华，提起封侯几万家，把一个薄福的先生笑煞！”在［折桂令］中，放荡不羁有如刘伶：“问先生（自称）有什么生涯：越女秦娃不索问，高车驷马也休提。白雪黄芽，春雨麻桑，秋水鱼虾。痛饮是前程，烂醉是生涯。”在［得胜令］中，粪土富贵有如陶潜：“不追随绿鬓（乌黑光亮的头发）阁（搁）乌纱，不思量紫殿草白麻（在翰林院白麻纸上草写文章），也不饮七宝红玉斝（高级饮酒器），也不骑千里赤兔马。”干什么呢？沉沦自弃有如柳永：赏月登楼，遇酒簪花，皓齿朱唇，清歌妙舞，“素指拨琵琶，把一个碧荷筒（以鲜荷叶卷筒盛饮品，为凉饮）忙吸罢”。当是狎妓歌舞，有如《杜甫游春》中的杜甫，“翠袖舞烟霞，把一领绛罗袍典当咱”，（绛色为官袍），以示对做官的藐视。

［朝天子］《闻谤》（《碧山乐府》小令下）“三公五侯，樵夫钓叟，天已安排就，劝君休使巧舌头。就里空生受，白璧青蝇，青天白昼，老先生笑破口。对云山倚楼，列金钗劝酒，醉舞破春山袖。”以富贵贫贱乃“天已安排就”的“宿命论”来安慰自己。对那白璧青蝇污、青天白昼诬无所谓了，反而能使“老先生（自称）笑破口”。于是便与歌妓饮酒狂舞，直到舞破了“春山袖”，可见其狂悖不羁。结果还是饮多了：“党家醉倒，袁家冻倒，两件事儿都不妙。凤团（一种茶叶）香煮扫琼瑶（指雪），只有一个陶家俏。锦帐羊羔，金樽欢笑，论风流那个高，俺高你豪，少一个人儿道。”（［朝天子］《扫雪煎茶》）九思醉倒、冻倒，都觉不妙，便与扫雪煮茶的陶家俏（农妇或妓女）取闹：论风流你豪我高，更比那“锦帐羊羔，金樽欢笑”的贵客要高。在七律《南庄夜归》（《渼陂集》卷一）中，九思写道：

入夜南庄尽醉归，东风吹雨故飞飞。
严城刚及重门锁，高岸深妨一径微。
忽有雷翻栖燕幕，即看水拍钓鱼矶。
晴郊载酒还同赏，未许芳春与愿违。

九思在南庄喝醉酒，于风雨交加之夜回归。城门早已关闭，沿着护城河边的小径寻归，忽然雷霆击翻燕巢，水涛拍打钓鱼矶。他意识到自己的处境如同幕帐上的燕巢一样危险。即使这样，如果天晴了，他还要去饮酒，不能与“芳春”（不单指岁月，似也指妓女之流）相违。可见其已到了“日醉烂如泥”的地步。此时的九思已完全是一种自暴自弃的形象。而与之相呼应的挚友康海，更是“与妓女同跨一蹇驴，令从人赍琵琶自随，游行道中，傲然不屑”（徐又陵《蜗亭杂订》）。此时的九思与康海可谓一对混世冤家。

九思这种愤世嫉俗、疏狂不羁的行为，当是其天性与人生轨迹的必然。受到一系列构陷、打击后，他要消解胸中块垒，倾诉心中不平，高雅蕴籍的诗词已不能奏效。似乎只能采取这种“嬉笑戏谑”的俗曲时调，才能得到痛快淋漓的情感宣泄。

康海在其《碧山乐府序》中，言及九思“其声虽托之近体，而其意则悠然与上下同流，宕而弗激、迫而弗怒”。首先肯定九思的散曲是脱之于近体（指唐宋以来），其意悠远，是遵循古往今来的诗歌传统——“宕而弗激，迫而弗怒”，也即含蓄蕴籍。这是将散曲向复古的道上驱赶。若要以此来规矩九思的散曲，恐怕就有些凿枘之嫌了。接着康海又说：“读其曲想其意，比之声、和之谱，可以逆知其所怀也。”其实这才稍见肯綮，他要读者想其曲之意，比声和谱，然后“逆知”其所怀，即不要用正常的思维去理解“其所怀”，是要读者从更深的层面，以“比兴是优”去理解九思的曲。

二三　家庭变故　悲苦难平

帝王专制时代，通过科举之道步入仕途者，往往是其家族或家庭数代人，诸如父母、叔伯、妻妾、兄弟的无形牺牲和含辛茹苦的结果。所以，仕宦者无疑对这个家庭或家族负有不可推卸的振兴责任和协调合和的义务，而父慈子孝、兄仁弟友，则是这种责任体现的基础。仕宦者除给家族或家庭成员以社会地位和经济帮助，还要在伦理道德上做出表率，在教育上做出贡献，使这个家庭或家族，得以在君主专制社会构架中运转，并与之保持一致。这也就是士大夫所追求的儒家所谓的“齐家”思想。

王九思为王氏家族的精英，亦是其家族的荣耀。作为饱读诗书，精通儒家经典的士大夫，王九思自然明白其对家庭和家族的责任和义务。但这种责任和义务，往往是伴随着仕宦者步步荣升，于无形中体现和实现的。如“宰相之家”、“状元门第”，其本身的荣耀就会给家庭或家族以无形的尊荣和财富。

反之，一个仕宦者以罪名被罢黜，虽不至株连九族，但其家族也会因之黯然失色。所以，对于已经罢归的王九思，要实现所谓的责任和义务并非易事。尽管如此，王九思还是身体力行、不屈不挠地扮演着振兴家庭与家族的角色。如每逢清明节，亲率家族子弟共同祭祖，并屡作祭祖诗文，激励族人后生奋发有为，光宗耀祖；又勉励子侄辈读书做人，教授族人子弟读史习经，以图举业等。

遗憾的是家庭的接连变故，非但使九思不能实现其责任和义务，反使其陷入悲苦难平的境地。

弘治十年（1497）赵夫人丧于京师，虽亦十分悲痛，但其时在翰林为庶吉士，前途无量，加之扶柩归家后，又与张夫人结缡，那种悲痛很快消失。但后来的仕途失意，往往又勾起他中年丧妻的伤痛，即使到老年犹念念不忘。尤其长子王瀛英年早逝，念及赵夫人更是悲痛不已。

正德八年（1513）九思父亲病故，终年七十五岁。这在今天看来，生老病死亦属正常。但在帝王专制的明代，以所谓的孝道治天下，可是非同小可。我们常能从古籍中看到，父母亡故，儿子“哀毁骨立”、“痛哭欲绝”等语。如九思祖父卒，其父王儒“痛恨击其面”，可见其痛苦。王儒卒，九思无疑十分悲痛。他在《与刘德夫书》（《渼陂集》卷七）中言及父丧，道：“比归于家，昊天降割，先君不禄，礼崩乐坏，文藻屏弃。嗣以老母贞疾，贱躯多疢，迎医治药，迄无虚日。岁月不居，遄迈如流，五十之年，忽焉已至。于是而较量往昔，勇怯盛衰，相去之远，有若两人。”认为丧父是上天杀人（昊天降割）也，以至于连作诗文都“屏弃”了。加之母病、自己病，长期“迎医治药”的折磨，竟至形貌判若两人。可见对其伤害之深。

嘉靖五年（1526）对于九思可谓灾难年。先是四月九日母亲亡故，六月十八日其爱弟九峰病故，九月十七日爱女玉英病亡。

从《求太恭人墓志铭》（《渼陂集》卷十六）可知，当时太恭人刘氏（九思母）病，思念在山西为按察副使的幼子九峰不已。第二年春天，九峰致仕归家，“相聚甚欢矣”。没多久，太恭人病臻。其年冬九峰亦病，百药无效。于是太恭人忧虑，病益笃，于嘉靖五年（1526）四月九日病故。九思在悲痛之余，回忆母亲对其教养之严，并从中体味母情之深。文中言及在巴县母亲督课之事，以及罢归后其与弟（九叙、九峰）“俱已二毛”（须发花白），若有过失，仍像其幼年一样严厉，弟兄“皆跼蹐不敢进”，可见其对母思念之切。

九峰为九思最小之弟，小九思 11 岁，在诸弟中九思与其最友善。当年在祥符（父王儒任上），九峰从九思受四书，“又二年受《易》及子史性理诸书，弄笔为文章、诗，辄吐奇语”（《渼陂集卷·九峰墓志铭》）。弘治十一年（1498），九思以庶吉士送幼子还家，顺便省视父母于南阳（父王儒为南阳府教授），携九峰回关中参加乡试，荐九峰于时任陕西提学副使的杨一清，得杨赏识。后又推荐其从学于关中督学王应韶，得与吕柟（正德三年状元）等人正学书院，亲受其业。弘治十八年（1505）九峰会试不第，又使其入太学。正德二年（1507）九思在翰林检讨任上，召九峰至京，昼夜督课，才使九峰于正德三年（1508）中进士。可谓对其成长关怀备至。

据《王氏族谱·九峰传》："公（指九峰）性刚毅沉默，不轻言笑，疾恶复太严。其兄太史公（九思）尝戏谓公曰：寿夫（九峰字）一笑，更难于黄河清焉。"可见兄弟之情深。据《秦府医正西林王君墓表》（《渼陂续集》卷中），九峰病笃时，九思请来省城名医王秉常。王为九思挚友，相知甚深。王诊断后对九思说，此"关格之疾（二便不通为关，饮食即吐为格，即上格下关，简称关格），乃不治之症，半年后即不起矣"。九峰不幸于母亡后两月余病故，时年48岁。九思悲痛不已。

王九思、康海于正德初在京同为翰林时，两家夫人各有孕，他们曾指腹为婚（前已述）。正德三年（1508）九思夫人生女名玉英（字温），康海夫人于其年十月生男名栗（字子宽）。嘉靖二年（1523）冬十月，康栗娶玉英为妻。

嘉靖五年（1526）夏四月，九思母病故，玉英由武功来奔丧，因有身孕，暂住娘家。九月十八日产一男婴，落草即不啼哭，经抢救不果夭亡。康海时已52岁，只有康栗一子，日夜盼望得孙。因此玉英痛恨啼哭不已。三日后，腹部痛甚，求医下药，更加疼痛。于当月二十七日不治而亡，年仅20岁。

王九思痛失爱女，于悲痛之际，作《康氏女墓志铭》（《渼陂集》卷十三）。其铭文以第一人称述之，尤其悲恸凄切，令人不忍卒读。其文先述及康海妻尚夫人得其女甚爱之，女恨不能代其姑（婆婆）孝养太史公（康海）。弥留之际，对康栗从容言：大人（康海）已经老了，惟你一子，不可无后；安人（婆婆）善治内，其遗矩不能废。其实是暗示康栗续弦，可见其贤。接着写女在康家事公婆、叔祖母、诸嫂等，都能"皆尽礼，得怜爱之"，所以其死"皆痛惜焉"。以下写弥留之际，亲属痛别情景，十分感人。

……呜呼，痛哉！

……女性不喜露，武功、鄠人虽知其容也，其见者盖亦罕。自笄及归宁，常深居，虽予见亦罕矣。其有所拂郁、愠怒不平，辄忍不以告人，甚者虽其母亦不告也！独其病时，五六日辄呼予，予心甚讶之！呜呼，孰意其死也！

然当其病亟，其神勃勃然，语秩秩然不乱，其所着衣履皆自检取耶，若将归其家者焉！

予弟禹夫（九叙）泣且问曰："子温讵忍舍此去耶？"女曰："孰忍舍此也？命矣，奈何。"瞑目已，其母哭之恸。乃复张目语侍儿曰："好劝母，无损伤。"痛哉天乎，尚忍言耶，尚忍言耶！

殁后，室中异香不灭十余日。粟卜以其年十一月初四日，归葬浒西祖茔之侧。请予曰：愿为铭？予曰：痛哉吾女，吾尚忍铭汝耶！父哭，汝母哭，汝其知耶，其不知也耶？人言汝类我，然竟夭折死，岂非命哉？

嗟嗟吾女，父铭汝掩于儿扃，尔归藏之，维斯以永宁。

康氏女葬罢，随着时间的推移，九思心情稍有平静。但触物伤情，年近花甲的老夫妇往往相对而泣。于是九思作五律《哭康氏女四首》（《渼陂集》卷四），以宣泄其悲痛。其一：

弱息抛吾早，衰年痛尔深。强收啼后泪，忽破静中心。
紫阁连邰巘，清涝入渭浔。山川风物旧，不寄旧时音。

小女（弱息）抛弃我早，衰暮之年的我，实在为之悲痛！虽然强收啼哭之泪，逐渐恢复平静，忽然一阵酸痛袭来，又使我心中伤痛。紫阁（终南山有紫阁峰，此指鄠县）连邰巘（邰，武功古称），清净的涝水流入渭河畔（鄠县有涝水，武功在渭河北岸）。山川风物依旧，但却听不到往日你的声音啊！其二：

永诀言犹在，长游骨已仙。情钟惟我辈，泪尽是何年？
枝冷乌双泣，楼空月半悬。向收图史地，断肠有遗编。

永诀的话还在耳畔，而你已归仙长游了。我们实在是太钟情了，流尽眼泪是哪一天？清冷的树枝上一对乌鸦（指九思夫妇）在哭泣。你住过的楼阁空荡荡，只有冷月还悬在半空。在我收集的图书中，有《断肠集》这样的遗编。当我看到它想起你，怎能不使人断肠？（宋朱淑真为才女，有自伤身世的《断肠集》存世，大概玉英亦善文能诗，喜读《断肠集》。九思和康海俱有教女读诗文的家风）其三：

尔逝亦云已，岂知老痛何。人言儿似父，我亦爱偏多。
过眼红云散，伤心白玉吪。相看怜老妇，流泪揔成河。

你去了也就去了，岂知二老多么悲痛！人家都说你像为父，为父我也偏爱你。人间事如过眼烟云，很快就消散了，伤心会使白玉般纯净的心变化。看着你可怜的母亲，她的眼泪能汇成河啊！其四：

流水去不返，白云常在山。吾今终日恸，尔复几时还？
尘榻留针线，风庭绝佩环。只余花蕊笑，仿佛见朱颜。

你逝去似流水不会返回，还不如浮动的白云常绕山。我如今终日悲痛，可你几时能够回来？你那落满灰尘的卧榻，还留有用过的针线，然而，过庭里已听不到你行走的佩环声。庭院的花蕊在笑，仿佛见到你的容颜。

刚过一年，即嘉靖七年（1528），女婿康栗亡故，年仅 22 岁。九思为其铭墓，悲凄不已。其继室杨氏殉夫，九思亦为其铭墓，感叹不已。

据《妻赠孺人赵氏继室封孺人张氏合葬墓志铭》（《渼陂集》卷十五），嘉靖九年（1530）“秋九月，康氏女产难卒于鄠，孺人痛甚，哭几死，竟由此病。而庚寅（嘉靖十年）三月病，足痿不履（不能穿鞋），医药远迩无所不致至。至其冬，少差矣。乃十一月二十二日夜，仆隶不戒于火，厩焚。救者欢噪甚，忘其孺人惊也。惊即口眼闭，喉中呼呼作声，若鼾睡者。医视之大恐，百方不能救。于二十七日乃遂不起。呜呼，痛哉！”与九思相依为命的张夫人去世，其年 52 岁（九思 63 岁）。其时名医王秉常早已告诫：“戒惊惧，惊惧则殒。此悔之晚矣！”

九思于三年内连遭五丧（包括康栗），除过其老母，余皆为不应亡者。九思以白头人屡送黑发人，其悲伤可想而知。

从《渼陂集》有关诗篇可知，九思连遭丧难后不久，又出现家庭危机，这令九思愤怒不已。《怨诗》（《渼陂集》卷二）分为六解（解，为乐府歌词的章节）：

一解：受侮亦孔多，中怀不可道。秋风吹我心，如饥复如捣。
二解：斗粟尚可舂，尺布亦可缝。如何亲骨肉，二人不相容？
三解：君非少壮姿，我亦白发翁。如何立谈间，怒气相击攻。
四解：逝者亦云已，生者宜相亲。不见阿峰墓，怨宿蓬蒿尘。
五解：鹡鸰飞在原，棠棣亦韡韡。忍君二十秋，不我以为悔。
六解：弯弓将何为，垂涕以相告。君心如可移，怡怡以终老。

九峰死后，九思还有二弟九叙，三弟九皋。九叙于弘治十七年（1504）中举后，无心仕途，遂经商。据《王氏族谱》本传，其广有家财，可富甲一方。三弟九皋自幼目疾，未进学，居家力农。九思在《弟处士鹤夫（九皋）合葬墓志铭》（《渼陂续集》卷下）中，言及其父临终嘱托照顾九皋，认为九皋“力寡而钝，后恐不振”。九思受托，“三年丧毕，乃为鹤夫构治新屋。屋完，请太恭人视之，太恭人大喜”。可见其友谊。从《怨诗》中的“如何骨肉亲”、“鹡鸰飞在原”（鹡鸰，鸟名，《诗经·小雅》：鹡鸰在原，兄弟急难。比喻兄弟）、“棠棣亦韡韡”（棠棣，喻兄弟；韡韡，光明貌）、“不见阿峰墓”（指九峰墓）等，可知此为九思兄弟间的矛盾、纠纷。从“斗粟尚可舂，尺布亦可缝”（注）句，可见其矛盾已到不可调和的地步。从兄弟身份特性看，此纠纷制造者应是九叙无疑。在这首诗里，九思既有“受侮亦孔多”的怨尤，而更多的是规劝：死去的人已经去了，活着的应当相亲相爱，我们都不年轻了，何至“怒气相击攻”。甚至乞求“弯弓（《过秦论上》有：士不敢弯弓而抱怨）将为何，垂涕以相告”。如果你的仇恨之心可以改变，咱们就可以颐养天年。

从《虎生三子行》（《渼陂集》卷一）中，可见九思对其弟苦苦相劝。其诗曰：“虎生三子中有一彪，鸠生三雏中有一鹞。鹞能食鸠，彪能啐虎。虎鸠流涕言：吾与尔同乳，不见云中鸿，哀鸣求其侣。咄嗟尔何心？胡不使我同巢而栖，共穴而处！”

在《悔诗五首》（《渼陂集》卷三）其二中言道：为什么“连枝雏”（喻夫妇或情人）“化为止棘蝇”（互相争食的蝇类），“萧墙伏干戈，阴妖蚀阳精”。意为萧墙（家院矮墙，于家庭内部）隐伏的斗争，是阴妖（女人）侵蚀阳精（阳精：太阳。比喻男人）所致。

在其三中有“误履陌路尘，蹉跎逾十春。豺狼眠我旁，赘疣灾我身。朱颜成丑老，缁发变为银。妖魅欣陨戚，声伎犹相亲。众口欻沸腾，流言难具陈。骨肉尚有然，何况行路人”。

可以较准确地说：此所谓的“豺狼”，实为与九思相处十年的妾，而今同他人对九思进行诬蔑，其原因应为“声伎娱耳目，萋斐被谗妒”。九思和声伎相处是为了“娱耳目”，但其妾“谗妒”而编织罪名诬蔑。九思说她“朱颜成丑老，缁发（黑发）变为银”，像妖魅一样，还不如声伎相亲。最后叹息道：骨肉尚且有仇恨，“何况行路人”？九思已将其妾看作行路人了。其四：似乎是九思教授的生徒也参与这场纠纷，九思斥其为“中抱鸱枭心，诡为鸾鹤啼”。

这一家庭纠纷看来对九思伤害不小，使他“嗟予抱沉忧，逖矣方离群”，“无如学扫轨，端居足怡神”了。

这只是九思中年的家庭不幸，晚年的九思则更为不幸。这些不幸的遭遇，加深了九思人生的悲剧，同时也使九思对世态人生心灰意冷。但士大夫文人的可悲在于，一涉及策勋功业，一触及“经国之大业”的文章、诗赋，就侃侃然以天下为己任，戚戚然一肚子的不平，将那人间俗事全给忘记了。

（注）汉文帝为削藩，治其弟刘长罪，发解蜀郡，长道中绝食而死。民谣有“一尺布尚可缝，一斗粟尚可舂，兄弟二人不相容”，后即以“尺布斗粟”比喻兄弟不和。

二四 诗文讽谏 关心兴亡

嘉靖三年（1524），明朝廷发生被称作“大礼议”的事件。这一长达三年的争议，影响波及明中后期的社会政治与国家制度。明武宗病逝，无嗣可继，嘉靖帝（武宗堂弟）以藩王入继大统。嘉靖三年，进士张璁上言“继统不继嗣”，议立兴献王（嘉靖生父）庙于京师，尊兴献王为兴献帝，改称孝宗（武宗之父）为皇伯考。这样一来，以宪宗（成化帝）→兴献帝→嘉靖帝的宗嗣系统，取代了宪宗→孝宗→武宗（正德帝）→嘉靖的宗嗣系统，实际上是否定其“入继”的事实，且在某种程度上也否定正统的格局。大学士杨廷和等抗疏力争，嘉靖帝不听。进而尊兴献帝为皇考恭穆献皇帝，追其母为上兴国太后，尊号曰圣母章圣皇太后。翰林院编修邹守益请罢兴献帝称考立庙，被下锦衣卫狱。翰林院修撰吕柟言大礼未正，被下锦衣卫狱。后廷臣伏阙固争，马理等134人被下锦衣卫狱。杖马理等于廷，死者十有六人。奉安兴献皇帝神主于观德殿。后又因此杖翰林院修撰杨慎、检讨王元正（王元凯之弟，今户县人，被贬四川茂州，死于戍所）于廷。

这其中先后领衔抗疏者吕柟、马理、王元正都是陕西关中人，吕柟、马理（字伯循，正德三年进士，三原人）皆九思密友。他们致仕后，与九思交游甚多，诗文往来亦频繁。

这一影响朝野的“大礼议”之争，作为在野的王九思，不但十分关注，而且毫不犹豫地站在正统的立场，便作五言古诗《大礼》（《渼陂集》卷二），与当朝皇帝“抗礼”：

> 至孝本天性，流植各有因。时贤议大礼，颊舌固纷纭。
> 晻暧日月昏，感激天怒嗔。明明我祖训，一本枝叶亲。
> 名正庶事康，孝兴四国仁。夏殷轨已遐，惆怅谁与论？

在这首诗里，他认为嘉靖帝不遵正统是违反祖制，是有悖于孝道的。名正则国事顺昌，孝兴则邻邦仁义。夏代殷代的教训已经久远，我的惆怅又与谁去论说呢？当然，以九思当时“复出”的欲望，也可设法上达天庭，附和嘉靖帝的意旨。这种投机分子也不乏其人，如进士张璁当日以部观政身份，疏帝“继统不继嗣”，不出三年先为兵部侍郎，再礼部尚书兼文渊阁大学士，预机务。而九思不屑其为，宁肯不“复出”也要坚持正义。同如康海想“复出”，当大学士杨廷和之弟要其走门路，他竟以琵琶击打杨某，表现其士人的气节。

无独有偶，九思在朝为翰林时，曾作一篇《大孝述典礼也，追崇礼成，颁议于郡国，微臣与焉。感而赋大孝》（《渼陂集》卷一）其赋曰：

允矣大孝，因心自天。维植斯根，维流斯源。世庙言言，天子是虔。谁其遏之，终以孔宣。

世庙备矣，以洽百礼。天子穆穆，百僚济济。以享以祀，以介遐祉。神曰来尔，本支百世。

本支百世，嗣我皇祖。乃圣乃神，乃文乃武。无隳于行，而越厥度。神之听之，庶以无怒。

神之无怒，昭格于天。降福绵绵，如石之磐。如日之悬，如天之延。嗣我皇祖，亿万斯年。

大孝礼，当是弘治皇帝祭祀太庙（供奉明皇帝祖先之庙）之礼，这同一年一度的祭天是同样重要的。届时皇帝亲率百官，如礼如仪，完成规定程序，“追崇礼成”。于是由礼部与鸿胪寺代表皇帝颁议于郡国，以增强君权神授、承命于祖宗的神圣不可侵犯权威，以加强正统观念，同时对郡国藩王以震慑。因为成祖是以藩王夺嫡而得帝位的，再加英宗复辟，景泰帝被害，也似乎有正统之争，而孝宗皇帝则因内廷后妃之争，从小被隐秘于皇宫，险些失去继嗣与继统的机会。所以终明一代似乎对“统”与“嗣”的问题特别敏感。

从本赋题目中的“微臣与焉”，可知王九思作为百官之一，参加这次大典，有“感而赋大孝”。从整赋看，主要是述天子祭庙“因心自天”，追根溯源，以孔宣王（孔子）之礼，以虔诚之心去完成。天子与百官“以享以祀”，颂扬祖先的文治武功，颂扬祖神的德行风范。将这些美行令德昭示于天下，使大明江山“如石之磐，如日之悬，如天之延”，使朱姓王朝“亿万斯年”。但这里有几个关键句，如果结合“大礼议”事件，就可知其所指，或可知其言之深意。如“维植斯根，维流斯源”这根本、这流源是天定的；“本支百世”、“嗣我皇祖”当然是不能乱的。虽然成祖夺嫡，但也是太祖的儿子，即使有些“小乱”，那也下不为例。但现在的嘉靖“大礼议”与成祖的“靖难夺嫡”又何其相象，都是将本支（建文帝、武宗）置于侧枝。当然九思当时不会意识到二十几年后，会有个“大礼议”之争。我们看到的是九思尊崇正统的思想是一以贯之的。同时也说明九思对朱明王朝的纯洁与兴衰，虽在野十年，仍是真情系之。

虽然嘉靖帝“大礼议”的做法，“晻暧日月昏，感激天怒嗔”，令九思“惆怅谁与论”，但并未因此而无端贬损嘉靖帝，除其本为君父外，事实是嘉靖帝初即位，尚能励精图治，将正德朝的弊端（包括刘瑾案）革除，将奸佞之辈正法与谪戍。在治理国家上实行一些改革，即有小小中兴局面。只是后来昏庸无道、佞佛信道，炼丹以求长生，以至酿成严嵩父子之乱。那也是九思晚年的事了，时下九思对嘉靖帝还是欣赏的。

他在［朱履曲］《歌颂》（《碧山乐府》小令下）的中写道：“喜遇着太平盛世，保护着一统华夷。乾坤嘉靖古来稀，卿相有夔龙气，将帅有狼虎威，圣明尧舜比。”当然这种《歌颂》之词，无疑有谀赞之嫌。而另一首《种豆》（《渼陂集》卷四）的小诗中，就显得微妙：

种豆岂吾志，岩栖道在兹。润看苗带雨，青忆蔓成丝。
摘实供茶碗，吟风对酒卮。至尊如可献，窃比野芹私。

我本来不是种豆的人，但住在山野只能这样了（怨怼）。我看着青苗经过雨露，如今已变成长蔓，摘下果实供茶下酒，对着风月吟咏诗句（无奈）。如果此豆可以献给皇上（至尊）你，那我就是“野人献芹”，略表薄意（私意）了。既埋怨又忍受，同时向皇帝传递一点“处境”的信息。

而在《送人入京》（《渼陂集》卷五）第四首中，又以被送士子与其昔日在京的情形相比较，抒发一种壮志难酬、埋怨皇帝不给他尽忠机会的情绪。其诗曰：

狂夫老向青山住，壮士遥从紫禁游。
门下曾叨金马诏，殿前新拜锦衣侯。
穷途阮籍长年醉，投笔班超雅志酬。
未许同沽燕市酒，相思空望曲江楼。

狂夫（九思自称）老了，向着青山（隐居）住下，壮士（指入京人）将远游京都的紫禁城。我曾在中书门下、金马门承接皇帝的诏书，你将到金銮殿结识新的权贵。我像穷途的阮籍长年酒醉，你像投笔从戎的班超雅志能酬。我没有机会与你同去燕京市上买酒痛饮，只好望着曲江楼（长安曲江的楼阁，指陕西地方）空相思着昔日的风光。

这首七律采用联内词语对比的方法，使诗句音韵的抑扬顿挫与诗意的起伏跌宕相呼应，更显词句错落有致，读起来琅琅上口。

如果一味地歌颂、向皇帝表示忠忱之意，那就不是疏狂之士王九思了。

昔日他被不明不白地列为“瑾党”，真是有苦难言。有的人和刘瑾对着干，虽败犹荣；有的人直指武宗不君，虽遭廷杖而臣节可嘉。在朝日九思对武宗恣意妄为有所指责，只是职分使然，不能像言官（科道官）那样（因为制度上规定，言官言错无罪）直言诤谏。所以九思这些言论，不足以抵消其“瑾党”之耻。罢归后，为洗雪不白之冤，即使武宗在位，其诗文中亦多所指责。虽然没有直接上疏陈事（他已无权上疏）来得激切悲壮，但还是冒着明朝“文字狱”故事的风险。

如嘉靖三年（1524）为韩邦靖（陕西朝邑，今大荔人，字汝庆，号五泉子）所作墓志铭（《渼陂集卷》十三），借韩邦靖事以发泄其对武宗的痛恶。这虽是武宗驾崩，政局变化后所言，其实在明代非议已故帝王也是要治罪的。《大明律》规定，即使戏剧中扮演历代帝王后妃、忠臣烈士、先圣先贤也要治罪，何况诽谤“尸骨未寒”的先帝！

在这篇墓志铭里，九思先言及韩邦靖正德三年（1508）中进士时 21 岁，他和康海爱其才，推荐其为翰林院庶吉士，不果，后拜工部虞衡司主事。“予（九思自称）在京师见五泉子七言绝句诗类杜子美。及罢归，为予诵其古歌词，浸淫唐初逼汉魏矣！观朝邑志（韩著，关中名志），其文章亦洪丽乎……”

接着九思以较多文字赞赏韩邦靖敢于犯颜直上。言道：

正德初，乾清宫火灾，而天子于是以灾异下诏求直言者，五泉子归，上疏曰：夫民者乐安而思治，恶危而厌乱，向背之际甚可畏也！陛下即位以来，朝政不修，经筵罔御。盘游无节，狎近群憸。摧折骨耿之臣，闭塞谏诤之路。百度乖违，庶事丛脞。府库空竭，闾阎流散。盗贼灾异，荐至迭兴。危乱之形已成，社稷之忧将大倾者。乾清宫灾，陛下下诏求言，天下人莫不祈望，以为陛下幡然悔悟，转危为安也。然徒事虚文，不修实政，臣工章奏，罔有施行。而部官黄体行乃又皆以言罢去，天下人心莫不沮丧，以为陛下遭此大异，乃复如此，是悔悟无期而治安不可望，支离不可收也！夫亲离者家散，民离者国摇，故汉儒有土崩之言，先哲有搏沙之喻。伏望陛下，以社稷为念，将各官奏章，采择施行，前后言官待罪之人，并黄体行取回录用，于以收既散之心，迓将来之福泽天下，国家不胜幸甚。

疏上，天子震怒，下邦靖锦衣卫狱。后经大臣们“率众论救”，乃得夺官为民。韩邦靖早亡（36 岁），九思痛惜不已。韩邦靖这种几近痛斥的上疏，只在朝廷小有流传，九思则通过铭文将之公诸天下，使世人及后人知道韩邦靖的忠直，同时知道武宗之不君到何种程度。

武宗荒淫，宠刘瑾酿祸，致使九思蒙冤。因而其借亡人之口，以抒自己对武宗的不满与憎恶，虽为情理中事，但以这样近似谴责的口气公诸于世，也可见其大胆。

其实，对于武宗的作为，早在刘瑾为祸之初，九思就曾以诗赋委婉地劝谏。武宗燕乐无度，据清初朱彝尊《日下旧闻》载：“武宗尝于中秋夜，与诸嫔妃泛月禁苑太液池中，开宴张乐，令宫女披罗曳縠（绉纱类织物），前为八展舞，歌可久（张可久，元曲家）[一半儿] 词云，极欢而罢。”据《明清曲家考》引自《尧山堂外记》卷九十四，录明武宗朱厚照散曲一首，可知其亦善曲。当时九思还在翰林，似乎有职分去尽“词臣”之责。九思以古乐府形式作《拟白纻舞歌词三首》（《渼陂集》卷一），所谓白纻舞，为古代著名舞蹈。舞者穿如轻纱般白纻（麻制品）制的长袖舞衣，动作以舞袖为主，节奏由徐缓轻慢转为疾舞，讲求舞姿轻盈、动作流畅。其所配歌词为乐府《舞曲歌词》，亦称《白纻歌》。九思这首乐府被当作“歌词”还是“赞颂”，现已无从考知。但其暗藏机锋、绵里藏针的“美刺”，还是值得注意的。其词为：

吴姬越女天下无，生绡素丝冰雪肤。鸣环曳履当座隅，为君舞向红氍毹。锦瑟瑶筝乐与俱，嫣然一笑千斛珠。君今不饮西日徂。

天孙织雾为尔裳，琼瑶之佩何琳琅。日暮含羞出兰房，六宫嫔妃如雁翔。文窗绣阁灯烛光，赠君今夜明月珰。夜如何其夜未央。

今夕何夕月华明，蒹葭苍苍白露零。美人叹息君王惊，时哉易戢乐难盈。南山不骞亦不崩，上有松柏长青青。愿君与尔同遐龄。

第一首：冰雪肌肤的吴姬越女为皇帝舞向红氍毹（红地毡，亦指舞台），锦瑟瑶筝乐声齐鸣。美女嫣然一笑，得到千斛珠宝的赏赐。他们劝皇帝痛饮美酒，若不饮太阳就要逝去（落山）。真是千金买笑。这是白天。

第二首：夜幕降临，舞女的衣袂飘缈，如天孙（织女）织雾为衣裳。身佩琼瑶（美玉）之饰琳琅作响。日暮时，六宫妃嫔如鸿雁飞翔，列队含羞出兰芳（指后妃居住之室）。文窗绣阁灯烛光，上天又给皇帝赐一珰（玉）明月。“夜如何其夜未央”为《诗经·小雅》语，意为：玩到什么时候？未尽午夜也。这是夜晚。

第三首：简直玩得不知今夕是何夕，只见月华明。玩到苍苍的蒹葭（水边的芦荻）已挂上露水。这是黎明。君王这样毫无节制地夜以继日、通宵达旦饮宴作乐，无疑废朝去政、荒淫无道。“蒹葭苍苍”为《诗经·秦风·蒹葭》语，《诗序》言其为“刺襄公未能用周礼，将无以固其国也”。君王听见美人叹息，忽然有所醒悟（不能刺得太深）。这里的美人，当指《蒹葭》里的“伊人”，即贤人。意为君王还是愿意听贤人的奉劝（给君王一点面子，因为当时的武宗毕竟是不及20岁的青年）。接着便诚恳地告诫君王：时间是有限的，享乐永远不会满足。南山（暗指江山）不飞也不会崩塌，是因为上边有青青松柏（当指贤臣），愿君王与其一样长青长寿。

嘉靖中年佞佛信道，请道士在宫中炼丹，求长生药，不理朝政，致使严嵩父子作恶乱政。在野的王九思忧国忧民，他利用《雨晴上说经台》（《渼陂续集·卷上》）的感想，隐晦指责嘉靖帝“经讹日月昏，道反天地闭。巍巍仲尼宫，路歧讵能至？”你不到巍巍孔庙求孔孟之道，却求“讹经”走“反道”，这样的歧途绝路岂能走通？你用那“沆瀣经”，怎能让迷醉的人清醒呢？九思劝世人（包括嘉靖帝）：尊我仁义之轨，直反羲道（道教）。

其实九思并不反对道家，他不但有许多“炼师”朋友，而且相信炼丹长生术。如他在《赠邵炼师》（《渼陂集》卷四）诗中说：“避客封丹火，谈玄坐古松”、“售乐苍生起，还丹黑发稠。”所以，九思的“反道”，可谓醉翁之意不在酒了。

王九思对皇帝讽谏也好，指责也好，其目的是希望君明臣贤，希望大明之祚万万年。这种情怀稍微转向，便进入忧国忧民、关心兴亡的境界。

陕西的西北部，当时地处边陲，其庆阳（时属陕西）府遭受小王子（伯颜猛可，鞑靼部）部的长期侵扰，北面的延绥遭受蒙古部的不断侵犯掳掠，这给边境地区的农牧生产和人民生活以极大的破坏，更给明王朝的边防安定以极大的威胁。

九思有一首《春寒》（《渼陂续集》卷上）的诗：

节届春分过，寒留花不开。经旬看集霰，万蛰待轰雷。
海日云长蔽，河冰虏未回。孤臣头白尽，愁思若为裁。

诗面意思为：时令已届春分，但天气仍然寒冷且“经旬看集霰”，蛰伏的动物在等待春雷而起。海日（古人认为太阳是从东海升起，因称海日）被乌云长期遮蔽，致使黄河不能解冻，塞外之敌仍然在内地掠夺。九思感叹自己“头白尽”而无能为力，这种“愁思”如何能够消除（裁）？全诗看似说“春寒”致使万物不苏，其实是暗喻沉滞不开的政治气候，希望有雷鸣电闪般的震动，才能使乌云遮蔽海日（可指最高统治者）得以敞明。但却事与愿违，由于天日不开，河冰不解，那些结冰时越过黄河内掠的塞外之敌，仍然在掠夺。由此可以联想明廷对塞外之敌的抗御是毫无举措的，百姓盼望河开敌去的短暂安宁都不可得。至此，我们再回视诗前半部分的“春寒”、“集霰”、“待轰雷”等，就不是单指气候了。虽然九思的感叹无济于事，但那“孤臣头白尽”还关心兴亡的情怀，仍然是可敬的。

嘉靖初年，太子少保王琼（号晋溪），以兵部尚书兼督察院右副都御史，总制陕西边务，开府固原州。九思对其治边之功十分赞赏，在《元老靖边诗序》（《渼陂集》卷九）中，言及王琼治边重视“抚”与“预防”。如吐鲁番“贡职弗修，屡抗我师，为祸甚大，贻朝廷西顾之忧”。王琼认为，吐鲁番本来称臣已久，其所以如此，原因是“第（屡次）御之失，宜故至此”。所以他认为应当先“抚之，抚之不听，然后有以为”。抚之果降。

王琼到边防发现“各镇士马各守其地不相及”，敌往往乘隙而入。于是他创造一种“摆边”的防御体系。“军中老而谙事者，咸以为不可”，但王琼坚持其法，届时果然奏效。因为王琼镇边建立了功勋，“关中士大夫闻之作为诗歌，以纪其盛。题曰‘元老靖边’云”。九思遵嘱为其作序，序中极颂王琼之功绩。九思赞颂王琼，除其曾向朝廷推荐起用他，主要还是注视边务，关心兴亡。

在《固原东路创修白马城记》与《陕西固原州新建总制秦公祠堂记》（均在《渼陂集》卷十）二文中也可见其思想。《创修白马城记》文记述：太子太傅吏部尚书武英殿大学士杨邃庵（一清）已经致仕，嘉靖三年（1524）朝廷又起用其为兵部尚书兼督察院右副都御史，督师西征，开府固原。听从下属官军意见，“神识绝智，博采众议”，即于固原西修一白马城御敌。“城既修，使虏无犯”。以此记杨公及地方官军的功绩，颂扬他们为国安边，为朝廷解忧的作为。

杨一清为“倒瑾”一号人物，刘瑾倒台后，其贵为内阁首辅。前节言九思在寿州任上被劾，杨曾主持公道，留用九思，“以图后效”。投之以桃，报之以李，更何况嘉靖三年还有“瑾案”罢官者复出的机会。九思虽以《杜甫游春》事受挫，但他还是不放过一次投缘的机会。于是他在记中赞扬杨一清：“于古有之，御戎之道，守备为本。故朔方城而猃狁襄。诗人美其事，备诸歌咏。至今读之，穆如清风。虽然必有南仲而后朔方可城也，白马之役固善，向非少傅公（杨一清）神识绝智、博采众议，则亦未能一言而决，三月而成，而若是易也。夫公之来也，所以划边务，报天子者，固不止于此。未久，羌伏境宁，当复入侍天子，处内阁，理元气，为四海作太平。盖其丰功伟绩，树之平生，载之国史，传诸后世者，尤不止此，此特其末事云。”这些既是事实，我们也不必苛求于九思，不可抹煞其关心国家安定，注重边务之心。

《建总制秦公祠记》所记为：弘治中，户部尚书秦纮总制陕西三边军务，开府固原。秦公去职二十余年，嘉靖四年（1525），“边人思公不至，欲立祠固原祀之”。于是地方人士呈请杨公邃庵（一清），杨公命兵备按察副使桑溥等征地监修。修成后嘱九思为之记。九思在记中，较详细地记述秦公的边备、屯田、延商、建庠等功绩，使偏僻边陲成为繁华而宜居之地，因而边人怀念为之建祠。九思除颂扬秦公，其意更在告诫边防诸镇，怎样才能固边御寇，如果一味穷兵黩武，反使骄兵悍将给人民带来更多的危害，且于边事无补。

在这篇记中，九思还言道：“正德初，预修敬皇帝实录，同列为（秦）公传，会孽寺（刘瑾等）甘心于公，故于公之边绩未敢尽述焉。而九思于是未尝不扼腕愤恨也。乃今得以执笔记公祠，是岂边人之慰也，实九思之大愿遂矣。”可见九思之真诚也。

尽管九思对各位边备大员寄予厚望，赞美他们的功绩，但严酷的事实却总使九思失望。正德以降，内忧外患，尤其陕西的西北、三边军事日见疲怠，屡屡遭敌侵扰掳掠。边事日蹇，常使九思忧心忡忡。

在七律《和张广文九月十五日夜作二首》（《渼陂续集》卷上）其一中，九思这样写道：

> 乘兴来登庾亮楼，中秋虽过一般秋。
> 谁将短笛风前弄，破却长蛟海窟幽。
> 砧杵有情牵远戍，江湖无计入边筹。
> 几回独依阑干立，不是寻常儿女愁。

中秋之夜我登上庾亮楼（据《世说新语·容止》：庾亮，东晋大臣，握兵权，不得施展。尝与僚属咏诵戏谑于南楼。丞相王导言其颓废。王右军［羲之］以为其胸中抱负独存。此九思以庾亮楼喻其虽颓废，抱负犹存），中秋过后（九月十五）并不凉爽。高楼临风有弄笛声，这声音破却长空海窟般的幽静，此喻边疆传来起战事的消息。农妇的砧杵声牵连着远戍的郎君，而我处在江湖无职无权，无法到边关筹谋，使他们早日团聚。我多少次独倚阑干凝视远方，这种忧愁决非“寻常儿女愁”。九思在为国家的安宁，民族的兴亡而发愁，难道从异族（元朝贵族）夺来的江山，又要断送到异族的手中？可见九思忧患意识之深远。

二五　制乐造歌　自比俳优

《明史·王九思传》："（康）海、九思同里、同官，同以瑾党废。每相聚浒东、鄠杜间，挟声伎酣饮，制乐造歌曲，自比俳优，以寄其怫郁。九思尝费重赀购乐工学琵琶。海搊弹尤善。后人相传仿效，大雅之道微矣。"这段话的结论在于"后人相传仿效，大雅之道微矣"。这是当时及以后正统诗文论者的评判。是说王九思、康海的"制乐造歌"，致使蕴籍高雅的正统的诗文，千余年所构建的"大雅之道"衰微。同时这也可以看出王九思、康海"制乐造歌"影响之大矣！

据《陕西戏剧志·剧种》和明代何良俊《曲论》：康海通律识吕，善弹琵琶；王九思出重资延请名师，杜门三年，学习音乐，搊三弦、弹琵琶。他们吸收当地民间流行的俗曲俚语、民歌小调，继承宋代以来的"弹词"、"赚词"、"诸宫调"，制乐度曲，创作新词、新歌。对民间曲子、小调进行整理改造，形成具有慷慨激越、粗犷畅达风格的"康王曲"和"康王腔"。他们创家班、蓄歌妓，虽不及明初藩王朱权、朱有燉那样的规模，但却形成一时风尚。据考当时长安的马恭顺、盩厔的张煖泉等都有家班。从王九思的《碧山乐府》中，可知其家班中有玲珑、雪儿、小蛮、小环、小红、樊素等歌妓。康海家班中有著名的"随身四帅"——金菊、小斗、芙蓉、彩连，为班中台柱子。还有所谓"二青衣，能鼓十三弦及琵琶，号称艺绝。古今曲调又能审，其雅俗之语，和律依咏，殆同天授。予每作出，二青衣不逾时辄能奏成，洋洋遂遂，合调叶宫。予未尝不抚掌私庆也"（康海《沜东乐府后录》序）。

康、王二人志同道合，遂为曲场搭档、剧坛盟友，每相逢必有家班演出。他们对关中农村的迎神报赛更为积极，经常以会首的身份出现，每会必至。先后主持过东至华岳，西至凤翔，绵延三百里的各处大型庙会。每会必带家班演出助兴。康海在其［清江引］《宴集》（《沜东乐府》）中记载的"数日间，乐工集者千人，商贾集者千余人，四方宾客，长幼来观者千人"，真实地反映了"康王曲"在关中各地演出盛况。

据李开先《闲居集·乔龙溪词序》："如康对山每赴席，稍后，座间方唱南词，或扮戏文，见其入即更之。"又据（明）顾起伦《国雅品》："康、王作社（当指庙会，土地神为社神）于鄠里，既工新词，复擅音律，酷嗜声伎。王每唱一词，康自操琵琶度之，字不折嗓（顺当和律），音落檀槽（指檀板——牙板之类；弦槽——琵琶之类乐器），清啸相答，为秦中士林风流之豪。”从以上两则可知康海、王九思不但极谙音律，而且作“唱词”或“扮戏文”参与演出，这便有关汉卿、马致远等甘为优伶的勇气。

明代文学家韩邦奇也写诗赞扬这一盛况，说“鄠妪杜媪犹素歌”（素歌：不要伴奏随便唱，可见其普及）。明万历年间，王九思、康海故去几十年后，广陵（今扬州）顾大猷游长安，访求曲中七十老伎，会歌康王乐府，其流风遗韵，关西人犹能道之（清焦循《剧说》卷三）。至今户县、周至、武功的民间还流传着“康状元唱杂剧，王学士演曲子”的故事传说。从康海死后所遗乐器，可知当时曲子演出所用乐器，已有三弦、琵琶和各种打击乐用的牙板、大小鼓等。康海、王九思的创作和演出实践，对陕西曲子的形成是关键性的。

据王九思《南曲次韵·傍妆台》，称其“闲来赶会‘牛王社’，见俳优阵，傀儡场，颠狂人又笑人狂”，可见九思钟情于庙会演出。钱谦益《列朝诗集小传》丁集亦云：万历三十五年（1607），顾大猷（所建）游长安，访召康王遗妓置座中，青衫白发，歌康王曲，道其故事，风流慷慨，长安少年至今犹能为之。可见其影响之深远。

据《陕西戏剧志·王九思传》：“王九思的艺术才能是多方面的。他不仅以诗文见长，而且还精通音律曲乐。他归里以后，即和民间戏曲艺人合作，学习与探究民间戏曲的音律和唱腔，并和康海一起创腔谱曲，组织戏班进行演唱。有时兴之所至，也跟艺人一起演唱。这些演唱曲调多以秦腔为基础，又加入一些关中民间流行的小曲，根据剧情和人物需要，创造了艺人和观众喜闻乐见的‘康王腔’，当时人们称其为‘真秦腔’（与现在的秦腔不同，后将有专论）。他四十余年和康海一起‘倡秦声，使之复振’的功绩，对秦腔艺术的继承和发展，起到了很大的作用。”

王九思在其《碧山乐府·续稿序》中说：“予（九思）为碧山乐府，浒东（康海）既序而刻诸木矣。四三年来乃复有作，兴之所至，或以片纸书之，已即弃去。一日客有过予者，善为秦声，乃取而歌焉。酒酣，予亦从而和之。于是复加诠次，缮写成帙，用佐樽俎。风情逸调，虽大雅君子有所不取，然谪仙、少陵之诗往往有艳曲焉！或兴激而语谑，或托之以寄意，大抵顺乎情性而已。敢窃附于二子以逭（逃避）予罪。”

散曲作为一种合乐的诗歌形式，元、明、清六百多年，一直盛行于歌舞场。王九思作有杂剧《杜甫游春》《中山狼》院本，康海作有杂剧《中山狼》《王兰卿传》等，都是由散曲联套组成，其中“正末”以演唱套曲为主，加宾白，演绎故事。而他们大量演出活动还是以唱“清曲”为主，如《碧山乐府·续稿序》所言，“以片纸书之”、“兴之所至”、“酒酣，予亦从而和之”，为即兴演唱。既是即兴演唱，必为“清曲”，不可能为场面较大的系统的舞台演出。其“缮写成帙，用佐樽俎”的集子，所收也全是供清唱的小令（散曲）与套曲。演唱者主要是歌妓，演唱的主要场所为秦楼楚馆、舞榭歌台以及达官贵人的府第等。文人骚客伴着诗酒生涯，自娱自乐就更离不开歌舞唱曲。正如张可久［越调·寨儿令］：“纤手琼琼，娇语莺莺，睡起对银筝。……浅斟白玉杯，低唱紫云亭。轻，弹一曲卖花声。”

王九思等士大夫，齐聚武功浒西庄康海家，饮宴作乐，挟妓唱歌，并以此为题作五律《浒西庄春日行乐词》（《渼陂集》卷四）八首，可见其演唱散曲的场面。其一：

绕屋花如绣，当筵酒泻油。青童珠络臂，红妓锦缠头。
深院歌娇鸟，垂杨系紫骝。谢公行乐地，不羡五陵游。

在如花似锦的宴席上，美酒如水（泻油）一样多，青童、红妓头缠锦绣，在深宅大院如娇鸟歌唱，垂杨树上系着紫骝骏马（有身份者骑的良马）。感谢康海公（以谢灵运代指康海）为我们提供的行乐地，不亚于“五陵裘马自轻肥”者之游乐。其二：

袅袅鸣仙佩，盈盈出洞房。盘云高髻子，垒雪绣罗裳。
倚柱调鹦鹉，吹箫引凤凰。烟花春日暮，沉醉紫霞觞。

妓女们挽着盘云高髻，穿着白罗绣裳，身上的佩玉琅琅作响，挪动着轻盈的步子出了洞房。她倚着阑柱调弄着鹦鹉，吹紫箫招引着凤凰。在这烟花三月梦幻般的傍晚，我们沉醉在夕阳（紫霞）映照的酒杯里。其三：

渭北神仙府，春来乐事多。花枝侵舞榭，日色艳宫罗。
丽曲娇莺妒，红颜细马驮。更怜明月上，流影入金波。

歌妓们（花枝）舞于康状元家（神仙府）的亭榭花台，落日艳丽的霞晖照遍庭院。娇莺（指歌声，也指妓女）妒（喜极而妒）丽曲（也许是九思等作的新曲），红颜（美丽的歌妓）细马（当为演出扮的假马）驮。更加令人喜爱的明月（也许是名妓，双关语）上来了，她的流影映入灯火照耀的水波中。其四：

十二层楼外，和风醉牡丹。紫云临绮席，朱袖倚雕栏。

娇态含羞语，名花带笑看。欢悰犹未厌，天际驻青鸾。

在高楼（十二层，泛指高）迎着和风，歌伎们醉红的脸颜如牡丹。紫云侧卧在漂亮的席子上，朱袖倚着栏杆，这些名妓（花）一个个含羞带笑，百般作态。诗人们欢娱之情犹未尽，可惜天际已经微微泛明（驻青鸾）。

以下四首还有“楼台花柳际，歌吹艳阳时”、“歌舞青春好，壶觞白日斜”、“湘瑟春风度，秦筝月夜闻”等句，都是描写在秦楼楚馆、舞榭歌台，王九思、康海等文人雅士饮宴歌唱的诗酒生涯。

除饮宴歌唱外，还有贺寿庆生等场合，也是家班歌妓擅场之地。王九思、康海及其长辈有寿必庆，有庆必有家班助兴。据袁枚《随园诗话》“任氏姐妹条”：“余（袁枚）初议庆六旬，欲效仿康对山集名妓百人，唱百年歌，而不料称觞之日，仅得五人。”王世贞《弇州山人四部稿》卷一四九：“康德涵六十寿，要（邀）名妓百人为百岁会。既会毕，了无一钱，第持笺命诗，送王邸处置。”徐又陵《蜗亭杂集》载，会毕酒阑“各书一小令，命送诸王邸，曰：此差胜锦缠头也”。据此可知康海庆寿场面之宏大、排场，百妓唱百年歌，可谓空前绝后矣！这种场合九思必然是主角。

王九思在［醉太平］《六十三自寿》（《碧山乐府》套数下）中有：“浒东（康海）曲可传，桑落酒能甜。今年庆我六十三，画堂中笑谈。凤儿（妓）先把筝占，翠卿（妓）笑把红牙（击拍的板）按，玉奴（妓）重把寿杯添，老先生（九思自称）半酣。”

在［朝天子］《六十六自寿》之四（《碧山乐府》套数下）写道：“花儿（妓）又可憎（昵怨），月儿（妓）又弄影（此两句也可与宋词“云破月来花弄影”对照，以景喻情），唱一曲合欢令。花前春酒满银瓶，借纤手殷勤奉。傀儡棚头从他搬弄，老先生须自省。陈设在小亭，摆列着玉筝，受用煞谁争竞。”

“挟声妓酣饮，制乐造歌曲”仍是贺寿庆生的主要活动。从“傀儡棚头”可知九思家班有木偶戏班。这大概更适合上演《杜甫游春》《中山狼》等有故事情节的杂剧。看来九思也是这种戏曲的行家里手。今天是他的生日，大家围绕着他敬酒庆贺，因而那木偶戏也就任“从他们（歌妓们）搬弄”。“老先生须自省”：年岁大了，要相信他们。于是他在小亭陈设酒肴，摆上玉筝，自酌自弹自我受用，“谁能与我争竞”呢？

九思虽然沉溺在纸醉金迷、偎翠依红的饮宴中，但却也不乏一种放荡中的豪迈。如七律《将诣南山再过浒西别业》（《渼陂集》卷五）：

飘零其奈牡丹何，四月已来三月过。

未去山灵应尔笑，醉扶花影且高歌。
当筵但得翠云髻，有酒不须金卷荷。
兴尽翩然那可绊，水风随马散微酡。

三月百花盛开，四月即凋零。但这种时序的推进，于牡丹是无可奈何的，它依然鲜艳。首联指明时间、物象与环境。颔联补充首联意：其他歌妓（百花）都去了，惟有山灵（牡丹）姑娘留下，回应着他的笑、陪他饮酒（“应尔笑”以笑暗通心犀，极有情致）。酒醉了，山灵姑娘（花影，双关语，既指花也指山灵）扶他到花间，他情不自禁地引吭高歌。在当筵上得到这样的歌妓美女（翠云髻：翠云般的美发。喻美女），还要什么官诰（金卷荷）？酒不尽兴又翩然起舞，舞罢即骑马迎风，吹散脸上的红晕（微酡）。这样无羁无绊的生涯可谓狂放了。但九思并不一味沉沦于风花雪月与纸醉金迷中，作为文人学士，虽不能做官，但“文章千古事”是不能忘记的，这一份豪迈与潇洒还是要表现的。七律《同岐东、南川于浒西赏花二首》（《渼陂集》卷五）之二：

即看绿水碧山青，爱尔轻狂皓发人。
太白原从天上谪，麒麟何必画中身。
深杯入手花枝动，彩笔题墙鸟篆新。
载酒谁来问奇字，投闲吾亦解朝绅。

九思与岐东（弘治进士，康海姊丈杨宗文，时罢官居家）、南川（待查）二位，在浒西的绿水青山中赏花。他们情投意合，喜欢岐东、南川二公的轻狂（反世俗）白发。首联“绿水碧山”的静与青和“轻狂白发”的动与白形成强烈对照，则更显其轻狂。李白是从天上（朝廷）贬谪下来的仙子，不需要什么麒麟画身（汉宣帝时将建立大功业者的形象画在麒麟阁上）的功业也能青史留名。此正是这些从“天上谪”的文人学士（罢官者）的理想人格与价值取向。颈联意为他们在花间豪饮，连花枝都为之晃动（大概是喝多了，心神荡漾），乘着酒兴提笔以“鸟篆”（一种似鸟的篆书）于粉墙上赋新诗，真是潇洒豪迈之极。尾联先以“载酒问字”的典故表示其学问可比扬雄（《汉书·扬雄传》：“乃刘芬从雄学奇字”，又“家素贫，嗜酒，时有载酒肴从游学”）。九思此处反其意而用之，更显其自负。最后一句以为：我虽是被投闲置散（解朝绅）的人，但也曾在朝为翰林！（明制：解职官员在乡里仍然享有崇高待遇。）

除这种高朋佳会，王九思更多的是逐渐融入乡野生活，这又使其认识到民歌俗曲的魅力。当他到挚友康海家做客时，登上康状元家的罨翠楼，听到了美妙的“秦讴”之曲，使之感动不已。于是便作五古《罨翠楼听歌》(《渼陂集》卷二）诗：

凭空览苍翠，登兹百尺楼。春风荡击筑，高歌发秦讴。
梁间转流丽，云际回歌喉。阳春寡酬和，佳人不可求。
恍疑碧桃谢，景与瑶池牟。曲终意未极，青枫生远愁。

九思本来是登楼“凭空览苍翠”——观景色的。春风却送来荡漾的击筑（古击弦乐器）声，伴随着高昂的“秦讴”（一般戏曲研究者认为是秦腔的雏形，有误。后将有专述），其声流丽绕梁不绝，继而在云际间回荡。这样阳春白雪般的美乐（俗能通雅）真难找到和者。歌唱的佳人你在哪里？这音韵仿佛带你到了成熟的碧桃林，这景色恍似天宫瑶池一样美。美曲“秦讴”完了，但意犹未尽，使人还在遐思遥想中。望着远处的青枫树，却生出淡淡的愁绪……

这当是九思初接触民歌俗曲的美妙感受。几十年的诗文生涯，使他的音乐天赋被掩抑，一旦被触动惊醒，便一发不可收拾，从四十多岁起步，终于成为有明一代的散曲大家。

既成为大家，其音乐歌曲的欣赏水平也不一般。我们从其套曲《秋夜枕上闻笛》(《碧山乐府》套数下），可见其欣赏妙曲的独到：

［新水令］月轮才上碧梧梢，早安排矮床一觉。枕边谁唤醒？心内自量度：又不是凤管鸾箫，哪来这音调？

月亮高升梧桐树梢，我早已睡着了。忽然谁在枕边将我唤醒。我心中暗自思量：又不是天上的仙乐（凤管鸾萧：弄玉、萧史的故事），哪有这等美妙？

［雁儿落］渐渐的随风韵转高，越越的入耳心欢。这的是花间春雨亭，休认做梦里邯郸道。

随着清风，这音韵渐渐地转高，清越徐缓地入耳令人心欢。这得是花间春雨亭（九思家后院的亭子，九思怀疑自己是否在亭上睡觉）？该不是在邯郸道做美梦（黄粱梦典故）？

［得胜令］又不是仙客跨黄鹤，又不是王母赴蟠桃。原来是羌管痴儿弄。因此上松门稚子敲，煎熬霎时儿都撇掉，逍遥愿从今直到老。

不是萧使的仙乐，又不是王母蟠桃宴的天音，原来是痴儿（为妓名，也为痴情）在吹羌管（西域传来的乐器）。因此小儿子敲门要我去赴会，把煎熬霎时都抛掉了。愿逍遥自在从今天起直到老。

［清江引］钟送黄昏鸡报晓，劳攘的无颠倒。人是百年人，枉作千年调。似这等清闲何处讨。

这种对音乐的劳攘（操作劳累）颠倒（劳顿，或指白日黑夜颠倒），从黄昏一直到鸡报晓。人生虽然百年，要留下千年调不易（“人生不满百，常忧千年事”古诗句的化用），似这种执着追求的清闲快乐到何处去寻找！

王九思的散曲、戏曲活动，李开先在其《词谑·戏曲杂著》中也有反映。

其一：“曩游鄠县，王渼陂使人歌一套商调词，试予评之。歌毕，又使反之。予曰：‘此不难评，可比涎涎邓邓冷眼儿岑，杓杓答答热句儿浸。’渼陂曰：‘君所指乃王元鼎（元，曲家）嘲娼妇莘文秀者，以此拟彼，将以之为元词乎？’予曰：‘在元人之下，有燎花气味。’渼陂曰：‘是已是已，此元末国初临清人也。’”

其二：“渼陂设宴相邀，扮《游春记》（当为《杜甫游春》），开场唱［赏花时］，予即驳之曰：‘四海讴歌百姓欢，谁家数去酒杯宽（此两句为《杜甫游春》词）。两注脚韵走入桓、欢韵。’因请予改作安、乾二字。至‘唐明皇走出益门镇’，予又驳之曰：‘平声用阴者犹不足取，况用益字去声乎？’复请改之。上句乃‘太真妃葬在马嵬坡’，拘于地名，急无以为应，若用‘夷门’字倒好，争奈不曾由此去耳。因戏之曰：‘非是王渼陂错作了词，原是唐明皇错走了路。’满座大笑，扮戏者亦笑而散之门外。”

从这两则轶事可知，九思在词曲音韵的研究上，也是孜孜以求，以期达到精益求精。

王九思和康海“挟声妓酣饮，制乐造歌曲，自比俳优”，固然有“以寄其怫郁”的原因。但作为曾是状元、翰林的高贵身份，居然操起被世俗视为“下九流”的“俳优”行当，并与之为伍，擅场庙会，实在是对官场与世俗的一种抗争。正如明人祁彪佳《远山堂剧品》中说王九思“一肚子不合时宜，故其牢骚之词，雄宕不可一世”。

二六　园亭悟理　隐逸无奈

隐者，隐居不仕。逸者，遗民也，也指遁世独居的人。隐逸一般有以下几种情形：一是浪名气，做高士、名士，像陶弘景一样做“山中宰相”，梁武帝萧衍有军国大事还得遣使请教。这种高士要做官易如反掌，只是他们比做官更潇洒自由，其实是曲线做官而已。一是功成名就而激流勇退，既留美名又保全自己，如张良、范蠡等。再就是居官年老致仕，自然退休，颐养天年不问政事者。再就是做官犯上，被迫致仕或削籍者，这类人往往代表正义，虽罢犹荣，能得到社会的认可，在气节上毫无损毁。当然也有因依附恶势力，后台倒而被罢官（不足以治罪）的，这种人也无多大怨气，自知附恶，名节不存，捞得一条性命也可知足，最多不过破罐子破摔罢了。

可谁又如王九思、康海，被不明不白地列为“瑾党”而罢归。中国帝王专制时代，自汉唐以来，士大夫向来以依附宦官为耻辱，在人格气节上被认为是不齿于人类的。王九思、康海要真如焦芳、张綵、韩福、曹元之流，倒也心甘自认了。可偏他二人又与刘瑾无勾结或牵连，无端成为台相争权夺利的牺牲品。这种罢归如果很快给予正名（复出最为理想），即使隐而不仕，也能使其心地平和些。可随着时间的推移，“正名”的希望越来越渺茫，这种不明不白的罢归，就使康、王越来越感到激愤甚至羞辱。因而，他们隐居的痛苦和梦想复出的复杂心理，是可想而知的。

康海初接到削籍的邸报，尚能坦然受之，认为“玉石俱焚，自古有之。瑾诛，天下之幸，吾一人何足惜”（《李开先集·康对山修撰传》）。但当长期屏居乡野，不得正名，认为自己“含垢冒污，仅分所宜耳，尚何忍言”（《对山集·与唐渔石》）时，心境是何等的痛苦！王九思在《与刘德夫书》中更是痛心疾首地言道：“上辱两朝作养之恩，下累先人蠲介之业，生平微志，付之秽涂。”可见“瑾党”之冤对其刻骨铭心矣！因此，他们所谓的隐逸，比起其他人的隐逸就大打了折扣。他们在心境平和时，也能隐居林泉寻求渔樵农桑之乐，也能高会名士恣意歌舞饮宴之欢，也能寄情山水游历名山大川追求游冶之趣。但这些清高雅志的背后，往往流露出淡淡的悲伤与无奈。

明代的致仕官员居乡，待遇虽远不如在任官员，但其政治权利却受法律保护。以礼节为例，洪武八年（1375）特别定令：致仕官员居乡“惟于宗族叙尊卑如家人礼，若筵宴则设别席，不许坐于无官者之下。如与同致仕者会则序爵（官位），爵同序齿（年龄）。其与异姓无官者相见，不必答礼。庶民则以官礼谒见。敢有凌侮者论如律。”据戴金《皇明条法事类录·优免官吏生员杂泛差役例》（上卷203页），对朝臣有田之官绅（包括致仕者）免其徭役。官员亡故者，免其家徭役三年。凡诏令致仕者，终身无徭役，后又有免税粮的待遇。又据《李开先集·王渼陂检讨传》：“辛巳，今上皇帝（嘉靖）即位，诏京官降外任、致仕者，仍照原职致仕。戊子（嘉靖七年）追崇礼成（‘大礼议’以嘉靖帝胜），诏京官五品以上，年六十以上致仕者进一阶。”

据此王九思不但有五品官（吏部郎中为五品）俸，而且还能进一阶（俸）。再加官僚之家，一般为较多土地拥有者或经商户，想必其经济还是比较宽裕的。

基于以上，王九思、康海等虽然蒙冤归里，但其在乡里的社会地位还是较高的，经济来源也是有保证的，绝无衣食之虞。另据《渼陂集》的某些诗文，可知九思往往有卖文的可观收入。这些都奠定他们作为隐逸之士的社会地位与物质基础。

然而社会地位与物质基础对于九思并不十分重要，他要的是士大夫所追求的名分，即致仕隐逸也应名正言顺。他在《一镜亭》（《渼陂集》卷十）中，言及陕西陇郡李善（字宗元）以进士起家，为行人、御史，迁按察佥事，七转而为南京工部尚书。“仕宦中外，凡四十年”，功成名就，归老其乡，“作屋于城西南之圊水中，名之曰：一镜亭”。请九思作记。九思说其：“有岩石之趣，有鱼鸟之适，所以抒情泄兴，游艺而养心，忘老引年（告退）之乐也！”赞扬他：“若相州韩魏公（韩琦，北宋名相）、洛下司马君实（司马光，北宋名相），有堂有园，陶然以居，衎（和乐，刚直）然以游，欲以畅其后乐之怀，而令德保终，誉非不休（美）也！”他言道，一般人往往“骈首耽位，终其身而弗获者”，不知“林泉之福”矣。无疑韩琦、司马光以及李善之隐逸，是其追求的目标。正如老子所言，“功成、名遂、身退，天之道也”。要达到这种境界，王九思无疑要复出再仕，完成其功业，然后再隐退。于是这便给他带来隐逸不甘，仕宦不能的两难之境。

这在其《五君子咏答刘士奇・陕州魏仲先》（《渼陂续集》卷上）诗中更有表现。其中“隐君曾住陕东郊，人指茅堂拟凤巢。风月千篇留宇宙，烟霞万丈绕山腰”是说魏仲先（魏野，字仲先，北宋诗人，隐居不仕）隐居留下千篇诗歌，人们将他住过的茅堂比作凤巢（文才荟萃的地方），他虽然是“雪精”、“海鹤”，却没有到他应到的繁盛之地，但他烟霞万丈的盛名却萦绕在人间。可惜寇莱公（寇准）没有激流勇退，没有得到隐逸的享受。《五君子咏答刘士奇・秦岭韩魏公》诗中，有“潮州昔恨征途远，秦岭今天庙宇新。青史长留佛骨表，苍天终护孔门人”。意为韩愈虽因“谏阻迎佛骨表”而被贬潮州，但却因此青史留名。人们纪念他，为他修新庙宇，连苍天都保护坚守儒家道统的人。然而今天的逐臣（指九思自己）为什么不能为道统而死谏，即使蒙冤也是虽败犹荣。韩愈的壮举实在让人感动得泪沾巾啊！《五君子咏答刘士奇・华阴杨伯起》诗，言关西夫子杨震黑夜却金留美名，虽官至司徒、太尉（薇垣客），但却被权贵诬陷罢官、自杀，其“英魂犹绕华山阴”。他若能壮年归隐，也不至于如此下场。这难道还不令人叹息吗？另外两首还涉及李白、刘禹锡。

这五君子除魏仲先未出仕，其余似乎都有贬而再仕、隐而再仕的经历，其所建立的功业、文学都为世人所称道。而今的王九思要想达到五君子的“圆满”，无疑希望是渺茫的。

既然现实是罢归乡里，且复出无望，所以生活、感情、公众形象，都需要他以隐逸来规范或者调整自己。先给自己营造一个类似“一镜亭”的隐居地，也算是一种聊以自慰吧！

据《九石记》(《渼陂续集》卷中）一文记述：弘治十八年（1505）九思以翰林院检讨归省期间，“买地西城之隅，作衍庆之堂，奉二亲以居。乃以堂下两隙地，辇石为山，艺植花卉，以供耳目之娱焉”。

又据康海《春雨亭记》(《对山集》卷二十五)：“渼陂子宅后有园几十亩，近宅百步为场，以纳禾稼，场以后皆园也。列植花木，蓊翳蓬勃，琦瑰逶迤，其后又有修竹万竿。及场西望，邃若丰林城市中，能若此者，其亦鲜矣。”九思原准备作一亭于园中，亭基已筑，只是栋梁未树。即使这样康海“每至则坐此而忘归焉”。

嘉靖三年（1524），陕西巡抚滦江公王珝（字汝温，直隶永平卫人，弘治十二年进士，正德十六年十一月任右副都御史巡抚陕西）过鄠县，访九思于衍庆堂。此前的嘉靖元年王九思、康海、张潜（用昭）曾“会滦江公珝于武功行台，赓唱连宵”(《康海全集》卷二五《赠滦江公诗十首·序》)，可见其于九思是敬重的。王珝询过民事，“倡酬斯作，于是携榼（盛酒贮水器具）至园。卉木荣新，好鸟群至，公欣然自适，不知逸兴之所自也。辄已诗成数首，击缶微歌，若将神游八极之表。地虽有然，而公之胸次亦可知矣”。这一园林能将巡抚公之逸兴，激发到“若将神游八极之表”，可知其已具一定的规模，诚为文人士大夫隐逸行乐之地。巡抚王公于酒酣兴激之际，当场许以廪余之资，嘱鄠（县）令黄生，于此园作亭子，作为渼陂子的憩游之所。于是便有了渼陂园之春雨亭。

春雨亭之园林，为九思壮年优游、饮宴、会客之地，也为其晚年消遣、颐养之所。从九思的诗文曲看，其后半生的活动基本上未远离此园。

此园亭之美，足以陶冶其性情。这可从其《登峨山诗序》(《渼陂续集》卷中）见其情致：“峨山之秀闻天下，然登者亦鲜，登而赋诗闻天下者，益愈益鲜。山东去峨五六千里，安厓黄先生少尝梦游焉，不意其果能至也。及至甚喜，得诗七十余首，以示渼陂子。竟难曰：‘是与峨山争秀闻天下乎？’举头见南山，恍疑三峨之在空也。继而笑曰：‘其梦耶，胡俯而读，仰之而见也！’因坐春雨亭，命童子酌桑落酒而饮，且饮且读，击指节铿铿不休。忽青衣人自外而来，向予揖曰：‘还我

峨山诗，归报主人。’遂书其后而归之。既去，乃大笑曰：又是一梦也。”（注）

这篇美文竟使春雨亭成梦幻般的佳境，在此妙境中的诗人，于迷离中将峨山美景与安厓诗境融合，又将春雨亭能看见的终南山，恍然幻化为“三峨在空”，再将虚幻的终南山色景物还给诗境，这种融合与幻化的玄思，将远在五六千里外的峨山与举目可见的终南山，与自身所在的春雨亭完全融为一体，诗人在欣赏中创造的超越时空的化境美感，皆因脚下之基的春雨亭所致。假若诗人在一个枯燥无味的环境中，决然进入不到如此的妙境。

既至妙境，其必然得意忘形：坐春雨亭，饮桑落酒，且饮且读，晃头击指，铿然有声，连青衣人（黄安厓之仆）索诗稿都恍忽予之。当青衣人去了，诗人似乎才清醒，不由一笑：又是一梦。这大概就是真境界了。

从《渼陂别知诗序》（《渼陂续集》卷中）可知，此黄公对九思诗文十分推崇。如赞其“清才茂学，海内人皆知之，皆仰之”；赞《渼陂集》“其渊然之音，苍然之色，菲然之芳，腴然之味，耳目口舌，各满其欲。几席之间，春风袭人，当于古人求之矣”。

对于春雨亭，九思栽花、种竹、植树，不辍经营，且能就园中之设，引发哲理性思考。这又使春雨亭超越其陶情逸兴之用，而升华到形而上的玄冥思维上。

据《九石记》（《渼陂续集》卷中）所述：嘉靖十四年（1535）夏，九思将园中废弃的假山遗石九片，分别以二、三、四随意置之春雨亭、书屋、竹林之侧，寓以萧墙之意。忽然一天发现：其二者为阴阳之象，其三者为天地人三才之意，其四者寓之春夏秋冬，居然见器道之说。又一日，“暑雨乍霁，清风徐来，绿荫掩映”，这九石“或若牛首，或若蹲狻，或若虎头，或若秉笏，或若冠之峨峨，或峻而立，或拱而揖，或恭而安，或俯而俟，罔不各有志焉！九思拄杖临之，亦足以忘世也”。有一天，一客人来园，见而笑之曰：“这些石头在公（九思）之左右，便派上用场，并非奇绝。终南山坳、涝水之滨，奇绝之石太多了，是公没有去寻求，实是可惜。”九思说：“对，你说得有道理。”客又大笑：“我不是评论石头，我是以之比喻用人才呢！”九思没有说什么。

过了数月，九思又得一石于危墙之下，奇绝之态较前九石更绝。将其置之春雨亭北四石前，“宛若奎聚（天上星宿，亦称天豕）之象焉”。于是九思叹曰：“数亩之间，眉睫之下，尚有遗而未见者，何说清涝之滨、南山之坳也！”可见发现和用人才之不易！

既有如此之园林，于是康海便说：“安知百世之下，不以右丞之辋川别业、晋公之绿野堂视此亭（春雨亭）。”（《对山集·春雨亭记》）其名“春雨亭”，九思之意为：建此园适值春雨，他又返耕于乡，将致力于稼穑，必赖之春雨。

除了物趣上的隐逸需要，对于王九思、康海这样的文人，主要还表现在诗文、曲赋等精神上的逸趣。如前所述，由于他们隐逸的底气不足，便在这些诗文曲赋里，窜出一股无奈的言不由衷的“哈拉味”来。

我们不妨选几首诗篇。

《再宴世爵堂》（《渼陂集》卷二）为九思等士绅到武功康海家赴寿宴事。“世爵堂”为康家堂名，意为“世代有爵位之家”。其诗曰：

诸君英迈姿，学道各有成。屏居谢人事，浩荡无拘拧。
濯缨在沧浪，簪组非所荣。曷来游浒西，慷慨惬主情。
洒扫陈八簋，高堂敞虚明。佳人理瑶瑟，四座春风生。
有酒旨且多，修几罗翠罂。主寿客不辞，流连残月倾。
愿为比翼鸟，何求千岁名。不见古烈士，慕义黄金轻。

意为我们这些人都是“屏居”（深居，亦为罢而不用之意）而谢绝人间事务的乡绅，胸怀浩荡、无拘无束，是“沧浪之水清兮，可以濯吾缨”而避世隐居的渔父，做官（簪组：达官之冠）不是我们的荣耀。我们来浒西（康海家）为的是慷慨倾吐以惬主人情。敞明的高堂洒扫干净，陈列着八簋肴馔（古有天子宴飨九鼎八簋的礼制。其余诸侯大夫不得越制。虽然时已无此限，但其陈八簋绝非无意）。佳人（妓）理瑶瑟、拨琵琶，四座如沐春风。修长的几案摆满盛美酒的翠罂（高级酒器）。为庆贺主人的寿日，客人流连忘返，一直痛饮到残月西倾。我们愿为比翼双飞的鸟（互相关照的朋友），千古的名声算得了什么。你们难道不见古代的烈士，重义轻黄金吗？

既然是隐士，“英迈诸君”却“慷慨惬主情”；既然“簪组非所荣”，却陈列八簋以效官派；既然“何求千古名”，又效法“古烈士”，真是自相矛盾纠结不清。

不过这首古风却气格爽朗，笔力劲健，还算情感真挚、出自肺腑。虽一韵到底，但还是起伏有度、顿挫有致。

《渼陂集》卷二有一首《饮酒》诗与《酒戒》诗相连。《饮酒》中认为“人生寄一世，穷达难自保。富而不可求，何当从所好？无如饮美酒，愉情以终老”。刚言以酒终老、自暴自弃，又言《酒戒》：“糟粕伐真性”、“纷纷英妙姿，而乃堕昏冥”，似这等“驰情媚醇酎（美酒），雅志耽巨觥（大杯）”，整天醺酣不醒，怎么能够去探究前人的遗著经典呢（那复探遗经）？

一方面以酒浇愁，化解胸中块垒，一方面又怕“耽巨觥”堕其雅志，以致“那复探遗经”，不能在“经国之大业”的文章上千古留名。这种患得患失的隐逸，也实在难为王九思先生。

那就干脆学寒山子（唐贞观时诗僧，居始丰县，今浙江天台寒岩。好吟诗唱偈，与国清寺僧拾得交友。其诗语言通俗），住在“苍山敞岩洞，白云团其户”的山里，这样的“泉石岂不佳，孰能栖烟霞”呢？或者像其“避世疯癫子”，蓬头垢面不穿袜。像其“身卧寒山云，心似秋潭月”，“仰天忽大笑，海鹤唳清越”一样。不要学那些“下士竞虚名，吟多徒伤神”，当一个“遁世翁”，闭户而居，与世隔绝才是清高。但接着在《咏怀诗》中又说：“丈夫处世间，秉志植纲常。策勋稷契俦，致主希虞唐。英贤慕华风，竹帛有遗芳。若人岂非美，时屈志莫扬。栖迟衡门中，岁暮徒悲伤。”认为大丈夫要维护道统纲常，要像稷和契，辅佐主上成为虞舜唐尧一样的明君，好在青史留名，似乎要像杜甫一样“致君尧舜上”了。如今不是我不贤，实在是时运不济“志莫扬”。住在这简陋的房屋（衡门）中，使人徒增悲伤。隐与仕又使九思煎熬不已。

于是九思想到大隐与小隐的问题。他在《方丈》（《渼陂集》卷六）诗之二道：“我慕仙人王子乔，蓬莱万里水潇潇。也知大隐归朝市，误向空山采药苗。”王子乔为神话中的人物，相传为东汉河东人，曾为河南叶县令，有神术，常自县至京师而不见车骑。临至，必有双凫飞来，人网之，乃乔所穿鞋。其后天忽降玉棺于堂前，乃沐浴服饰卧棺中，葬城东，土自成坟。一说王子乔挥手向世人告别升仙而去，那不用说，是到了东海的蓬莱仙山。问题是王子乔既能超然人世，修成正果，还能为官，且常往来于京师，即与上层官僚甚至皇帝往来。这意味着王子乔身在朝市官场而无利禄之心，这正所谓“大隐归于朝市”。小隐即是陵薮（山林）之属，这道理九思自谓“也知”，可却错误地“向空山采药苗”，必无获得。这里所说的“误向”是一种语言方式。所谓大隐，实际上是隐于朝廷。李白《玉壶吟》有“世人不识东方朔，大隐金门是谪仙”句，东方朔被汉武帝视为弄臣，内心苦闷，曾作歌曰：“陆沉于俗，避世金马门，宫殿中可以避世全身，何必深山之中，蒿庐之下。”这种隐于朝的大隐，对于李白是不可能的，对九思当然也是不可能的，所以，就只能是隐于陵薮而“小隐多年老成癖”了。

既然小隐“老成癖”，心态也就趋于平和，于是在《赠杨生隐居》（《渼陂集》卷四）诗中就真实多了：“黄卷终难废，青山且自耕。鬓衰知老至，名谢觉身轻。岁月儿孙长，桑麻雨露成。明时容尔辈，萧散过平生。”当他“青山且自耕”，盼望“桑麻雨露成”而为稻粱谋时，还有什么不切合实际的向往呢？即使儿辈们“萧散”而无所作为，也能容忍了。

（注）据康海《对山集》卷十，《登峨嵋山诗序》“陕西方伯安厓黄公”句，可知安厓时任陕西左布政使。其诗是于蜀任职游峨嵋山所作。康海作序时间为嘉靖十二年（1533）二月，所以九思之序亦当在此前后。康序言有“公昔以名进士改庶吉士，读书中秘，诗名满翰苑”，“词翰兼美，玉映金辉，故方今之隽笔也”。赞其诗“条理灿然，即不至峨嵋，已若坐咏累日矣”。

二七　寄情山水　遍览名胜

罢归而隐逸的士人，为消解内心不平，即寄情于山水，在造化中寻求乐趣，体味天籁，发现自己。这也是隐士们陶冶性情、谨守节操，进而人格升华而为世人所敬重的原因。

王九思也并非总是“一肚子不合时宜”，期期艾艾，哭丧着面孔，作为“性疏狂”的士人，其还有热爱生活的一面。尤其当其融合于自然山水时，即可见和谐可亲的一面。其在［正宫］八阙《春游》（《碧山乐府》套数下）中有：

［端正好］微雨洗，晓山青，和风摆，春波绿。韶光染，锦绣平铺，主人一所藏春坞，远不出城西路。

雨洗山青的早晨，和风吹动春天的绿野如波如浪。美好的春光染红大地，犹如锦绣平铺。主人（指要去的朋友东氏兄弟家）的“藏春坞”（贮酒的地方），就在出城西路不远的地方。

［滚绣球］我只见映垂杨、水满渠，带疏篱、花绕居，端的是武陵风物。我这里解雕鞍系马阶除。有春醪，不用沽；少金钗，须索呼，做一个赏春名目。更有那几般儿品馔非俗，碗抄玉箸、园中蕹脍，切银丝、涧底鱼，说什么百味庖厨。

一路上，只见垂杨映在满水的渠里，稀疏的篱笆带花环绕村居，这些景象好似武陵（桃花源）风物。我这里解雕鞍将马拴在院落台阶下，这里有村人酿的稠酒（春醪）不用去买；没有舞女歌妓，可以呼唤来，以美酒金钗（美女）为题，做一个赏春的名目（指演唱散曲）。这里更有非常的美食（品馔），那园中产的蕹菜、涧底鱼切成丝的脍，已盛在碗盘并摆好了筷子（玉箸）。这些就够美了，还要什么百味的庖厨。真是美景高会，极尽欢乐。

鄠县地处终南山麓，风景名胜，星罗棋布，名山大川，不胜枚举。隋唐以来，达官贵人、文人名士留下无数遗迹。风流儒雅的王九思，游赏南山诸胜，更是其重要的生活内容。从其《闻雁》（《渼陂集》卷六）的“从到南山下，闲居渐白头。柴门闻雁过，又是一年秋。夜听西窗雨，晴闻北塞鸿。寒暄催野鸟，岁月感山翁”中，可知九思曾在南山下筑茅屋而居。只有山脚野坡才有“雁从柴门过”，才能夜听西窗雨，晴闻北塞鸿。在相对繁华的县城北街（九思故居所在地），是不可能有这般景象的。

王九思酷爱山水，这有其大量山水诗篇以及游山探幽的文章为证。以下举几例与终南山有关的诗篇。

在《终南山十首》（薄希昭《历代名人游户县诗选注》）中，其对终南山及关中形胜做了总体的把握：“龙盘虎踞奠秦关，万古青苍杳霭间”、“王州自古诧秦中，表里山河百二雄。云际尚疑秦复道，翠微深闭汉离宫”、“万壑千岩庵画开，葱葱郁郁气佳哉”、“昆仑一脉从西海，东到骊山通华岳”、“陆海茫茫宝藏兴”等。在这样关隘雄踞、河岳横峙、雄浑博大、气象万千之宝藏陆海的境域里，九思或独步探幽，或携友陟峰，或集文士游历，皆能思接千古，胸罗宇宙，气贯洪荒，将天地人融为一体，表现生命之灵气与精神之灵光。如《和熊子修游南山之作》（《渼陂续集》卷上）：

> 冉冉卉木春，汩汩水泉动。遥望云梦仙，笑骑丹山凤。
> 直上紫阁峰，下瞰苍龙洞。迢迢万里外，炯炯双目送。
> 西指昆仑丘，千古发一恸。夜就草堂宿，禅林破幽梦。
> 起来步明月，短竹风前弄。

此一五古情景交融，气势恢宏而灵动。九思“遥望云梦仙（熊子修为云梦人），笑骑丹山凤”之情，与“冉冉卉木春，汩汩水泉动”之景，交融为一幅人物风景画面。那“直上紫阁峰，下瞰苍龙洞”的险峻，“西指昆仑丘，千古发一恸”的豪壮，将人心提吊得骇然惊悸，又突然跌落到“夜就草堂宿，禅林破幽梦”的平静，继而又将人引入“起来步明月，短竹（笛子）风前弄”的渺然幽静的情境。

> 谢客盘云磴，探奇上石门。日浮仙掌动，岩合寺钟昏。
> 豹变疑藏雾，鸡啼觉有村。庙堂方尔待，未许避尘喧。

他们谢过寺僧继续登山探奇，到山顶仙人掌（景点）时，重雾浮日，连山下寺钟传来的声音都昏昏然。怀疑豹子变色藏在雾里使人惊怕，忽然听到鸡啼声，才觉得不远处有人家，放心了。自然景致（雾）渲染下的玄机，忽而使人敛气屏息，忽而使人释然长嘘，读来令人心情跌宕起伏，可谓神来之笔。九思总不忘庙堂之事：他告诫熊子修，朝廷（庙堂）还有许多事情等待你，不能像我一样避开尘世的喧嚣。

太白山为秦岭的主峰，海拔 3700 多米，山势陡峭，上有古冰川遗迹，仰天池为山顶一天然湖。九思驱车过盩厔到郿县，来到太白山脚下，开始逶迤攀缘。并将攀登太白山的过程以《游仰天池》（《渼陂集》卷六）为题，作七律如下：

迢迢贝阙倚山开，袅袅长溪绕树回。
鸟外川原余万里，云中楼阁近三台。
影涵秋水明衣袖，香落芙蓉到酒杯。
更向后山登翠巘，要从北极望蓬莱。

逶迤曲折地行了很长的路，方才到了倚山而开的贝阙门（宫殿门：喻登太白山为进天宫）。向下看到袅袅长溪绕树蜿蜒回环，这当是在缓山。“鸟外”，即鸟道。当年李白入长安赋《蜀道难》，有“西当太白有鸟道，可以横绝峨眉巅”句，当指此。可见其险绝。九思却在鸟道向北看的是重峦叠嶂所“余”下的万里川原，反证其山茫茫无际。向南看见峰巅的楼阁几近太微垣的三台六星。这当是山腰。到了仰天池，池如一泓秋水，清澈能照（涵）人影，连衣袖都明亮可鉴。九思不忘拿出酒杯，那池中的芙蓉花香立即落入酒杯，完全是一种“酒不醉人人自醉”的陶然境界。这当是山顶。但还不尽意，他要到后山登更高的翠峰，他要从北极（北方最高的山）望东海神仙居住的蓬莱阁。

草堂寺，终南山下的千年古刹。后秦（东晋时）姚兴时，因天竺高僧鸠摩罗什到此译经而名满天下。寺在今户县东南 15 公里，是九思经常游览的地方。其与寺僧友谊深厚，往往与之盘桓数日。他与友人杏村子游草堂寺，作《和杏村子游草堂六首》（《渼陂续集》卷上）七绝诗。其一：

春日来看雨后峰，晓窗卧听寺前钟。
笑将紫阁频凝眺，误作峨眉翠扫空。

心情愉快，心境平和。一个“卧听”可见其舒坦，一个“笑将”可见其心态，一个“误作”可见其机敏。其二：

佳客同游此醉眠，枕衾湿惹翠微烟。

晓来共觅仙人掌，爱杀苍崖瀑布悬。

极有情致。枕衾湿是因为翠微烟，也许是“醉眠”，却反而道之，以为是枕衾惹翠微烟的结果。一个“惹”字，微妙而幽默。仙人掌为紫阁峰一景，进紫阁峪沿途多有瀑布，真是爱杀有情有意的九思翁。其三：

泠泠钟磬隔云深，袅袅松杉入暮阴。
苍径共追蟾影步，青鞋不觉露华侵。

进入深山，山下草堂寺的钟磬声，清冷如隔着深云。云雾焉能隔挡住钟磬声？说“深”比“远”更具想象力。不说高耸的松杉形成暮嶂，而说其“入暮阴”，反说更生动。不说人在朦月苍茫下走路，而说人和苍径共追月（蟾影），灵动机敏。如说青鞋被露水打湿了，就平直。“青鞋不觉露华侵”，赋予青鞋以生命，灵动而婉转。其五：

卷将丽句袖中回，驮得南山马上来。
卧展华笺闲把玩，却于高枕看崔巍。

在游览中偶得佳句，装入袖中带回来。好个“驮得南山”！大气。其实是马驮人从南山过来。累了，躺下还要展开记着佳句的华笺（句美笺也华）反复欣赏（闲把玩），再于高枕看那崔巍的紫阁峰，回味着得佳句的情境。进入一种创作的自由境界。其六（为七律）：

何物红尘破闷幽，可人惟有看山游。
松篁满院先投寺，紫翠盘空一倚楼。
风外垂阳来暮鸟，门前流水泛春鸥。
胸中自有南山后，小却人间百万丘。

只有游山才能解除红尘闷幽。下山来，先到松竹满院的草堂寺，于紫翠盘（攀）空的楼阁上休息。“风外垂阳”，一个“外”字，虚拟了时空感，空明剔透。其实不过是先感受到风的凉爽，后看到夕阳，再看到鸟归巢。这是远观。寺前有流水，上面有春鸥安详地游弋。这是近看。全诗结句：自从胸中有了南山以后，人间的百万山都小了。虽然有“一览群山小”的化用，更有“胸中自有丘壑”的含蓄与崇高。

王九思于正德十五年（1520）十月，作《游山记》（《渼陂集》卷十），记述其与何景明、康海、段德光（炅）、张用昭（潜）、王明叔（旸）等游南山诸胜。这篇记文与诸公此次游历所作诗，“一并刻之木”，康海为之作《五子游山集序》（游山者七人，吟咏者五人。九思《游山记》中无吕柟，据康海《序》，当是九思到时，吕柟已离开）可见其有刻本，今不存，只在诸公著作中偶见其诗。

前七子在弘治、正德年间声誉鹊起，是当时全国公认的七才子，由于官场变幻险恶，才子命运多舛，他们齐聚一堂的机会极少。想必当年在朝堂倡导复古时，才子嘉会是不少的，但很少见诸史籍，或偶有蛛丝马迹，亦语焉不详。而《游山记》以王九思之笔，记述七子之三人与其他诸公共游事，实为罕见。现依据《游山记》记述此事。

正德十五年（1520）春三月癸巳，何景明以陕西提学副使考核士子，到鄠县。其公务之暇，约王九思游终南山诸胜迹。此前，他在省城即已遣使持柬相邀，并附诗曰：“杜曲花无数，城南柳更重。去天惟尺五，隔岁一相逢。雨过春陂水，云开紫阁峰。好陪王学士，杯酒日从容。”近十年的罢归，王九思无时不思念昔日在朝的挚友。虽然何景明小他 15 岁，但志同道合，使他们成为忘年之交。何景明的相邀，自然令他欣慰。

丙申，王九思与何景明在童仆、随从的陪伴下，从县城南行 20 里，到终南山麓的金峰寺，这里曾是唐高僧一行和尚的修行院。寺背山而座，山脚有一清泉伏流佛座下，继出至院前砖砌井里，复又伏流至门外平地，集为溪水，莹澈可鉴。由泉西缘冈南上，抵半山，树木罗列，可安几席。于是他们坐饮数觥。

出金峰寺东行半里许，抵化羊谷，谷口有化羊宫。其东有涧水出焉，道士引别支径流厨房，作炊时，则接竹入水于釜中。由宫后南行，渡一小涧。登冈，其上平坦约数亩，多生桧木。他们东临淙淙涧水，坐饮移时，甚乐也。九思不尽意，乃抱琵琶，歌其新作乐府。曲罢，不禁苦笑。何景明触景生情，作五律一首，题序为：《同王敬夫（九思字）游至化羊谷闻歌妙曲》（薄希昭《历代名人游户县诗集注》149页）。其颔联为“山中唱白雪，天上流彩云”足见九思“新作乐府”之高雅与缠绵，其音韵袅袅不绝，逶迤上天与彩云同流。史载景明不作曲，其对曲的欣赏却非一般。颈联为“柳散秦川色，花含杜曲愁”，以景喻九思曲的广阔意境，同时点明其曲绮丽中见哀愁，亦为九思的心曲。尾联“同时霄汉侣，千载卧林丘”关合点题：意为昔日在朝为官的朋友，今日为什么罢归林泉不被起用。“千载”，谓时间长，对九思遭遇同情。

出化羊宫门，“北望则嵯峨、九嵕诸山，隐隐若黛”。依山东行三里许，抵重云寺，南向坐而憩，圭峰在前如人拱揖。又东行七里，抵楼禅寺，即所谓的草堂寺，为姚秦时天竺僧鸠摩罗什译经地。初无寺，为便鸠僧译经构草堂，俗称草堂寺。“寺基宏敞，前殿壁画甚古。西南隅为鸠摩罗什葬塔，有亭覆焉。前朝诗刻，陷碑甚多，独金赵闲闲公词翰为盛”。明道（程颢）先生诗注云：“寺在竹林之心，其竹盖将十顷。乃今根株尽矣，独寺后银杏四株，上薄霄汉，亦百年外物也。”（今均无存，为草堂寺史料，弥足珍贵。）

薄暮，何景明诗成，曰：“昔读高僧传，今看胜地形。院寒留桧柏，殿古落丹青。宝塔参遗影，荒台问译经。驻车春日暮，散步出林坰。”题名《草堂寺》（薄希昭《历代名人游户县诗集注》136 页）。

何景明向九思索和，九思以“老懒弗堪”应道：“当追赋之”。言毕相顾笑而出门去。王九思后来的“追赋”亦题名《草堂寺》。诗曰：

万卉新看雨后芳，群峰遥对古禅堂。
望晴顿觉风云变，探景方辞道路长。
喜看诸天多胜概，谁信佛日有余光。
浊醪催客诗先就，紫阁招人兴未忘。

寺外“诸峰苍翠如画，东南林薄中有唐圭峰禅师葬塔。其西南入峪数里为紫阁峰，有瀑布，有寺，景特奇绝”。何景明以公事未及，当夜二更回县署。

明日丁酉，何景明入盩厔（鄠县西邻县）校士（考核士子）。过四日，盩厔知县王明叔遣使持柬，邀九思同游楼观。九思不赴，使者五至，始命备车。“其日壬寅望也”，九思到盩厔楼观，诸公从紫云楼下来，秉烛相迎。九思笑曰：“我俗了。”原因是，张用昭来自华州，段德光来自长安，康海来自武功，“独予近乃后至，固可笑也！”于是由何景明以下各罚九思饮，九思乃大醉。

王明叔请诸公至方丈就餐。餐罢，乃相携至老君殿台上，席地而坐，对月而饮。饮毕，又入方丈环坐。何景明已有醉意，卧榻而歇。于是康海弹琵琶，歌唱九思所制越调曲，其情悲切，“感激愤厉”，诸公不禁击节而叹矣……

歌罢，又据席而饮。何景明曰：“不可无诗。”乃先成一章，诸公皆和，独九思不和，乃自成一章。张用昭、康海各为一章赠九思。诸公作完诗，“漏下四更”，乃入寝。

明天癸卯，王明叔带领九思等诸公登紫云楼。“楼两层，其上为玉皇像北面，其后灰壁，南面为山水人物画，盖甚奇，非今人笔也”。凭栏一目千里，山野胜景尽收眼底，何景明、段德光即有诗出。下楼，九思与诸公观老子系牛柏，柏下有一卧石牛。南行四五里，抵说经台，盘曲而上，“绝顶为宫三楹，中塑老子、尹喜像。四壁画前朝君臣逸士像，盖有功《道德经》者。前门内古柏一株，俗说既死，而聃（老子）针之，活。诞不足信”。何景明于宫前碑侧，书写六人姓名、邑里、经游岁月等。又坐后殿廊下饮酒，人各得一诗。

王明叔又请诸公西游仙游寺，此寺昔为白居易作《长恨歌》处。于是下台转折西行数里，见山麓岿然一塔，为唐高僧一行葬塔。又行数里，过康海别业彭麓庄，何景明有诗。又西行数里，转折而南，“道路甚险，东岸山崖，西岸黑水，下视，毛发森竖。行里余，天气昏黑”。九思与诸公走失，路愈险，肩舆不可过。于是两童仆夹扶九思行走，行进数里，转折西行。渡涧过危桥，又里许方抵寺。“寺榜曰：普缘。盖此地故有仙游宫，俗亦因呼其寺云”，“寺四面皆山，黑水经流其门，盖奥区也”。

何景明已先至，不久，诸公次第抵达。于是举杯相庆，又乘月光走寺前后。至夜分，乃就寝。第二天登毗庐阁、双殿前石塔。塔下部空，中塑一病佛，“侧睡且死，诸罗汉按摩哭泣，吁祷备极情态”。康海戏曰：“佛也有此无常也？”诸公相顾而笑。

出得仙游寺门，“门西滨水二石塔，上刻吴道子画诸佛像，有东坡题名（今不存，为之记）。北岸山上，泉水下泻于黑水有声。其旁石洞，后汉马融尝居焉”。何景明“欲校射，乃设侯（靶），连发三矢三中”。

九思与诸公暂别，入僧舍坐而饮酒，又得一诗。何景明至，曰：“嗟乎，胜地不常，良时易失，嘉朋难舍，乐事罕逢。斯游也，一举而四美备，呜呼，其盛矣乎！然吾东至草堂，而叹鸠摩罗什之倡佛也！西登说经台，而怪聃之滋夫道也。夫二子者，二教之宗，仲尼之罪人也！今其骨朽矣，化为灰尘，荡为飘风矣！其无感乎，是不可无记。是惟渼陂子长，有以宜之。”日中，九思长揖拜别诸公，曰：“该回家了。”诸公大笑曰：“王子又俗了。”乃相互道别离去。

王九思遵嘱将此次游为之记，曰《游山记》。

《游山记》文中提到“过康海别业彭麓山庄”。据《与何粹夫》（《康海全集》卷二一）：正德二年，康海于盩厔彭麓买田数顷，雇一仆人劳作管理，收益颇好。初买此地是因“其地易水，稍谢干旱之忧矣”，武功为高原，时常干旱，此地为水地，自然可解干旱不收之忧。正德十二年，彭麓山庄建成。《康海全集》卷十六《作屋》：“彭麓新开十亩阴，茅堂结构喜深沉。聊为野客追游地，敢拟名都翰墨林。老去尽将书卷废，秋来惟听鹌鸰吟。修篁丛菊随吾意，浊酒清樽尽日斟。”卷十八《彭麓山房漫兴留守》其一：“数顷山田聊自供，百年身计未疏慵。但教酩酊空斋卧，绝胜乘云游岱峰。”其三：“山居莫怪四无邻，田父渔翁悉可亲。指点新溪搜异草，安排浊酒荐金鳞。”从以上可知，彭麓山庄此时已成为风景独有、构建新颖的别墅。康海经常避居于此，接待朋友。王九思、张治道、何景明、吕柟、马理等都有做客或小住彭麓山庄的诗作、小记。如王九思有《彭麓山房答太微夜坐之作》：

彭麓庄里客先至，仙游寺前人未归。
坐见暝云去苍巘，忽有明月来款扉。
晨光晶晶邻鸡报，秀麦渐渐野雉飞。
有约相逢不相负，为君浑欲点春衣。

诗意为与张治道（太微）等友人游仙游寺，归彭麓山庄，等候后至者，触景而作。

二八　风流不羁　情真意切

王九思在其后半生作了许多风流艳曲，对其写作原因以及艺术成就，我们应有个合理的认识。

王九思从小熟读儒家经典，并以此为敲门砖，敲开通往仕途的大门。所以，他一生基本上是将孔孟之道，奉为天经地义的道统。但当他仕途失意，官场受挫，罢归故里数十年，虽不像李贽那样，将儒家道统视为虚伪，进而予以否定，起码对那些认为不可逾越的伦理铁律产生怀疑，进而轻视。其实，宋明以来，代表儒家道统的宋明理学“存天理，灭人欲”等教条，几乎在王九思同时代的王守仁那里，已受到了质疑与批判。以王九思疏狂不羁的性情，又受到代表正统势力的排斥与打击，其对儒家道统必然产生逆反心理，甚至藐视的情绪。另一方面，作为有血有肉真实的人，作为士大夫三妻四妾被视为合法的现实，王九思放荡形骸、风流不羁亦可视为一种必然。这种风流士风连宋明理学的创立者程颢也不能免俗，而何况王九思！

程颢于嘉祐二年（1057）应举得官，为鄠县主簿。主簿与县丞同为县令副官，主管钱粮、文书之类。因为他后来成为大理学家，所以，鄠县有关程颢的遗迹较多，如手植柏、碑碣、诗文、民间故事以及后人建的明道书院等。其中亦有王九思所作《南山诗》《明道书院碑记》等诗文颂扬程颢。

程颢在鄠县留下一首千古传诵的七绝《春日偶成》：“云淡风清近午天，傍花随柳过前川。旁人不识余心乐，将谓偷闲学少年。”这首诗为历代选家所重视，《千家诗》将其选为卷首。一般解释为程颢公事之余，到城郊游览。“傍花随柳”意为鄠城西郊有“西郊花柳”之称。其实我们亦可视其为一首风流艳诗，“傍花随柳”可指携娼狎妓之类。说者以为城西郊称为“西郊花柳”不假，但诗中说是“过前川”，并未说过西郊。更重要的是最后一句的“偷闲学少年”，应是对前句携妓游玩的印证。

既然在明中期，传统伦理道德受到冲击情况下，个人遭际不幸的“轻薄词家”王九思写作许多风流艳曲（九思亦有词作《碧山诗余》一卷），亦应视为平常。从表面上看，艳（词）曲是文人“浅斟低唱”沉迷自弃行为的反映，实质上是自宋玉以来文人婉约柔弱、多愁善感、多情艳羡心理的发展历程与形成的结果，它已构成中国文人共同的柔弱性格心理。不要说张可久、柳永等多为艳词，连道貌岸然的宰辅之类的晏殊、欧阳修亦不免艳词。

曲（散曲、小令、套数）是由词演化而来，有“曲为词之余”之说。虽然唐时已有小令，以及“花间词”温飞卿（庭筠）之艳词，但我们仍可将北宋柳永视为词曲尤其是艳曲的始作俑者。柳永流连于青楼酒肆，混迹于歌妓脂粉之中，公然宣称“忍把浮名，换了浅斟低唱”。元朝的词曲大家关汉卿、马致远、白朴等，更是与俳优为伍，出入瓦肆勾栏，他们纵情诗酒，缠绵悱恻，以儿女情长为能事。所以，王九思在创造其豪放、激越派散曲的同时，也继承了曲的风流艳媚的传统。

我们从一时一事、一曲一唱看，这些“浅斟低唱”似乎都是风流艳曲。但从宏观上看，这些风流浪漫、疏狂不羁，近乎放荡形骸的散曲，又是九思对世俗以及强权的抗争，对遭受迫害的消极应对，在及时行乐中饮鸩止渴，麻醉甚至毒害自己的心灵。

但我们还得正视这些词曲的艺术价值，其中许多篇什情感细腻，体切入微，给人一种诗意情境美的感受。

以下我们解读九思不同时期的风流艳曲，以了解其风流多情的一面。

[醉太平]《戏作二首》（《碧山乐府·小令下》）：

金樽泛紫霞，玉纤拨琵琶。小亭沉醉倒乌纱，那人儿戏咱。苍苔缓步凌波袜，彩罗微露鲛绡帕。雕栏笑折海棠花，乌纱上乱插。

金樽为考究的酒杯，泛紫霞当是傍晚阳光，妓女玉纤样的手指拨着琵琶。小亭上沉醉倒我这头戴乌纱的，那人儿（妓女）戏耍咱。明朝规定，致仕官员在一定场合可着官服，自然要戴乌纱帽的。但在狎妓场合着官服戴乌纱，当是对做官的嘲弄。

（那人儿）缓步走在绿苔上，可看见她脚穿凌波袜、彩罗衣下微露内衣薄纱（因为是“沉醉倒”，由下向上看。鲛绡纱：传说为鲛人织的纱，泛指薄纱）。（那人儿）在雕栏笑折海棠花，给我乌纱帽上乱插。整个与一帮妓女厮混的王九思。

透花影碧纱，按乐府红牙。垂杨低护小仙家，闲来时见他。罗衣斜搭荼蘼架，银钩醉写芙蓉画。玉肌香散守宫砂，消磨这岁华。

碧纱透出内衣花影，红牙（竹或木板）按着唱乐府的节拍。那小仙家（对妓女的昵称）在垂杨低护处（杨柳下垂的隐蔽处），我抽空来见她。只见她罗衣（外衣）斜搭在荼蘼花架上，微醉模样却执银钩（画笔）在画芙蓉（荷花）。我看着她那白玉一样的肌肤，闻着她发散着守宫砂的香气（相传给蜥蜴吃朱砂，使体变红，捣万杵，以之涂女臂则亮，有男女事则灭，因谓守宫。此指妓女肌肤涂香料），我就是这样的消磨着年华。

［塞鸿秋］《鞋杯二首》（《碧山乐府·小令下》）：

影沉沉月转梨花院，暖融融风摆杨花岸。喜孜孜背过桃花面，笑吟吟取下莲花瓣。偷将心事传，争把相思咽，醉魂儿不离了湘裙穿。

月影朦胧的梨花院，暖风融融，吹动着杨花。在这样的妙境里，她喜孜孜地背过桃花般的面容，笑吟吟取下（当是动作）莲花瓣（似指涂胭脂的双唇），红唇对着我的耳朵偷将心事传，激动时不住地将相思泪吞咽。我醉了的魂儿，始终绕着她的湘裙（湖绉制成的质地上乘裙）转。

粉容娇笑倚红梅院，锦堂仙醉把乌纱岸。玉钩轻露出罗裙面，宝浆浓浸湿绒花瓣。殷勤带意传，想象和心咽，软尘香只管在鼻尖儿上穿。

那人儿娇美的粉容，笑倚在红梅院。陶醉了的锦堂仙（作者自称）把乌纱帽掀起（露出前额，以示洒脱不拘）。（那人儿）挪动莲步时，玉钩（当是贴身的佩饰）轻轻地露出罗裙面，宝浆（指美酒）浓，浸湿绒花瓣（绒，指胡须。绒花瓣，作者有须的唇）。（作者）殷勤地将爱意向她传递，想象着和心咽下。那人儿身上的软尘香，只管在鼻尖儿穿（缭绕）。

［新水令］《春兴》（《碧山乐府·套数上卷》）：

晚风台榭怯余寒，搅春心小桃初绽。烟花思阆苑，云雨隔巫山。恨锁眉端，百忙里梦儿断。

虽是春天，台榭的晚风仍使人怯寒，这却搅动春心，使得小桃（妓名）初绽（双关语，既是桃花初绽，也可理解为小桃情窦初开）。烟花（双关语，一指雾岚中的花，一指沦入烟花的妓女，此处指歌妓）思阆苑（神仙住的地方，宫苑，是烟花向往的地方），云雨隔巫山（“巫山云雨”见宋玉《高唐赋》，意指男女交合）。不到阆苑佳境，隔断了“云雨巫山”，必然“恨锁眉端”。百忙里将好梦打断。

［驻马厅］《春兴》（《碧山乐府·套数上卷》）：

小小云环，当日个月下逢，情尚浅。溶溶花面后来也，灯前私语意牢拴。彩云楼阁夜乘鸾，绣园花柳春飞燕。这些时欢会减，几番家空把佳期盼。

作者当日与云环在月下相会时“情尚浅”。后来常看到她漂亮的容颜，在灯前与她窃窃私语，情意才“牢拴”。将要分离时，与她在彩云缭绕的楼阁眺望夜空，在锦绣园林中谈情看飞燕，这会儿欢乐会减，惆怅陡添。分别后又常常空把幽会的佳期盼！

王九思在几十年的诗酒弹唱中，结识了许多歌妓。这些歌妓大都是穷苦出身的农家女子，她们是为生计而沦入此行的。王九思除赋予她们以同情，也以激越的情感盛赞其中的美丽娇艳者。这里仅举数例。

［落梅风］《代友人赠美莲妓二首》（《碧山乐府·小令下》）：

黄金砌，碧玉阑，小池中雨收云散。启朱扉，几回灯下看，水仙妃晚妆零乱。

在金砌玉阑的池边游玩，忽然一阵雨降临，“雨收云散”，作者几次掀开门帘，看灯下的美莲，她身着零乱的晚妆，也像水仙妃子一样妖艳。

胭脂瓣，锦绣团，绕南熏水晶宫殿。若移来，小亭帘下看，傍欹湖彩云一片。

美莲那胭脂瓣样的嘴唇，锦绣团裹的身体，迎着东南风到水晶般的宫殿。假若移到小亭帘下看，傍着湖光彩云，更似仙女一般。欹湖、宫殿为长安致仕马公顺的园囿景观。

桃花瓣，玉盏边，浅红绡被咱睄见。恐嫦娥，暗把心事传，傻心儿几回撩乱。

桃花瓣样的口唇，轻触着玉盏的边沿。我却睄（不经意）见了美莲内衣的露沿。恐怕嫦娥（另一歌妓）暗把心事传，倒惹得我“傻心儿几回撩乱”（似乎怕美莲生醋意）。

［驻云飞］《旧尝戏作一首，长安诸君和者甚多，乃复次韵三首》（《碧山乐府·小令下》）：

一点朱唇，看了些娘爱煞人。唾美珍珠喷，巧舌丁香嫩。嗏，同步软红尘，舞袖歌裙，半晌无言，独自个能嫣润，便是秦娥也让君。

她一点红唇，比起别的女子，唯她爱煞人。她的巧舌似丁香一样嫩，说起话来像唾美喷珍珠。啊！我与她同步于红地毯（软红尘）上，舞袖曳裙歌唱。这使我半晌无言，回味着美好温润的时刻：即使是秦娥美女也得让她一筹。

一点朱唇，今日梨园见此人。一般花香喷，一朵花枝嫩。嗏，月下蹴苔尘，笑整榴裙。私语传情，沾惹胭脂润，怪杀狂夫苦爱君。

一点朱唇，今天在梨园见到你，你像一枝嫩花朵，喷放着一股香气。啊！你在月下踩得地苔起尘，笑容可掬地整理着踢乱的石榴裙。我与你私语传情，沾惹上润胭脂粉，实在因为我（狂夫）太爱你了。

一点朱唇，一种风流画里人。兰麝香儿喷，糯米牙儿嫩。嗏，仙子谪风尘，玉佩霞裙，一曲歌残好把莺喉润。连饮深杯我共君。

一点朱唇，这种风流犹如画里的人。身上喷着兰芳麝香，糯米编贝似的牙儿嫩。啊！你身着霞裙戴玉珮，好像被谪下凡的仙子。一曲歌唱完，好把莺鸟一样的喉咙润，我与你用深杯共饮。

［朝天子］《戏剪灯火》(《碧山乐府·小令下》)：

打叠起女红，整顿了玉容，春意满桃花洞。依窗细剪雪玲珑，这手儿咱知重，软似香绵，白如玉葱，怕风吹的娇嫩种。看时节眼空，剪时节兴浓，生怕你指节儿痛。

她打叠起正忙着的女红（刺绣之类），整理了洁净如玉的面容。春天的意味充满了她的桃花居。她依窗细致地剪那雪白玲珑的灯花。软似香绵、白似玉葱，怕风吹的娇嫩手咋知轻重？我看时眼睛晃动，她剪时兴致浓厚，我生怕她指节儿痛。（好个怜香惜玉的情种！）

［朱履曲］《赠妓》(《碧山乐府·小令下》)：

香馥馥樱桃半颗，喜孜孜笑转秋波。翠弯弯眉黛扫双蛾。有黄金无处使，这风月怎消磨？只落得烛花前沉醉我。

樱桃小口香，秋波情眼笑，弯弯的峨眉如翠如黛。黄金难买这风流美女，我只得灯前沉醉，消磨这风月时光（不能得手的遗憾）。

《秋日无题十首》(《渼陂集》卷七)，可窥探九思的神秘恋情。这十首七绝诗写得绮丽富赡，用典较多，诗意较为隐晦。其一：

秋雨登临兴未能，楚云消息梦难凭。
闲来自笑多情客，老去今为有发僧。

在秋雨时节，兴致未到而登临“楚阳台”，那朝云（楚云）暮雨般的梦寐无处依凭。闲来自笑多情：你已经老了，虽未出家（有发），但心态已如僧人了。但这只是自我解嘲。其二：

锦琴瑶瑟暗云合，小苑西风薄彩罗。
野叟不胜秋雨叹，佳人漫赋扊扅歌。

琴瑟璧合，比喻夫妻感情和谐，“锦琴瑶瑟暗云合”当是一种隐秘的相合，这种“暗云合”的对方身穿薄彩罗，当更具魅力。环境是“小苑西风”的优雅与和谐。野叟（当是九思自指）虽“兴未能”，终还是架不住“秋雨”风情而感叹，可是佳人已在唱着关门（扊扅）的歌。这是先一年的事情。其三：

今年九月菊无花，苦雨西风小径斜。
不把一枝遥赠尔，寒香空自忆秦娃。

因为佳人不在，今年秋天（九月）连菊花都不开。我在这苦雨西风的小径漫步，找不到一枝菊花遥赠给你。没有菊花的寒香，我枉自思念着姣好的“秦娃”。这种思念之情使我心驰而神离。其四：

终南南望翠重重，隐隐巫山十二峰。
遮没为云更为雨，情知不是楚娥踪。

站在终南山巅，南望重重翠峦青山，隐隐约约好似巫山神女峰，尽管“旦为朝云，暮为行雨”，但我知道这里没有当年“巫山神女”（楚娥）的踪迹。好不缺憾失落！

以下五首言其思念之苦。如“日日蒙腾睡思繁”、“人在西楼太瘦生”、“绣户纱橱不耐秋，锦囊闲杀玉箜篌”。并表白“此情不似相如薄，忍使文君怨白头”，我不做司马相如那种薄情人，致使卓文君怨恨到白头。但愿有朝一日这情人如织女在河边“濯锦纹”，如嫦娥在月下“剪琼文”，我便携一斗“麻姑水”（酒）与之“共醉三秋碧海云”。

这十首诗为艳情诗，亦为九思情感心理的寄托。

事实上，王九思实有切身之离愁别恨。据《李开先集·词谑》：“王渼陂养一外户，后乃谢绝，外户寄情不一。予（李开先）因作词戏之。”此为嘉靖七年（1528），李开先来鄠县拜访九思前之事，时九思 60 岁。李开先的戏词为［沉醉东风］：“设盟誓千生万死，但离别万想千思。曾交戊子年（嘉靖七年），顿改平生志。海神庙见放着言辞：只为王魁短道儿，这的是旁州样子。”

这曲子作成后，一时流传于鄠县、长安等地。九思请李开先“解之以辞”。李开先“遂口占云”［朝天子］：“泪流的眼干，手搓的面残，口撕的团扇边儿绽。传情寄恨百千番，藕断丝难断。苦海无边，回头是岸，纵风流当自反。哄咱上竿，掇了梯儿看。”

李开先的两曲，虽是调侃口味，但不无对九思的同情。在那个时代，文人士大夫往往妻妾成群，蓄妓养外户，非但不受社会的谴责，反被认为是一种风流韵事，所以九思养一外户也无可厚非。从感情而言，他们曾“盟誓千生万死，但离别万想千思”。当九思发现外户寄情不一，“顿改平生志”而谢绝时，那外户却是“泪流的眼干，手搓的面残，口撕的团扇边儿绽”。想必这件事一定是九思给李开先讲的（李在九思家停留不足10天，不可能去调查此事），那外户的“泪干”、“面残”、“口撕团扇”也当是九思所见。那么，“传情寄恨百千番，藕断丝难断”，当是外户与九思双方的感受了。

据《杏花》（《渼陂集》卷四）诗可知，此外户名杏花。九思从怀疑到发现其“寄情不一”时，心中充满了嫉恨。他在诗中写道：“雨时群芳润，杏花开独先。杖藜看霁景，对酒及春妍。乍睹仙姿丽，反疑淑气偏。香巢有灵鹊，日伴锦鸠眠。”诗中对杏花眷恋之情犹在，仍有“及春妍”的“看霁景”心情。但一转念，乍看她的“仙丽姿”，反教人觉得美气质（淑气）有所偏离。他认定香巢（杏花居室）里的灵鹊（杏花），在伴锦鸠（当指年少的纨绔子弟）而眠！

但这种断绝给九思带来的离愁别恨，是久久不能平息的。在春日失意的懒睡中，也许梦环魂绕，睡起又有无限的惆怅和哀怨。在［黄莺儿］《春日睡起作二首》（《碧山乐府·小令下》）中表现真切：

梁燕语呢喃，搅山人春梦酣。醒来独立花阴畔，杨花扑帘梨花绕檐。对撩人春色情无限，想南邻佳人别恨翠，蹙破两眉尖。

春梦绕城西，猛警回莺乱啼，开门满眼残红坠。叹佳人远离，拂花笺懒题。这相思万种，凭谁寄恨难移。倚楼遥望：云淡淡，草凄凄。

王九思那种触景伤情勾起的离愁别恨，也是刻骨铭心的。尤其下半阕，那“春梦绕城西”的迷离恍惚，突然被乱啼的莺惊醒过来。开了西园的门，满眼都是落花残红。能不令人惆怅长叹！叹佳人（杏花）已远离（已是藕断丝也断），将花笺（纸）抚平，却懒得题写。这种相思万种的离恨，是谁也难以转移啊！他万般无奈地倚楼远望：云淡淡，草凄凄……

二九　闲情逸致　自得其乐

王九思虽然壮年屏居，“一肚子不合时宜”，但也不能一味纵情诗酒、浅斟低唱，沉溺于风流艳曲之中。因为这对于儒家道统是一种背叛，是一种自暴自弃。正如《明史》九思本传，说其所为风流艳曲，致使“大雅之道微矣”。因而九思在《碧山乐府·序》中为自己辩解：“风情逸调，虽大雅君子有所不取，然谪仙（李白）少陵（杜甫）之诗，亦往往有艳曲焉。”竟说其风流艳曲是渊源有自了。当然宋、元以来风流艳曲已大行其道，只因九思的诗文高标是“汉魏盛唐”，对于宋、元艳曲，他是不屑一顾的。

然而闲情逸致却是隐逸之士必然要追求的。

所谓闲情者，闲适之情调，是文人雅士的生活情趣。逸致者，隐逸之情致，为隐士之雅行。他们饱读诗书，有高度的文化修养，又有优渥的生活条件，才能“闲情”得起，“逸致”得了。否则，你即使是“诗圣”杜甫，也只能兀兀以穷年了。

王九思虽非家财万贯的富豪，亦非穷愁潦倒之辈，闲情逸致自然是追求得起的，加之其以才子名世，满腹锦绣，其闲情逸致也必然来得潇洒。

有关闲情逸致方面的诗、文、曲，在九思的著作中占相当大的比例。尤其晚年集成的《渼陂续集》，更是佳作随处可见。

下面我们不妨解读几首，以见其生活情趣。

五律《周守寄谷雨茶及大扇谢答二首》（《渼陂续集》上卷）：

其一

山中谷雨后，采采碧瑶枝。露叶香犹湿，筠笼寄不迟。
一瓢还自煮，七碗是吾师。却笑相如渴，金茎浪尔思。

其二

酷暑愁衰叟，清风来故人。汉江云一片，鄠杜月如轮。
力借山童健，凉生草阁新。此时仍啜茗，潇洒绝嚣尘。

据明徐渭《南词叙录》，“金州太守周臣与王九思过从甚密”。从另一首答周（郡）守（《渼陂续集·周守惠茶答谢》卷上）诗中“使君燕国秀”可知周守，京畿顺天府人，从“仙茗自金州”可知周守为金州（今陕西安康）知州，从“早看曲江花”可知周守早年中进士。其两次从金州（盛产茶叶）寄来茶叶。第一次寄来，九思曾有“怜予白发叟，分惠碧山茶。四海苍生渴，休教雨露赊”诗予以酬谢。劝谕周守作为地方官，要关心“四海苍生渴”，也可见其有杜甫以苍生为念的情怀。此次为周守第二次寄茶来，同时寄来一面大扇。在这首诗里，九思也就没有必要倚老卖老地去“教导”人家，寄书除感激之忱，并言自己得到精神上的慰藉。

山中谷雨以后，长出茂盛的碧瑶枝（对茶枝的美称）。“露叶香犹湿”是说茶叶鲜嫩。“香犹湿”用语极妙，香虽不能湿，但湿更见其新鲜。筠（竹）笼寄自千里外，而仍不失其鲜（寄不迟）。“一瓢”句，意为像颜渊“一瓢饮”自甘清贫；“七碗”句，典出晚唐诗人卢仝《走笔谢孟谏议寄新茶》诗，其中有“一碗喉吻润，二碗破孤闷。三碗搜枯肠，惟有文字五千卷。四碗发轻汗，平生不平事，尽向毛孔散。五碗肌骨清，六碗通仙灵。七碗吃不得也，唯觉两腋习习清风生”。此为“茶诗”杰作，影响甚大，多被历代文人所引用。如苏轼有“何须魏帝一丸药，且尽卢仝七碗茶”（《佛舍饮茶戏书》）句；明徐渭《谢钟君惠石埭茶》诗中有“对之勘七碗，纱帽正蒙头”句等。九思此谓自饮而效法卢仝，进入饮茶的“七碗”境界。“笑却”、“金茎”二句，典出汉武帝作承露盘的铜柱为金茎，其上作仙人掌以举盘。李商稳《汉宫秋》：“侍臣最有相如渴，不赐金茎露一盘”，司马相如不得武帝信任居茂陵，患上消渴症，要大量喝水。但汉武帝不赐他“金茎露一盘”，当然司马相如并不是讨水喝，而是指望重新得到重用（这大概也是李商隐向皇帝索官的暗示）。然而，此时的汉武帝只顾求长生不死之药，哪管你司马相如的“渴”！而此时的嘉靖帝也如汉武帝佞佛崇道，求长生不死药。九思在嘉靖朝曾三次被荐而不见用，此处化用李商隐诗句应是有所指的。九思在这里反其意用之，“笑却相如渴”，不要对“赐金茎露”抱有幻想。这又说明九思有一份洒脱，对做官没有什么渴望了。

炎热酷暑使九思发愁，这时候周守却送来清风（指大扇），汉江（古人认为金州地区为汉江的发源地）云一片（指大扇），“鄂杜月如轮”，意为晚上都很热（古人认为月亮和太阳一样发热，且越大越热）。这时九思坐在草阁里，借助山童之力挥动大扇，阵阵凉风生。九思品着茶，或润喉或破闷或发轻汗、肌骨清，直至“两腋习习清风生”，进入“七碗”的境界，其潇洒舒适犹如与世隔绝的神仙。

酒逢知己，茶邀高人。在《雪下即融，戏为体物一首》（《渼陂续集》卷上）诗中写道：“漫空飞作絮，到地湿融沙。未有高人卧，难烹学士茶。霤喧疑骤雨，篱净不迷花。庭树风萧瑟，诗成已暮鸦。”诗题以“雪下即融”、“戏为体物”为序。其体味“湿融沙”、“霤喧（屋檐滴水的声音）疑骤雨”、“不迷花”等都细微。而这些物象并不重要，重要的是“未有高人卧，难烹学士（俗称九思为学士，这里为九思自称）茶”的遗憾。但九思并未失去雅兴，虽然“庭树风萧瑟”，傍晚鸦归巢，而此时诗已经写成。

菊花是文人雅士心目中清雅高洁的形象，咏菊是自况其情操高尚。九思的诗歌中对菊的赞颂随处可见，并以菊花主人自居。其《雪后探菊》(《渼陂续集》卷上)写道：

老圃容何惨，东篱尔独芳。宁辞一日雪，直傲九秋霜。
红醉仙桃色，黄分月桂香。兴来还共赏，不必是重阳。

晚秋忽然一场雪，种花的老圃（九思自称）容颜何等的凄惨！到园一看：只有东篱的菊花独绽芳容（东篱为泛指，因了陶渊明“采菊东篱下”名句，使“东篱”二字有了特殊的生命力。凡咏菊语涉“东篱”，其诗立雅）。你宁愿一日被雪杀死，也要傲视九秋（秋季为90天）的寒霜。这里喻其宁折不弯、宁死不屈的性格品质。诗进而赞美菊花红醉（白菊经寒霜发红，以酒醉面红喻之）像仙桃的颜色，黄色的能分月中桂花的香气。菊花既抗寒冷又傲视雪霜，所以，不论啥时候都可以来欣赏，不必非要重阳来。

《篱菊早放喜而有作》(《渼陂续集》卷上)：

岁荒菊亦尽，春至始栽移。要看风霜色，深蒙雨露培。
重阳思灿熳，八月放蓓蕾。好为歌金缕，陶然醉玉杯。

荒旱年菊花干尽，到了春分才移栽。能看到菊花的风霜色，还得感谢雨露的滋培。只要八月现蓓蕾，重阳一定能看到烂漫的黄花。这时候好邀朋同唱《金缕曲》，一边听曲，一边饮酒，陶醉在黄花金曲中。虽然年岁荒歉，九思仍然不忘雅士风情。岂知天道无常，菊花仍受到三伏旱。九思又《慰菊》(《渼陂续集》卷上)：

爱尔寒香好，殷勤种满篱。岂知三伏旱，欲废一年诗。
草阁闻蛩夜，金风落雨丝。青春生意转，应不负花时。

虽然栽满篱菊，但终因三伏旱而干。九思担心的是因此而废一年诗。秋天既无菊，他只好睡在草阁，听夜里的蟋蟀（蛩）鸣，忍受着秋风吹雨丝的孤寂。他安慰菊：到春天一切生意转来，你一定“不负花时”。与其说是安慰菊花，不如说是自我安慰。

其他如《对菊有怀诸友》(《渼陂集·卷一》)，赞菊花“仙姿有殊类，密叶映深绿”、“引觞聊自酌，玩此群芳馥”。可见其赏菊饮酒的潇洒。《浐园移菊》（《渼陂续集卷上》）有：“小阮篱边色色奇，暮春来向雨中移。我同元亮耽秋兴，尔作吴刚斫桂枝。”

暮春雨中，九思见侄（小阮：东晋阮籍与侄阮咸并有盛名，世称“大小阮”。后世人以小阮代称侄。此处小阮当指其侄王渼或王沔）篱边有奇菊而移栽，且自比陶渊明（元亮）耽于秋天赏菊，祝尔（侄）像吴刚一样月中斫桂（科举夺魁）。意为自己已告别官场而像陶渊明一样隐居了，愿侄辈们努力，来日高中夺魁。《分菊四绝句》（《渼陂续集》卷上）有“暮春雨过东篱下，旧菊分来碧叶重”、“故分旧品开畦种，要采寒香带露瀼”，可见其对种菊的痴情。“小园半亩雨晴时，日日呼童看插篱。丹杏碧桃天上种，原于此地不相宜”。除种菊花兴致之浓，更发其虽不如丹杏、碧桃之高贵（天上种，喻在朝为官），而在此地（隐居）种菊最相宜的感慨。

九思一系列有关菊花的诗，一是写其舒缓自如的生活情趣，二是比喻其高雅的人格品行，三是通过种菊、护菊，进而爱菊、怜菊，将菊花人性化。同时将自己融于菊花诸事中，达到“我即菊、菊即我”的化境。

琴棋书画是文人雅士的标志技能。在王九思的著作及有关王九思的著作中，除少见其棋艺记述外，其余三技俱有。琴艺在其弹奏散曲中已述，书画虽不太突出，但从其诗、曲中也可略见端倪。

王九思鲜有书画传世，原因大概是其非书画名家，无人着意收藏。现能看到的仅有其为《鄠县明道先生庙碑》书丹刻石（共600多字）以及零星墓盖之类篆刻等。在《晴》（《渼陂集》卷四）中有“起酌松花酿，行歌竹院风。兴来书细字，碧叶剪梧桐”。喝酒行歌、书写细字（小字）好不潇洒！古人有在梧桐叶上习字的习惯，此处“碧叶剪梧桐”形容其古雅。在散套曲［离亭宴带歇拍煞］《碧山乐府·归兴》中有“闷了时书楼中戏耍，吟几首少陵诗，写两个羲之字，讲一会儿君平卦”，写两个王羲之字也是一种逸致。

绘画方面，王九思在其著作中多有提及，其中有不少是对所画的题诗。《画竹四首》（《渼陂集卷六》）是其在寿州接到罢归邸报，被战乱所阻，无所事事，百无聊赖时所作画的题词。四幅画均以竹为题材，喻其高风亮节，不为五斗米而折腰的自尊。虽然蒙受冤屈，但仍不自暴自弃。其中第二幅题诗为“平生爱竹如爱友，晴天来坐碧堂坳。清泉根底疑龙卧，密叶中间有凤巢”，可见其心志。《题小画四首》（《渼陂续集》卷上）其四曰：“移来幽谷色青青，日日相看比德馨。桃李亭台弦管急，任他人醉我惟醒。”九思除标榜气节德行，更一反常态，将自己比作“他人皆醉我独醒”的屈原。从诗的境界看，九思画竹应当是成熟的。

《画四首》（《渼陂集》卷六）：

其一

竹栊风烟日夜新，茅堂鸟雀去来频。

当年杜甫曾为主，此日成都更有人。

其二

不是江头坐不起，雨过澄江秋可怜。

万里桥西卖酒市，百花潭下打鱼船。

其三

翠柳黄鹂啼不断，平田秧稻长初齐。

云连山寺收残雨，人在溪桥倚仗藜。

其四

百尺寒泉拂地流，千章古树带云浮。

山前茅屋弹琴夜，城外长安见秋月。

此四首应是题画诗，画为四条屏，皆为文人山水画，意境空灵而内蕴深邃。从诗的内容看，均为杜甫成都草堂的写意，在形式上多有化用杜甫诗句处。既是对杜甫茅屋四邻景物的描写，也是对杜甫草堂数百年变迁的记述，而更多地是通过对当年杜甫颠沛流离生涯的追思，感慨自己怀才不遇的悲哀。可见九思作画完全是抒发其感情的（此也可疑九思去过成都）。还有《题小画四首》（《渼陂续集》卷上）分别为荷、竹、柳、兰四幅小画题诗一首。其三为题柳：“风前袅袅虎须长（柳条），雨后翩翩燕嘴香（柳芽）。珍重王孙相对好，免教离思（思即丝，双关语，亦指柳絮）怨斜阳。”亦为好诗。

其《画鱼歌》（《渼陂集》卷三）更是通过画跳过龙门的鲤鱼，来讽刺登龙门的士子，一旦为将相，只顾自己“游泳天府中”，不管天下百姓的灾难。其诗曰：

禹门三月浪拍空，急雷破山警老龙。

老龙不起鲤鱼起，咫尺风云万里余。

乘势一跃九千丈，洪涛接近天池水。

只今四海愁困穷，岁乃大旱天无功。

呜呼鲤邪尔亦雄，胡不变化沛霖雨。

徒尔游泳天府中。

诗的前半部分：活脱脱一个乡下士子，从本土的“咫尺”之地，乘风驾云行万里到京师，借科举之势一跃九千丈（指到皇阙），“洪涛接近天池水”，成为天子门生，在皇帝周围。而今天下穷困，灾害连年，以鲤变龙的英雄，为什么不降甘霖，以解百姓之倒悬，却悠哉游哉地在“天府”游泳。可谓以画讽世，也许是自嘲。

九思在《张方伯画图歌》（《渼陂集》卷三）诗中有：“山翁白发老空谷，古文万卷填胸腹。兴到有时临画图，东绢淋漓横座隅。等闲挥洒能逼真，信手变化疑有神。”说明九思不但善于绘画，而且能进入绘画的自由境界，信手变化即有神来之笔。

其余还有《画葡萄引》《画雪竹歌为罗大参赋》《松庄画二首》《赤壁图》《画六首湘厓子赋》等不少与作画有关的诗。

在棋艺方面，有《柳下观棋》（《渼陂集》卷六）：“身在柳溪边，人哄我不闻。心游棋局上，原是溪水流。”可见其沉浸的程度。[醉太平]《和云林清赏》中有“为人不下快心棋”句（《碧山乐府·小令下》），说明其棋艺亦不一般。《张方伯图画歌》诗有“楸枰独展不呼伴，只恐输赢生怒嗔”句，说明九思往往耽于棋艺。

除了琴棋书画的闲情逸致外，九思还有享受自然、追求恬淡闲适的情趣。这些在九思的著作中也不少，仅举数例。其一，《杏花亭小坐》（《渼陂集》卷六）：

不见杏花放，来坐杏花亭。呼童上高树，摘得青青子。

可以想见其咬嚼青杏的呲牙咧嘴、皱眉挤眼的酸相。其二，《城东观岩下花柳四首》（《渼陂集》卷六）：

掩映一川花柳，分明十里阳春。兴到即穿芳径，何须更问主人。
色嫩黄金之柳，花香白雪之梨。不须王摩诘画，自有李太白题。
望望白云翠巘，悠悠流水霏烟。兴在傍花随柳，咏归落日平川。
旧雨润连今雨，今年花胜旧年。锦缆牙樯春水，青娥皓齿楼船。

此为九思仅有的六言诗。诗中有化用程颢“傍花随柳过前川”句，亦套用杜甫《城西陂泛舟》诗“青娥皓齿在楼船”、“春风自信牙樯动”、“迟日徐看锦缆牵”等句。化用则妙，套用则拙，这也许是当时人嘲讽前七子模拟之弊。其三，《登罨翠楼眺川原》（《渼陂集》卷二）：

雄渭挟长川，纡回开复合。傍有鸥鹭洲，蒲柳苍翠匝。
兴在山与水，谁能老一圜。今日上君楼，凭栏一解颜。

相逢且饮酒，人无金石寿。富贵如浮云，白衣忽苍狗。

当是在武功康海家的罨翠楼，南望渭川的雄姿、景物，而发一通人生苦短的感慨。“白衣苍狗”指天上的浮云，一会儿像白衣，一会儿变成苍狗，意为富贵贫贱变幻不居。

闲情逸致之于九思，为重要生活内容。这能使九思怀才不遇、愤世嫉俗的“一肚子不合时宜”得到平复。尤其年齿渐老、复出无望时，终于由此走向平淡，在日常生活中寻求情趣。他对茶道、菊趣、琴棋书画的追求，对大自然赐予的享受都是尽情尽意的，也是恬淡闲适的。但不可否认，其每一首反映闲情逸致的诗、曲，都带有一丝淡淡的忧伤和苦涩，这也正是有思想、有责任的文人雅士一种使命感的透视。

三十　孤独寂寞　友情难觅

自古圣贤皆寂寞，其原因是曲高和寡，不被普通人所理解与认同，因而也就和普通人没有共同语言，其结果是孤芳自赏，自我封闭。王九思曾科举高第，贵为翰林，又是闻名当代的才子。在朝之日，文人雅士趋之若鹜，平日高朋满座，嘉会饮宴必多。诚如其自夸：“居官日，为当朝人物第一流。”（《李开先集·渼陂王检讨传》）

忽然沦为平民，与乡野农樵为伍。他那高贵的身份地位，高雅的诗文追求，文人学士的志向等，都与这世俗的平民生活格格不入。即使有些地位相当、兴趣相同的缙绅雅士如康海、吕柟、马理、张治道之流，在那五百多年前交通条件下，他们会聚宴饮的机会还是很少的。大量的时光须在平淡枯燥中度过。即使在春光明媚、花开蝶戏的园景中，也往往不能使他心情愉快。在《独坐》（《渼陂集》卷四）五律诗中写道：

花木春昼寂，独坐意萧然。园蝶浮喧景，山禽下暝烟。
白头慵拭镜，浊酒不论钱。自酌邀明月，徘徊益可怜。

春光园林、花木美景与“春昼寂”，本是恬静美好的环境与时光，应尽情地享受，为何要“独坐意萧然”呢？为什么不找街巷老人聊天，不与野樵农夫论丰歉？可他们知道建功立业、治国平天下吗？知道高雅蕴籍的诗文吗？他们像园中的蝴蝶，喜欢到浮躁喧景中闹腾，我似山禽，只想在傍晚烟雾时下山。头发已白，懒得对镜，手持廉价的浊酒，如李白“举杯邀明月，对影成三人”或月下徘徊，益显孤独可怜。

雪过天晴，九思站在高处眺望四野，作《雨晴望野》（《渼陂集·雨晴望野》卷四）：

夜枕闻春雨，晴郊望眼明。乾坤非有意，花柳自含情。
雪映秦山近，云连汉畤平。春鸿仍北向，借问尔何营？

春夜的细雨过后，天气晴朗，一眼望去，郊外清新明亮。乾坤（也可理解为君王）变化，本属自然，而花柳（也可指九思）却自我脉脉含情。远山未融白雪的映衬，似乎将秦岭移近，白云与雪又将秦山与汉畤（秦山、汉畤皆指关中地方）连成一片。在这样茫然无际的天地里，春天的鸿雁仍然向北飞去。你们到底要去干什么？想必是“北向”着京都飞去。九思虽“处江湖之远，则忧其君”，可算得自作多情，亦见其拳拳报君之心。

“北向”的念想不再可能，又不与愚氓白丁为伍，就只有《避客》（《渼陂集》卷四）：

老熊（疑为‘態（态）’之误）违浮世，忧谗学避人。静依水西寺，聊憩梦中身。
支遁能看客，王谁（疑为‘维’之误）且自亲。野栖思郑谷，无地卜芳邻。

他老了，能够远离浮躁的世事，怕人诬陷也学会了避人。他静心依附河西的寺院，休憩梦中身（佛家谓身为虚，犹梦）聊以自慰。支遁（东晋佛教学者，好说禅理，宣扬“色即空”，与谢安、王羲之交游）能和客人交游，谈玄说道，王维能居辋川体会禅意，他们都是高人。想起郑谷（晚唐诗人）也曾夜栖在终南山下，而我却找不到这样的高人与之为邻。

既无支遁、王维、郑谷那样的高人为邻，与之谈禅论道、说文论诗，那么，就像“梅妻鹤子”的林逋（宋代隐士，隐居杭州西湖孤山）一样，与被文人雅士推为仙胎的仙鹤交友。《数日不至园亭寄鹤一首》（《渼陂续集》卷上）这样写道：

一与仙胎别，尘居十日过。栖知依竹惯，声忆入云多。
万里心应在，三山路几何。洞箫明月夜，来看舞婆娑。

九思与仙鹤一别十日，过着凡尘的生活。他知道鹤虽然惯常依竹而栖，其声却能入云端。它身在竹林，心应在万里之外的蓬莱、瀛洲、方丈等神仙居住的地方（这也可理解为九思身在林莽，心却在仙山琼阁般的朝堂）。明月的夜晚，吹着洞箫，来看仙鹤“舞婆娑”，看似优雅超脱，实为苦闷无法排遣而自我调侃。

《即景》（《渼陂续集》卷上）诗曰：

寒云蔽日昼冥冥，午坐无人共草亭。
篱外残花犹弄色，阶前双鹤对梳翎。

寒云蔽日，白昼昏昧，九思独坐春雨亭，心情灰暗，慵懒无力。篱外的残花尚不甘衰败“犹弄色”，双鹤难耐寂寞于阶前“对梳翎”。寒云、草亭、残花、双鹤，相比之下，更见人的孤独寂寞。

孤独令人深思，寂寞发人探幽。据《春阴》（《渼陂续集》卷上）诗，在长时间没有知音的情况下，九思便探究禅理、思考人生。以其知识学养，必然能“潜窥造物心”，能“悟浮生理”，沉潜底里探幽发微，进行哲学思辨。“悠悠谁共语，闭户理瑶琴”，可是在这漫长的岁月中，又能给谁讲这些？无奈了，只好闭门弹琴聊以消解寂寞。

九思 70 岁以后，康海、吕柟等朋友相继去世。没有朋友往来，加之病痛的困扰，使之寂寞无奈至极。

在《雪中有怀德涵，德涵曾许鄠杜赏月，以疾不至》（《渼陂续集》卷上）中，记述嘉靖十九年（1540）康海（德涵）因病违约，未来鄠杜赏月的遗憾与伤感。也就是这次，康海一病不起，于当年冬去世。在这首诗里，九思似乎有一种不祥的预感。其诗曰：

辜负中秋月，虚瞻日暮云。如何天又雪，无那我思君。
王子丹未成，潘生瘦几分。相看俱皓首，犹自叹离群。

康海因病，赏月失约，九思只能惆怅地看着日暮的烟云，思念担忧着挚友的安危。一直等到下雪天也无康海的消息，无奈他只能苦苦思念。“王子”指王子乔，“潘生”指西晋文学家潘岳。潘以写“悼亡诗”有名，其《秋兴赋》有“斑鬓以承弁兮”，后因以“潘鬓”作为鬓发斑白的代名词。九思诗意为王子乔的仙丹还未炼成，潘生已经瘦几分。也指九思（王子）对康海患病无能为力，只能相互看着对方的白头，无奈地自叹将“离群”。离群有二意，一为离群索居，一为离开人世。可见九思的预感不差。

康海故去了。今年的重阳连菊花都不开，实在令人伤感。九思因此赋五律《九日无菊二首》（《渼陂续集》卷上）诗。其一：

往岁重阳至，黄花放满枝。呼儿频送酒，挟客共题诗。
久旱根株尽，警心岁序移。兴来成独往，含恨过东篱。

往年的重阳菊花放满枝，与康海等雅士相会。九思不住地呼唤儿辈送上好酒，以助他们题诗的兴趣。“久旱”二句，可理解为长久地缺乏雨露，使花根尽死，这使人震惊岁月之无情。而今我即使有看菊的兴趣，也只能独来独往。不见了挚友，使人含恨过东篱，不再有“采菊东篱下”的雅兴了。其二：

不对黄花酒，空添白发愁。南山如有待，西圃竟谁留？
风雨梧桐夜，门庭蟋蟀秋。儿孙仍燕喜，沉醉玉箜篌。

这样的“无菊日”，也无以对黄花饮酒。“南山”二句，化用陶渊明诗，东篱既无菊可采，当然也不能“悠然见南山”了。如果南山还等待着“悠然”见它，不知西圃种菊地又留给谁？九思无疑有了生命的危机感。夜雨滴打梧桐声更大，门庭内暮秋蟋蟀悲鸣。但是儿孙们竟不识愁，仍然在欢乐饮宴，酒醉中还在弹箜篌寻欢作乐。

又一个《九日对菊》（《渼陂续集》卷上），虽然“寒香雨后开”，九思仍是“不吟花笑我”，原因还是“共赏”无来客。只好“浊酒从斟酌，疏篱自剪裁”了。

然而，人生毕竟是漫长的，王九思不能时刻沉浸在孤独与寂寞之中，总还有一时一事的融洽和欢乐。据《诗二首示瀛·序》（《渼陂续集》卷上），嘉靖十二年（1533）秋，便有一件喜事。长子瀛寄书，言及孙良木常于梦中呼祖父（九思）而泣下。九思看了书信，激动不已，挥泪赋诗二首寄给王瀛。时瀛正在顺天府通判任上。其诗曰：

六岁才交孙在幼，七旬将至我成翁。
燕秦地隔关河迥，骨肉情亲梦寐通。
得尔报书怜暮景，不禁老泪洒秋风。
膏粱莫遣从今惯，诗礼须看异日功。

长孙良木 6 岁，九思当年 67 岁，在官宦之家，九思得孙可算晚矣。顺天府为京城之直隶，属古燕之地，故诗中称其为燕。秦指陕西。燕秦相隔关隘河流无数，但骨肉亲情梦寐相通，连 6 岁儿童尚夜梦其祖，岂不是心有灵犀？得到这样的书报，想到自己暮年的境况，九思不禁老泪纵横，迎着秋风挥洒。他告诫王瀛：从今起莫要以膏粱（富贵之家）子弟娇惯良木，要以诗礼教育，使之将来建功立业。从“挥泪赋诗”可见九思乐极而悲的激动情形。

然而天不悯人，也就是这封书发出不久，良木发病而夭亡。据《王氏族谱·瀛传》，王瀛年 40 方得子良木，视如掌上明珠，6 岁发痘而亡。其痛哭不能自制，遂成疾。因奏乞休假，未及归竟然亡故，年仅46岁。九思作有《瀛墓志铭》，其文悲痛之极（后有专节述及）。

王九思于孤独寂寞中，忽有友人熊子修来访，其如幽居深山的老人，见到久别的佳客而激动不已。从其《南山行寄熊子修》（《渼陂续集》卷上）七言古诗，可见其情：

我病一月不出户，云梦先生远相逢。
殷勤两度入我室，我闻谈笑觉清爽。
兴来挟客南山游，阴翳经旬忽开朗。
老天有意灵山喜，苍翠排空待吟赏。
草堂寺中参古塔，紫阁峰前眺仙掌。
陆海混茫万余里，瀑布飞来几千丈。
先生兴狂浑欲飞，醉拈彩笔扫翠微。
瑶草琼葩尽收拾，奚囊背得南山归。
遗却两枝在茅屋，琅玕五色炫人目。
世人不识云梦仙，燕雀纷纷逐鸿鹄。
吁嗟乎，天风一朝鸿鹄起，燕雀纷纷亦徒尔。

九思已经卧病月余，云梦先生（熊子修）来访，两度入室“谈笑”，这令九思感觉清爽，自然病情骤减，游兴随至。似乎连阴翳十余日的天气也为之晴朗，真是“老天有意灵山喜”啊！他们登紫峰、参古塔，那苍翠排空的佳景，似乎在等待他们去观赏吟诗。那“陆海（鄠地古称陆海）混茫万余里”的层峦叠嶂，那飞天而来的千丈瀑布，使熊子修“兴狂将欲飞”，居然挥彩笔，横扫翠微，将山色美景尽收笔底。他们将山中的奇花异草尽为收拾，命奚奴（仆人）以囊“背得南山归”（好气派）。后面几句是对熊子修的赞誉：虽然熊子修暂不能被重用，且受“燕雀”的驱逐，但总有“天风一日鸿鹄起”之时。大概是熊子修仕途上受到不应有的挫折，九思劝其不气馁、再奋斗。

这首诗看起来情调欢愉，其实隐藏着更深的孤独与寂寞。试想如果日月如意、高朋满座，岂会对突然而来的并不太知己的客人如此兴趣？此反常之举正好说明其深度孤寂。

此诗在形式上也合古风规范，前十四句用一韵叙事并以生花之笔将终南名胜尽收眼底，是为“眉目”。接着转韵，进入“腰腹”，虽没有铺叙而尽情挥洒，但也以八句两韵将熊子修的情态表现得淋漓尽致，而且警句迭出。如“醉拈彩笔扫翠微”、“奚囊北得南山归”、“先生兴狂浑欲飞”等。结尾以感叹句“关锁”全诗，且句词响亮，其“天风一朝鸿鹄起，燕雀纷纷亦徒尔”，不乏李白豪雄跌宕的气势！

据说古人作文是给别人看的，写诗是给自己看的。诗既是给自己看的，就有别于文与史对人物的平面记述，而是立体的，深入心灵的刻画。它不但是诗人的生活史，更是诗人的心灵史。所以，像我们不能在史册中找到九思的孤独与寂寞一样，也在史册中找不到九思的离愁别恨，唯有在其诗歌里去找。

三一　针砭时弊　同情疾苦

王九思罢归居乡，逐渐和普通百姓接触，了解他们的疾苦。晚年，由于家道中落，变故迭出，以至于不得不参与农作生产，这就使得他和普通百姓同呼吸共命运了。他同情老百姓的疾苦，揭露统治者的罪恶与暴政，痛斥当道者的腐败与无能，将自己摆在帝王专制制度的对立面。

罢归不久，也就是从一个官僚士大夫转而为乡绅，其社会地位及其与官场千丝万缕的联系，还使其不能与普通百姓真正往来，更何况他还有复出的愿望，这时候的王九思对百姓的同情以及对社会的揭露是有限的、谨慎的。如他在正德十四年（1519）所作的四言诗《雨雪纪异》(《渼陂集》卷一)：

辰月己卯，雨雪其珠。既陨我麦，亦杀我蔬。民之吁矣，亦孔之愈。
雷霆轰轰，雨雪其零。倏燠而寒，民用弗宁。孰施天纪，而国是经。
灼灼桃李，雨雪靡靡。翩翩者子，狐裘济济。笑言衎衎，衎衎尔尔。
余曰孔忧，谇言鄙矣。

第一段说是雨雪加上冰珠（雹），毁麦杀菜，百姓叫苦不迭。第二段：雷雨风雪，轮番肆虐，忽冷忽热，百姓不得安宁。是谁掌握天纪？竟如此不顾国计民生？

以上两段层层逼进，从百姓叫苦，到质问掌天纪的神灵。其隐含之意，无疑为指责正德朝的统治者“渎天纪”。渎天纪必然受到上天的惩罚——降灾，但毕竟是虚指。

而第三段才是诗的宗旨。虽然雨雪酿成灾害，但是“翩翩者子”（指贵族及官家子弟）却像夭夭之桃，穿着华丽的衣服（灼灼其华），穿着多样（济济）的（狐裘）贵重皮毛衣。他们侃侃（衎衎）而谈，笑语喧哗，现出一种和乐貌，对灾害视而不见听而不闻。我对他们说，这些灾难实堪忧虑啊！他们居然骂我鄙陋无知。他们也都是读圣贤书的人，为什么就缺乏最起码的道德——同情与恻隐之心呢？此段固然能看出九思对官宦子弟漠视民瘼的愤慨，但他批判的矛头仅仅指向这些可恶和无知的具体的人，并未触及最高统治者。

嘉靖八年（1529）后，某年所写的《陨霜叹》（《渼陂续集》卷上）中可看出，其矛头指向社会制度给百姓带来的灾难。该篇长诗仍写仲春雪后陨霜，造成“果实不熟”、“来牟（大麦小麦）倘杀”的惨状。这使作者回忆起嘉靖七八年的灾情：“一村十室逃五室。卖儿鬻女骨肉离，哭声彻天天罔恤。”这里的“天罔恤”自然指朝廷对此置若罔闻，根本不体恤受灾的百姓。但是另一方面：“闾阎口腹或不充，公家租税何由出！官卒打门鸡犬警，称贷富人事方毕。富人气势猛于虎，约赀未许一朝失。吁嗟生理转萧索，愁苦如婴梏与桎。”官卒们代表官府征收赋税，他们鞭打追逼，老百姓只好向富人借贷，官府与“猛于虎”的富人夹逼老百姓，致使老百姓像被枷械的婴儿一样愁苦可怜。

今年遇到同样的灾害，不久又要出现前述的惨状。九思无可奈何，只有叹自己“渼陂野叟发长叹，穷居愧乏回天术。晓来闭户强欲吟，坐扫破砚拈秃笔。我愿苍天悯赤子，早动和风散幽窒”（引文同上）。九思希望当道者（苍天）怜悯百姓（赤子），不要横征暴敛，置百姓死活于不顾。天灾不可免，但人祸可缓和。九思虽然意识到自己“闭户强欲吟”、“破砚拈秃笔”，是“愧乏回天术”，但他还是寄希望于当道能“早动和风”，采取措施，散去这种“幽窒”的气象。

《兴平役》（《渼陂续集》卷上）则是对一次历史事件的记述。其事由为嘉靖中期，当朝一内阁大学士（阁老）奉旨出使西北边陲，要路过兴平县。兴平县“供亿恐不足”，鄠县被命“为替协”。其诗曰：

行边使走兴平陆，县少供亿恐不足。
数月以前下郡牒，条令鄠县为替协。
百匹乘马九肩舆，车挽刍豆官督夫。
线稜白粲桑落醑，江南珍果秦城需。
贾直往往出假贷，鞭朴日日闻号呼。
朝夕经营犹未就，郡牒重催急于鬬。
秋雨连旬渭水涨，竞渡蹿泥谁敢后。
争看一朝使车至，先经十日旅邸候。

刍豆狼藉复挽回，肩舆弃掷空尘埃。
阁老逢迎未必欢，村氓征取徒为灾。
吁嗟郡牒何为者，可能量物裁多寡。
闾巷呻吟那得知，公堂燕笑持杯斝！

郡守下公文且命地方官督催：要鄠县出百匹骑马和九乘肩舆（轿子）以及相应的役夫、车马草料，要线稜白粲的标准米，要上等的桑落酒，还要秦地没有的江南珍果。管理市场调节物价的官（贾直）便趁机出租借贷，官府鞭打逼民筹资的呼号终日不绝。就这样朝夕经营，其事仍未就位，郡守公文又一次急催紧逼。

由于连旬秋雨渭河涨水，役夫们还得争竞着踔泥渡水，谁敢落后？为了等待使车到的那一日，役夫们在旅社等候十余日。结果是草料狼藉靡烂，空车挽回，轿子丢弃旷野。这样的结果未必能博得阁老的欢心，劳民伤财却是实情。唉，郡守你为什么不能应量供亿，以致造成如此大的损失？百姓们的痛苦呻吟你们哪里知道！然而郡守、县令的公堂，却因为供亿有功而摆宴欢庆。

九思在这一诗篇里，毫不留情地指责阁老、郡守、县令三级长官。从中央到地方的官吏腐败贪婪、祸国殃民，实在令人发指。更何况以阁老身份为行边使者，本身就是代表朝廷，所以这种批判可谓直指嘉靖皇帝，当然九思只是写了“兴平役”牵连的鄠县的情况。这不能不使人联想到兴平县本身以及周边其他县供亿的情况，想必那将是围绕兴平县接待行边使者的数县齐动员的“大会战”。而行边使者从北京出发到宁夏边陲，四千余里骑马坐轿不知要过多少县，歇多少旅邸，又要多少百姓的多少供亿，又有多少大小官吏借机搜刮民脂民膏，又不知要靡费多少物资！而这行边使者的行动，又在帝国的大盘中算得了什么？真是好端端的国家、人民，就被这些官吏们于不知不觉中刮净耗空，直至国将不国。

王九思揭露社会、指斥腐败的行为基础，当是其悲天悯人、同情弱者的儒家仁爱思想以及儒家大同世界的理想追求。那种“子其子”——将别人的儿子像自己的儿子一样看待，即是“大同世界”的主旨之一。

北京十月出版社 1994 年版，根据王阮亭（清王士祯）原本（吴郡王翼云先生注）听风堂主人选编的《醒世恒言》，在其《裴节妇完节全夫》一文“前引”中，全录王九思七言古诗《卖儿行》，编选自张玉田《批注七家诗选》。《渼陂集》卷三收此诗。全诗如下：

村媪提携六岁儿，卖向吾庐得谷四斛半。

我前问媪卖儿何所为？媪方致词再三叹：
夫老卧病盲双目，朝暮死生未可卜。
近村五亩止薄田，环堵两间惟破屋。
大儿十四能把犁，田少利微饭不足。
去冬蹉跎负官税，官卒打门相逼促。
豪门称贷始能了，回头生理转局缩。
中男九岁识牛羊，雇与东邻办刍牧。
豪门索钱如索命，病夫呻吟苦枵腹。
以此相顾无奈何，提携幼子来换谷。
此谷半准豪门钱，半与病夫作饘粥。
村媪词终便欲去，儿就牵衣呼母哭。
媪心戚戚复为留，夜假空床共儿宿。
曙鼓冬冬鸡乱叫，媪起彷徨视儿儿睡熟。
吞声饮泣出城走，得谷且为赡穷鞠。
儿醒呼母不得见，绕屋长号更踌躇。
观者为洒泪，闻者为颦蹙。
吁嗟猛虎不食儿，更见老牛能舔犊。
胡为弃掷掌上珠，等闲割此心头肉？
君不见富人田多气益横，不惜货财买童仆。
一朝叱咤嗔怒生，鞭血淋漓宁有情。
岂知骨肉本同胞，人儿我儿何异形。
呜呼！安得四海九州同一春，无复鬻女卖儿人。

这首通俗易懂的叙事诗，题旨在于对社会不公的声讨。“猛虎不食儿”、“老牛能舔犊”，作为万物之灵的人为什么还“弃掷掌上珠”、“割此心头肉”？这个使人卖儿鬻女，使人连动物都不如的社会，难道还不令人痛恨？更兼那些为富不仁的豪门，买来童仆，动辄“鞭血淋漓”，毫无人情人性。这使九思大同世界“人儿我儿何异形”的“子其子”思想，显得是那样的单薄乏力。九思如杜甫呼号“安得广厦千万间，大庇天下寒士俱欢颜”一样，呼号“安得四海九州同一春，无复鬻女卖儿人”。这种呼吁似乎比杜甫来得更深刻，杜甫是为天下寒士呼吁，要社会为士子（上层人）提供安居的大厦（要求较高），而九思是呼吁统治者给老百姓（下层人）最起码的生存条件，不要发生“鬻女卖儿”的悲剧！

《裴节妇完节全夫》对这首诗的解读非常具体，本可视为小说家言，不足为征。但其中有些不容否定的事实，如那媪说她丈夫名叫邬奉萱，在诗中无有。可见其出之有据。因而将小说有关段落录之以作参考：

这首诗词叫做《卖儿行》，是个才子王九思所作（接着简述了王九思的简历）。（九思）一日闲坐家中，只见一个惯在家走动的张媒婆，同一老媪领一小孩子，后边又随两三个人进来。敬夫（九思）看见便道：“为何多时不见你来？这个是什么人？”张媒婆道：“两日没得功夫，不曾来望得。”因举手指那老媪道：“今日特为她的事，来相恳老爷。她是本地村上人，这小孩是她的儿子，要托老身卖与人家。老身思量别家不是养人的去处，须是老爷这里，还觉放心些。万望老爷方便他们，也是阴德。”敬夫问道：“孩子几岁了，为什么要卖起来？”那老媪道：“老爷在上，我丈夫叫邬奉萱，祖上遗五亩薄田……”（以下所言均为诗中卖儿原因）敬夫听到伤心处，便叫人斛出二石米与她。那老媪道：“本不敢计较，只因不够我用，还求老爷添些。”敬夫又叫人添了她三斗，老媪遂唤随来几个人装好挑去。自己谢了声，起身要走，却被小孩子扯住大哭，再三不肯放手，老媪只得住下。过了一宿，到明日趁他睡熟，遂轻轻地脱身。刚到门前，谁知小孩子已是醒了，叫几声母亲，不见应声，便爬起来嚎啕大哭。敬夫听得，未免有些不忍，遂叫人赶那老媪转来，吩咐她道：“你那小孩子原领着去罢，米也不要你还了。”老媪见敬夫说这几句话，不知是真是假，有什么缘故，倒吃了一惊道：“老爷说哪里话！得了身价，就是老爷你家的人了，怎敢领去？”敬夫说：“我实不忍你母子分离，却是一片诚心，并不与放债的一样心肠。你休认错了人，道我是个假意。”老媪见他说话真实，不好拂他的盛意，方才感激，同小孩子泣拜而去。敬夫看见这个光景，心上十分伤感，作下了这首《卖儿行》，真个字字酸鼻，令人不忍再读。

王九思记述天灾人祸、同情疾苦方面的诗较多。这里我们再举几首，以见其悲悯慈善之心。其一《苦雨》（《渼陂集》卷一）：

仲夏雨泽繁，流潦何纵横。腴田豆苗烂，灾沴产妖螟。
来牟被原野，熟腐滞登场。西北羽书至，犬戎侵我疆。
王师远出征，列县供刍粮，挽车趋好畤，暮夜走且僵。
丁男去未返，稚子饥彷徨。寡妇叹幽室，农叟泣道旁。
日望南山巅，云滞风不扬。谁能吁苍冥，回兹白日光。

雨潦使成熟的庄稼烂在地里、腐在场上。而边关战事又起，军队远征，男儿从军，列县供亿，造成稚子饥、寡妇叹、农叟泣的悲惨状况。九思天天望着南山巅，暗云滞，风不扬。他长呼道：谁能呼告苍冥，让其回到天气晴朗，当然包括战事熄灭。其二《病起徐生过语次忧旱三首》(《渼陂续集》卷上)：

老态随年至，穷愁逼岁匈。新霜须尽改，旧谷廪垂空。
风已收残暑，云常挟断虹。朝来闻饿莩，滚滚入山中。

九思穷愁潦倒，老境凄凉。家资无多，存粮已空。天不下雨，路有饿死者。但闻饥民“滚滚入山中”。自己虽穷迫，犹关心饥民。

闭户连朝病，开堂见尔来。谁无忧旱意，应有济时才。
巷哭辞邻里，山行拾草菜。不知逢稔岁，能得几人回。

病中见徐生来，共有忧旱情，希望有济时才来拯救百姓苦难。也是对徐生的期望。听到百姓哭着离开故里，到山中拾草菜谋生。不知道灾年过后，还能回来几人？

野老江湖外，忧来思不禁。浮云常在望，终日不成霖。
道路流移满，闾阎涕泪深。谁能开廪粟，早发体皇心。

身在江湖，忧思苍生，总希望自己能有济世之力。可这种希望像旱天的薄云，成不了雨霖。道路上走满逃荒的人流，街巷的百姓“涕泪深”。谁“能开廪粟”(说明仓里有粮可放，但却眼看着饥民逃荒)济民，早些替皇帝体恤百姓。实际上九思明白这是无望的，他只能发出这种“空悲鸣”！然而四十余年“野老江湖外”的生涯，使其深深地体会到百姓的艰难困苦，若是灾年就更加不堪设想。

其他如《悯雨》《喜雨》(均《渼陂集》卷二)《九月十四日雪漫述二首》(《渼陂续集·卷上》)等，都是关心百姓、同情疾苦的诗篇。其中如“苍昊亦孔仁，讵能捐庶黎。洪霖冀遄沛，庶以慰吾思”(《悯雨》)。我想苍天是仁慈的，他怎么能舍弃百姓不管呢？希望苍天赶快下一场雨，以宽慰我的愁思。终于盼来了雨，九思“逍遥步前楹，长吟发天籁”(同上)，可见其激动忘情之态。在《九月十四日雪漫述》中有“泥泞妨窥圃，天寒及授衣。谁知村落外，犹有采樵归”。雪使道路泥泞，妨碍了他去看园，天寒了及时加上衣裳，但他却想着村落外还有上山打柴的饥寒者。这都体现九思的悲悯苍生、关心疾苦的情怀。

三二　真挚友情　始终不渝

王九思在前七子里年龄最长，且中进士较早（弘治九年），虽然自称疏狂，但比起康、李、何等人还算老成持重、处世练达。因而，王九思与前七子们始终保持着友好关系。罢归后的王九思，虽处西北一隅，但还时常得到他们的书信，追叙旧谊，关切慰问。

王九思的著作专涉李梦阳的诗仅有一首《十四月夜与李二献吉饮》（《渼陂集》卷五），其诗为：

万户秋风砧杵哀，殊乡今夜故人来。
竹间凉露潇潇下，楼上浮烟细细回。
地僻柴门无过客，家贫酒杯有余醅。
疏帘碧箪须同醉，明月青天为尔开。

按《渼陂集》卷五：此处十几首诗全为在京诗，该诗应为在京事。按诗所示时序应为正德五年八月十四日，事实应是刘瑾案初发，九思已被牵连案中，而罢寿州诏文未下，李梦阳看望王九思于邸舍。但据金宁芬《康海研究》，正德五年五月，刘瑾置李梦阳于死地，得康海相救，李于当年八月八日被赦回大梁闲住。正德六年二月，刘瑾伏诛后半年，诏起李梦阳为江西按察司提学副使。李当年五月赴官。若从五月底启程，路途有所滞留或因事绕行，于正德六年八月中秋前夕，到寿州会九思也是可能的。所以，此应为正德六年“八月十四夜”事，时九思尚未罢寿州同知。

诗的基调是悲凉的，在“万户秋风砧杵哀”的殊乡（他们同为陕西人，因称寿州为殊乡），老朋友今晚来看望，他们于楼上铺凉席坐地而饮。“地僻”二句是说自己远谪荒僻之地，无朋友过访。虽然贫穷（柴门），但是酒还是有的。在这疏帘（简陋的竹帘）碧箪（盛食物的篮，此处指饮食简单）的地方咱们同饮同醉。要知道，今晚的青天明月都是冲着你（梦阳）来的，亦指李从此有青天明月般的前途，同时暗示李出来说公道话。在这种“无过客”的蒙冤时刻，李梦阳能来看望他，也应视作情谊深厚。大概李梦阳有负康海之传闻，九思罢归后才知道（后有专述）。

另据《李崆峒年表》，李梦阳在弘治十七年（1504）“奉命饷宁夏军，便道归庆阳”，有《夜别王检讨九思》诗，其中有“露白秋城角夜哀，朔云边月满燕台。仙人阁在银河上，嬴女箫从碧落来”句。作者认为此诗大概是梦阳于次年由宁夏返京，经陕西拜访王九思时所作。九思步其韵亦有《十四月夜与李二献吉饮》诗。查，弘治十七年（1504）王九思确在鄠县省亲，但其诗“万户秋风砧杵哀，殊乡今昔故人来”以及“地僻柴门无过客，家贫酒杯有余醅”等语，与九思“自翰林奉告归省，时父母俱在，九峰、九叙俱中举，其乐融融。张夫人又生次子于衍庆堂”的喜庆气氛不相符。待考。

王九思与何景明的友谊较为深厚，正德十五年（1520）春三月，何景明以陕西提学副使考核士子到鄠县，于公务之余，先邀九思游金峰寺、化羊宫、重云寺、栖禅寺等。不久又与九思、康海等数人到盩厔游楼观、仙游寺等终南诸胜，盘桓数日，彼此唱和的诗歌集结成集，康海为之作序。九思有《游山记》记述其事，可见其交情非常。何景明英年早逝（年仅39岁），亡后其诗集《大复集》刊行，九思读后大加赞赏。并作五律《读仲默集二首》（《渼陂集》卷四）诗。其一：

大雅久不作，之子起词林。万里风云气，千篇锦绣心。
青霄看凤翥，碧海诧龙吟。却恨重泉闭，空遗清庙音。

仲默为景明字。查景明无《仲默集》，当是《大复集》（大复为景明号）。诗意为：自从七子们分崩离析以后，那震动诗坛的大雅之作久已废弃，还是你从诗坛重新崛起，那纵横万里的风云气势，那千篇锦绣的诗文，如九霄的凤凰飞起，像大海的龙吟一样令人惊诧。可惜又可恨，黄泉无情路使你早归，空遗下这些高雅的音乐（清庙音：祭祀周文王的音乐，被称为雅乐，此处指何景明诗歌）。其二：

尔与崆峒子，齐升大雅堂。风流惊绝代，培植荷先皇。
日月层霄丽，江河万古长。斯文如不废，吾党有辉光。

你与李梦阳（崆峒子，梦阳号），同时进入大雅之堂（诗文已登堂入室），风流惊绝一代，培养的人才（指七子及其追随者）担负着先皇（弘治帝）“盛事”。使得当时的日月晴朗艳丽，江河为之清晏而流长。假如当日的斯文不被斫丧，我们七子的辉煌将光耀日月。这两首诗无疑抒发其对何景明英才早逝的惋惜和遗憾之情，同时也阐发对昔日挚友的思念之情。

王廷相（字子衡，河南仪封人）与王九思、康海等同为前七子，在京时他们交往较深。后主要研究理学，反对宋儒朱熹“理先于气”的说法，反对同时代理学家王守仁“致良知”学说。曾巡按陕西，其间得罪镇守宦官被下狱。后在南京兵部尚书任上，因郭勋案牵连革职为民。九思罢官归里前夕，王廷相离开陕西，两人未及见面。曾来信并有《渼陂子还山歌》（前已述）慰问。后与廷相南北睽违，来往不多。分别三十年后，王廷相忽从京师来书存问，九思非常感动，因而作七律《得子衡书》（《渼陂续集》卷上）一首：

不见子衡三十载，缄书今日自长安。
庙堂倚重宜多寿，风雅名高不折官。
鸥水聊分三亩外，凤池只在五云端。
相思此夜听春雨，雅操终期共岁寒。

我已经不见王廷相三十年了，忽然接到你自长安（泛指京师或南京）来的书信。朝廷倚重的你应当高寿，风雅名高的你不会折节于官场的。我隐居（鸥水：与鸥订盟在云水乡，指隐居）而经营田亩聊以自慰，在野的我看凤池（中书省，指接近皇帝的机要位置，时王廷相在南京兵部尚书任，也算机要位置）犹如在五云端一样渺茫。接到你的书信，想念你使我彻夜不眠，无奈聊听此夜的春雨声。让我们共同保有岁寒（岁寒三友：梅竹松）三友的雅操吧！全诗既有对老友的崇敬和祝愿，也有相距甚远不能相见的惆怅，更有思念不已的共勉。情谊之深，非常也。

边贡，前七子之一，曾任过陕西提学副使，官至南京刑部尚书。嘉靖十一年（1532）卒。徐祯卿，前七子之一，弘治十八年进士，授大理左寺副，降为国子监博士。正德六年（1511）卒，年仅 32 岁。其又与唐寅、祝允明、文徵明号称吴中四才子（民间传说所谓的“唐、祝、文、周”中的周文彬，实无其人，当指徐祯卿）。边、徐二位在九思罢官后，未见来往记载。但在《漫兴十首》（《渼陂集》卷六）诗篇中，九思对边、徐二位以及其他五子并追随者有所述及。在对他们诗文评价的同时，又抒发对他们的真挚友情。其诗曰：

（一）

浒西山人今谪仙，笑横双眼看碧天。
说着大明有大雅，指点李何与王边。

（二）

五子之中我滥竽，未应沧海有遗珠。
且看吴下徐昌榖，何似闽南郑善夫。

（三）

仲默亲从献吉游，高才妙悟孰能俦。
宁独老夫堪下拜，即叫献吉也低头。

（四）

成化以来谁擅场，豪杰争趋怀麓堂。
不有李康持藻鉴，都令后进落门墙。

（五）

三辅人才康吕马，一般霄汉倚崆峒。
纷纷轻薄休轻议，老我端宜拜下风。

（六）

龙头太史浒西君，拈出先秦两汉文。
流风遂复千年旧，逐电真空万马群。

（七）

玉立修髯太微子，诗名新与李何齐。
连篇累牍归梨枣，任尔江湖细品题。

（八）

进士山东李伯华，相逢亦笑李西涯。
不知尔辈缘何事，四海英豪本一家。

（九）

德瞻超悟世无伦，玉树凋伤十九春。
若遣秋霜生鬓角，也应难弟避嶙峋。

（十）

对客挥毫张伎陵，遗诗断句尚崚嶒。
向来细读崆峒传，涕泪那禁洒夜灯。

其第一首诗说浒西山人（康海）是当今的李白（谪仙），“笑横双眼看碧天”，意为自负、目中无人。要谈论大明朝的大雅，他可以指点李梦阳、何景明、王廷相与边贡。可见九思在七子中最推崇康海，而非李、何二位。

第二首诗是说自己在五人中滥竽充数，但不应当使沧海有遗珠（指埋没人才）。你且看吴郡的徐昌穀（祯卿），何似闽南的郑善夫（字继之，闽县人，弘治十八年进士，为七子的追随者。受武宗廷杖，38岁卒），意徐比郑高明。

第三首诗写李梦阳与何景明“高才妙悟”，没有人能和此二人并肩。但最后一句“即叫献吉也低头”，明显褒何贬李。李何之争当时影响极大，这也可算作九思对此的微妙表态。

第四首诗写当时“豪杰”都争趋怀麓堂（即李东阳，怀麓堂为其堂名，其有《怀麓堂》诗集），如果没有李梦阳、康海持藻鉴（藻鉴：评量鉴别文才的标准），那后进的文士都将落入李东阳的茶陵派圈套里。

第五首诗写关中才子要数康海、马理、吕柟，他们与李梦阳一样高。你们不要轻视他们，连我都得对他们甘拜下风。

第六首诗写康海（龙头：康海为弘治十六年状元）提出的“先秦两汉文”的复古主张，真是风流千古，能急速照亮并独立于万马群。标榜他和康海与李、何的“复古”不同。

第七首诗写张治道（号太微子，长安人，致仕后一直与九思友善，尤其对晚年的九思多所关照），诗与李梦阳、何景明齐名，连篇累牍都刊行于世。让世人仔细品读。

第八首诗写李开先（字伯华，后将有专述）与九思“相逢亦笑李西涯”（钱谦益以为此笑李东阳为浅薄）。第九首诗写康德瞻（康海兄），早亡，有诗才，若天假于年，当不亚于康海。第十首诗写张伎陵，为九思高足。

王九思在前七子及其追随者中友情最深、来往最多，且友上加亲，几十年始终不渝的挚友就是康海。仅以王九思著作中涉及康海的诗、曲、文统计，以见其友情。《渼陂集》共收集诗 500 余首，涉及康海的不下 30 首；《渼陂续集》收集诗 300 余首，涉及康海的不下 10 余首；《渼陂集》收集各类文 114 篇，涉及或专记康海的不下 15 篇；《渼陂续集》收集各类文 60 余篇，涉及或专记康海的 6 篇；《碧山乐府》共收小令、套曲 350 曲，涉及或专记康海的 40 余曲。还有未统计的其他著作。由此可见其与康海关系之一斑。

下面仅就其典型的诗或警句罗列一二。其一，《渭川怀康子也》（《渼陂集》卷一）：

渭川有竹，其叶翛翛。翳彼美人，于焉逍遥。爱而弗觌，我心摇摇。
渭川有竹，亦滨于水。翳彼美人，莫我肯迩。愿言卜筑，于子之里。
渭川有竹，风以散之。翳彼美人，何日见之。何日见之，中心恋之。

此四言诗，仿《诗经》体式，虽然形式古老，但情谊颇为感人。其形式上多有重复句和重迭词，旨在加重语气，增强感染力。渭川指康海所居武功，在渭水北岸。渭川有竹，其叶翛翛（自由飘洒），唯有你这美人（指康海。古人往往仿《诗经》《离骚》，对朋友以美人称之），在那里逍遥自在。爱而不能见，我心神不安（摇摇）。

渭川有竹，长在水滨。唯有你这美人，我无法与你亲近，我常想在你的家乡，择地筑屋而居，与你为邻。

渭川有竹，风将其刮散，唯有你这美人，何日能见？何日能见啊！心中恋念着你。

五古《花下对酒忆康五》（《渼陂集》卷一）：

林栖鲜俦侣，芳醑聊独亲。繁香媚旭景，嘉赏及兹辰。
习习谷风发，蓁蓁卉木春。黄鸟鸣枝间，翩然求其群。
对此岂不乐，念彼同心人。夙志干泰清，丽藻回天文。
久要意不薄，惠言兰吐芳。室远心徒劳，追趋靡所因。
安得骖云霓，顷刻驰见君。

康五，即康海。九思隐居乡里，很少有相同雅好的朋友，有美酒只好聊以自斟自饮。众花以其香气媚悦早晨的景色，此为最佳观赏的时刻。清风习习，草木繁盛，黄鸟在树间鸣叫、起舞，以求其同类。面对这样的情景岂能不快乐？这却勾起我怀念你（康海）的心情。你的夙志直薄青天（泰清），能著回天的华章。你很早邀我到渭川的情意厚，你的言语如兰花吐出的芬芳。可惜你住得太远，想念也是徒劳，想追寻到你那里去暂时还不可能。唉，我恨不得驾驭天上的云霓，立刻飞驰到渭川去见你。

其他如《病起喜德涵过访》（《渼陂集》卷二）中“翳彼平生友，既觏我心夷”句；《浒东眺望》（《渼陂集》卷二）中“驽马追骅骝，奔驰也劳瘁”句；《暮春叹和对山子》（《渼陂集》卷三）中“桑落酒香碧玉壶，美人不来空我思”句；《喜康五过访》（《渼陂集》卷五）中“两日淹留鸡黍会，百年交谊子孙看”句等，均见挚友情谊。

我们不妨再从康海方面看王、康友谊。康海在其诗文集里有关九思的篇什甚多，这里大体依时序摘几首（以下诗均摘自康海《对山集》，恕不一一注明出处）。

康海被削籍为民，在家一直挂念九思，忽然得到九思在寿州被罢的消息，愤然怒生，作五古《闻王敬夫消息》：

敬夫当世俊，高义人所知。运徂被罔逐，光谢蒙厚疑。
未饱寿州饭，尚蒙妖竖嗤。抱芳竟长歇，悲彼团扇诗。
西城冬十月，与子并辔行。宛转护主意，鉴者天上星。
天星永不灭，君怀岂复停。濯濯白縠裳，姈姈当窗女。
颜如春花鲜，音如青鸾语。解舞燕代稀，能歌齐赵绝。

自谓可君心，君心一朝别。空房悲独知，百年只长咽。

这首诗的前八句写九思高才废处的不幸，其中“抱芳”、“悲彼”二句，可见《团扇》之诗在当时的影响，但今天看来仍属“歌颂”之流。接下六句写他们曾于冬十月骑马游（京）西城，互相表示忠君护主之心，天星可鉴。可天星不灭，而君心怎么就变了呢？后十句，将他们比作色艺俱佳的歌舞女，自以为能取得君心的喜爱。可惜“燕代”（与下句“齐赵”泛指北方，此处当指北京的朝臣）之人不解舞，齐赵之人不知歌（不理解他们的忠君行为）。谁知君心一朝别，那种守空房的悲苦只有自己知道，今生只能是悲咽了。当然我们不能将康海这种自比“颜如春花鲜，音如青鸾语”的歌妓为自我作贱。其实有才华的文词之臣，在君王眼里就是“应制作诗”，就是赞美歌颂，和弄臣差不多。这也是康海罢归后悟到的理。看是卑怯，实为痛斥，只是笑着骂、含泪笑，其情更烈而已。

当康海得知九思已从寿州归家，由于思念过切而成梦。其在《夜梦王敬夫》诗中说：

五年无复见，今夕梦中亲。纵论文章士，那知萎菲身。
山林吾已熟，风月尔何亲。不是偕耕者，谁怜抱玉人。

康海于正德三年（1508）扶母丧归乡，到正德七年（1512）九思归里，两人已有五年未见面。今晚在梦中相见，他们像往日一样纵横论文章，居然忘记彼此被诬陷而落难的身份。山林家居的日子我已经习惯了，那种风天月夜的寂寞你能接受吗？如果不是同路人（偕耕者），谁能理解你这怀才不遇的人——犹如卞和抱璞玉不被认识，反被刖足之悲哀。

当得到九思将访的书札，康海激动之余作五律《得渼陂子书》：

故人书札到，访我暮春天。屈指几时至，寸心终日悬。
贾生湘水赋，李白太山篇。此意凄凉久，非吾谁可传。

扳着指头算九思将到的日子，终日悬心思念。九思那种贾谊《湘水赋》、李白《太山篇》般饱受摧残的心情隐含已久，除非我还能向谁倾诉呢？

在另一首《闻王敬夫将至》诗中有：“城头落日云气开，偶闻故人骑马来。”听到九思要来的消息，心情豁然开朗，看到落日云气开：落日应是云气笼，可见心开云开。于是就计划着“论心酌酒还今夕”，还要“漫兴看山定几回”。要和他在饮酒与游山中忘却身外事。

康海也曾起早贪黑到九思家来（从武功浒西骑马到鄠县需一天时间），在《夜抵鄠杜》中有："城头击柝已更深，鸟雀不飞河汉明。入门只觉意草草，空室无那虫薨薨。"到鄠县时城头已经击柝（打更的梆子），夜已深了，鸟雀归巢，银河星宿明亮。到九思家仍然不能平静下来，更加空旷的大屋，秋虫鸣声"薨薨"回响。迎接他的先是九思的儿子，他立时"欢自生"，接着"碧山学士燃灯至"，他们握手相谈直到"鸡乱鸣"。

王九思除和前七子间的友谊，其次便是陕西的故友，主要有吕柟、马理、张治道等。

吕柟，字泾野，高陵人，正德三年状元。曾因刘瑾案、"大礼议"案两次罢官，以研究理学著名。前已述九思罢归，遣其弟持书存问。吕柟在研究理学的同时不忘诗歌创作。病逝后，其子太学生畇将《泾野别集》寄九思，认为"知先人者莫如夫子"。于是九思作《泾野别集序》（《渼陂续集》卷下）。其中对吕柟多加赞赏，并忆及"前六七年尝阅公《宋四子抄释》有感于中，不忍释手，因作书以答意"。吕柟、马理受陕西巡抚赵廷瑞之邀，修成《陕西通志》，九思为之作序，文中对吕、马多所赞扬。

马理，字伯循，号溪田，三原人。弘治十五年进士。同里吏部尚书王恕居家著述讲学，马理从之游，得其指授，学业大进。九思与马理来往较多，情投意合。其在套曲［一枝花］《溪田先生七十寿》（《碧山乐府》套数上）中赞其："乾坤钟秀灵，海宇逢昌运，岐阳鸣瑞鸟，渭北产祥鳞（马理故里三原在渭北）。天启斯文，有意生贤俊，想着他少年来迈等伦（超过同辈）。运彩豪，一字字嘎玉敲金（形容其文字铿锵有力，如金鸣玉振一般）。"在同套的［凉州］中赞扬马理中高魁、辅佐天子以展生平志。后在吏部又"平似衡，明似鉴，不爽锱铢，因此上，进君子，退憸人，能施钺衮"。其赞誉的文字中并无谀意（无须谀，马其时已是七十多岁的归乡老人了），却见真情。

马理对九思崇敬有加，其《溪田文集》卷六有［醉太平］《寿渼陂先生》曲四阕。从"庆九九寿年"可知为九思 81 岁寿辰，而马理亦当 69 岁。在四阕曲中有赞美九思当年"挥毫曾压玉堂彦"的豪壮；同情其"和璧翻受青蝇点"遭诬陷；赞美其当年在朝"玉堂金马延英俊，鸿儒彦士交接引"；在吏部有"鼎疏味识调和透"的运作能力，也曾"铨曹（吏部铨选郎中）熟试平均手"。最后说"谗人难掩"九思这样的"济世猷"，其德行"共南山耐久"。

张治道，字孟独，号太微子，长安人。正德九年（1514）进士，长于诗，在陕西名盛一时。据《陕西通志》卷六十三《人物》：张治道“与王九思、康海一见语合，数与纵论诗文，遨游终南鄠杜间。遇山水胜处，辄命酒歌咏。或语及天人古今之际，浩渺闳肆，时人莫测也”。可谓九思忘年之交。九思晚年孤独，与其过从甚密。曾多次陪九思旅游，以解其郁闷。还为九思晚年集结的《渼陂续集》作序，盛赞九思的诗文成就。九思在其著作中，多有与张治道来往的诗文及散曲等。

张治道年五十，头上有白发，因而作《镊白诗》，意为自己已经衰老，不时地拔去白发（镊白），感叹人生苦短。于是九思作《阅张太微镊白诗有感，遂为长歌》（《渼陂续集》卷上），诗中言道自己四十岁即有白发，这“白（发）根原与诗肠连”。你经常煞费苦心，“搜奇抉怪苦成癖”，想不白发怎么可能呢？他又列举杜甫“四十白发垂两耳”，欧阳修“年未半百，苍颜鹤发称醉翁”，“自古才士多早衰，况乃谗谤丛厥躬”！所以九思认为张治道而今“丽句可压古曹刘（曹植、刘桢，建安七子之二），芳名不让今何李（何景明、李梦阳）”，已经很有成就。这种五十而白发实为可喜的事情，可见这对忘年交间的感情。

更为动人的是，九思二子（瀛、渭均早逝）相继亡故，张治道除亲来慰问，后又多次致书安慰。九思有《屡获太微子书感而有作》（《渼陂续集》卷上）：

岳岳太微子，犹能忆故人。儿亡常慰我，德迥许谁邻。
苍松容不改，白首泪何频。未须嗟往事，感激见真情。

九思为张治道对自己的关怀真是感激不尽！

康汝修，山西临汾人，曾任鄠县知县，《鄠县志》记其“行事以安百姓为本，不穷治词讼，隶卒不遣下乡”、“素有廉慎之节”、“去后思之，祀名宦祠”。九思与其极为友善，赞颂康汝修修缮鄠县学宫的政绩，因作《南山诗》（《渼陂集》卷一）。九思也曾陪康游鄠县西南之胡公泉。康离鄠县进京述职，九思先后作《代赠康汝修三首》《代送康汝修》《三岛篇赠康汝修》《代作赠康汝修》《赠康汝修》（以上篇目分别为《渼陂集》卷二、三、三、四、四）等。康离鄠县给九思留下一对白鹤，九思诗集多有睹鹤及人的怀念之情。九思晚年集结的《渼陂续集》卷上，有《屡获康汝修书作诗二首寄谢》，可见其几十年如一日的友情。

其他如何瑭（字粹夫，弘治十五年进士，河南武陟人，以研究理学著名）、马公顺（名应祥，长安人，弘治九年进士，中年致仕，与九思交游）、刘养和（名天和，号松石，正德三年进士，先后任陕西提学、巡抚等职）等均与九思交厚，几十年多有往来。尤其马公顺，致仕后于其家修一园林，颇为壮观，常邀九思去游乐饮宴，马公顺临终嘱九思为其志墓。

然而九思交朋友还是有其原则的，如在居父丧期间，好友陆汝清远从河南祥符寄来赙资并祭文，九思称其“为文以祭，婉曲凄怆，殆不忍读”（《渼陂续集·陆汝清传》卷中）。而当年同在祥符“会友讲习”、仕途得意的李虔甫，时正为陕西按察使，居省垣，并未称门人弟子祭，乃与同寅者以官祭。九思认为这是荒谬的，是他料想不到的。有人即给九思说，“前任巡抚都御使陈仁夫，已斥责为黑面贼矣”！（引文同上）

九思在《陆汝清传》中，还记两件有关陆汝清、李虔甫的事。一为嘉靖元年（1522），九思姻亲张震夫从京师回，言说见到陆汝清，汝清为岁贡，枯一目，谓哭父母所致。张震夫的祖父也任过祥符教谕，所以邀汝清同谒虔甫，虔甫时为兵部侍郎。谈话间涉及九思，颇有微词（按：九思与虔甫并无过节，所谓“微词”，大概不外“瑾党”一事）。出来后，汝清对震夫说虔甫“伪人，不说良心话”。二为嘉靖二年（1523），虔甫督饷三边归来，过长安。正值九思为儿女婚事亦在长安，虔甫不与接，冷落九思如众人。九思一笑，不与之计较。但九思还是以陆、李二人事为感，作《结交君子行》（《渼陂集》卷），言“交人交君子，栽树栽松柏，松柏耐寒，君子尚节”。斥责“朝为桃李花（学生），日暮生荆杞”的负义人，以喻李虔甫“小人弃贫贱”。对李虔甫这样的指名斥责，在九思的所有诗文中，也是绝无仅有的。

三三　忘年深交　后进情重

王九思晚年有一忘年之友——李开先。李在中国文学史、戏曲史地位不亚于王九思，不过当时只是小有诗名的文人。其与王慎中、唐顺之等为“嘉靖八才子”，是为后来的事。九思与李开先之间的交往，留下许多佳话。

李开先，字伯华，号中麓，山东章丘人。嘉靖八年（1529）进士，官至太常寺少卿。嘉靖二十一年（1542），因抨击朝政窳败而被罢官归里。其家藏书之富，甲于齐鲁。又广蓄声妓，征歌度曲，从事戏剧、散曲创作与俗曲民歌的搜集整理。其著作有散曲集《卧病江皋》《中麓小令》《四时悼内》《词谑》及传奇、杂剧多种。中华书局1959年曾出版《李开先集》（路工编）。

李开先是“复古派”的反对者，认为“诗不必作，作不必工，只是顺口直写所见”。但在复古的前七子里，他却推崇康海和王九思，尤其对王九思异常崇拜。李开先削职回乡以后，以征歌度曲自娱。于嘉靖二十四年（1545）一口气作一百首南曲小令，名为［傍妆台］《百咏》，一时广为流传，南北曲坛名家交口称誉，纷起唱和，影响很大。但以王九思和的《南曲次韵一百首》影响最大。李开先在其《渼陂王检讨传》中说，九思“和予小令百首，远近传诵。其他和者不下数十人，未能有上之者”。并进而说，“予初碌碌，赖二翁（指九思与康海）称扬有名，鄙作亦赖之得进”。此指九思将《南曲次韵一百首》与李开先之《百咏》合刻，流传甚广。

李开先久慕九思、康海文名。在《王渼陂检讨传·李开先集》中，记其于嘉靖十年（1531）奉命运军饷至宁夏，“路出乾州，偶遇康对山，坐谈即许以国士。当夜作一正宫长套词赠之，传播长安以及鄠县。而张太微、胡蒙溪（胡侍，字奉之）又交口称誉，以为自来会晤过客，无如予者。康又相约，事竣游武功以及鄠杜，见渼陂翁。翁闻之，朝暮北望，不见音尘，意料或不来矣。忽一日造其门，惊讶以为从天降也，握手庆幸，有如旧交。谈倦则各出所作，互相评定，半夜而寐，或彻夜不寐者凡五、六夜。而赓和之作，约有一小册。将速相爱诸公，同游南山以西，如嵯峨、九嵕、紫阁诸峰，仙游、重云、普缘诸寺，遍历说经台、化羊庙、紫云楼，使一方名胜毕受吾杖履，而各表以诗篇。予辞以俗骨难换，而病体不胜也。再一日，洒泪相别。在长安（泛指）与对山众士夫盘桓二十余日，至河南而病作矣。翁（九思）远闻之，同对山遣仆相视，扶病抵家，久而后愈，愈即有报书，宽二翁心”。这当是李开先在鄠县与王九思活动的大概。

在同篇文中还有九思为其杂剧《宝剑记》作后序时，已八十有二，而文思尚如泉涌。又说王九思“生有警敏之性、颖悟之资，而眉目清秀，颜色充和，如神仙中人。予于老年见之，犹自丰采可挹，其在少年可知矣。翁（九思）尝自夸：居官日，为当朝人物第一流”。又言九思“座有士则言文章，有释则言禅定，有道则言摄养，有农有商则言耕种与货殖，以至百工技艺，莫不随其见在者言之，而他非所及也。识者以翁不止通书，盖又通行云”。可见李开先仰慕其知识之渊博。又言及“尝观翁之意度矣，风流蕴藉，雅致安闲，礼节不拘羁而笑谈有意蕴，坐而沉静如止水之无波，行则飘扬若轻云之出岫”。可见对其风仪举止之崇仰。谈及九思诗文及曲则言：“诗文苍古，而词曲则新奇，不止守元人之家法，而且得元人之心法矣。脍炙人口，洋溢入耳。自罢寿（州）后始然，而前此尚不为此体矣。其能歌如对山，而弹则稍次之。”可见对九思诗文曲之推崇。言及其仕途：“在庠序而能发身，在朝堂而能为臣，在史馆而能绝伦，在经筵而能格君，在吏部而能知人，在场屋而能取文，在州郡而能得民。”还有“在乡党而能睦邻，在家庭而能孝亲，在凶荒而能济贫，在祠庙而能事神，在馆舍而能待宾，所在皆宜，用之辄效”。在李开先眼里王九思简直就是完人。而这些都是在王九思死后多年写的，当无奉谀之意。可见李开先与九思友情之真挚。

又据李开先《词谑》（《李开先集》940 页），王九思在与李开先盘桓期间，曾设宴邀其观看所作杂剧《杜甫游春》，并就有关情节与词曲探讨研究。李开先提出许多建议，九思欣然接受，并就正之。

李开先在其《六十子诗》（《李开先集》）中对九思评定：“戏编今丽曲，善作古雄文。振鬣长鸣骥，能空万马群。”

王九思在其著作中，有关李开先的诗文曲也不少。其在《南曲次韵・自序》（《曲苑观止・王九思》389 页，上海古籍出版社，1997 年 5 月版）中说：

中麓山人寄予［傍妆台］百首，盖其归田后作也。（九思）暇日付之歌工，凭几而听之，感愤激烈，有正有谑，洋洋乎盈耳哉（洋洋乎盈耳哉：孔子赞美鲁乐师师挚与《关雎》音乐之语。洋洋，美盛貌），可喜也，亦可叹也；可好也，不可忘也。久而技痒，忘其身之老也，欲和之。目昏弗克自检（不能亲自披阅），间令小孙朗诵一二，识而和之。且和且歌，或作或辍，两阅月完矣。校（较）之元倡（原唱），工拙相去奚啻千里。虽然，君以强仕之龄（四十岁为强仕之龄），绝人之资，博洽之学，加以感愤激烈之气，推山倒海，傲睨一世，凌驾千古。予老而衰矣，如之何其可及也？兴之所至，不能已已，盖亦各言其志云尔。汇次成帙，题曰《南曲次韵》，而述其所由如此。金玉在侧，觉我形秽，览者幸无诮焉可也。时嘉靖乙巳春二月甲辰，碧山七十八翁自序。

从此序可看出九思对李开先“才高八斗”的赏识，亦自谦“金玉在侧，觉我形秽”。从李开先的文学成就以及对后世的影响看，绝非文人互相吹捧。

王九思在其《中麓篇》（《渼陂续集》卷上）长诗序中说：“胡山在章丘南，山有三趾。予友李伯华（开先）结庐其中，因自号中麓山人云。自燕讯，予曰宜有述也，为之赋中麓篇。”

在这首长诗中，九思首先言胡山的“通岱岳”、“开鸿蒙”、“拖长虹”、“入海斗”的宏伟形胜，在这千古万象地方隐居的“山下才子（李开先）谪仙同，几回蹑屐攀穹窿（天空）。枕石夜卧烟霞丛，远鸡齐唱流天风。扶桑乍见海日红，画图奇绝天为工”。好一个李白一样的隐士，潇洒如神灵，风流如谪仙。接着长诗言及李开先卜筑而居的神秘雅胜环境，并赞其“少小作赋排终童（终童：名终军，西汉济南人，十八岁为博士弟子员，上书论国事，迁谏议大夫，奉武帝命出使南越被杀，死时年仅 20 岁。时称终童），黄卷（古经典）一目过即融”，“弱冠腾达脱蒿蓬（开先年未满二十即中举而飞黄腾达，脱离凡俗）”。又写其“十载天曹（吏部）输荩忠，要补衮阙裨天聪（为朝廷尽忠，给皇帝提建议）”。最后写其罢归隐居后“游心学海”、“笑抚峄阳桐（琴）”，言其“先秦直追镐丰礼（周礼），西京拍挟龙门翁（指司马迁，居龙门附近）”。

李开先有着与九思相似的人生历程，其许多著作与九思类似：看似胸襟豁达、气度宽宏、情感恬淡，骨子里透露出的仍是抱负未展、壮志难酬的郁结苦闷心情。所以他们相见恨晚，一拍即合，成为忘年挚友。九思死后，李开先两写九思传，其感情之深人神可鉴。

他们同时又是诤友。李开先批评九思散曲、戏曲的文风、韵律以及创作上拘泥于地名而害曲韵的错误，九思诚恳接受。据北京大学语言文学系、中国古典文学教研室编的《中国文学史纲》，王九思、王世贞都指出李开先《宝剑记》杂剧（或曰传奇）的剧本、曲文须经江苏戏曲家改订之后，才能演唱。但剧本对于林冲和张贞娘性格的刻画还是较成功的。

王九思重友情，还表现在和许多在任的士大夫的往来上。这些人或是旧交或是新朋，大都是慕九思名而来的，九思也都以朋友真诚相待。其中与白贞夫的友谊十分突出。

白贞夫，名悦，号洛原。江苏武进人。嘉靖十年进士，官至尚宝司司丞。工诗，有《洛原遗稿》，于其家建“洛原草堂”园林有名。时为礼部主事，其祖父白昂，官至刑部尚书，叔父白沂，官至都察院右都御史，与其子并称“四世进士”。

据《渼陂赠别序》（《渼陂续集》卷中）：嘉靖十二年（1533），礼部主事白贞夫，奉命使于韩藩（藩邸在今甘肃平凉。韩宪王松为明太祖朱元璋第二十子，弘治十四年（1501）七世传位于朱旭杅。嘉靖十二年（1533）朱旭杅病，十三年薨，子朱融燧嗣位），代表朝廷慰问朱旭杅，并监朱融燧嗣位，以示朝廷对藩镇的关怀。

白贞夫行前，翰林院屠君（屠文升，名应峻，平湖人，嘉靖五年进士［状元］，官至右春坊右谕德。时为翰林院修撰）赠其言：白君此行非专为使事，亦可览河山之胜，亦以访三秦豪杰如康海、王九思、赵时春（注）为当然事。这三人均“鸿翔凤翥，彬彬斯世，文质之士也”！

嘉靖十三年（1534）夏，白贞夫一行过鄠县，探视王九思。九思十分感动，并说翰林屠君言过其实。白贞夫与九思盘桓两日，谈及中外（朝野）甚为感慨。

白贞夫走后几天，九思乃病，暑天伏枕两月余。嘉靖十三年（1534）秋八月辛丑，白贞夫使事告竣，又绕道鄠县与九思告别。时九思病愈，想其千里行程，车马劳顿，雪后访友，诉其昔日的向往，今日契合之心情，真是古今之奇缘。九思认为他三人（包括康海、赵时春）与白贞夫“南北相去甚远，风马牛不相及”，又不同朝为官，又无长久交往，而白君如此看重，来回过访，并再三说，“非专于使事，以为豪杰而访之也”。不管康、赵感受怎样，但对于九思这“乖蹇不类，濒朽之人”，确实是“感之勃勃焉不能忘，恋恋焉弗忍其去也”。于是九思为之诗，附诸序后，曰《渼陂赠别》云。

其赠别诗大都收录于《渼陂续集》卷上，此摘录数首，以见其情。

《送白贞夫八首》其一：

君家毗陵郡，我家终南山。相去四千里，那能识面颜。
君今持使节，乘轺入秦关。取道渼陂涯，访我林壑间。
徘徊执我手，慷慨发浩叹。苦言阻隔遥，神交时往还。
嗟我樗栎姿，误为杞梓看。感激靡所赠，赠君明月环。

君（贞夫）家在常州武进，我家在陕西关中（终南山），相隔四千里，哪里能够有缘相识呢？君今奉使乘轻车（轺）由京入关中，还要绕道鄠县（渼陂涯）访我于山野林壑间。你反复执着我的手，慷慨陈词复长叹，言说苦于山河远隔不能相见，但心神交往却时有往还。唉，我这不成才（樗栎，质材差之木）的样子，你却当栋梁（杞梓，良木，可作大材）看，我感激得不知该赠你什么，只好送你明月环（一指玉环，这里大概指月亮，意为真正的朋友不以物贵而以情投）。其二：

南方产琥珀，草芥满西土。琥珀世所珍，草芥人莫顾。
一朝持琥珀，拾芥芥与附。借问胡为然，气类有感遇。
君子贵同心，形迹靡所虑。

九思谦恭地将自己比作西土草芥，将白贞夫比作南方的琥珀。这种高贵（世所珍）与卑贱（人莫顾）之物为什么能“相与附”？原因是“气类有感遇”。所以说君子贵在同心，是无所谓形迹相异的，也即贫富贵贱不能阻碍君子相交的。其三：

萋萋庭下草，白露何溥溥，秋回病体苏，君自西凉还。
口吞黄河流，腹贮崆峒山。解携炫双眸，五色呈琅玕。
神工靡雕琢，至宝非靡坏。流行宇宙中，千秋长不刓。

在萋萋青草茂盛、白露遍布的秋天，我的病体复苏，白君你也从平凉返回。你此番西去，口吞黄河之威势，腹贮崆峒山的灵气。解开行囊亮出令人眩目的五色宝石（琅玕）。九思赞扬此美石为神工无法雕琢的至宝，在宇宙中千秋万代都不会磨损的。估计此美石为韩王所赠，九思以美石喻白贞夫的美德与神姿。其四：

君携阳羡茶，来烹渼陂水。二物各一域，气味似且美。
欻然乘风回，翱翔青云端。迢递凤凰城，道阻不可跂。
嗟哉伤我心，眷恋哪能已。

白贞夫带来阳羡（江苏宜兴）的茶，用渼陂（鄠县）水来煎烹。二物相隔甚远，但气味相似且美，以茶水言其与白贞夫意气相投。但白君不辱使命将要乘风东去（回京复命），像翱翔青云的大鹏，前途无量。可那遥远的京城（凤凰城）道路险阻，岂是我以双脚缓行（跂）可达到的？唉，这实在让我伤心，眷恋朝堂的苦衷那能忘呢？这里有暗示白贞夫回京举荐之意。九思时年66岁，海瑞72岁尚能复官为南京巡案御史，说明明朝对仕者年龄界限不严。其七：

老夫病起临幽径，嘉客重来访敝庐。
太保中丞曾面识，世勋国史亦亲书。
喜看三叶郎君贵，争迓双旌使者车。
此日文章谁与并，他年竹帛定如何。

老夫（九思自称）病起到幽径漫步，得到白君重访的消息。太保中丞（巡抚一级）这样的官员也来拜访我，我也曾在朝廷修过国史，这些我都不看重，惟看重（三叶，指使节的旗标）白君你，迎接你那插有双旗的使车。在今日谁的文章能和你相比？将来的史书应该有定论。其八：

君家季父尚书幕，我也承明谪省郎。
五夜共趋朝北阙，几回扳饮坐西堂。
未能展足空麒麟，问说遗雏有凤凰。
盛世好音应可待，早瞻旭日上梧冈。

九思与白君叙家世，方知白君叔父白沂曾在督察院任职。九思言，我曾同你叔父五更共同上早朝，也曾攀高饮酒于他的客堂。可惜你叔父虽有才华而未得展示（未能展足空麒麟），不知他的后辈有无杰出者（问说遗雏有凤凰）？如果没有也不要紧，在这“盛世好音”的年代可以等待，希望早些看到年轻的才俊到朝廷。

九思长期隐居乡野，昔日的朋友已经云散。突然有京城的使者来访，自然给其孤独的境况增色添彩。白贞夫是朝廷使节，这种来访是否暗藏有重新起用的机会，想必九思是有所意识的，不然为什么对白贞夫的来访如此珍视！而白贞夫又特别同情和敬重九思，加之白也善诗文，他们必然有同声气之好。从他们留下的诗文看，亦可说明他们相见恨晚，交谊极深。

（注）赵时春，字景仁，平凉人，嘉靖五年会试第一，选翰林院庶吉士，改官户部主事。因上疏言事反对佛老之术，触怒嘉靖帝，下诏狱。后复任翰林院编修、山西巡抚等职。时春善言兵，曾亲率兵御边，一战而败。但在当时“将帅率避寇不击，为督抚者安居坚城，遥领军事，无躬搏寇者，时春功虽不就，天下皆壮其气”。“时春读书善强记，文章豪肆，与唐顺之、王慎中齐名。诗伉浪自喜，类其为人”。

三四　重商务本　关心民生

王九思在嘉靖十二年（1533）刊行的《鄠县志·风俗》中说：

班固言，丰镐之民有先王遗风，好稼穑，务本业。其后去本就末，崇侈靡，远先王矣。呜呼，此就汉世而言之耳，其后盖又可知也？如吾邑成化初，服食器用、嫁娶送死，俗尚简朴。闾阎多敦厚长者，尽力于田亩，无游荡者，以此多富实，兴于礼让矣！一变而弘治初渐入奢，然旧风未殄，其犹可观焉。逮其末年益大变，相竞以弊浸淫，至正德极矣。自其服食器用观之，若华靡倍蓰其中，则无何有也。盖稼禾未及熟已刈而食之，又喜享赛神，倾囊不吝。至赋税鞭血淋漓不入也。乡邑无老少习为浮华，见朴实忠厚者，不侮则笑之。又抉人长短以为能，不论德行，论富论势力。以此成俗，求成化时不可，况望其上乎？

社会风尚是思想观念的反映，也是人们生活行为过程的表现，归根到底是受物质生活的制约。明代中后期，社会生产力得到较大发展，进而商业发达、城市繁荣。从而又引发官商合流、金钱万能，社会道德沦丧，官场腐败等丑恶现象。这正是上述九思对当时社会风尚估量的原因所在，也正如续编《鄠县志》（万历四十六年修）的刘璞对九思这段话不以为然地说：“奢靡由富厚生也，民皆垫隘愁苦，何以奢？”

其实，九思写这段话时已经居乡二十余年，他只能以鄠县，最多是关中地区的情况看，不可能全面把握发达地区、繁华富贵乡的事实。据刘志琴《晚明时尚与社会变革的曙光》(中华书局出版的《文史知识》1978年第1期)，作者在大量列举明中期官员、妇女、缙绅在服饰方面争奇斗艳，不惜违反和逾越封建礼教的种种制度后，认为由于社会商品经济的发展，金钱在商品流通领域“显示了超乎特权的神通，谁能占有它，谁就能享受一切，礼制在金钱面前不得不败下阵来。越礼逾制，实际上已被人们承认为理所当然的事情”。“是非荣辱观念的变化，甚至改变了最讲究门当户对的婚姻习俗”，“出现了世家大族与暴发户联姻结亲，所谓‘婚以富贵相高而左旧族’的现象”。

王九思作为一个关心时务，对社会变化敏感的文人，他不会不认识到活跃的商业活动，对社会进步的作用。只是“商品经济”这把双刃剑的另一刃，刺伤了名教规范下的伦理道德，使社会丧失了拘谨、守成、浑朴的风尚而令他忧虑。经商在封建社会虽被视为贱业，但在对待具体问题上，九思并不抑商，而是对商者采取赞扬的态度。当然这也与九思的家庭及社会关系有着重要的关联。首先，九思的祖父王铉曾经经商。《王氏族谱·王铉传》中，九思写道：“长清府君（九思祖父）困于学舍（不能取得功名)，诸弟幼而无力，乃弃（学）而干蛊（干父亲不能做的事，此处指经商)。”也正是王铉的经商，广积家财，才使九思父王儒，甚至九思兄弟习举业得以财力的保证。

九思的岳父张臻（字仲毅）为经商世家，以盐商致富，在咸宁、长安为巨富。九思在翰林时赵夫人亡故，归葬期间与张夫人结缡，正是改变了门当户对的婚姻习俗，况且张夫人还是张臻侧室所生，这对于时为鄠杜大家的王氏家族，不能不说是一种观念上的突破。九思在《明故七品散官张公墓志铭》中言及岳父：“公自上世皆隐于贾，贾盐。至公益昌其业，与其弟泰、凤西走河东，东至辽阳，北至于甘凉之墟，浮淮而南，率以盐贾。成化中乃挈其家，卜居扬州。独东川先生（臻之弟张鸾）是时已举进士，为令，后又为御史，赫然京师。而公与诸兄弟者益以贾显。于是关中人贾扬州者，皆推戴公。”九思岳父经商富甲一方，令其弟张鸾习举业为官，达到官商结合，愈益左右逢源。

九思二弟九叙，中举后无意仕进，“乃教家人作陶朱（经商）治生产，而其长子渼复善于贾，于是二十年遂富甲一邑。乃起大宅，修大园，起居饮食备极丰美”(《王氏族谱·九叙传》)。其子渼、海俱输金为秦王（秦藩）府引礼舍人。

九思挚友山西蒲郡梁孟卿弃学从商，九思与其交往数十年，情谊甚笃。突然得到其死亡的消息，“怅然以为悲”，葬期甚迫，天又苦寒，九思含悲于当夜为其作墓志铭。其在《明故国子监生梁孟卿墓志铭》（《渼陂集·卷十二》）中，述及孟卿“父善贾，家累万金。日夜恐坠其业。其长子桂，早已授经为国子监生，余子栱、枞尚幼，惟孟卿稍长可贾。然自少颖敏读书，又不忍弃去，乃遣为郡庠弟子员。寻又恐失贾，会例输粟助边，为国子监生，然不仕，即隐于贾。西游三秦，囊金皋兰之墟，买骏渥洼（汉武帝良马，此处喻良马）之涘，东抵大梁，泛舟河南，浮淮海涉江而下，至吴越之会，凡四十年。贾辄获利数倍，郡中称富人，辄推梁氏，然多由孟卿”。在这里九思毫无偏见，将经商与举业等同。可见其对友、对商的推崇。

但九思对商人致富后的举措比较关注，反对为富不仁。认为其岳父能慷慨解囊、仗义疏财，更能“尝输粟边庭，助天子伐匈奴，授七品散官”，为商之榜样。赞赏秦藩良医王大器以盐商致富后，募民输金的行为：“君乃浩然叹曰：天子有事匈奴，百司奔命，我独区区守资何为？于是输金受秦府良医爵。”（见《渼陂集·卷十四》）

在《明故处士杨君墓志铭》（《渼陂集》卷十四）中，九思对于富而有善举的杨处士（名纮，字大纲），能疏财仗义十分赞赏。杨处士处置家族事，能至孝尽义，家有百口而同爨（灶）且无异言，郡守以“五世同居”请表彰其于乡里。亲朋旧友依靠杨处士举火（炊事）者百余家。成化末年，关中大饥荒，人相食。杨处士出谷百石赈饥。有贫不能婚丧者亦助之。见少壮子弟群居嬉戏，问其何不谋生计？对曰贫乏，乃给以资，令其贸易。郡中贷其资者不少，多无力偿还。处士君知之，将其债卷付之一炬。有姻亲遭陷害，百余人遭系大狱，处士君以白金二十梃救之，不望报。这样疏财仗义的杨处士，却自奉节俭，生活费用与常人一般。

王九思在盛赞杨处士的同时，有意无意使我们看到，其对二弟九叙及其长子渼，以经商富甲一方而骄奢淫逸的谴责。言其弟九叙“资用大裕，乃作屋宇、治产业甚盛”（《渼陂续集·王禹夫墓志铭》卷下），又输金给两子买官。“与人交言厉而心不苛”（意在厉，不在‘不苛’，因是墓志，语平和），“其晚年颇以声妓自娱”（引文同上）等。九叙还为其子渼“置宅第一区，有楼有堂，巍乎焕然，甲于一邑。又于后园构自逸亭，黝垩纤丽，金璧辉映，奇葩珍果，杂植其前，宛然一洞府也”（《渼陂续集·侄渼墓志铭》卷下）。可见其豪华奢侈。而渼后又“日事土木，乃于居之西南隅作萃景园，所费甚钜。又于居之后隙地构一望远楼，高三丈余。……又欲构堂五楹，亦高三丈余，木石具，而病作不果。又终日营营出贷而入息（竟以贷款收息为营生）”（引文同上）。九思在九叙、王渼的墓志中丝毫没有提及其以资财做仁义之举，甚至连本族本家也无惠及。当然为人作墓志文，总不至于指责。不述其德，即是指责其行。

从以上我们可以看出，九思对经商并无偏见，且对个别成功者予以赞扬，应当说他对传统的重农轻商、重本抑末思想有所突破。但他又虑及商品经济的发展，会对传统的伦理道德、儒家礼教以冲击与破坏，使社会“不论德行，论富论势力”。鉴于此，王九思的重商价值观念，在于以商之道弥补沦丧了的道德，以商之财平抑社会的贫富差距，以商之力帮助朝廷御边，使国家达到长治久安。但这是不可能的，一旦商品经济这一潘多拉盒子被打开，就无法收拾。九思其实是陷入以魔制魔的矛盾怪圈中。况这种商品经济的发展，还将导致帝王专制的破产与倒台，这也是九思所始料不及的。但可贵的是九思对商业的重视，毕竟是一种朦胧的意识觉醒。

从本节一开头的论述中，我们不难看出九思依然是传统的中国士人，“务本”仍然是他的主导思想。当然在那个商品经济还不发达的时代，这种“务本”仍有其积极意义。他首先关怀的是百姓的生计，以百姓的苦乐为苦乐。同时追求社会的公平，使耕者有其田，老有所终，幼有所养，以期达到儒家理想的大同世界。

九思“务本”思想首先表现在其对农事的歌颂上。

其在一首《蚕》（《渼陂集》卷六）的短诗中道：“迟迟春日叫仓庚，采采柔桑满旧篚。公子衣裳应有待，豳人风俗正含情。”意为：暮春（迟迟春日）时节黄鹂（仓庚）歌唱，茂盛繁多的嫩桑叶装满竹笼。公子（泛指年轻讲究的人）将要穿上丝绸织成的衣裳，这正是豳（周朝故地，此泛指关中，也是后稷教民农桑之地）人养蚕织丝风俗的情趣。当然采桑养蚕、抽丝织绸都是少女少妇之事，这“公子衣裳应有待”，也正是少妇少女对情郎的爱情表示。此诗为歌颂农桑之美与人情之和谐。

《西郡杂咏十首·秀麦》（《渼陂集》卷六）：

四野麦秋至，把镰见双穗。持以献明府，徘徊不忍刈。
郊外芃芃麦，双歧有几家。却笑河阳县，只栽桃李花。

这是九思到西郡（指郿县、岐山一带）沿途看到的景象。看到双穗麦，实为瑞象，也指古嘉禾。麦主徘徊不忍割，持之献给县令（明府）：这郊外多而茂盛（芃芃：《诗·鄘风·载驰》有“芃芃其麦”）的麦子，长双穗（双歧）麦的有几家？结尾“却笑”一联，为西晋文学家潘岳事：潘为河阳县令，满县种桃花。人称“河阳一县花”，后以“花县”为县治美称。此处九思反其意，认为地方官要重视关系民生的粮食，不要种植无关紧要的桃李之类。

《立秋三日雨》(《渼陂集》卷四)：

> 立秋三日雨，禾黍发西畴。我本扶犁叟，能无击壤讴。
> 鸣鸠拂凉树，巢燕湿归楼。伫看明朝霁，南山紫翠浮。

秦地多干旱，尤其秋旱往往使庄稼绝收。所以三日雨（透雨）必然给禾黍带来勃发的生机，给农人带来欣喜。从“我本扶犁叟”句看，九思已直接参加农业生产。这一方面是士大夫“耕读传家”的家训使然，另一方面应是九思晚年渐趋贫穷，无力雇佣农工而亲自扶犁，已将自己融入农夫之中。所以“三日雨”之喜是与农夫心情一致的。“击壤”，本是古代一种投掷游戏。晋皇甫谧《帝王世纪》：“(帝尧之世)天下大和，百姓无事，有八十老人击壤于道。”“击壤讴”当指九思虽不屑与农叟击壤游戏于道，但却对此赞唱歌颂，以体现农家得雨之乐。“鸣鸠”、“巢燕”一联，是作者以喜悦的心情看雨后鸠、燕的欢跃举止。在这种情境下，作者伫立在晚霞辉映中，犹如一具雕塑般凝重，想着明朝天开云散，阳光中浮动着终南山紫翠的景色。

有关九思亲事农作之事，还可在散套［小梁州］《七旬自寿》(《碧山乐府·套数下》)中看到：“凿井耕田事可为，灌圃扶犁。孙儿开卷口吾咿。两件儿真活计，此外再休提。”“两件真活计”简直就是老农夫的真实写照。《和杏村子喜雨二首》(《渼陂续集》卷上)之二：

> 老来农圃事，我愿学樊迟。雨落呼田叟，莎长问牧儿。
> 看云搔白首，出郭杖青藜。万姓多憔悴，何人是国医。

九思不做“四体不勤，五谷不分”的孔圣人，而要做“小人”樊迟，这也是一种挑战世俗的气度。天雨与农牧事息息相关，九思呼田叟，问牧儿，拄着藜杖出城看云，是否还有雨？看到农夫的憔悴相，他叹息而发问：何人治理国家才能使百姓不受苦？

《喜雨》(《渼陂集》卷五)同样抒发作者对农事的关心，同农人同呼吸共命运的心情。先年五月无雨，今年五月“大雨飞”，农人不失这大好时机，雨还未停就收拾着耒、耜等工具“候晴争播谷”。九思在园亭“觉爽笑更衣”，换上下地的衣服，准备播谷。天晴了，九思荷耒耜下地，路上看到邻里农人脸上有了红色（回菜色），并想象着未来的“秋风禾黍各依依”的茂盛景象，实为憧憬丰收。

天道无常，有雨必有旱，有喜亦有愁。七绝《久雨四首》(《渼陂集》卷六)的第一首有："秋禾烂死不可救，田父伤心只泪流。恰似天公无管束，雨师恣意声飕飕。"这里怨天公无人管束，似有另指：这首诗在卷六第十二首排列，按时序推大约是正德中后期，时武宗皇帝正恣意妄为，朝纲大乱，百姓受害。他像雨潦天的"雨师"，恣意倾泻飕飕大雨，而不顾百姓的死活。如若无此双关意，至少也是与农人同愁苦。

《摘菜》(《渼陂续集》卷上）诗则是雨潦已成灾了。"来牟（大小麦）停耒耜，粳稻阻饔（早饭）飧（晚饭）。野湿牛羊瘦，亭空鸟雀喧。"这种农事不兴，庄稼歉收，农人无食，牛羊羸瘦，连鸟雀都饿得在空亭中喧叫。九思只好早晨带领儿童到西院去摘菜，以度饥荒。

老天总是不睁眼。《雷后雨雪》(《渼陂续集·卷上》）序言："雷后雨雪，人以为灾也，忧而赋此。"其灾异惨状："前夜闻雷后，连朝雨雪繁。随风兼雹至，杀麦动人言。"雷响至少应是暮春或初夏，但雷后居然"雨雪繁"，更兼冰雹，简直是砒霜（也称人言）杀麦，令人惊异。"春服寒乃换，麟经老更翻。"这种反常的气候居然叫人换上了寒衣，真是天道老而反了！麟经，原指《春秋》也称《麟史》，这里指儒家经典代表的天道。"史臣堪纪异，谁达紫薇垣！"作者简直在疾呼：我（史臣：九思曾为史官）在野数十年，只配将这些灾异和农人的疾苦记录下来，可不知有谁能将这些送达朝廷（紫薇垣：北极星垣，玉帝之居。此指朝廷）！

但九思并没有绝望，他希望有像吴六泉那样的地方官，能够关心民瘼，"救苍生渴"。《悯雨篇为太守六泉吴公赋》(《渼陂续集》卷上）记述吴六泉太守（汉郡守，这里泛指地方官）"悯雨身如灼，瓣香（烧香）吁天赤心托"。虽然这种祈天求雨非能奏效，但在当时连皇帝也祈神告天，求得风调雨顺的情势下，地方官虔诚祈雨之仪并非虚妄，他起码体现了地方官与百姓与朝廷与神灵精神上的沟通，使老百姓有一种心理上的依托与安慰。这吴太守还真幸运："天丁鞭挞老龙起，黑云泐空雷雨作。一日三雨民乃足，千门万户喜雀跃"。当然祈雨成功，太守高兴之余，便"坐对南山兴潇洒，自拂古桐（古琴）理弦索"了。九思认为这"天人交感有如此，元气亦在人斟酌"，赞扬吴太守为古循吏，是百姓可依的父母官。在此，九思通过对吴太守的赞扬，要地方官关心百姓。

王九思关心百姓，"务本"而不去末，从总体上讲是关心国计民生。他的重商务本理念，还是基于儒家经邦济世思想。国富了，民就强了，反之，民穷困了，国家也就虚弱了。所以他虽在关中一隅，心系农事商务，同时对关系国计民生的盐务知之甚详。

王九思于正德十二年（1517），也就是罢归的第六年，应（山西）安邑知县张镗之请，作《重修河东陕西都转运盐使司庙学碑》（《渼陂集》卷十一）文，以记述监察御史南昌人熊寔任都转运盐使，下车伊始先修庙学的善举，同时涉及盐务。盐务一直是中国历代国家税收的重要来源,有明一代盐务始终关系到国家的财政命脉。熊寔到任以前，盐池四周垣矮，捍御流于形式，致使盗贼与守池之卒内外勾结，盗盐猖獗不可抑，盐税大量流失。熊寔到任三月，“剔蠹擿颣，威惠并行，整饬法纪”。又与地方协作，以半年时日鸠工庀料，修筑了围池的城垣。既制止了盗贼又保证了国家税收，且对商家有利。因此，安邑知县张镗又委托九思作《新修河东陕西都转运盐使司盐池周垣之碑》（《渼陂集》卷十一）文。在这一文中，可知非度支出身的王九思对盐务之熟知，亦可见其对关系国计民生的盐务之关注。

九思言道：“盐于民用，功埒（相当）五谷，然自冀、兖、徐、扬，至于江浙，又南至于闽、广，又至于荆、梁、滇南诸郡，罔非由人而作硝卤而成者也。惟河东之胜，涌水为池，几二百里祥飙，拂拂来自东南。水肤凝结，如瑶如瑜，望之莹然，取之复结，盖覆载之奇宝，生民之钜幸也。于是全晋之地以及雍、豫、蜀、汉之交，悉仰于此。国朝建制，乃于池之西北，安邑之墟，树之运司，官之长贰（正副），因地以兴利，执券以御商，榷课以供国，流贩以裕民，上令下靡，公私具足。又岁命监察御史一人，赐之玺书，往莅其事。若官之臧否，盐道法不法，悉以宪度从事。”据其铭“条山之北，钜河之东”可知，此盐池在今晋南之中条山北，黄河以东。“肇自鸿蒙，环为澄陂”，知其盐池形成之久远，由于围成陂（积水）而澄盐。不知此盐今之状况！

三五　关心教育　教授诸生

正途出身的士大夫大都关心教育，因为他们就是从那条路上一步一阶地走过来的。九思父亲王儒的仕宦生涯，是县、府教谕、教授，而且九思从小随父任上读书，体认了这种生活。从父亲的政绩中，他更知道教育的重要。罢归后的王九思，作为地方士绅，他的社会地位、责任意识，自然使其对地方教育十分关心。

嘉靖初年，鄠县知县康汝修将县学宫修葺一新，“诸士乐而美之”。于是九思作《南山诗》（《渼陂集》卷一）赞赏此举，歌颂康汝修的功德，也因此与康汝修结为终生挚友。

据《鄠县志·官师》:“康天爵,字汝修。山西临汾人。明嘉靖二年(1523)进士,任鄠县知县。其行事以安养百姓为本,不穷治词讼。任职期间修城垣、建学校,培育英才,为他令所不及。逾四年以御史起迁德安府同知。有去后之思,祀名宦祠。”可见康汝修是一有作为的知县。

《南山诗》的南山,即终南山,在鄠县境内,往往为鄠县的代称。《诗经·小雅·信南山》即以绵延不断的终南山为象征,歌颂农事丰收,祭祀求福。王九思以此为题无疑是一种象征:其篇首句“南山,美康侯也”,即以美伟的南山比拟康汝修。他如此赞美康汝修的原因为:“惟兹鄠学,多历年所。日就颓坏,官师失据,士因废业。茂才俊异,亦蹇于成。侯用疚心,作而新之。以兴礼乐,施教化,成人才,裨治道焉。诸士乐而美之,作是诗也。”意为县学历年久远,已经颓圮,县官、教谕无法施教,士子废学,致使优秀学子无法成才。康侯莅任,心中不安,乃修葺一新,以便兴礼乐、施教化、成人才,有益于大治之道。诸士高兴而赞美此举,因此我作这首诗。诗的第二、三、四段,主要讲学宫的历史:鄠县有崇高的终南山,沣水从东流过,自古就蕴育着灵气,因而周朝才在这里建辟雍(周太学)。我大明兴,于此作城垣,并辟学宫,用以造就人才,以供国家之用。这个学宫最早是谁修建的呢?是先师张子(张载,北宋理学家),他想得这么周到细微。时间既久,学宫忽坏忽兴。遂有一徐令,重新修建,使优秀学子有受教之地,为国家培育了人才,功绩很大。徐令离开,不到百年,其间虽有兴作,但终使堂庑圮坏、荒草满院。这期间虽经几任知县,他们视而不见,充耳不闻,因循守旧,以至于学宫颓废至极。

如此境况,九思不禁感慨:“嗟,废之极,惨其戚矣。虞堂斯倾,师离席矣。青青子矜,止无室矣。履迹息矣,蒿莱殖矣。行道啧啧,为我心恻。”教师离去,学子无室,人迹不至,蒿草繁茂,连行人都叹息,我怎能不痛心?

“天启斯文,佑我鄠人”,康侯来后,保护百姓,既获得丰收,又使百姓走向康庄之道,百姓获得生息,脸上挂着润泽的颜色。康侯认为这是修葺学宫的时候了,于是乃有此作。

新作的学宫:“讲堂翼翼”、“斋庑殖殖”、“肆舍戢戢”、“中门仡仡”、“(壁画)烂其有色”。

学宫作成,这是康侯降的及时雨,于是我们就得考钟击鼓庆贺一番。其场面:“有蒲(香菜)斯菹(肉酱),有鹿斯脯(鹿脯:干肉)。岂乐饮酒,观者如堵。猗我髦士（年轻的士子），载歌载舞。”可见酒席之丰盛与场面的欢腾。

以下为赞美康侯的词：高大的学宫既深邃又新刷，康侯到来，从者如云。他们快乐地来到泮水（学宫的水池，三面环抱，形似半月）边，采那里的芹（《诗·鲁颂·泮水》有“思乐泮水，薄采其芹”）。道德光明的康侯，你和善而谨慎，能自修其身。你道德高尚，没有不对的地方，各种福气都会来临。高大的学宫，是我优秀学子的依靠，他们高兴地来来去去，或执经问难，或质之史实。康侯说：来吧，求学研究，像在孔子设教的泗水上一样。

到了“京察”之年，祝愿康汝修官运亨通：“学宫既成，侯心载宁。会其政成，入觐于京。入觐于京，天子是征。是翊是冯，作耳目股肱。”（是天子的屏障护卫，作天子的耳目手足之臣）在“泮水粼粼，南山出之”的时节，康侯要进京了。“其车辚辚”、“其御侁侁”（送的人很多）。用什么赠送给你呢？“点瑟回琴”（曾点、颜回均为孔子的学生。曾善鼓瑟，又与孔子对人生快乐追求相同；颜能识孔子的琴音，又是孔子的得意门生，他们是孔子的知音。此处指以“知音”为礼物送与康汝修）；什么时候能将其忘记呢？山高水深（言其垂诸久远，与山水相传。此处也以俞伯牙与钟子期为知音相比喻）。

通过《南山诗》对康汝修的歌颂，即可见九思对地方教育的关心。由于钦佩康汝修重教的善举，王九思和其经常来往。他们曾往鄠县丈八寺村同观胡公泉，并留下七古《同康侯观胡公泉歌》（《渼陂集·卷三》）的美好诗篇。其中有“汲泉煮茗试一啜，顿觉清风生两腋。康侯兴起狂欲舞，啸歌声激浪花白”。生动形象，亦可见其性率真、情契合。

在《代赠康汝修三首》（《渼陂集》卷二），代赠：以诗代物之意。其中第三首却是微妙。像这样的私心，如果不是特别知己，是不会轻易流露的。且看：

白云栖岩壑，神龙在渊水。一旦风雷合，云忽从龙起。
士怀经世略，偃仰困百里。冠盖见督邮，丈夫未为耻。
忍性益未能，古贤每如此。修途御轻车，发轫自兹始。
去矣吾康侯，皇悰方眷尔。

前四句言：只要是神龙，有朝一日风雷际会，是会腾云而起的。胸怀“经世略”的志士，往往仰卧困百里，但若能穿着官服去见督邮（不像陶渊明那样固执），并不将这当作羞耻，岂不是免遭谗言构陷吗？可惜古贤人“忍性益未能”，也就落个悲惨下场。这里无疑有一种淡淡的追悔心理。希望康汝修不要走自己这条路，要

"修途御轻车，发轫自兹始"（结交权要，给自己修好仕进之路，然后才能轻车熟驾而进发。想必发达的人都是这样做的），将来一定能得到皇帝的赏识和重用。这时的王九思已完全被世俗俘虏，以自己的切身利害去奉劝别人，虽见其悲，倒也真实。

嘉靖十三年（1534），鄠县来一位教谕，名张晦夫。其人对县学教育失职，致使本来就"二十余年经七试而无一举者"的鄠县官学，更是雪上加霜，不可收拾。九思在激愤之下，给张晦夫一书，毫不留情地指责其失职。这在九思与人交往中是极少见的，亦可见其对县学教育的关切之至。现将其《与教谕张晦夫书》（《渼陂续集》卷中）录之于下：

九思再拜张君执事：师道之不立久矣！清才美质嬉于汗漫，有如不贯之珠，若是者三十年。仆尝欲一开口言之，人非知己，不敢轻进。且虚心听言者少，护疾忌医者多，以此因循竟未一发（进言先给张晦夫"戴高帽"，并将之引为"知己"）。前年壬辰夏，仆撰《鄠志》，方述"官师"列传，而执事适至。仆喜，乃为之辞曰：嗟乎，师道至今，日其可异哉（对张晦夫的来到抱以希望）！予述正德前诸先生，未尝不叹息焉。乃今得张子，是仆所致望于执事者，竟未尝不厚也（对张晦夫以评价）。

然自执事莅教以来，及于幼而或遗于长，偏于德而或爽其威，往年之习未克尽除，宾兴（地方官员招待应举士子曰宾兴）之典竟尔落莫（同落寞，冷落。此段说张晦夫到任仍因循不作为）。呜呼，予鄠自有学校以来，未有二十年经七试而无一举者！仆于是时（经常）拊几顿足，不能为□，不审诸友之怀，当如何也？又不审执事闻之其怀，又如何也（这样的局面我不得不说）？

仆以为，大凡人家门庭整洁、和气蔼然，子弟干（求）理如恐不及，则其家必兴。若门庭荒秽、洒扫弗加，子弟奴仆疏散怠惰，则其家必败。此不可易之势也。往时仆尝至于学舍，则见夫尘埃盈席，蟏蛸在户，人迹罕至，书声绝无，萧条空阔，有如废弃，心切讶之，而未敢言。然外人持风水之说，以为东城当去一垣，文庙外当增一台，而不知风水之大不可者，则在此而不在彼也（往昔固然可悲）。

夫往者不可及，来者犹可追。书曰：敬数五教在宽。敬之一字济其宽也。又曰：同寅协恭和衷。和衷二字消其异也。乃今主教者执事，分教者马、王二君也，其始至今，同心一德，约束多士，萃之馆舍。馆舍不足，责在有司；有司罔闻，告之提学；其为教也，风雨必集，寒暑罔间；申之以孝弟，责之以躬行；读书以明其理，作文以要其成，榎楚（亦作"夏楚"，木制刑具，用于笞打）以收其威，鉴赏以作其气；情爱所及，贫富惟均；授受之际，衣冠必具，岂有亵衣小帽从事于明伦之堂者乎？若是则士化人才兴矣。若是而士心不化，人才不兴，则师道可不立也，然万万无此理。或有讽于予曰：古称匹夫而化乡人，公得无与有其责乎？仆应之曰：仆也，衰朽之人也，德微行阙，学识浅陋，率子侄而不从，况乡人乎？然好德之心，老而未替，败北之耻，久不能堪。故敢告于执事，执事纳而行之，不以人废。是岂惟老夫之幸也！惟执事察焉。甲午冬十二月二日，九思再拜。

最后九思还给张教谕讲道理，让他和同事“协恭和衷”、“同心一德”、“约束多士”，教其读书明理。同时要求他严明纪律、分明赏罚、讲究礼仪，这样坚持下去，如果还“士心不化，人才不兴，则师道不可立”，是万万无此道理的。此文先是礼节性地对张教谕“恭维”一番，接着是毫不留情地指责，接着又缓和一下情绪，说明这种萧条局面由来已久，不是张教谕造成的，为下一步谆谆诱导铺垫。接着在大段文字中，能动之以情，晓之以理，目的还是希望其改弦更张。这种文法起伏有澜、跌宕有致，加之情真意切，想必一定会感动张晦夫的。

张晦夫离任后不久，又来了一位王学谕，据《次韵王学谕四首》（《渼陂续集》卷上），九思似乎与王学谕相识，王学谕到任后即去拜访并赠诗于九思，九思次其韵作此四首七律。其一：

鄙吝逢君顿觉无，浊醪恨不饮千壶。
香飘红雨风回树，影落青天月在湖。
敝馆翻劳君作主，闲居真愧我非夫。
醉来直到忘形地，尔汝樽前信口呼。

九思当是在暮春时节夜晚，于渼陂书院宴请王学谕的。他们在落花（红雨）香飘、和风摇树影的陂岸（渼陂）上设宴，陂水映出青天，好似月亮在其中（“影落青天月在湖”为倒装句，若“青天月影落在湖”就平了）。在这样的美好环境中，客主真是“恨不饮千壶”。但意不在酒，而是“敝馆（指县学）翻劳君（王学谕）作主”，我闲居无能真惭愧（以自我贬抑恭维王学谕）。他们喝得醉而忘形，居然互相间直呼其名了。此诗首联起句奇崛，先自我贬抑为“鄙吝”，逢见王学谕“顿觉”大度无比：浊醪恨不饮千壶。形成强烈的反差，读之使人震动。这虽为“诗势”的必然，实则嘉靖十三年（1534）后，九思年逾七十，家境渐趋艰难，加上多病，几陷于贫困，能设家宴招待王学谕已属不易了。在第二首诗中有“白驹空谷思嘉客”句。“白驹”为《诗·小雅》篇名，中有“皎皎白驹，在彼空谷”句，形容极难得的音讯或事物，以比喻王学谕是盼望已久的难得人才（嘉客），其主鄠学事，则鄠学有希望也！其三：

诸君清范眼前无，良治何曾出哨壶。
巨鲤春深掀禹浪，长蛟雷动起云湖。
文章星斗今魁选，人物羔羊古大夫。
指日相逢霄汉上，门墙还许姓名呼。

首联言：县学管理、教学诸君，眼下无有规章范例。“良治”句之“哨壶”为不正貌。语出《礼记·投壶》：“某有枉矢哨壶”。意为有良治策略的人怎能投到壶外——有不正的方法呢？引申意为相信你会有良好的管理方法不会出错。颔联：“巨鲤（指举子）春深（指春闱——会试）掀禹浪（跳龙门，龙门在今韩城境之禹门口，因称‘禹浪’）”，意为王学谕主县学，鄠邑将改变“二十年经七试而无一举者”的局面，是会有人“登龙门”。这时鄠邑的人才如蛟龙得水而雷动潮起（此联为流水对，词意递进自然）。颈联：赞扬王学谕以文章高名选拔为鄠邑教谕，其像《诗·召南·羔羊》中节俭有德的古大夫一样，受到世人的尊敬与赞扬。尾联：将有不少的鄠邑才士到京城应选，由于他们为同一师座的学生，彼此间直呼姓名而无须客套。

第四首，九思以“百年身世双衰鬓，万里云山一懒夫”自我嘲弄，以“爱客（王学谕）高情惭北海（孔融），咏梅佳句（当是王学谕有咏梅句）忆西湖（指‘梅妻鹤子’的林逋）”抬高王学谕，希望其能为县学做出贡献。

不管怎么说，九思的用心还是良苦的。这也是九思关心教育的情怀。

据康海《对山集》卷十三《送樊子瑜序》：樊于正德末年任鄠县教谕，“与敬夫交且厚也”。康海每访九思于鄠杜，“因与樊君交”。“后樊君以家艰去鄠杜，予（康海）每至鄠杜，王君（九思）必称曰：安得樊君与之共坐以论哉！见怀于君如此”，可知九思与樊教谕交谊之深。

王九思罢归40年，经常教授生徒。据《重修鄠县志》（1933年版）载，鄠县有渼陂书院，为渼陂教授生徒处，可知九思当时曾设馆教授生徒。十亩园，应是九思家园，内有春雨亭。据《重修鄠县志·古迹》：“十亩园旧志（指清乾隆以前志书）即渼陂书院。内有春雨亭，康对山为之记。又有且坐亭、紫阁峰（当是模拟的假山）。今俱亡。”

从九思的诗歌里也可见其教授、推荐生徒的情况。

《渼陂集》卷四有《送徐生入试》和《代徐生赠杨令》两首诗。徐生应是九思的入室弟子，其虽“弱冠游文苑”，但时运不佳，“苍天困尔才”。九思教授后，认为是可造之才。在徐生即将入试（乡试）时，九思作诗鼓励，说徐生“鹿鸣迟发序，龙蛰待风雷”，意为从（发）庠序（县学）去赴鹿鸣宴（中举的代称：鹿鸣为《诗经·小雅》篇名，《诗序》说其为宴群臣嘉宾所用的歌。后为中举士子的庆宴，在宴会上歌《鹿鸣》因称鹿鸣宴），像是蛰伏的龙等待风雷际会。你“步月今攀桂”（亦为中举的意思），将来还要“调羹用作梅”（宰辅之职为协调君臣关系，因称为调鼎。梅为酸，与盐均为调羹的主要味，因也指宰辅）作宰辅。只有这样，才不会有负你曾读万卷书的辛苦。

这还不够，九思又向杨令推荐徐生，即《代徐生赠杨令》。其诗曰：“泣别尽沾襟，鲰生思独深。青萍怜薛卞，钟子赏鸣琴。道路原非远，门墙许更寻。倘蒙引手力，不负白头心。”九思向杨令（应是县令，有对提学推荐人才之责）说自己与徐生挥泪泣别，鲰生（指短小愚陋之人——九思自谦）陷入深思之中。首先向杨令说明和徐生的感情非一般。青萍之剑（薛卞）与钟子期赏琴的才士，不必远道求取，他在县庠（门墙，指县学）能够寻到的，但这需要你举手引力，才能上一阶。如果真能蒙你杨令推荐，也不负我这白头人一番苦心了。想必以九思的社会地位和影响力，他的推荐是不会落空的。

一位曾从其游的种姓生员，来看望九思，并向其索取李白诗。九思见到昔日的生徒虽喜而又教育他，其诗曰：“岩石看吾老，风流喜尔过。云山犹旧识，酒杯一高歌。李白诗偏好，吴刚斧重磨。明秋丹桂树，垂影正婆娑。”（《渼陂续集·种生过访索李诗》卷上）前四句写见到种生的兴奋心情，后四句则教诲并勉励他：虽然李白的诗好，但为了功名你还是暂且放弃，磨好砍伐丹桂（争取功名）的斧，赶明年秋天的乡试，那中举如桂树的垂叶，正在婆娑向你招手呢！

三六　反对礼教　酬神务实

宋明理学“存天理，灭人欲”的负面效应，就是灭绝人性。明中晚期，由于商品经济带来的金钱万能，冲决了尊卑贵贱之序和纲常名教之大防，“出现了君不君、臣不臣、父不父、子不子封建制度没落的世道。泥沙俱下，鱼龙混杂，往往是社会变迁中常见的现象，也许正是这股恶性的情欲势力，动摇了高压在人性上面的名教磐石，从而迸发出一股新鲜活力。这股新风表现在传统的人生价值观、艺术趣味和学术观点方面发生着潜移默化的变革。明末士大夫的不拘礼法、放荡不羁是名噪青史的”（《文史知识》1987 年第 1 期，刘志琴：《晚明时尚与社会变革的曙光》）。

“这种放纵的风格表现在诗文中，时兴浮词艳句，歌曲中追新猎异，书法上狂纵的草书，小说对声色的尽情描写等等，成为士大夫的雅尚。向来被道学家所不齿的市井文学，这时越发受到民众的欢迎。酒店茶肆‘多异调新声，汩汩浸淫，靡焉勿振，甚至娇声充盈于乡曲，别号延于乞丐’（《晚明时尚与社会变革的曙光》转引《博平县志》卷四）。评话和戏曲中主人翁追求享乐的故事，家喻户晓。目为‘诲淫导欲’的民间俚曲，风靡一时，童孺妇妪传唱不绝，有些著名学者文士还为之填词助兴。”（引文同上）

王九思所处的时代较刘志琴文所述时代略早，其时的社会形态已与刘志琴所述相差不大。所以，王九思、康海等虽非这种冲决封建礼教的始作俑者，至少也是参与者。他们虽然不是“放荡不羁名噪青史”的人物，但其“制乐造歌曲，自比俳优”，为“后人相传仿效”致使“大雅之道微矣”（《明史·王九思传》），却是史有明载。

王九思作为名士，其对传统纲常名教的抗拒，表现在其大量的艳辞俗曲创作上，这在前《制乐造歌，自比俳优》一节已有所反映。王九思虽不及吴中四才子祝允明等以及晚明士大夫那样放荡不羁，但他也纳妾、养外户，与歌妓厮混过，只是到晚年，加之家境窘迫，有所收敛。这反映了王九思反对封建礼教和张扬人性的一面。

但王九思毕竟是纲常名教熏陶出来的名士，有翰林学士的头衔，罢官后长期居住在农村，那种自然经济下的古朴简约、敦厚纯正的习尚以及对商品经济败坏礼教的天然抵抗等，自然而然地又使其站在维护纲常名教的立场。

这就使九思处在一种“反对”与“维护”二律背反的两难之中。

我们不妨从九思的贞节观来看其情感心态。王九思早期写一首《隆庆贞女词》（《渼陂集》卷三）：

妾身已许君，君死不待妾。羞将往日忆君心，缝裳又作他人业。
妾心已逐君，君死妾已绝。生不同室死同穴，与君化作双蝴蝶。
连理枝头相逐飞，万岁千秋永不灭。

这隆庆（此隆庆当是地名，四川有隆庆府，不指隆庆朝，九思在嘉靖三十年已故）贞女应是未婚，在那个社会，她与“君”私定终身也不可能，但为什么要对未婚的“君”去殉情？回答只能是“从一（且未从）而终”贞节观的毒害。从诗的语气与她所向往的“双蝴蝶”、“相逐飞”、“永不灭”看，作者完全是一种同情与赞赏的心态。此可见九思受纲常名教影响之深。

但随着时间的推移，自身的遭际，齿序的增加，时尚的变异，九思的贞节观起了变化。

前述九思爱女玉英夭折，其婿康栗，续娶弘农（今华州、灵宝一带）杨氏布政使杨叔安之女（叔安为吏部尚书许进之婿）名升容。嘉靖七年（1528）杨女 17 岁与康栗婚配，嘉靖八年康栗病且沉重。弥留之际，康栗对杨女言，“如为一椁三柩”（《渼陂集卷十五·康烈妇杨氏墓志铭》），意其死后与王氏（九思女）、杨氏同葬一椁（外棺为椁）。康死后，杨女痛哭不已，欲殉夫。张夫人（康海夫人）及诸女辈日夜防卫极缜密，但其还是将鼠药带入寝室，所幸服量少，及时发觉，免一死。张夫人及诸女辈劝其归娘家，并令其兄嫂接去。杨女在父母处小住数日又回康家。张夫人仍然戒备环守，但杨女欺骗随从监视，服砒霜饮醯（醋）。被发觉后，家人急救，以杯盛解药使其饮，不饮。逼其饮，则咬破杯沿。再次给药，坚合其齿，于是以铁箸启之，将铁箸折曲，而齿终不可启也，遂死亡。康海请九思为其儿媳杨氏作墓志铭，且曰：“新妇至此，痛彻心骨，殆何忍言！”九思闻言：“泫然出涕不能已，犹吾女之亡！”（引文同上）

当然九思受托作墓志铭，总得从纲常名教出发，倡其节烈行为，给家人、给死者、给世俗一个堂皇的交代，总不至于说三道四吧。但从其述及康海家人的防范及百般搭救看，康海家人亲戚决不愿其死。这种殉夫完节的荒唐实在令人痛心。难怪康海“痛彻心骨”，九思“泫然出涕不能已，犹吾女之亡”了。但在这篇铭文里，九思毕竟赞扬其节烈的行为，当然，这无疑有九思维护纲常的心理。

也还是这个弘农杨叔安布政使家，其子杨宋娶康海弟康德充之女为妻，即此前接杨女回娘家之兄嫂。由于其妹杨女殉夫死，杨宋奔走哀恸而呕血三年，于嘉靖十年（1531）病故。杨宋妻（康女）有殉夫志。布政使杨叔安妻许安人等百般劝慰，而不听。于是又百般防范，时日牵延，防范稍懈，其服砒霜，力救无效。

九思在《杨烈妇传》（《渼陂集》卷十六）中详细地记述了防范、抢救过程，且述及布政使夫妇知其志坚，“相向而涕泣”。其意与康栗妻殉夫故事一样，认为这样死实有“不值得”之嫌。

九思对纨绔子弟——其侄王渼，临危劝其妾张氏女殉情，“女应，渼闻之喜甚”（《渼陂续集卷下·侄渼墓志铭》），几乎是愤慨了。九思在文中不褒不贬地写道：“渼卒，张氏哭之正寝，抵暮入室饮药。次日早，果死。”并无防范与抢救。于是九思在铭中说："呜呼，渼乎，以妾殉之为快，不知托教子者之为大！呜呼，渼乎，人知我之为尔铭，不知我心之靡（不）宁！"

这里除了对渼以妾殉死为快，而不托教儿子为大的谴责，更有对这种殉夫而死悲剧的痛恶！这些在九思身边连连发生之悲剧，怎能不令其"心之靡宁"呢？

据汪超宏《明清曲家考》，乾隆《山西通志》卷二百二十八《乐府类》，有王九思佚诗一首，题为《张节妇歌》仅七句45字。其序曰："节妇陶氏者，大司马逸庵公（陶琰，字廷信，号逸庵。山西绛州人，成化进士，官至南京兵部尚书）之女也。夫亡，乃不食死。予闻而异之，乃作此歌。"据汪超宏考证，此为与九思有52年交情的绛州张廷仪，两次来鄠县访九思谈及此事，九思有感而作。诗总体上赞扬感叹张节妇的行为，以为其将"千百万年名在世"。但仍有"遗雏落落风生气"句，意为留下年幼的子女零落孤独，而所谓的"风生气"也不过是虚语，这种悲剧难道对风俗有所裨益吗？

王九思在套曲［南吕一枝花］《歌儿王兰卿侍暖泉张子，张子死，乃亦饮药死。予闻而异之，为此词传焉》（《碧山乐府·套数上》）中，对王兰卿的殉夫虽有赞词，但却从其不愿重新为妓，再遭"蝶恶蜂狂"的凌辱为由，"倒不如弃青春，归绿野，葬黄壤，相伴清风朗月"。王兰卿原为一歌妓，与康海、王九思等均有交往。她色绝艺佳，后从良嫁与盩厔人张于鹏（字暖泉）为侧室。平时孝敬公婆，夫妻和睦。不意张一朝病故，有富户慕其姿色，不择手段求娶，王兰卿坚拒不果，最终服毒自尽以明心迹。王九思在散曲中言其"飞腾鸾凤林，脱离烟花巷。玉琢成清气质，铁打就烈心肠。贞女无双，堪写在青编上。我这里搁着笔细忖思，她有那燕子楼关盼盼的声名，她不比普救寺崔莺莺的勾当"，是赞美其从良之举及其品质、意志，言其能够青史留名。将其与唐贞观时，尚书张建封的爱妾关盼盼，在张死后独居燕子楼相比，喻王兰卿遭遇不幸而独守其节事。九思认为王兰卿与张于鹏的爱情，不能和崔莺莺与张君瑞的爱情相提并论，并不是说崔张的爱情不美，而是较之作为妓女的王兰卿与张于鹏之间的爱情更为悲壮。崔是贵族小姐，王是下层妓女，从身份地位上讲，九思似乎更同情王兰卿。至于赞扬她殉夫，除不愿再次遭受"蝶恶蜂狂"的凌辱外，也是对世俗、对死者一个交代：人已经死了，何必说三道四？

王兰卿殉夫事发生后，与九思作曲传诵的同时，康海亦作四折一楔子杂剧《王兰卿贞烈传》，表彰王兰卿的贞节行为。并于剧终让演员演唱九思所作套曲，道尽王兰卿"为则为我逢郎，想则想郎爱我，愿则愿死随郎"的心事。

平心而论，王九思、康海在明中期（王兰卿事应在正德中期）封建礼教势力相当强大，而陕西又地处偏远，经济相对落后，思想观念较为保守的情势下，为一个受世俗鄙视的风尘女子立传，应当说其思想还是比较开明的。但王九思、康海以“高台教化”的戏曲形式宣传赞美女子殉夫，其恶劣影响也许是他们始料不及的。本节所记述的殉夫女子的悲剧，时间均在王兰卿事件之后。应当说与《王兰卿贞烈传》杂剧和王九思的［南吕一枝花］赞美王兰卿的散曲关系极大。

而同为前七子的何景明就来得痛快些。正德末年，何景明作《东门赋》，写一对“少年结发的”夫妻，濒于饿死之际，丈夫劝妻子另觅生路，而妻子宁愿与丈夫一起饿死，也不愿做“不从义”的“污人”。于是丈夫严厉地责备妻子不必执古，死生乃人生大事：“死为王侯，不如生为奴虏；朱棺而葬，不如生处蓬户。生尚有期，死即长腐，潜寐黄泉，美谥何补？”这当然是针对宋儒“饿死事小，失节事大”的直接批判，提出生存本身是首要的，人的生存权利不能以丑恶的道德教条来剥夺。假若王九思、康海有何景明这样的开明宣传，也许就避免了自己身边的悲剧。

在现实生活中，王九思以艳词俗曲、民间俚语“诲淫导欲”填词助兴，以风流疏狂与放荡不羁来对抗世俗，体现其对人性解放的追求。在具体事件上则采取明褒暗贬的贞节观，对纨绔子弟戕害妇女给予鞭挞，对受纲常礼教毒害的妇女以同情，对下层妇女争得尊严和爱情给予褒扬，这些与他追求个性解放的思想是一致的。但他的贞节观无疑又有维护纲常礼教的负面，我们不必苛求于古人。

王九思的著作中，有关祈雨祭神的文章、诗歌、散曲为数不少。如果我们一概将其视之迷信，大概不算合情合理。我们可将其视为一种精神活动，其在特定情况下具有一定的实际意义。

黄仁宇先生在其《万历十五年》（125页）一书中，记述万历皇帝在酷热的春夏之交，率领百官步行到北京郊外的天坛祈雨的情景：时京城一带长期旱情，万历皇帝极为焦虑，命令各地方官祈雨无效后，决定亲自向上天祈祷。具体祈雨的过程与仪式书中都有详尽的描述。但值得注意的是这样几句话：“在我们形式化的政府中，表面即是实质。皇帝既然热心参与各种典礼，就充分表示了他的诚意，足以策励臣工趋向勤俭笃实。”同样道理，各级地方官，各乡村的耆老乡绅，也能通过祭祀等以示自己的诚意，也就足以策励属下与百姓趋向勤俭笃实。

且看九思在《寿州祭水文》（《渼陂集》卷七）中语：“某等奉朝命，为吏于此州，玩愒（荒废）岁月，不能事事，不能爱养元元（百姓），以仰副天子命吏之意，以迓承上天之休徵。上天不降灾于某等之身……某等负咎在躬，甘受兹罚，然百万性命皆无辜之民，奈何使罹此酷也……”

这种虔诚哀祈、引咎自责的胸臆，怎能不感动军民百姓！地方官为了“百万性命无辜之民”不“罹此酷”，“负咎在躬，甘受兹罚”，可真是父母官于子民之至情矣！于是地方官一声令下，百姓能不前赴后继去抗洪救灾吗？可见“在形式化政府中，表面即是实质”。

又，前节所引《悯雨篇为太守六泉吴公赋》事：吴六泉为西安郡守三年，五谷丰稔，而遇大旱。六泉率僚属亲到城隍庙祈雨成功。当地士子（包括三原马理、高陵吕柟等）庆贺以诗，汇集成帙，邀九思作跋。其语曰：“呜呼，神人感应之理，岂容以或诬哉！以为无益而不为者妄也。知其可为而怠，而弗为者悖也。知其可为，而诚之未至，以为神弗应者，自诬也，亦所以诬其神也。呜呼，神人之感应，岂容以或诬哉。”要人们相信“神人感应”，以为无益而不祭神是不对的；知道祭神有益而不祭神是有悖于理的；知道祭神有益，但因为心不诚，还以为神不灵，这是自我诬蔑，也所以诬蔑神灵。神人感应是不容怀疑更不容诬蔑的！

万历元年（1573）岁次癸酉，鄠县城隍庙道人真通、乔真容同立一石，镌有王九思八十二岁所作《城隍庙祀神乐章》，碑尾有九思孙王山木跋语。此乐章为套曲，用［双调新水令］、［水仙子］、［折桂令］等六个曲牌写成。从曲之内容“贺圣节年年奔走”、“自古相传三日方休”以及“彩结棚楼”、“星闪灯烛”、“碧空白露报春秋”等，可知此为县城每年农历八月初二古会。在这传统的“三日方休”的古会时，要酬神报赛、演唱会盟，十分热闹。九思作此祭祀城隍文，分为“降神”、“初献”、“亚献”、“终献”、“侑食”、“送神”等曲。想必是在诸祭祀环节上，供善男信女们演唱的。据九思有关诗、文、曲看，九思与康海经常参与关中各地的庙会，以及村堡的“牛王社”（祭祀土地神），并带戏班唱曲助兴。而县城的“牛王社”，九思一定是主角了。从曲内容的“保赤子无灾咎”、“风雨应春秋”、“禾黍满田畴”等看，是期盼神灵保佑百姓平安，期望风调雨顺、五谷丰登。从曲中“任从他诡计邪谋，怎能逃空鉴神目”、“若还能正直忠厚，自然的人兴业就”等，可看出惩恶扬善的宣教。

这种长期的“集体意识与集体无意识”的民俗祭祀活动，必然在民众中形成一种敬畏神灵的心理，使其在善恶抉择中往往择善而从。推而广之，也必然给社会一种张扬正义的空间，增加社会的安定因素。其实中国的老百姓，本来就是在这种“神人感应”的混沌思维中走过来的。九思虽然是时代的精英，却也是时代的产物，他不可能超越族类演绎的生命生存史。

王九思还有对神秘现象的记述，可见其笃信神灵的心理。

其为马公顺（字应祥，长安人，与九思同榜进士，官至提刑按察副使）所作墓志铭（《渼陂集》卷十四）中，记述马公顺在河内知县任上断一疑案：该县有一杀人案，很久不能破获。马公顺接案后，先是斋戒，祈祷越国汪公祠下，说神如果要我查清此案就下雨，当夜果然下雨。第二天马公顺启棺，将所有嫌疑人拉来罗棺而跪。忽然有一老鼠自棺窜出，钻一跪者衣底，忽然又不见了。马公顺说，此是神示也，乃指着那人说："杀人者就是你。"经审讯，果为杀人犯。

但王九思并不是一味地媚神酬神，其对靡费民脂、大兴祭祀之风是反对的。

嘉靖二十三年（1544），王九思77岁时，作《西平县新建真武庙记》（《渼陂续集》卷下）。其事由为：三十年前赵璲、刘六、刘七农民起义遍及乡邑，不可扑灭。当时，兵部尚书彭泽统军于汝宁西平县古柏亭桥，大败起义军。"有望气者，见空中紫气隐隐覆我军，及与贼战，果大捷"，因此官民认为是真武神暗中帮助。时过十数年，当地修一真武庙祭祀真武神。又过二十年，西平县人王训到鄠县任知县，受父老之托，请九思为之作记。时九思已是暮年，世事之沧桑，人事之播迁，使其对人生漠然淡泊，更将神秘参透。其在文中虽不诬西平父老笃信神灵，也还给他们说了些实话。

九思文的大意是：自古忠臣烈士，得天地之正气，生则扶翊社稷，死则佑护百姓，这也是常理。但是对真武帝的始末究竟，我没有时间去考证。自从太宗文皇帝（明成祖），靡费不可计之资财，于武当山建真武庙，洪丽巍峨，于是真武庙遍布天下，庸人孺子都知道真武帝之忠烈，这种怪事由来远矣。按祭法，能御灾捍患则祀之，西平县民如果真蒙神的恩赐，建庙也是理所当然的。其实，聪明正直的人就是神，修道者就是德，如果不修德而滥祭祀同样会有灾殃的。圣人经典有训，彪炳如日月，岂能容忍其诬毁呢？而今天子考文议礼，崇正黜邪，同心同德，百灵效应。所以我对西平父老说：告诫你们的子孙，劝谕你们的乡党，不要谄媚于神，执迷于祭祀。要勤恳地种庄稼，完成赋税，要修孝行，爱兄弟，行忠信，使家室和谐，日子安然，作尧舜之民，与亿万百姓共享太平之福。这岂不美哉，岂不乐哉！如果你们认为我的话有道理，请将它铲在碑石上，以告来者，使之知道各人的职责。

在这段话中，首先，王九思基本肯定滥祭妄祀的危害，而且对神灵提出质疑。要西平县人种庄稼、完成赋税，做太平世界的尧舜民。这当然是对当今皇帝的尊重。

但值得注意的是，九思在这里明目张胆地指责明成祖，耗费巨资修洪丽巍峨的武当真武帝庙，致使全国效法，真武庙遍天下，不知又要耗费多少财物！这里还有一个微妙敏感的问题，即嘉靖皇帝信道，其早在嘉靖五年（1526）诏命道士邵元节为真人，到晚年更是不早朝、断经筵，命道士炼丹以求长生不老。而武当为道教中心，真武帝为道教之要神，王九思摒弃对神灵的崇信，而奉劝百姓毋“谄于神”，毋“昵于祀”，难道不会有所指吗？

三七　率真浪漫　返璞归真

孔夫子以为五十而知天命，六十而耳顺，七十而随心所欲，不逾矩。从客观上讲，五十而知天命，大概是逐渐洞悉人生的真谛。这看似随着齿序的递增而阅历深广、经验丰富所致，其实，最根本的还是人生不满百年，已能隐隐地看到人生的终点，抑或受到死亡的威胁，所以对众多追求有所放弃，放弃追求的苦累，也就轻松了，便走向新一层面的率真浪漫，进入返璞归真的境界。

60 岁以后，王九思的率真浪漫，不同于罢归后十数年“隐逸林泉，寄情山水”的浪漫。那是在化解胸中块垒，宣泄“一肚子不合时宜”的郁闷，严格地说，那不是真正意义上的浪漫和闲情逸致，倒有些游戏人生，“忍把浮名，换了浅斟低唱”的意味。

返璞归真是一种无虚荣、无功利、无私欲、无杂念，是一种大声希音、大象无形、大巧若拙的超凡脱俗的大境界。

从九思几首“自寿”诗、曲，可见其逐渐由率真浪漫进入返璞归真的轨迹。

［水仙子］《六旬自寿》（《碧山乐府・小令上》）之二：

紫泥封不要淡文章，白糯酒偏宜小肚肠。碧山翁有甚高名望。也只是乐升平不妄想，听濯缨一曲沧浪。瞻北阙心还壮，对南山兴转狂，地久天长。

不要紫泥封（紫泥，即印泥。古代以泥封书缄，以印拓之。尊者用紫泥。蔡邕有云：皇帝六玺皆以武都紫泥封之。此处指朝廷的敕文），也不要“经国大业”的文章。这寿日，只有那白糯米作的酒（浊醪），正适宜自己的小肚肠（不谋大事）。碧山翁（九思自称）不要为高名声所累，只在这升平世界隐居（濯缨），听沧浪曲（隐者之歌），不要妄想。向北望帝京“心还壮”（不甘心），但回望南山兴致立时转狂，只在这里才能地久天长。此曲反映九思年届花甲，对功名利禄绝少向往，只想安于隐居，但还时有仕宦之心，却能很快转念。

［朝天子］《六十六子寿》(《碧山乐府·小令下》) 之一、二、三：

爱松弟捧瓯，鹤斋弟劝酒，来庆我六十六，三人容色总白头。似这等谁能够，两字平安，百年高寿。酒盅儿常在手，共坐在小楼。大放开笑口，休恁把眉儿皱。

爱松为其二弟九叙，鹤斋为其三弟九皋，据前《家庭变故，悲苦难平》一节所录诗文，可知九思兄弟反目成仇，九思曾为之大伤其情。而今“三人容色总白头”，相逢一笑泯恩仇，居然“共坐小楼，大放开笑口”，可见返璞归真。

诗儿呵强裁，词儿呵乱咍，不觉的光阴迈。满园花草小蓬莱，兴常绕红尘外，紫蟹黄鸡白粳青菜，酒儿熟不用买。对云山赏怀，扫花亭坐客，沉醉了方何碍。

亭园情趣，自我满足，淡泊平静，自甘清贫。

［粉蝶儿］《七十一自寿》(《碧山乐府·套数上》)：

年齿虽尊，无道德又无学问。每日家坐蒲团半掩柴门，也只是捏些歪诗，吃些淡酒，顺时守分。以清风皓月为邻，到黄昏思困，歇几般儿安顿。

没有了年轻时的恃才傲物，老年的淡泊又带来寂寞，但仍能随遇而安、顺时守分。

［感皇恩］《七十二自寿》(《碧山乐府·套数上》)：

呀，哪里有阆苑蓬莱，又何须八位三台，只愿的不饥寒、无病痛、免猜疑，常对着云山物色，吟不了风月情怀。一会儿家赏丰年，歌圣主、数贤才。

“八位三台”指六部尚书及三公等，泛指高官。不想高官，不信神仙，只要“不饥寒、无病痛”就够了。当然也不在乎被人猜疑。“对着云山物色”，有吟不完的“风月情怀”。不忘圣主、贤才，还是希望政通人和有丰年。

这寿日，对待人生及事物的平静心态，当来自平日的恬淡与率真。其首先表现在对以往功利心的厌弃，如其［醉太平］《和云林清赏》(《碧山乐府·小令下》)：

休论高品位，觉今是昨非。菜羹米饭啖来肥，向园林遁迹。处处不讲贪财计，居乡不使官豪势，逢人不下快心棋。这酸甜自知。

经推算，九思作此小令，年龄应在 76~78 间。其时九思同声气的文友都已亡故，又经历一连串的“白头送黑头”家庭变故。以其通达的心态与超人承受力，已经走出了黑暗的时日，这无疑使其人生态度发生了根本的转变。在这首曲里，他认识到当初对官位的追求，以及对居官的患得患失，和今天这种“菜羹米饭啖来肥，向园林遁迹”的平淡与真实相比，真是“今是昨非”。“处处不讲贪财计”也应是一种大转变。罢官后，九思要过饮宴歌舞的士绅生活，要度优游自在的隐士生涯，要做造歌度曲、自比俳优的浪漫才子，这些都需要丰厚的物质基础与金钱支撑，凭“致仕”那点官俸实在是杯水车薪。所以他要算计着“讲贪财计”，不然就难于维持度用。

至于九思的“贪财计”是否有所谓的“诡寄龟藏”，这在另一首曲中可见其详。［雁儿落］《和云林清赏韵》（《碧山乐府·小令下》）之二中，言其“诡寄耻龟藏”。（龟藏：龟、贝为货币的代称。藏即敛也。）意为他以“诡寄”的方式敛财为耻辱。

据史载，明代仕宦缙绅人家，享有徭役与赋税的优免权。一些无优免权者，往往将田地“投献”于仕宦缙绅之家，以逃避赋役。这样官绅之家既可侵吞官府赋税，又可盘剥“投献”户，此称作诡寄。明中后期此风非常盛行，成为乡绅仕宦之家敛财的重要渠道。而王九思所言“居乡不使官豪势”，即在乡的士绅豪强阶层左右地方、包揽诉讼也是普遍存在。王九思虽然在乡为名绅，且亲戚连带皆仕宦之家，却并无上述劣迹，到晚年更是谨慎从事。即使其平时与乡民下棋，也顾及对方感受，不使对方难堪。这些除主动将自己平民化外，而对于一个饱经风霜的老人，自然知晓其中味。

王九思既然无“诡寄”的进项，加上不善经营农事，逢灾年自然食不自给，于是便有“籴麦”（买进粮）之举。其《籴麦》（《渼陂续集》卷上）诗曰：

瓶粟陶元亮，量珠石季伦。清风五柳传，遗恨洛阳城。
自笑烟霞叟，归栖岁月频。弄孙今有乐，籴米未为贫。

在这首诗里，九思同样厌弃功利心，认为陶渊明（元亮）虽然以瓶装粟（粟少），石崇（季伦）用斗量珠，但陶作《五柳先生传》流传千古，石崇却因财富在洛阳蒙尘。因此他（烟霞叟）自笑归隐的岁月太快（心境好显得岁月快），能够含饴弄孙、买进粮食算什么贫呢？

在《晴起》（《渼陂续集》卷上）里，九思言及，在一个天晴的早晨，他下床梳完白发，开门就看见青山，虽然也有些愁肠，但身却如野鹤一样悠闲，心也就像寒号鸟一样知足了。他拄着藜杖，绕过“碧溪湾”，到附近村庄去寻早年的乡村旧友。他们都是普通农人，其苦衷他也是深知的。

由于九思逐渐将自己融入普通农人中，农人也就将他引为知己。在《昼寝南邻遗果》（《渼陂续集》卷上）诗中言道：“昼寝从吾懒，秋寒觉被亲。敲窗风动竹，入户鹊窥人。”在寒秋的白天懒睡，觉得被子亲热。听着风吹竹枝打窗的声音，入门的喜鹊在窥视着他。虽然也常想起当年在朝廷的事，但对归隐的贫穷却无怨言。正在遐思冥想之时，南邻将成熟的梨、柿子送来让他尝鲜。这样微薄的赠送，情义却真切。

九思的平常心，还在于能与农人同气息，急他们之所急，愁他们之所愁。其《八月》(《渼陂续集》卷上）诗中写道："八月农方急，连朝雨乍晴。来牟催播种，蔬果渐收成。寒雁来霜候，寒砧捣明月。筑场将刈稻，春酒正含情。"八月（农历）正是农家收割与播种大小麦（来牟）的农忙时间，八月也是候雁带霜讯、农妇借明月捣练制寒衣的时节。刚好连雨乍晴，须抓住时间筑场割稻，但也不要忘记酿下春酒，以享农家的乐趣。作者将农家的丰收景象，农家的辛苦与乐趣，完全融入自己的喜怒哀乐之中了。

九思一生耽于诗曲创作，晚年虽有所疏懒，而一旦进入境界，仍能由率真浪漫进入狂放与不拘形骸。但这已不是"一肚子不合时宜"的狂放，而是一种返璞归真的袒露，一种不拘形迹的率真。

比如他在《索春游之作》(《渼陂集》卷四）诗中，言及他疏懒成癖，闲情强赋诗，忽然看到"白云调"，难以措对"野人"（九思自称）辞。一直到夜月上来，乘兴饮几杯春醪（稠酒)，忽然有了灵感，得到奇句，不禁"醉舞影离离"。可以想见其在月光下，人与影颠晃迷离的滑稽相。在《静坐》(《渼陂续集》卷上）中，却是"诗不推敲就，情惟淡泊真"，似有诗不就的苦闷。但当看到"香阶花影覆"，听到"芳树鸟声频"，却激动了："兴到歌还舞，浑忘雪满巾。"这一回既舞又歌，简直忘记自己是满头白发的老人了。据"香阶花影覆"应不是冬天，所以这里的"雪满巾"不是雪，而是白发，白发覆头犹如白头巾。

养鹤。自从宋朝诗人林逋隐居西湖，赏梅养鹤，终身不仕，被称为"梅妻鹤子"，其风流逸韵一直为隐居者所追慕，因而养鹤成为一种高雅的代指。自从知县康汝修于嘉靖初年离任时，给九思遗鹤留念以来，九思一直养鹤于园中。其在许多诗、曲中提及，如"鹤款扉"、"鹤翩翩"、"鹤唳声"等。这时的九思已经不"耽歌宠妓"，一改为"耽诗宠物"了。

《三鹤》(《渼陂续集》卷上）诗曰：

独鹤驯来久，双雏客送将。松阴鸣且和，风外舞成行。
对月疑玄圃，吹箫隔洞房。暮年栖隐地，得尔共徜徉。

三鹤在松荫下，呼应着鸣叫，在风中舞蹈成行。箫声悠远，来自幽室之外，凝视着月亮，他忽然怀疑自己似乎就在仙境（玄圃）中。他的思绪又从幻境回到现实：

能在暮年的栖隐地与三鹤共徜徉，也就满足了。

［傍妆台］《次对山四时行乐》（《碧山乐府·小令下》）之二为：

好园林，长松修竹翠成阴。白雪翻新调，绿蚁喜重斟。乘风爽、到更深，行曳履、坐开襟，忽闻月下弄瑶琴。

这一阙应是夏夜，在翠松修竹的园林里，反复饮着绿蚁酒，以“白雪曲”（古曲，传为师旷所作）翻新调一直到更深。这时九思的形象是靸着鞋，敞开衣襟。忽然月下弄瑶琴，想必是歌妓吧！反正他已不在乎了。

在《林居杂咏学寒山子》（《渼陂续集》卷上）诗中更有“昼长槐树下，散发座胡床（一种可折叠的小凳）”、“自起蹁跹舞，儿童笑我狂”、“破袖舞春风，澄潭弄秋月”等句，其“破袖”、“散发”，还要“舞翩跹”，岂能不惹儿童笑！但这狂放中，还有“舞春风”与“澄潭弄秋月”的率真浪漫。

《雨晴园林小坐》（《渼陂续集》卷上）还有“三日冲泥怯，新晴蹑屐来”。雨后新晴，道路泥泞，九思迫不及待，居然蹑（踩）屐来到园林里。这屐也叫泥屐，形似脚形小凳，高约四寸，以细绳捆绑于鞋上，踩泥走路，走起来晃悠不稳。一般为青壮年人使用，老年使用较危险。想九思 70 余岁，拄着藜杖，穿着泥屐，晃晃悠悠，踩泥过水，似乎让人担惊又可笑。他不顾“屋漏书痕湿，檐风鹤唳回”，就是为了到园林“小坐亦悠哉”，有点逞强的味道。

九思 70 多岁了，自知“登天无复梦”，在《七旬》（《渼陂续集》卷上）中，称自己“弄笔且能文”，但是他“七旬虽能饭，不学赵将军”。他不像赵将廉颇，一味逞能：年届古稀，还想领兵打仗。

然而老年的九思也不乏幽默。他有《戏作二绝句》（《渼陂续集》卷上），第一首的意思是他卧在床上看天晴了，又下雨，想杖藜看园，路又太泥泞，大概又不敢穿泥屐了。所以他告诫“后园红杏休争放，丽日清樽待我来”，“红杏”指何？为什么要丽日（好天气）清樽（饮酒）等他来呢？大概是双关语，有对昔日的放荡的调侃罢。第二首前两句就明白些了：“何日红香斗晚霞，微风袅袅影斜斜。”“红香斗晚霞”总不会纯指自然吧，时间应是在微风和煦的傍晚（影斜斜）。后两句更明白了：“尔时却恐儿童笑，白发老翁还看花。”他还是有所顾虑，那种风花雪月的场合，是不适合白发老翁光临的，不然就要惹年轻人笑话呢！

王九思晚年的率真浪漫，又透视着其返璞归真的情怀。这种返璞归真也和他早年追求事物本源、崇尚自然有着内在的关联。

九思在罢归后不久，曾自题其居室为“质斋”。有客来，问其“质斋”之题为何意，于是引出一篇《质斋对》（《渼陂集》卷七）的短文来：

夫木之在山林也，栖之以烟云，饱之以雨露，吹之以风籁，鼓之以雷霆，照之以明月，友之以鹳鹤，此木之性也。一旦工师见而斤斧之，大者柱清庙架明堂，而其小者为牺樽蒙彩色，孰不以为奇且盛也！然其性则凿也。故于是而问木曰：于山林如何？吾知木之神未有不思山林者也。玉之为珪璋、为瑚琏也，刻之、镂之、琢之、磨之、文之、章之、形之、象之，孰不以为稀世之珍，连城之宝也！于是而问玉曰：将听其珪璋琏瑚乎？将璞于昆冈、蕴于荆山而浑浑冥冥、无灾无害以全其真乎？吾知玉之神未有不怨玉人者。何也？其性凿也。今夫鸟吾知其能飞，兽吾知其能走，鱼吾知其能游。饲鱼于罂（盛水器，指缸），不若放于江湖之为适也；驯兽于苑，不若走于广野之为乐也；爱其鸟而笼之，不若云飞之快其心也。是故，顺其性则生，逆其性则坏；顺性者逸，逆性者劳，劳生于饰，逸生于质，此吾质斋之说也。客以为如何？客曰：然。敬闻命矣。于是九思遂书写“质斋”，高悬于门楣之上。

在这篇短文中，九思是以质求性，言物之顺乎自然、张扬其性，根本在于其质。一切劳饰雕琢，看似珍贵华丽，其实是凿其性也。其时九思 40 多岁，是站在归隐的立场，认为做官扬名显祖、富贵荣华以及逢迎曲阿都是凿其人性、对人本质的戕害！若时序后推二十年，九思再读此文，大概会将归隐后的疏狂不羁、寄情山水，风流潇洒、浅斟低唱也视为一种奢侈浮躁，甚而装腔作势，其实也是对人性的凿伤。于是便有了晚年的返璞归真，这也应是其“质”使然。九思后来为其孙取名山木、良木，大概也取此意。

九思在《渼陂续集》卷上中，有《林居拟姚合》六首，可见其返璞归真之性。姚合，唐代诗人，河南陕县人，元和进士，授武功主簿，世称姚武功。其诗称“武功体”。与贾岛齐名，时有“姚贾”之称。其诗一：

为爱林居静，朝朝入小园。坐呼童喂鹿，卧怕客敲门。
残暑蝇偏恶，斜阳雀乱喧。忘收书在几，檐低任风翻。

“朝朝入院”也好，“呼童喂鹿”也好，都是动；“卧怕客敲门”却是静，这是一对小动静，可见生活的真实。前四句相对于后四句又为静，后四句不管“蝇恶”、“雀喧”、“风翻书”都是动，这一对大动静，更见感情的真实。返璞归真不是心如死灰，同样有常人厌恶蝇营与雀喧的情绪，至于“忘收书在几，檐低任风翻”，既见其散懒随意，也可见文人不释书卷的习惯。但这时的读书大概只为了消遣。其二：

洞屋形如舫，聊题作舫斋。开门都是竹，仿佛泛湘厓。
卧听尤宜雨，深栖不受霾。也知在平地，风浪漫萦怀。

此诗为对自然的特殊感受，九思虽老而诗人的敏感不减，他深卧“洞屋”，将其想象成一舫（装饰华丽的船）。打开舫门，竹与雨的交作声响像是湘江厓，本来在这“洞屋”深居，既宜听雨声又不受阴霾的侵袭，但却不能使他平静。也知道自己在平地，是激不起什么潮涌，但却有风浪起伏萦绕胸际的感受。其三：

午过眠方起，痴儿放学回。展书仍问字，供茗自擎杯。
鹤放随云去，秋成望雨来。南山消息近，隐隐动春雷。

完全一个家境宽裕的老农作派：既要享口福（茶），又要予眼快（放鹤）；既要课孙读书，又要操心农事。这样一个真实无华的老人，难道不令人钦服？

这位老人有一天来到杏花亭小坐：“不见杏花放”（《渼陂集·杏花亭小坐》卷六），原是节令已过。他呼来儿童上高树，“摘得子青青”（引文同上），老来口淡，咬一口青杏，酸得呲牙咧嘴。吃了青杏又来到柳下观人下棋，一时看得入迷：“身在柳溪边，心游棋局上。人哄我不闻，原是水溪涨。”（《渼陂集·柳下观棋》卷六）午饭后，睡了一觉，“道在千金贱，心闲万事空。饭余无一事，击壤看儿童”。看着儿童玩击壤（一种投掷游戏），也许还参与其中。

九思老人有一天在园亭避暑，来了几个游手好闲的少年，谈话之余，九思要他们珍惜光阴，劝他们远离“烟花簿”，做一个“斩钉截铁的利昆吾（宝剑）”。少年走后，他作一套散曲《园亭避暑有感因劝少年》（《碧山乐府·套数上》），其中多有悔悟之情。如“暮景桑榆几回畏虑，从今悟，浪饮狂呼再不去寻歌舞”，“不屣（鞋）文君旧酒炉，笑杀了相如，茂陵道上几卷书。我如今，狠心肠改变了初，你便是俏西施降落在吴，俊巫娥出游在楚，也不受刺王八那个气蛊”。解剖自己，改邪归正的可爱老人。

返璞归真了，也就对人和事宽容了。曾经和九思反目成仇的禹夫弟（号爱松）也不计前嫌，新鲜的白菜一出地，即给哥哥送来尝鲜。九思接受了，并向他说：“我园青吐甲（菠菜萌发顶出的种衣），未久共盘飧”（《渼陂续集卷上·爱松递送白菜诗以答之》），过不了多久我们就可以共餐了。

舅氏家的侄孙辈，在家园的亭池设宴，请九思等赴宴。其《舅氏池亭宴集四首》（《渼陂续集》卷上）有“清宴集西村”、“渭阳情不浅”两句。九思母为县城西某村女；“渭阳”为《诗·秦风》篇名，《诗序》谓此篇为秦康公念母之作。后以“渭阳”表示甥对舅的怀念。由此可知此为九思的舅氏，而非子辈舅氏——本县赵孟儒家或长安张臻（张窎之兄）家。九思在亲情融融中饮酒谈论，酒罢侄孙辈邀九思垂钓。九思《舅氏池亭宴集四首》之二言及：“儿曹三爵后，把钓上渔矶。池影涵清碧，钩鳞出细微。注盆犹泼刺，泳水自依稀。一笑吾亲放，无劳问是非。”九思在“池影涵清碧”的水中钓上一条小鱼，放在盆里还泼刺（鱼摆水声）游水。九思笑了笑，又把它放生了，别人问他为什么？他笑而不答。这当是宽容生善良。

还有一小诗《关山盗》（《渼陂集》卷六）：“今为田舍农，昔为山下盗。回思往时纵，长嗟复大笑。”诗的内容很明白，惟其“长嗟复大笑”甚微妙，那种提起不光彩的往事，长长地叹一声，又莫名其妙地大笑了，可见其复杂感情。但这首小诗，对于九思来说，也应是一种返璞归真的宽容。在九思的著作中，多有对“盗匪”挞伐的文章，其中歌颂兵部尚书彭泽、延绥副总兵时源等剿匪的文章亦多，但在其著作中却无记述其恩师马中锡剿匪事。马主张招抚，认为“盗本良民，由酷吏宁杲与中官贪黩所激，若推诚待之，可毋战降也”（《明史·马中锡传》）。马因此为言官所劾，说他“老师玩寇”，但他犹坚持其说以请，乃下诏狱。这件事在明朝中期也为一件大事，可九思作为马的门生，其著作记述其他督师者而不及其师，足以说明其对师事不以为然。当然这也与九思在寿州受盗害道阻不归有关。而今九思老了，对农人为盗也能理解了，因而取一种宽容的态度。

三八　家族不幸　晚景凄凉

王九思于嘉靖五年（1526）至嘉靖九年四年间，连遭母丧、女亡、弟故及张夫人去世等不幸，然老天并未怜悯他，其晚年又屡遭骨肉之戚，对古稀老人可谓致命打击。致使嘉靖二十二年（1543）“病痰甚危”，嘉靖二十三年春才痊愈。

这“骨肉之戚”首先是嘉靖十四年（1535）长子王瀛亡故。前曾记王瀛年 40 岁方得子良木，良木 6 岁发痘而亡，瀛痛哭不能自制，遂成疾。即奏辞顺天通判职，未及归竟病亡，年仅 46 岁。《王氏族谱·瀛传》中有：“其卒也，渼陂公尚在，怜其不克永岁而赍志以没，乃亲叙其志墓之石，中多慧词焉。”

九思在《长男瀛墓志铭》（《渼陂续集》卷中）中曰：“呜呼，天乎！往岁康氏女（九思女玉英）卒，予为铭，其后继室张孺人卒，予为铭，乃今又以铭瀛耶。呜呼，天乎？其何以至是耶！”九思接连为女、妻、子作墓志铭，其悲痛无以复加，只能呼天抢地了。铭文接着简述瀛的生平及死因，同时感激国老序庵李公，遣使送瀛柩于家。又对瀛为人作了评判：“瀛丰厚、美丈夫也。心无嫉忌，性慧能作字，亦解吟咏之事。饭后酣醉，乘兴挥毫，纵横满壁，亦间有可观。然多欲幸酒，不肯苦读书，仅仅若是而止（指未中进士，只能谒选求官，至顺天通判职）。至见一义事，辄曰：‘我为之’。又常语人曰：‘我将孝父’云云。及商之于内（妻），怒发一二语，即钳制贴贴不敢动。以此累其终身，不独殄其后也。亦足为妒妇之戒。”九思很客观地指出瀛的“多欲幸酒，不肯读书”以及对妻子的“钳制贴贴不敢动”，致之累身殄后。在这种墓志铭中，九思尚能客观，而不谀亲，也许是以叙其“恶”，而减轻自己的悲痛。最后又发出泣血般的悲鸣：“呜呼，尔瀛吾乃为尔铭耶！养吾者尔，尔先吾死；嗣尔者子，子先尔死。呜呼，尔瀛生曷以成死！曷以吾宁？以为尔铭。”九思悲叹养他的是瀛，瀛死了；继嗣瀛的是良木，良木死了！你们都死了，教我这年迈的人怎样活下去！

王瀛于嘉靖十四年（1535）三月二十四日卒，当年十月二十七日九思家园圃中，稻秸积（草垛）起火，火势汹涌不可救（见《渼陂集·火警赋》）。九思于无奈中，竟将其连连不幸归之于“信予德之罔修，老而颇僻”，这大火正是上天对自己的警告，要他悔过。可见其悲苦之茫然无状，真是悲极生愚。

王渭，九思次子，张夫人所生。弘治十八年（1505）九思“奉告归省”，于家之衍庆堂出生，两月而抱入京师，又携之寿州，罢归时渭已8岁。九思父王儒特别喜爱之。18岁加冠，24岁援例输金为秦王府引礼舍人。九思溺爱小儿，对其不喜读书亦不加督策，任其自由。这在《渭读小学有过时之叹，诗以警惰》（《渼陂续集》卷上）可见其情：“八岁人当攻小学，三旬尔始读遗编。莫求天地尊卑外，只在家庭孝弟间。”意为一般读书人八岁就读《小学》（朱熹所编儿童教育课本），而渭三十岁才读前人遗编（指小学）。因此我对你没有过高的要求（天地尊卑），只要你在家和睦兄弟、孝敬父母就行了。

王渭诚实，家族乡党多与交往。家有余粮数十石，他也仿照别人出贷入息，虽然息低，但还有久借不还者。乃入其家取之，见其窘况，叹息而出。有人问之，答曰：其所储粮只够度日，怎忍取呢？乡人笑之，因戏称其“王佛儿”。如有人欺负，总是面颊发红，不敢与辩而逃避。居家曾竭力构祠堂三楹，安奉神主、贮祭器，为九思分忧。九思 70 寿辰，康海、吕柟来贺，笑对九思说，渭真是贤孝人。九思心中甚慰。

然而，上天并不怜悯九思以火警为戒而悔过，王渭于嘉靖十七年（1538）冬病，第二年四月病笃，求医终无大效，延至冬而亡。九思非常悲痛，痛而无处寻因，乃自责：我的曾祖、祖父、父亲，“刚廉仁孝著在乡评，通于鬼神”，为什么不幸到如此极点呢？大概是由于我“非才寡学、谬居翰苑清切之地十五六年，日食大官之食，岁有俸入，优游禁闱曾无丝毫之功补于衮阙（朝廷）。比谪外郡，徒靡廪禄，膏泽不下于民。韩退之（愈）所谓薄功而厚享者，得非我也？”进而怀疑自己“退而居家，不孝不友、嗜利忘义，嫉善党恶，败坏其风俗尔耶？不然何止于此极也？”似乎也都不是，那么是天数？是“二子病皆阴虚火动，是有自取之理”？啊，老天已至此，我还有什么可说的呢？时山木（渭子）仅 15 岁，哀毁几至不起，九思含泪劝之再三，稍有缓解。山木泣请祖父：往年吾姑、伯父葬，皆祖父为之铭，吾父也应祖父铭。九思铭语凄楚而急促：“渭啊，人言你不宜早死，但你死了，是天，是我，是你自毁？到底是谁啊？”全无普通铭文的工稳雅致，几乎是语无伦次，令人动容。似乎非此不足以表达其哀痛！（以上内容参考《渼陂续集·次男渭墓志铭》卷下与《王氏族谱·山木传》）

九思六十三四岁时，由于家族纠纷，与其弟九叙（禹夫）关系紧张。七十岁后，兄弟尽释前嫌，并经常聚集会饮，极尽骨肉之情谊。尽管九叙于家族有为富不仁之嫌，且“晚年颇以声伎自娱，因病怔忡，药之，寻愈寻作”，但手足之情仍使九思对其死亡悲痛不已。九叙中举后弃学从商，富甲一方。九思称其“吾鄠称理家之善者，必首禹夫，即予欲效之，亦未能也”，又说“禹夫性颖敏不群，文笔甚劲，不作寻常语，亦通诗道，兴到即挥洒，然不屑屑为也。与人交，言厉而心不苛，人亦知之，盖怨之者少”。言及兄弟情谊则曰：“二三年来，每过吾庐共语必曰：愿兄老寿，看顾儿子辈。若以后事相托者。予辄劝止之，以为不可。呜呼，痛哉！孰意竟若是耶？”“其卒之十日前，会饮于张震夫（以太学生谒选吏部，曾任四川中江知县）家，是日阴晦风，予见其面有寒色，因抚其背曰：‘衣得无薄乎？’答曰：‘无伤也。’然其体虚，竟以中寒而殒”。可见其情谊之深。九叙卒于嘉靖十九年（1540）冬月。（以上九叙事见《渼陂续集·明故甲子乡进士爱松山人王禹夫墓志铭》卷下）

时隔一年多，嘉靖二十一年（1542）九思三弟又亡。三弟九皋（鹤夫）幼年目疾，终生务农。九思受父之托，对之极其关照。先是九皋妻杨氏不幸病卒，九皋朝夕哭。每天午时，九思邀其共餐，餐时不住慨叹，九思止之，其更加哽咽不能休。由于过度悲伤，终酿成病，不治而亡。九思为其所作墓志铭，一开篇即悲苦欲绝："痛哉，天乎！乃今日三弟俱逝，而我独立。俯仰宇宙，五内催折弗自知。其涕泗之交颐也，尚为之铭乎。然不铭不可，不获已挥泪为之。"三弟俱亡，独己存世，其失类之悲不能自已。（以上有关九皋事据《渼陂续集卷下·弟处士鹤夫合葬墓志铭》）

据《侄渼墓志铭》（《渼陂续集》卷下）："嘉靖庚子（十九年）冬，予弟禹夫卒，壬寅（嘉靖二十一年）春，其长子妇吴氏卒。是年冬十月十八日长子渼卒，次日渼妾张氏亦饮药，十二月仲子沔亦相继卒。呜呼，伤哉！其何以至是哉！"渼固然纨绔子弟，九思虽对其有所贬损，但作为血缘亲情，还是赋予极大的同情。渼为九叙40岁而生，又9岁丧母，九叙抚之勤，爱之甚，随其意欲，无不曲听。九思对于其弟溺爱也能理解，对渼也自然多所原谅。沔，九叙次子，闻沔卒，九思泣下不能自已。沔性情谦逊，深为九思所爱。他喜音乐，曾经向九思请教。九思以自己人生经历为鉴，不愿其近音乐，劝其"梦落阳台唤不醒，何如窗下对遗经"（《渼陂续集卷上·沔侄自励不近音乐》），取楚襄王梦游阳台与巫山神女相会典故，意其不要沉迷于淫乐酒色，沔虚心接受。九思受其二幼子请，为之作墓志铭。另，九皋子潭，因酗酒，母笞之，竟自缢而亡，亦使九思伤痛。

九思连遭骨肉之戚的同时，终生挚友康海亦于嘉靖十九年（1540）病卒，这对九思亦是一个极大的打击。他们几十年同声气交谊，非寻常可比。

康海患病期间，曾与九思执手叹息曰："王大，朝廷作养我辈，恩德优渥，冀效犬马尺寸之劳。讵意若是耶？"九思叹曰："丈夫心事可对鬼神，复何言？呜呼，有才如此而不得一试，岂不惜哉！"（见《渼陂续集卷中·康海神道之碑》）既是对康海一生不得志的悲叹，也是对自己一生不幸的哀鸣！

好友吕柟亦于嘉靖二十一年（1542）病逝。自此九思举家无亲，举外无朋，加之晚年多病、失明，从而进入其凄凉的晚景。

王九思由于晚年多病，与秦府（秦藩）医正王秉常及其子王正之交谊较深。王秉常于嘉靖十年（1531）春三月二十一日卒。他曾于正德十年（1515）和正德十五年（1520）两次解救九思于病重、病危，因此九思与之结下友谊。后王秉常又医治九峰与九思张夫人，虽未治愈，却料病如神。秉常初受经学、修举业，能诗文，后又思父业不可废而学医，于医无所不精通。秦王闻之，任为良医正，出入王府，亦为普通人治病。九思在《秦府良医正西林王君墓表》（《渼陂续集》卷中）言其"日入于王所，参问玉体，得命而后退。既退，人之邀致者，或至于家，或在途，或昏夜叩之，盖无不往者，未尝以贫贱贵富为勤惰，惟尽其能"，可见其医德。王秉常居长安城西，九思因其医人之功，拟古种杏成林者，称其为西林君，于是学士大夫亦皆以西林称之。"君饮量不深，顾喜鄠杜醝酒（白酒），酒味甘，每至鄠杜酌之数觥，则醺然而卧"，所以九思常以醝酒寄之。若至其家饮宴，宾客则以大杯，客不醉不已。因九思有《赠医师王秉常》（《渼陂集》卷四）古风一首，可见其友谊。诗曰：

王子栖丹洞，翛然野鹤姿。逢春偏爱月，坐石细吟诗。
酒熟欣吾至，花飞恨赏迟。醉留东市榻，别饮内园迟。
药石功难忘，兰芝气自宜。何时山阁外，共依老松枝。

王秉常临终嘱其子尚义（即正之）："王渼陂太史知我，得其表墓足矣。"九思受其托，为之撰墓表传世。

王正之为王秉常长子，九思《蟠桃图走笔为王正之赋》（《渼陂续集》卷上）中有："当日公车曾上书，齿如编贝八尺躯。从容得侍武皇侧，时时剧戏为欢娱。更有风流郭舍人，潇洒同为供奉臣。殿中射覆讶蒌薮，天颜一笑回阳春。"从此数句看，王正之属雄伟美男子，曾会试于京，得以侍武宗皇帝侧。从其"为欢娱"、"殿中射覆"，博得天颜一笑的行为看，似有佞幸之嫌。但九思将其比作与东方朔共侍汉武帝的郭舍人（郭以智救武帝乳母，为史传为佳话），接着又平衡了几笔："文章辩博设客难，义气激烈斥董宪。语言仿佛涉诙谐，辞旨曲婉多讽谏。""东方先生苦受诬，形容千古丹青在"。将其比作以文章讽谏的智臣东方朔，但终不被人理解。王正之后来又继承父业为良医，九思常邀其至家治病。《谢王正之》（《渼陂续集》卷上）诗为："我病三旬久，君来十日过。留心投药物，应手起沉疴。庐扁（扁鹊、庐皆为名医）流风远，门庭阴德多。苍天宁尔负，雏满凤凰窠。"表其医术与医德，愿苍天不负，让其子孙满堂。王正之亦对九思尊重、敬慕，九思有求必应，且往往留住数日，与九思"共对寒芳（菊花）坐，清谈意转亲"。

久病成医，九思晚年亦通医道，据《王氏族谱·九思传》等记载，九思常为乡里施药治病。九思与人合注《难经》，至今有《王翰林注黄帝八十一难经》五卷传世。

王九思本不善营生，家无厚资，又喜接济贫穷，晚年维持家计往往捉襟见肘。两儿相继去世，全家老小以及在家养老的奴仆尚有十余口，仅有数十亩薄田，丰年吃穿日用还可维持，荒年连吃饭都发生困难，而仕宦人家的体面还得支撑着。幸而九思还有致仕官员的微薄俸禄，再加卖文所得，勉强维持度日。

九思壮年时，创作旺盛，交接也广。凡到陕西及鄠县就职的官员大都拜访他，求文求诗者亦多。尤其关陕一带世家豪族、官宦士绅慕名求写墓志、墓表者更多，这些人往往出手阔绰，使九思卖文钱多有所得。可惜“有时节得几贯卖文钱，且随时过遣”，不做“黄金空守痴呆汉”（《碧山乐府·对酒六首》小令下），随时挥霍了。

据《李开先集·渼陂王检讨传》，九思晚年失明，“而求文者日踵其门，只凭腹稿口占，而善书者不能给。其为予作《宝剑记后序》，年已八十二矣，而文思尚如涌泉”。当然此时求文者多为平民，但偶得卖文钱当不成问题。于是平年便可补得家用，荒歉年也可买进粮食。《籴米谣》（《渼陂续集》卷上）即是一例：

新麦未获籴旧麦。谷穗郁垒垒，出籴早谷米。
南亩何曾废耘耔，田少口多囷见底。
吁嗟乎，有钱籴米尔莫叹，新谷登场亦不远。
不见当年少陵叟，短褐长镵米何有。

虽然耕地未曾废种植，但人多田少粮囤见底，所以只好籴麦、买米度饥荒。不必叹息，毕竟还有钱籴米，况且离新谷上场不远了。难道不见杜甫当年穿着短褐，执白柄长镵掘土种地还没有米吃（杜甫有“长镵长镵白木柄，我生托子以为命”）。在另一首《籴麦》（《渼陂集·卷上》）中亦有“瓶粟陶元亮（渊明）”、“籴米未为贫”的大度与豪气。可见九思晚年虽贫，但并不为贫累。这也许是其能抵抗巨大灾难而长寿的原因吧。

据《重修鄠县志》卷七中，王九思撰《渼陂镇重修石桥记》，渼陂距九思所居县城仅三里之遥，其六老庵之祖茔在渼陂北，九思久欲在陂岸买一亩地，构一椽屋。但罢官三十年，直到七十余岁，此愿未偿，可见九思晚年之困顿。

人老了自然多病。《清欢》（《渼陂续集》卷上）诗中言及“病起无兼味，清欢亦可嘉”，对多味、重味无感觉，只对清淡的“菜根煮香稻，莲子啜新茶”有感觉。有病了，疏懒了，经常打扫的小径生了春草，掀动竹帘雪花抖落。“暮年惟独坐”，不要想过去那些乱纷纷的事情。

《即景》（《渼陂续集》卷上）一诗，言及在那寒云蔽日的昏暗天气下，九思老人扶杖独坐在草亭，望着篱外残败的菊花犹有一分生气，这“犹弄色”的残花在

“寒云蔽日”中还能撑持多久？他茫然不知，却痴痴地望着阶前一双鹤相互梳着对方的翎毛。这“双鹤对梳翎”有如“蝉鸣林更幽”的以动喻静，更显九思老人之孤独与寂寞……

天气好时，九思老人偶尔也走动走动，那得依靠童仆扶着。《童杖》《(渼陂续集）卷上》诗：

衰龄兼病痔，聊借小童行。苔径徐徐步，园林日日情。

坐谈时放汝，归去辄呼名。却忆当年兴，登山双屐轻。

既衰老又有痔疮，行走依靠小童扶。园林是他天天去的地方，小径长了绿苔（去的次数少了），只好缓缓行走。到那里就和老人们谈天，暂时放纵了小童，想回家了再呼唤他。想起当年登山双脚轻健，真使他感慨无限。

九思暮年双目失明，一切应酬事务皆靠长孙山木。据《王氏族谱·山木传》，山木“垂髫时，诗歌、古文已得之家传。及冠，补博士弟子员，益致力于学。顾以其父与伯皆早卒，而太史公（九思）复耄年目昏，督学王公乃训以‘事祖即德业之旨’，命以布衣巾侍祖公。由是专意重闱，曲尽孝养。凡四方求文之事，馆阁旧游之交，词翰应酬之书，辐辏于太史之门者，应酬如响。太史公晚年失明，子弟皆尽，而余年尚有恃赖者，公（山木）之力也”。

又据《南曲次韵序》，九思得之李开先《傍妆台一百首》，备极赞赏，欲和其韵，但目昏不能亲自披阅，“间令小孙朗诵一二，识而和之。且和且歌，或作或辍，两阅月完矣”。可见和李开先之《南曲次韵》一百首，都是山木朗诵后才作的。

九思与山木祖孙感情也十分感人。有一天下雨，祖孙在家闲谈，九思便向山木谈及自己的往事，于是口授于山木《雨中偶成四首》(《渼陂续集》卷上)。其一：

六十年前游戏处，西湾风景种瓜余。

老来反爱儿童事，欲向湾头坐钓鱼。

童心不泯，儿时事永远不能忘记。其二：

秋来风雨掩衡门，强欲看书奈字昏。

却恨当年双眼碧，不将黄卷日重温。

当是检讨当年的放荡不羁。其三：

构完祠屋奉蒸尝，不接音容只自伤。

怎得光阴如少小，家庭朝暮傍爷娘。

祭祀祖先想起父母的音容，恨不能回到少年，在家早晚随侍父母。有一种淡淡的孤独感。其四：

驽马当时误入骖，几回鞭打脱羁衔。

而今莫说无人用，纵解驰骋老不堪。

将自己比作驽（劣）马，“误入骖”，意为自己无才误做了官，经过几番风浪，终于像驽马被鞭打“脱羁衔”（脱离了官场）。时到今天不要说无人用你，就是解开缰绳，让你放纵驰骋，也跑不动了。这是九思对其一生的简单总结，言简而意赅。

王九思一生为人写的墓志铭相当多。但在史籍中以及有关九思的著作中，却不见九思的墓志或墓表。其墓地无碑石，后裔亦无存文。在明崇祯十三年（1640）鄠县知县张宗孟为《重刻渼陂王太史先生全集序》中有，“先生盖文人而儒行者也，据年谱、志铭，立朝居家一遵典礼”，可知九思有墓志铭，且内容充实，但无言为谁所撰。据《李开先集·康王王唐四子补传》：“予（开先）初为康王王唐四子作传，屡次致书其家，索其志状不可得，恐终不可得也。遂据平素所见，并刻行文集漫然为之。乃后各家陆续寄至。对山（康海）志则马溪田，状则张太微。渼陂志则其所自撰……”自撰墓志古已有之，其原因各异。九思自撰墓志，我们只能猜度其因：九思 72 岁以后，与其交游的关中名士康海、马理、吕柟等都已死亡，甚至张治道仅比九思去世晚 4 年，所以就只能自己撰墓志了。虽然我们不能见其墓志全貌，但从李开先《康王王唐四子补传》中可见其梗概。

王九思于嘉靖三十年（1551）因病卒于家，享年八十四岁。葬于鄠县城西北三里的六老庵祖茔之侧，与其赵、张二夫人同窆。

现今户县的王九思遗迹有以下几种：

一：六老庵王氏祖茔中王九思墓，竖有“陕西省文物保护单位”标志碑一通。

二：太史桥。由于 1976 年涝河改道，桥已废弃不用。今封存故地，其形制未变。

据《重修鄠县志卷七·创建太史桥记》（陕西巡抚赵廷瑞撰）：鄠县在终南山北麓，“山水灵胜，即古丰镐之地”。涝水为关中八水之一，出于终南山谷，经流二十里许，过县城西，为津要，又向北十余里而入渭水。“津当孔道”，西走凤翔、汉中，东去省会。每年夏秋之交，霖潦淹至，波涛汹涌，十数天不回落。来往行旅阻之于道，愁苦不堪。

王九思已届耄耋，每目睹其状，慨叹不已，想为石桥者久矣。嘉靖十九年（1540），其族有智谋者名王楷献计：今岁丰收，农人无事，若为石桥，良机矣。只要太史公（九思）倡议，不烦官府，石桥可成。

于是九思置酒，召城中大姓数人为首，再召四乡及盩厔县接壤处有财力者，各数十人，“闻召无后期至者”。众人商议筹划，并语太史公：先生年老矣，犹为“永济之图”，我辈后生，敢不从事。当年十月，农忙罢，约众采石于终南山，由四乡及城垣有力者出车运至工地。

嘉靖二十年（1541）春，省宪修筑灞桥，役夫万计，按例鄠县应派三十人。九思遣人于巡抚衙门诉曰：灞桥之役无鄠役不为少，而鄠役赴灞桥，则涝水石桥工殆矣。陕西巡抚赵廷瑞命当事者，免鄠县役，涝水石桥施工者闻之皆欢。

嘉靖二十一年（1542）夏五月，涝水石桥告成。桥高一丈六尺，宽三丈六尺，长二十五丈，十孔。远近过者无不欢喜。

巡抚赵廷瑞认为自己于此为官，拱手受成不合理，应是渼陂先生的功劳。渼陂先生却笑着说：是乡人的财力促成的，我何功之有？但县中父老议，王太史倡此议，我等已老，后世子孙怎知此事呢？于是建议刊之于石，以永垂示。

九思乃自叙其事，托长安张比部孟独（治道），请巡抚赵廷瑞为之记。赵子曰：“桥梁，有司之职也，而乃俾一方耆硕，率其里人自为之，长吏者愧矣。虽号曰太史桥可也。渼陂子当敬皇帝（孝宗）在御九年举进士，为翰林院检讨。正德初迁吏部郎中。与庆阳李献吉、汝阳何仲默、武功康德涵并名海内。今年七十有六岁，耄脩不怠，犹强健不废著作。虽其经济不克宏施，而其不忘世之志，每于言议发之。若此桥者，可以略觇（看）其存矣！”

三：渼陂书院。“渼陂书院在县西渼陂，为王九思之别墅。清雍正十年（1732）鲁一佐《鄠县志》称：‘空翠堂建自宋张公伋，与渼陂书院东西连接。’《古今图书集成》载：‘十亩园即渼陂先生书院，内有春雨亭，康对山为之记。又有且坐亭、紫峰阁，内有先生遗像。康对山先生石碣记其胜。’今俱存。康熙二十年，康如琏《鄠县志》县治图中，绘有渼陂书院一所，称其址在今县北街剧院附近。”（《王氏族谱·二十修记事》）

四：华庆班。据《武功县志·康海传》：“（海）从此放行物外，寄情山水，广蓄优伶，制乐府、谐声容，自操琵琶创家乐班子，人称‘康家班’社。与鄠县王九思共创‘康王腔’，扶持盩厔张于鹏、王兰卿建张家班，又名华庆班，在历史上活动长达 500 多年。为重振北曲，为秦腔艺术的发展建树了不朽功勋。”

五：逸事一则。据钱谦益《列朝诗集小传·丁集》：“明万历三十五年（1607）清江顾大猷游长安，访召康、王遗妓，置座中，青衫白发，歌康、王曲，道其故事，风流慷慨，长安少年至今犹能为之。”又据徐又陵《蜗亭杂订》云：“万历中，广陵顾小侯所建（即顾大猷）游长安，访求曲中七十妓，令歌康、王乐府，其风流遗韵，关西人犹能道之。”

此两则为不同文本大同小异的记载，记语看似平常，但却隐喻着极深刻的沧桑感。中唐诗人元稹有一首五绝小诗曰《行宫》：“寥寥古行宫，宫花寂寞红。白头宫女在，闲坐说玄宗。”这些宫女皆为玄宗末年选入皇宫的。玄宗死后，将她们迁往洛阳上阳宫，于冷宫一闭四十年，皆成白发。此两则记载之歌妓皆康、王盛年时先后的跟随者，或康、王家班的演唱者。康、王死后，她们或另谋他就，或流落烟花，五十余年（九思于嘉靖三十年去世，距万历三十五年已五十六年）后，皆成白发，且着青衫，说明她们皆贫穷潦倒。那些当年的宫女，白头与红花相映照，叙说着玄宗的故事，与康、王当年的歌妓“青衫白发，歌康、王曲”，“其风流遗韵，关西人犹能道之”一样，看似寂寥平淡，实则隐藏着深切的悲凉，那种被时光磨洗得无从可言的悲哀，比可指可言的悲哀更深刻痛绝。

联想这些歌妓当年“红妓锦缠头”“青童珠络臂”“袅袅鸣仙珮”“盈盈出洞房”“盘云高髻子”“垒雪绣罗裳”（均引自九思《浒西庄春日行乐八首》）的艳丽形象，以及康海“自携锦绣缎，不惜赏青娥”（引自九思《公顺园林七首》）的慷慨行为，能不使人喟然慨叹！

六：传说一则。《重修鄠县志卷九·杂记》：花仙者，居鄠终南山之圭峰，尝有武弁某裹粮访之，三日始至洞口，鸟道险绝。与之言，但劝以孝弟，更无他语。清代梁敏壮公化凤，供养甚诚，仙尝往来其家。每至则闻风自庭树下，惟啖果实，不火食。自言在山中恒与康对山、王渼陂诸公往还。其貌瘦健而长髯，声其尖利，不类人，殆猿玃之属也（见王洋渔《池北偶谈》及梁敏壮公家传）。

第三章　王九思著作探析

一　《渼陂集》与《渼陂续集》

（一）基本情况

王九思在《渼陂集·序》中说“予始为翰林时，诗学靡丽，文体萎弱。后德涵、献吉导予易其习焉。献吉改正予诗稿者今尚在也，而文由德涵改者尤多”，“顾予顽钝不能勉副其意，故今老且朽矣，而于所谓文若诗者，意亦无所得焉，是可恨也。然又弗忍尽弃，暇日检其差可观者，盖十四五，命子瀛……”

据“检其差可观者十四五”，可知《渼陂集》收录九思平日所作，不足百分之五十。那么，早期“靡丽”之诗，“萎弱”之文，其不可观者当舍弃。其中有些“靡诗萎文”经李梦阳、康海改过，可观者留下，其余全都为罢归后所作。九思汇集诗文稿时，当以其复古与罢归后对复古反思，所形成的诗文观来衡量作品，进而舍去“靡诗萎文”和自认为平庸的作品，其舍弃数量占当时全部作品的大半。我们且不说这些作品会随着时间的流转，有其重新认识的价值，即对我们了解那个时代的历史以及九思本人的生活经历与心理历程，也是极大的缺憾。这也是九思所始料不及的。

另据汪超宏《明清曲家考》，作者分别于嘉靖《寿州志》，乾隆《山西通志》，王锡爵、沈一贯所辑《经世宏辞》发现九思佚诗九首。可见散录于各种典籍中九思的诗，有未收入《渼陂集》与《渼陂续集》中。

《渼陂续集》应当是嘉靖十一年至嘉靖二十五年（1532~1546）作品的集结。刊行时九思已是 80 岁的高龄，加上暮年目疾，想必此后不复再有诗作。

不管后世对王九思的诗、文、词、曲、杂剧怎样评价，但九思认为自己首先是一个诗人。

九思虽被后世誉为散曲大家，但自己却认为这些非大雅之作，不过是排遣郁闷、寻欢作乐而为之。因而，“兴之所至，或以片纸书之，已而弃去”（王九思《碧山续稿序》），或“用佐樽俎，风情逸调，虽大雅君子有所不取”（引文同上），可见九思轻视其散曲。

九思有《碧山诗余》（词作，收录于《重刻渼陂王太史先生全集》）一卷，其中收小令 22 阕，中调 11 阕，长调 23 阕。罢归后，“见太白、苏（轼）黄（庭坚）诸作恒爱之，间有所感发，应酬赠贺辄仿之”（王九思《碧山诗余序》）。可见九思也不看重其词作。

九思的戏剧创作，仅有《中山狼》院本与《杜甫游春》。因《杜甫游春》复出受挫，再没有涉足此领域。

诗歌创作伴九思一生。例如他在《渼陂续集》卷上，有一首《吟诗》的短诗：

吟诗四十载，学海足生涯。汉魏二三子，唐人几百家。
撚髭空锻炼，得意漫矜夸。不见少陵老，情真语自佳。

可见其终生对诗歌追求之执著。但诗中言及对汉魏唐人仰慕追崇的苦衷与得意，也令人不禁与前七子的“模拟”弊端联系起来。学习古人固然重要，但刻意拟古并“得意漫矜夸”就有些腐气，好在学习杜甫还能“情真语自佳”。

在《除夕》一诗中犹言“等闲莫笑狂夫老，犹有遗编讨论功”。时九思 70 岁，犹对诗歌耽情不辍。所谓“遗编”，当指未来的《续集》稿，而且雄心勃勃，要在诗坛以此《续集》论功劳。另在《豸史古崖魏公手书“锦堂德祚”匾以赐，举子张孝先诗以为贺，因次韵五首》（《渼陂续集》卷上）诗中有“谁言野叟能修德，谩道词林有旧声”、“霜台染翰星郎赠，万古流传识姓名”句，足见九思对其诗文能“万古流传”（看似捧古崖魏公，实为自我标榜）的自信。

然而，遗憾的是，王九思也和前后七子其他人一样，不可能在诗歌创作上达到新的高峰。这主要是历史的原因：唐人将诗歌的创作推到了顶峰，宋人无法超越，明人（主要是前后七子）看不起宋诗的，但明诗最终不及宋诗，他们并没有出现像欧阳修、梅尧臣、王安石、苏轼、黄庭坚、陆游那样的大诗人。那么，王九思及其七子们就如低谷之水不及山顶之池，大势也！但我们不能因此否定明代大批诗人。

王九思对诗歌的终生追求无疑是令人敬佩的，他的《渼陂集》与《渼陂续集》中的诗赋，还是随处能见可圈可点的章句。

王九思总体上是继承儒家正统诗论，尊崇汉魏盛唐诗文传统，主张“言志”、“缘情”，注重诗歌的思想内容与艺术形式。反对以道德功利衡量诗歌以及“缘情”服从“言志”和重视诗义而忽略诗美的现象。

从“缘情”方面讲，九思有关“寄情山水”、“风流潇洒”、“闲情逸致”以及乡野风情等诗，都能做到景无情不发，情无景不生，以情景交融、心物契合而生意象，进而升华成一种独有的意境。问题是九思壮年罢归，隐居乡野几十年，怀才不遇、壮志难酬，因而他的诗歌里有大量的愤世嫉俗、怨恨讽刺、揭露社会以及关心兴亡、同情疾苦的诗。在这些诗里不乏“言志”与“载道”的意味，有些议论兴亡的哲理诗，真使人觉得其有“山中宰相”的味道。尽管如此，我们读这些诗，并不觉得其有“发乎性情，止乎礼义，可劝可惩”的道学面孔。

《渼陂集》与《渼陂续集》中收集有大量文章，这些文章以议论文、记、传、状、墓志铭为主，尤以墓志铭（包括碑文）多达 70 余篇。这些文章从形式上都体现其复古宗旨——“文必曰先秦两汉”。其中议论文虽不多，但都简约通畅、富有逻辑。墓志铭继承唐宋以来的传统，能化这种呆板文体的“腐朽”为神奇，突破魏晋以来的旧框式，有些篇目采用司马迁《史记》人物传记的文学手法。这也是九思复秦汉古文的追求。

对王九思的《渼陂集》与《渼陂续集》，当时人评论较多，其刊行后在山西、陕西、甘肃、山东、顺天等地影响较大。到嘉靖末年，后七子之首王世贞对九思的诗即有“风调佳甚，而选者俱不知之”的感叹。再后来，由于西北地处偏僻，陕甘学风不盛，迨明季及有清一代，北方尤其陕西经济落后、交通闭塞、学人鲜出，因而对其研究传播皆滞于一隅，外界鲜知。虽《四库全书・集部》收录，但在那浩瀚如海的汇编中，只有被湮没的份了。

对《渼陂集》《渼陂续集》除我们今天能看到的康海、张宗孟、王献、张治道、翁万达等的序评，还能在《鄠县志》看到只言片语评论。明末清初文人钱谦益（字受之，号牧斋）所撰《列朝诗集》中对九思、康海散曲做了较高评价之余说：“敬夫《渼陂集》粗有才情，沓拖浅率，《续集》尤为冗长。”还说：“大率康、王皆工词曲，而秦人推其诗文为一代文宗匠，乡曲之言，君子存之而已。”说明钱谦益对王九思的《渼陂集》《渼陂续集》不感兴趣，更言秦人评价为“乡曲之言”颇有偏见。

钱谦益在其《列朝诗集》中，对李梦阳、何景明、康海的诗文也多所诋毁。可见其对前七子有门户之见，当然王九思就不免遭其訾议。

（二）诗风的演变

我们先从《渼陂集》与《渼陂续集》的诗歌谈起。九思在几十年的诗歌创作中，同样遵循着一般诗人的规律，即随着时间的推移或重大事件的影响，其诗风会逐渐演变的。

罢归前的诗

此一时期包括布衣与释褐为官两段。为布衣学子时的诗未见收进二集，其时虽为科举奋斗，但并不忘诗歌创作。尤其在太学进修时，为结交名流写了不少“敲门砖”诗。九思大概认为其无多大价值，尤其在罢归二十年后编集，就更觉其酸腐，因而将之排斥在“十之四五”以外。释褐为官可分为在翰林与吏部、贬谪寿州同知。前期主要是作为词臣的应制诗，后期为仕途受挫的愤懑之作。

著名学者吴小如先生在其《“言志”“载道”及其他》（《文史知识》中华书局1999年第9期）一文中说：“古人作诗，大都是为自己的，自发的，甚至有些诗人的作品只是写给自己或自己所亲爱的极少数人读的。”

王九思在翰林为官，所作诗大都富丽华瞻借以显露才华，以期得到士人的认同和权贵的赏识，给做官进阶打通关节，而应制为皇帝歌功颂德的诗就更是用心良苦了。这些诗歌带有明显的功利心，是给别人看的，是有对象的，是受外在环境与功利影响的，即使其所言为景物、为琐事，甚或有“高风远韵”的“吟咏性情”之作，那也是“言志”的、“载道”的。如九思进身翰林的扛鼎之作《川扇》（《渼陂集》卷五），为写景抒情并有闺怨之意，不管怎么说，这首诗还是寓意深刻、词语精妙、对仗工稳的。但其中“谁剪巴江一片秋，天风吹落凤池头”，为什么不可以理解为感激与奉承赏识自己的李东阳，将“巴江一片秋”（指九思自己，九思曾在巴县读书成举业）剪下来，借天风（皇帝、朝廷的科举考试）将它吹落到“凤池头”（也称凤凰池；中书省。因掌管机要能接近皇帝故称凤凰池）。如果没有李东阳剪下（李为弘治九年会试主考官）这一片秋，天风再大也吹不动，也就落不到“凤池头”。再如“明月随人光欲满，彩鸾归院影还留”的“明月”、“彩鸾”都可喻赏识自己的人，是这些人使他“光欲满”，即使这些人离开（归院，李当时供职翰林院）他，而“影还留”。“几回梦醒诗成后，遍倚层霄十二楼”两句，表露其欲报效朝廷、报答恩人的心理能否被理解的忐忑心情。

其他如《阁试秋声》(《渼陂集》卷五)虽有“谁遣潇潇满屋颠，夜窗初听一凄凉”的情境，诗尾却有“愧我无能向短篇”的表明忠诚之心迹。

但此时也不乏佳联妙句与情感的细致微妙之作。如《壬戌元宵应制八首》(《渼陂集》卷六)之四有“天王不赏鱼龙戏，几度叮咛问细民”，虽是赞美弘治皇帝在元宵盛典的欢乐中，不忘细民百姓，同时也体现诗人关心百姓是否也同乐！之六有“却喜御宴今夜月，清光还为照三边”，提醒弘治皇帝在盛宴的极乐中，不要忘记戍守三边的将士。在这举国欢庆的元宵之夜，有远戍的士兵，就有闺中的怨妇，他(她)们也能与君王同乐吗？体现了诗人一种平民关怀。之八有“东风初送春消息，犹恐高寒拂翠华”，诗人伴君夜游，既有踌躇满志的快意，又有关心弘治帝冷暖(翠华，指皇帝的仪仗)的忠忱，其实还一种“高处不胜寒”的忧愁与恐惧。作者虽然没有李白那种耻为词臣“不侍候了”的勇气，但也有一种作为词臣的无奈与愁肠。

在吏部为郎的一年多时间，似乎由于政务繁忙，除几篇序文几乎没有诗作。

在去寿州的路上就有了贬谪的不平与愁苦，从这时候起诗情始为悲壮，尤以去寿州在舟上的《彭城别段德光，追曾圣初、侯景德、黄仲实不及，夜宿宿迁县南，独坐无寐，万感俱集，述五百六十字》(诗见《舟车劳顿，寿州莅任》一节)最为典型。其中“或开一樽酒，或陈数簋食。身世忘沉浮，笑谈露胸臆。有时激醉乡，高歌破幽墨。有时掷蒲樗，大叫呼彩色。群谑何呶呶，孤坐或默默。踪踪若殊轨，指趋竟同域”。活脱脱地将其遭贬谪后的悲苦复杂心情合盘托出，激酒高歌也好，赌博呼彩色也好，都是一种自暴自弃的狂放；当群谑唠叨(呶呶)不休时，他却孤独地默默而坐，又百思不得其解：很多事情好像没有什么联系(踪踪若殊轨)，但为什么最后矛头都指向自己(指趋竟同域)？在痛苦中反思。这种一狂放一沉寂、大起大落的反差，就足以反映作者的欲哭无泪、欲诉无门的悲伤。

这首五古集叙事、抒情于一体，洋洋洒洒近600言。以叙事起首，“腰腹”叙事加抒情，既有“身世忘沉浮，笑谈露胸臆”、“有时激醉乡，高歌破幽墨”的慷慨直陈，又有“缅想大风歌，千古一伤蠹”、“将谓憩彭城，感激吊苏轼”、“其地寡稻粱，其途多荆棘”、“寂寂思往事，嗒然颜忸怩”等的顿挫起伏。收尾亦多警句，如“寿亲酒不赊，看山亭可陟”、“行当赋归去，羸马自控勒”均能感人。可以说，从“故乡十亩园”到结束，词新调雅，有一咏三叹之致。尤其最后一联：“鸡声出远林，良朋正相忆”既关合全篇，又给人以朦胧悠远的意境，不禁令人感喟遐思，余味无尽……

全诗能够围绕中心，婉转回复，做到“击首则尾应，击尾则首应，击其中则首尾应”的艺术效果，其不失为一首优秀的古诗。

到寿州后逐渐平静了，当他正一心一意地致力于寿州的城防、水患时，却接到不清不白的“勒致仕”令。这时便有“连宵惯作还乡梦，壮士难忘报国心。肯向离筵挥老泪，笑看宝剑赋长吟”（《渼陂集·西归留别吴守》卷五）的悲愤。这种报国不能，还乡不得的处境，一边向离别宴上的朋友挥老泪，还要笑看壁上宝剑赋长诗的尴尬，实在有着无法言尽的苦衷。

罢归后的诗

罢归故乡后，门前冷落车马稀，有苦难言，又不被常人理解，所以只有以作诗排解烦闷，发泄胸中不平，这些诗篇就只能给自己和挚友看了。即使是“言志”、“载道”、言国家大事、言国计民生也是“缘情”而生的，像杜甫即使是“致君尧舜上”也是真情。这里仅举一例，以窥全豹。

《春兴八首》（《渼陂集》卷五）之三：

闻道秦中雪雨乖，边城烽火日相催。
阴雨浊浪龙蛇斗，暮夜深林虎豹哀。
遂有红颜啼道路，不堪黄发走尘埃。
王都千古河山地，经略还须将相才。

诗以“雪雨乖”喻边城烽火急迫，以“阴雨浊浪”、“暮夜深林”喻大环境（包括国家、人民处境）的恶劣。既酿成此大环境，必然给百姓带来“红颜（青年妇女）啼道路”、“黄发（老年人）走尘埃”的疾苦。但是，作为曾经是儒家道统熏陶出来的士大夫，他实在不愿意国家动乱、民族罹难。他虽无挽狂澜于既倒的能力，却衷心希望有将相才能的人来挽回残局。这些关系国计民生、国家兴亡的大事，似乎不需要一个曾任小官而又罢归的王九思去操劳。但“国家兴亡，匹夫有责”、“处江湖之远，则忧其君”的士大夫情怀乃是真诚的、可敬的，因而其诗是“缘情”而生的，也是十分感人的。正是这些诗篇，无关心，无功利，大都是写给自己和最亲近之人看的，其事由、情感才是真实可靠的。我们才有幸通过这些诗篇，梳理出其生平经历及其心灵历程，还原一个有血有肉的王九思。

罢归后的诗是《渼陂集》《渼陂续集》的主要部分。我们在前一章《王九思生平事略》中，分别对部分诗进行了解读，其基本史实也都是以这些诗篇的梳理为主。

此外，还有许多诗篇，传递一种言不由衷的悲哀，一种欲欢却悲，欲歌却恸的两难境地。如《渼陂集卷二·读寒山子诗》其二：

避世疯癫子，蓬头脚不袜。身卧寒山云，心似秋潭月。

嬉游狎丰干，时时徂贝阙。仰天忽大笑，海鹤唳清樾。

挥毫向山壁，龙蛇动崒矶。流传千古祀，芳名讵能没？

九思读寒山子（唐代诗僧）诗，似乎赞赏寒山子蓬头不袜的疯癫行为，喜欢他嬉弄丰干（国清寺僧）饶嘴多舌和经常到权贵门庭的举止，欣赏他“仰天忽大笑”的狂放声音，像海鹤呼号于清荫林木中。这原是一种“身卧寒山云，心似秋潭月”的不计名利的超脱，怎么又忽然向高峻危石（崒矶）上挥毫书字（龙蛇动，形容字的遒劲有力），计较起千古芳名呢？这岂不是九思“六根不净”的隐逸心理吗？

《近山歆湖约游草堂，事阻不果，赋诗二首》（《渼陂集》卷五）其中有“官阁迥临霄汉上，山林偏爱酒杯长。吟余却笑王生懒，辜负当年翰墨场”。同客人游到草堂寺下，忽然看见高耸霄汉的官阁，却不去登临，而更喜爱乡居的酒杯（与朋友饮宴）常在手。长吟歌唱之余笑自己散懒，辜负了当年在翰林时的雄心壮志。这看似洒脱，实为不得已，却怎么就成了“偏爱”？难道隐居乡野是自愿的？实为愤懑的一种转化形态。吟歌长笑不是高兴，是笑自己散懒，是一种苦涩的笑，及至想起当年的辉煌，难道不是一种悲哀？这正如唐代诗人柳宗元《对贺者》中语：“嬉笑之怒，甚乎裂眦；长歌之哀，过乎恸哭。庸讵知吾之浩浩，非戚戚之尤者乎！”联系九思的不幸与痛苦，而故作出嬉笑与吟唱，难道不“甚乎裂眦”、“过乎恸哭”？我们怎能不理解九思的旷达（浩浩），深寓着悲愁（戚戚）呢？

晚年的诗

主要集中在《渼陂续集》中，这时的九思已是风烛残年，对人生参悟透彻，其心境平和、返璞归真，所作诗歌也以朴实简约见长。语言平实，然意味深长，神韵清新，意境深邃。如五律《林居杂咏学寒山子五首》（《渼陂续集》卷上）：

（一）

山翁矮屋住，幽僻少尘埃。窗外潇潇竹，门前郁郁槐。

笛吹明月下，鹤唳白云堆。未必蓬莱阁，神仙独往来。

（二）

童子清晨起，风前扫落花。柴门无吠犬，高树有啼鸦。
山翁方下榻，石鼎已烹茶。逍遥长似此，不羡五侯家。

（三）

昼长槐树下，散发坐胡床。阵阵南风起，徐徐透体凉。
编篱围旧菊，汲水灌新篁。野外瓜初熟，畦丁送我尝。

（四）

自起蹁跹舞，儿童笑我狂。但知闲处乐，不学富家忙。
坐石沾云湿，飡梨带雨香。光阴容易老，树杪又斜阳。

（五）

落魄寒山子，长笑何时歇。洞栖一片云，门对千年雪。
破袖舞春风，澄潭弄秋月。吟诗几百首，天机任飞越。

这种诗句朴素到白描勾画，诗意清新到黄芽青果，但神韵不减。将一个富有才学、老知天机的诗翁返老还童、率真飘逸的形象活脱脱展现出来。又能将读者自然地带入“笛吹明月下”、“石鼎已烹茶”、“编篱围旧菊”、“飡梨带雨香”、“澄潭弄秋月”种种出神入化的境界。这时的九思，笑是真的笑，哭是真的哭，连“破袖舞春风”也十分可爱。

此五首五律音韵和谐却不刻意求工，但细细品味则见功夫。而“山翁方下榻，石鼎已烹茶”、“阵阵南风起，徐徐透体凉”、“野外瓜初熟，畦丁送我尝”等流水对的运用，又使诗歌流畅上口，增添了韵味。

在《明诗评》卷二中，王世贞评九思：“诗格浑厚，中年仿李何，如优孟叔孙容笑颇似。暮年率易，遂露本色。”九思也坦露：“拈须空锻炼，得意漫矜夸。不见少陵老，情真语自佳。”这说明其晚年对刻意锻炼之复古已不感兴趣，对杜甫讲究诗律严整的功夫已不在乎，而只要“情真”即可。九思其时创作心态已是“引睡书过眼，写怀诗信口胡嘲”（《碧山乐府·小令下·雨中偶成》）。可谓无复拘检，随笔挥洒了。

（三）渐进的诗文观

《渼陂集》《渼陂续集》是王九思的主要著作，其客观地反映了九思的正统诗文观。在《前七子诗文复古概述》中我们已谈到其诗文观，与康海相似，与复古领袖人物李梦阳、何景明有一定的差异。但从其对张治道《刻太微后集序》（《渼陂续集》

卷上）中，可看出其晚年对复古的反思。他认为："呜呼，文岂易为哉！今之论者，文必曰先秦两汉，诗必曰汉魏盛唐，斯固然矣。然学力或歉，模仿太甚，未能自成一家之言，则亦奚取于斯也？"早年，李梦阳、何景明争论时，九思几近保持沉默，不妄加评议，只是坚持自己"文非秦汉不以入目，诗非汉魏不出诸口，而唐诗间也仿效之，唐文以下无取焉"（《李开先集·渼陂王检讨传》）的实践信条。当然，九思也不无模拟仿效之痕迹，诸如其诗集中"目穷千里外"、"把酒问蟾蜍"（《渼陂集·待月》卷四）等，只是套用而并未化用唐人诗句。而晚年的《渼陂续集》就无此现象，他认为"复古"在今天（至少在嘉靖二十年以后，文中言康海去世后事）已被"今之论者"普遍认同，"文必曰先秦两汉，诗必汉魏盛唐"固然是对的。但这种风气又造成了学力歉缺者模仿太甚，不能自成一家之言，这种方法又有什么可取呢？这似乎又使九思回到当初何景明的立场。其实何景明的诗文实践虽非其论，但反对模拟却是与李梦阳辩论的高标，他因此也被后世誉为"主创造"的七子人物。

这种思想在九思为康海之兄康德瞻诗文集所作序（《渼陂集·康德瞻集序》卷八）中，已有所流露。其中有："夫明兴，诗人嗣出，至百余年极矣。黄发之老，疲精殚力则固亦有之。若乃卓然追古，无溺于习者，厥亦罕哉。"这里九思虽然也推崇"卓然追古"，但又反对"溺于习者"。这事约在嘉靖十年左右，且康海健在，说明九思已对因"复古"之极，带来的拟古与食古不化表示反对。其实，九思晚年对"复古"的反思，并非文坛形势逆转，或因"复古"已走入绝境，而此时正是李攀龙、王世贞等为代表的后七子，"接踵前贤"方兴未艾的另一轮"复古"运动的高潮。可见王九思的醒悟也是卓然独立的。再如，对王九思崇拜有加的嘉靖八才子的李开先是"复古"的反对者，他认为"诗不必作，作不必工，只是信口直写己见"（《明诗三百首》296 页）。但当他于嘉靖十年（1531）到鄠县见到王九思时，相见恨晚，两人彻夜谈文论诗，盘桓二十余日，始不舍离去。如若九思与其"反对复古"思想相悖而语不投机，岂能欢娱甚得？

但是，世界上没有纯粹的事物，九思的诗文观也会因时因人而有所改变。如其为吕柟所作《泾野别集序》中就说："诗可作乎？曰：驰情肆志、夸多斗靡，无补风教，作之奚益？诗可无作乎？发乎性情，止乎礼义，可劝可惩，作之奚害于道也？"这里九思又回到传统诗论的老路上去了。他认为作诗要"缘情""言志"，不能"驰情""肆志"，不能夸多斗靡，否则不但缺乏传统诗论要求的中正平和、蕴籍含蓄的中庸之貌，而且对风俗教化不利。只有从性情出发，以礼义为矢的，创作出惩恶扬善的诗，才是对儒道有益的。这也许是九思针对吕柟这个具体人而言的，因为吕柟是当时著名理学家，其在研究理学之余，“听和风甘雨之声，可以知大造之仁”有感而作。理学家毕竟不是诗人，即使写诗大概也是为理服务的，或者给诗打上理的印痕。给人作序，总得顺乎人情吧！但却也不免反映出九思传统儒家诗论的一面，同时也说明其对复古宗旨的倒退或某种叛离。

晚年的九思似乎受陶渊明与杜甫影响，在诗歌创作上追求一种大朴不雕的形式风格，他在“吟诗四十年”后，认为作诗不必“拈髭空锻炼”，不要在雕琢字句上下功夫。强调“情真”才能“语佳”。实际上这又是另一种复古形式，九思似乎对唐宋甚至六朝以来的诗文失去兴趣，要突破近体律诗的束缚，直追汉魏以往古诗不事雕琢的自然风格。他推崇杜甫“情真语自佳”，也是学习杜甫“别裁伪体亲风雅”与“窃攀屈宋宜方驾”（杜甫《戏为六绝句》）的诗论要求。杜甫这里的“伪体”是指模拟诸先贤，所以必须“别裁”（创造），直追“风雅”与屈原、宋玉创造的楚辞，不为篇幅所拘，不被声律所限，“从容于法度之中，驰骋于规矩之外”。尽管杜甫也标榜追摹六朝的何逊和庾信，并借助齐梁“清词丽句”创作出代表唐诗高峰的律诗，但九思却看中杜甫追摹汉魏的一面。

九思这种诗文观的演进，当与其后来从事大量散曲创作有关，散曲这种自由驰骋、不拘不束的艺术形式，必然是以情为主，而且词语以“俚俗”为能事，远离传统诗论“雅”的形式要求。九思在诗文、散曲上与李开先交流较多，如嘉靖十年李开先督饷宁夏过鄠县与九思盘桓月余。他们“谈倦则各出所作，互相评定，半夜而寐，或彻夜不眠者凡五六夜。而赓和之作，约有一小册”（《李开先集·王渼陂检讨传》），后又多有诗文交往。形成这种大朴不雕的复古风格，大概与李开先“诗不必作，作必不工，只是信口直写己见”有一定的关系。但这一时期的复古诗文观，应是在更高一层次水平上形成的。

（四）有关诗歌赏析

王九思不是名诗人，不像李白、杜甫、苏轼、黄庭坚那样名震古今，且历代研究者多有评论。即使在明朝，王九思也不是佼佼者，如金性尧编选的《明诗三百首》居然没有收入九思一首诗。但正如王世贞所言“代不能废人，人不能废诗，诗不能废句”（《宋诗选序》），其毕竟有《渼陂集》《渼陂续集》传世，且被收入《四库存目丛书·集部》，近500年来，还是有不少名家对其诗作进行评论。

任何大诗人都不可能篇篇锦绣、字字珠玑，其在漫长的诗歌生涯中，必然会因思想感情的变化，环境际遇的差异而影响其诗作的参差良莠，其中平庸之作甚至失败之作在所难免。然而，往往因一首或数首（并非只作一首或数首）诗传世而成名者代不乏其人。那么，我们为什么要苛求王九思？其实，九思的诗集里确实不乏佳作，有的甚至可视为上品。诚如王世贞所言，九思诗“风调佳甚，而选者俱不知之”（《艺苑卮言》之六）。

前人对九思诗的评价大都是笼统指点其得失，如顾起纶之《国雅·士品三》、钱谦益之《列朝诗集小传》、俞宪之《盛明百家诗》、翁万达之《渼陂续集序》等，似乎都有些隔靴搔痒之嫌。不管后人对九思的散曲、戏曲、诗歌怎样评价，但九思终其一生始终认为自己是个诗人。因此我们就不能不尊重其人生价值取向，来研究他的诗歌。

《渼陂集》《渼陂续集》共收其诗作近千首，有些诗虽在以上章节涉及，但一般都是为了钩沉史实，没有从诗歌形式以及美学角度去赏析。所以本节分门别类对其部分诗歌进行赏析，以窥全豹。

古　风

《渼陂集》《渼陂续集》共收古体诗（五古、七古）193 首。七子们以复古为指归，自然对魏晋两汉的古体诗形式特征及精神气象情有独钟。况古体诗通流朴拙，不大受格律、平仄等形式的限制，只要顺其自然即可成章。这正适合九思那种落拓不羁的性格与直抒胸臆的要求。

《马嵬庙行》(《渼陂集》卷三)：

秋风落日马嵬道，道南废庙颜色新。
立马踌躇问野叟，野叟须臾难具陈。
请予下马坐树底，辗转欲语还悲辛。
正德丙丁戊己年，寺人气焰上熏天。
寺人原是马嵬人，大筑栋宇求福田。
马嵬镇里东岳祀，一时结构何参差。
渎神媚鬼意未休，浸淫及汉寿亭侯。
方岳郡县为奔走，檄官牒吏争出头。
占民畎亩不与直，费出帑藏多蠡贼。
工徒淋漓血满肤，昼夜无能片时息。
东楼西楼对南山，巍巍新庙落何棘。

木偶尽是金缕纹，驿车挽载自京国。
翩翩羽客招呼至，考钟击鼓空坐食。
更有文章颂功德，穹碑大书为深刻。
我本田家孟诸野，但认犁耙字不识。
往往才士过吟哦，尽道台臣与秉笔。
听来依稀记姓李，云是文章名第一。
豪华转眼不足恃，乾坤变化风云异。
寺人已作槛中囚，道路忽传邸报至。
百姓欢呼羽客走，殿宇尘生谁把帚。
当日台臣尚秉钧，寄语县官碑可掊。
予闻野叟言，坐来生感激，
赫赫台臣苟如此，寺人微细何嗟及。
月明骑马陟前冈，仰天一笑秋空碧。

此七古可谓九思一力作。其在词藻上不求其工，但也非刻意向拙，只是顺着感情的跌宕起伏自然推进，不受规矩束缚。

由于九思深受李东阳诬陷之害，先是遭贬继而被罢，经过一段时间的磨洗，隐忍了巨大伤痛，心情渐渐趋于平静。却突然遭遇《马嵬庙行》这一敏感事件，骤然触动其心病，便收煞不住，"一肚子不合时宜"一涌而出。因其有感于衷而出之肺腑，所以也就语出自然，词质而情真。如"占民畎亩不与直，费出帑藏多蠡贼。工徒淋漓血满肤，昼夜无能片时息"，直道出这伙蠡贼类官员为巴结刘瑾，不惜强占民田，动用国家库藏帑银，害国戕民，能不使人怒火中烧！而修建过程中更是对工徒昼夜督催，甚至鞭打杖笞，使之"淋漓血满肤"，这种野蛮的害民之举，终于使"东楼戏楼对南山"，"巍巍新庙"落成。继而引出李东阳等为刘瑾歌功颂德的丑恶行径。这样一起一伏将事件推向高潮，接着便是刘瑾败后事态的急转直下。作者以洋洋洒洒数百言陈事抒情，慷慨激昂，使诗的"腹部"丰实饱满。在结尾部分则突然以两个五言句，引出令人深思的感慨，且意味悠长。最后以"明月骑马陟前冈，仰天一笑秋空碧"收煞并关合全诗，做到首尾相应。

另，作者假"野叟"这一亲历者或参与者之口，直陈事件，既增加了事件的真实性，又增强了叙事功能和诗歌的感染力。作者虽在"事"（诗）外，实为诗之灵魂。从"秋风落日马嵬道"起，到"明月骑马陟前冈"落，完成了起伏跌宕归于平静。但意犹未尽，作者意味深长地发出“仰天一笑秋空碧”的咏叹，令人意绪难平……

本篇围绕中心，婉转回复，达到古体诗要求的“击首应尾，击尾应首，集中则首尾应”的艺术效果。

《陨霜叹》(《渼陂续集》卷上)：

去春仲月二十七，雪后陨霜杀果实。
今年雪后仍陨霜，乃在暮春庚辰日。
两度俱是清明前，顿觉和煦变凛栗。
果实不熟人且忧，来年倘杀那可述。
忆昔戊子乙丑年，一村十室逃五室。
卖儿鬻女骨肉离，哭声彻天天罔恤。
以后雨旸恒失调，春禾秋稼收难悉。
闾阎口腹或不充，公家租税何由出。
官卒打门鸡犬惊，称贷富人事方毕。
富人气势猛于虎，约赀未许一朝失。
吁嗟生理转萧条，愁苦如婴梏与桎。
今兹来年种颇盛，恍惚场头堆崒嵂。
岂期雪后夜陨霜。欢愉变作声唧唧。
渼陂野叟发长叹，穷居愧乏回天术。
晓来闭户强欲吟，坐扫破砚拈秃笔。
我愿苍天悯赤子，早动和风散幽室。

此长篇古风集叙事、抒情于一体，通篇上下相顾、气脉相通。具体运用上，采取叙事抒情相间、抒情寓叙事等修辞手法，使段(同韵)意起伏有致，联句顿挫有力。

起首四句看似平铺叙事、记时，实是“眉目”所在。去岁“雪后陨霜杀果实”，今年雪后仍陨霜的现实能不令人惊心！此即为全诗起兴基点。

从第五句“两度俱是清明前”到第二十四句“欢愉变作声唧唧”为“腰腹”，是诗的“中枢”部分。这部分又以“转韵”(九思此诗不十分押韵，这也是其“大朴不雕”诗风的表现)将之分为三层意思。从“两度俱是清明前”到“春禾秋稼收难悉”共十句，回忆嘉靖七、八两年“雪后陨霜”，致使“果实不熟”，给农人带来“十室逃五室”、“卖儿鬻女”、“哭声彻天”的灾难。手法是前句叙事，后句抒情，句式起伏、顿挫有力。“闾阎口腹或不充”以下八句为本诗的核心，句句叙事，亦为抒情。此处情感充沛、慷慨直陈，不用激烈惊人语，又使人回肠荡气；而以叙事带出抒情，或寓抒情于叙事中，又使诗句有着平中见奇的效果，符合传统诗论“愠而不怒”的蕴籍平和要求。但细品却有一种“只可意会，不可言谈”的惊心，难道“闾阎口腹或不充，公家租税何由出”的诘问，只是叙事而不含愤慨之意？“官卒打门鸡犬惊，称贷富人事方毕”的结果能不令人愤怒？“富人气势猛于虎，约赀未许一朝失”的不仁不使人痛恨？“吁嗟生理转萧条，愁苦如婴梏与桎”，不使人对农人之“生理”“愁苦”感到悲哀与同情！

“今兹来牟种颇盛”以下四句，同样寓抒情于叙事中，但却出人意料地给人一种期盼的向往：今年大麦小麦“种颇盛”，恍惚觉得来年场头麦子堆积如山。然后又小心翼翼地“岂期”（希望）不敢“雪后再陨霜”，使农人的“欢愉”变作“声唧唧”（埋怨）了。

尾六句为全诗的总结，句句词雅，发出一咏三叹的感慨：我虽然回天乏术，但还是“晓来闭户”“拈秃笔”强吟诗句，但愿苍天（双关语，亦指统治者）能怜悯农人，“早动和风散幽室”。诗至此戛然而止，不禁使读者慨叹良久……

王九思的古风还有如《卖儿行》《兴平役》《孤儿行》等都在艺术形式上各具特色。诚如《明清曲家考》作者汪超宏所言，“这些诗（指古风）有杜甫《三吏》《三别》、白居易新乐府的特点”（《明清曲家考》37 页《王九思诗的特征》）。如《卖儿行》（诗见本书《同情疾苦，针砭时弊》一节）：为九思对因穷困与官府追逼赋役，致成卖儿事件的愤慨，以及对卖儿村媪和被卖儿童的极大同情（九思不忍其母子分离，将卖儿的粮食送予村媪），最后九思发出了“呜呼，安得四海九州同一春，无复鬻女卖儿人”的呼吁，令人震感。

《兴平役》（诗见本书《针砭时弊，同情疾苦》一节）事件更是九思亲历这场“供亿”差役，给鄠县及周边人民带来的劫难。九思不禁质问当道者为什么不“量物裁多寡”，以致造成巨大损失与灾难！但是“公堂燕笑持杯斝”——大摆庆功宴，你们哪里知道受害的百姓正在痛苦呻吟！

《孤儿行》是谴责为官不仁的孤儿的亲戚张某，同时赞扬桂林人潜江教谕任良干的义举：为孤儿父问医求药、买棺殓尸、择地埋葬，且将孤儿收养，教之读书。

这些古风正如白居易论诗曰：“有感于事，则必动于情，然后兴于嗟叹，发于吟咏而行于歌诗矣。”因之其情感饱满，爱憎分明，最终发出惊世骇俗的呼吁，给人以强烈的情感震撼，同时给人以诗的情境美！

激越悲壮的诗

这类诗包括九思遭贬、罢归后，发泄其愤懑的诗，虽多有怨恨不平之意，亦不乏激越悲壮之情。如《悔诗五首》(《渼陂集》卷二)其一："诗人忧鲜终，君子慎末路。予龄六秩余，中夜徘徊顾。声伎娱耳目，萋斐被谗妒。翻令黄口群，乃为皤发蠹。往者不可追，兹予洒然悟。誓言处幽阒，闲情水东注。"虽有"诗人忧鲜终，君子慎末路"的醒悟，又有"往者不可追，兹予洒然悟"的旷达，但其并未忘怀"萋斐"之谗，使"皤发(白发，九思自指)蠹(受害)"，否则何以六十多岁，还"中夜徘徊顾"呢?

另一类，为日常生活中触景生情或因某种契机触动其神经脆弱处而激发出悲壮激越之情。如《白发》《九日无菊》《终南篇十首》等。五律《白发》:

白发江湖外，清愁虎豹前。户庭真懒出，风雨足高眠。
剑气还冲斗，龙吟或在渊。冯唐虽易老，犹有汉文怜。

此诗为九思在寿州接到致仕邸报后，又因地方战乱不得回家，只好蜗居馆舍，情绪低落到极点。突然发现自己头发已经发白，触发其壮志未酬而受挫的激愤。起联突兀，有气势，且语句跳动大，"白发"与"江湖"，"清愁"与"虎豹"看似风马牛不相及，但分别与"外"和"前"组合便有了内在关联，且顿挫有力。颔联叙事兼抒情，其中"懒出"与"高眠"二语情态尽出。颈联异峰陡起，转得极有力度，提振起全诗。那"剑气还冲斗"的锋芒锐气与压而不服的"龙吟或在渊"豪侠气度，真是震撼人心。尾联以"冯唐易老"的典故关合全诗，并且补足颈联的意旨，抒发自己向往冯唐，虽老还能得到汉文帝的赏识和重用，此典的运用既切题又使全诗典雅。诗中"江湖"、"虎豹"、"剑气"、"龙吟"几个词语的凸现，使诗句峭健，诗情豪壮，大有杜甫羁旅剑外的悲壮、沉郁。颔联、颈联对仗不太工稳，此正是九思"情真语自佳"的大朴不雕。

《九日无菊二首》(《渼陂续集》卷上)为九思晚年连遭长子王瀛、长孙良木之丧以及康海、吕柟等朋友谢世，其倍感孤独。时值重阳，又"久旱根株尽"，使菊花不成景而悲伤感慨。

其一

往岁重阳至，黄花放满枝。呼儿频送酒，挟客共题诗。
久旱根株尽，惊心岁序移。兴来成独往，含恨过东篱。

其二

不对黄花酒，空添白发愁。南山如有待，西圃竟谁留？
风雨梧桐叶，门庭蟋蟀秋。儿孙仍燕喜，沉醉玉箜篌。

这是两首平白如话的叙事抒情诗。九思每年的重阳节都要邀请朋友饮宴赏菊，今年却是另一番景象。首先在诗题上点破“无菊”，也即无朋友。

《其一》的首联、颔联以叙事回忆往年重阳的盛况：黄花满院，高朋满座，酒宴中“呼儿频送酒”，可见来客之多与狂饮的豪壮，酒罢则挟客花园题诗。颔联对仗工稳，属佳联，其中“呼儿”“挟客”的动态记述使读者进入繁盛而高雅的境界。颈联转得突兀，既是叙事又是抒情，“根株尽”亦可理解为子女不存、朋友亡故。“惊心岁序移”与前句为互文：朋友亡故、子女不存真乃岁月（天道）无情，一个“惊心”将慨叹提得心动神警。尾联反陶渊明“采菊东篱下，悠然见南山”意而用之，陶是欣然往东篱，且“悠然”有所见，自然是情趣盎然。九思虽“兴来”却是“独往”（无亲朋），自然就“含恨”过东篱而不会“悠然”有所见了。“独往”与“含恨”为互文，此“恨”除无菊可看，更多的是人生之怨恨。

《其二》的首联将“愁”“恨”更加一层，“空添白发愁”可见其萧然悲苦。颔联仍然化用陶诗：今年重阳既无菊，南山岂能待我“悠然见”？“西圃”（九思种菊地）不知留待谁“采菊”，可见九思悲观得居然认为自己等不到来年重阳了。心灰意冷必然产生“夜雨打梧桐”，“蟋蟀哀鸣秋”的敏感。然而，儿孙们（大概是次子渭与孙三木）似乎不理解他的悲苦，仍然在欢宴，于沉醉中还拨弄着玉箜篌（弹拨乐器），形成强烈对比，更显九思的孤独了。

这两首诗应视为一个整体，其采取对比反差的手法，增强了诗歌的抒情力度。第一首的首联、颔联为两首诗蓄总势，将昔日重阳赏菊饮宴与今日重阳“无菊”的清冷、悲哀对照，形成极大反差。在联中形成反差的如第一首的颈联与尾联，第二首的颈联与尾联，均采取一抑一扬、一起一伏的手法，使诗句顿挫有力，读来荡气回肠。句中的词语也采取反差对照手法，如第一首尾联的“兴来”与“含恨”，第二首尾联的“燕喜”与“沉醉”等，使诗句跌宕起伏、错落有致。这些手法的运用，使这首诗显得特别突出。

《终南篇十首》为九思罢归不久所作的十首七绝诗。作者通过对关中形胜雄浑壮丽的状写，抒发其宽广博大的襟怀，同时可见其对祖国山河的热爱，对人生建功立业的向往。自古以诗歌描写关中形胜的作品不少，但像九思这等气势恢宏、恣肆驰骋者不多。可见九思胸中自有丘壑！其一：

龙蟠虎踞奠秦关，万古青苍杳霭间。

一线行宫紫阁谷，三峰对户白云山。

首句“龙蟠虎踞”指关中渭水环绕，终南山雄峙之形胜。这种广袤宏阔的地理环境，奠定了关中（秦关）“自古帝王州”的基础。起首雄浑大气，是一种俯瞰纵横的关照，一个“奠”字使“龙蟠虎踞”的意境更加巍然沉雄。第二句以“万古青苍”的终南山，横亘绵延于烟雾缥缈之中，承接上句并补足形胜之宏伟。“万古”指洪荒以来，“青苍”指山峦的蓊郁植被，“杳霭间”反补“万古青苍”高耸入云。第三句转而对人文古迹的陈述，从古陈仓到潼关的秦岭北麓，东西一线古行宫星罗棋布。紫阁谷有紫阁山，山有紫阁青冥之景观。此处以紫阁喻祥瑞之气或王者之气，因有此祥瑞之气，才有历代帝王行宫之建，是所谓“秦中自古帝王州”的巧妙阐释。第四句关合全诗并将落脚点放在作者所在的鄠县，我们仿佛看见“白云山”（指仙人居住的地方，此处指隐居地）上，如雕塑般的九思老人拄着藜杖，迎着东风，衣带萧索，须发飘动，凝视着远方的华岳三峰。

此诗为十首诗的统领，从宏观上（从一个制高点上）关照、扩散，对整个秦关形胜一一数来。如第二首“彩云长覆仙人掌”、“掌上云连西华岳”，第三首的“经台西峙五台动”、“圭峰拱立碧天中”等，分别是对紫阁峰与西华岳绵亘相连，楼观老子说经台与东五台一脉相通，圭峰名山的高耸峻峭等的描述。但作者并不一味地说景，在第四首中冒出“降神好为生申甫，庙堂栋梁待贤能”之句，在这样“陆海茫茫宝藏兴”之地，怎么就缺乏人才呢？所以，他希望上天能够为之降生申甫（申伯、甫侯，二人皆周王室的贤臣，栋梁之材）之才，朝廷等待这样的人才呢！或许九思以为自己就是栋梁之材，而被奸人构陷而废处。其五：

王州自古诧秦中，表里山河百二雄。

云际尚疑秦复道，翠微深闭汉离宫。

第一句化用杜甫“秦中自古帝王州”句，将词语重组，并将“帝”换用一个“诧”字，使含义大变，诧，为诧异、惊羡之意。第二句化用唐卢宗回《登长安慈恩寺塔》“百二山河表里观”（注）句，并承“诧”的原因或内容。九思此句将卢诗句次序重组，最后一字换为“雄”更见雄浑。然而这些“百二雄”、“秦复道”、“汉离宫”大都不复存在。“云际尚疑”（高山云际之上已难以辨认了）、“翠微深闭”（掩闭在碧山翠绿之中)，实际上是一种“不复存在”的巧妙词藻，这便在雄峻中投了一抹悲哀。同样“股肱秦国今屏藩”、“丰镐周邦旧帝都”也都痕迹不在，这种悲哀当不是家事人际之不协，实在是一种宏阔深沉的悲哀，真乃“前不见古人，后不见来者，念天地之悠悠，独怆然而涕下”陈子昂式的悲怆！这难道还不悲壮？其六：

昆仑一脉从西海，芙蓉万朵绕秦城。
东到骊山通华岳，直须铲断放河行。

秦岭与昆仑一脉相承，是从西海（古人认为西海为天边）绵延而来，绕过“芙蓉万朵”美丽娇柔的长安城，由东行到骊山（有华清宫，为唐玄宗、杨玉环的行宫，其中有令人断肠的凄美故事）通过险峻崎峭的华山（神仙陈抟的隐居地)。最后一句突然猛刹，警活全诗，仿佛悠游河水中的长龙突然振尾一搏，波浪尽起，扰乱了悠游的舒缓自如：黄河到此将秦岭铲断而东流，相传为禹治水时神助其铲断。作者却反其意用之，似乎秦岭自我铲断而放黄河东流去。这首诗第一句宏阔，第二句绮丽，第三句优美，第四句放纵，整诗给人以抑扬放纵的变化，读来浑然有力。

十首诗还有“云障晴悬孤太白，万峰东涌碧莲图”等指太白山的险峻，还有“烟霏合有神仙宅，林壑深藏虎豹行”的暗含机锋等。

这十首诗整体上以秦中壮观山河、文物古迹为依托，怀古感今，抒发其胸中浩然之气。全诗以壮丽顿挫的词语，雄浑峭健的诗句，宏阔博大的意境，给读者展示出一种雄伟壮美的景象，进而引发出读者荡气回肠的震撼。

《长安逢董希大》(《渼陂集》卷四）则是书写人物的豪壮性格，别有情趣：

郑亭豪侠士，带剑五陵游。笑我形容老，逢君意气投。
看花排翠闼，纵酒上青楼。谁道狂歌里，文共入牛斗。

寥寥数语，即勾画出郑亭（今华县东）董希大的豪侠英气。颔、颈联跳跃性极大，但内在联系却紧密。尤其颈联“看花”对“纵酒”，“排翠闼”对“上青楼”显得特别大气。尾联意为：如果认为董希大的狂歌只是粗犷豪放你就错了，其实那歌里的“文气”与歌声一样能够直达云霄，到北斗与牛郎星间。

（注)《史记·高祖本纪》田肯曰：“(陛下）治秦中。秦，形胜之国，带河山之险，县隔千里，执戟百万，秦得百二焉。地势便利，以其下兵于诸侯，譬如高屋之上建瓴水也。”卢诗“百二山河”与九思诗“百二雄”，皆指关中易守难攻，百人来攻，二人即可防的形胜。骆宾王《上礼部侍郎帝京篇》有“秦塞重关一百二，汉家

离宫三十六”联，卢诗大概来于此。又“百二”：百倍。《墨子·经上》云：“倍为二。”意为秦地比其他地方好一百倍。

绮丽婉约的诗

据《明清曲家考》34 页《王九思诗歌的特征》：九思有少量“绮丽”诗。明顾起纶《国雅·士品三》云：“王敬夫才隽思逸，锐于绮丽，譬之湖外碧草、海东红云，流彩夺目。其五言如‘云压岭头树，草连烟际村’，‘金马当朝彦，银鱼隔岁焚’，‘山云晴见楚，烟树远浮秦’，‘飞鸟三峰外，孤城落照前’。七言如‘天外行云难入梦，手中团扇易惊秋’，直照盛唐佳境。”

顾氏以为九思“锐于绮丽”，赞其诗如“湖外碧草、海东红云，流彩夺目”，其所举例句当不止于此。所谓绮丽，指诗之美丽、浏亮，词藻新奇。九思早年的诗固以此为能事，如其“应制诗”有“晓阅排青山欲动，露盆凝翠草初肥”，“谁遣萧萧满屋颠，夜窗初听一凄然”，“浣云香护蛮笺小，湘雨寒分翠黛愁”，“明月随人光欲满，彩鸾归院影还流”，“火明金阙千株树，云拥蓬仙万锦袍”等联句都可称为“绮丽”一路。

纵观九思诗文集，绮丽一属的诗多为七律、七绝。其七律总数不下 160 余首，七绝总数不下 110 余首，可见顾起纶说其“才隽思逸，锐于绮丽”是不无道理的，汪超宏所谓“有少量绮丽诗”为相对而言。

九思有数首《无题》诗，归之绮丽更为典型。《秋日无题十首》(《渼陂集》卷七）中佳句有“锦琴瑶瑟暗云合，小苑西风薄彩落”，“遮莫为云更为雨，情知不是楚娥踪”，“绣户纱橱不耐秋，锦囊闲杀玉箜篌”，“碧槛芙蓉怨晓寒，紫箫呜咽画楼端”等，雅致、美丽，不舍绮丽之风。以下仅举两例，《渼陂集》卷五有《无题》七律一首：

寂寞西风翡翠楼，黄昏斜抱玉箜篌。
彩鸾影逐秦箫断，红叶心随御水流。
天外行云难入梦，手中团扇易惊秋。
愁来只恐嫦娥笑，明月疏帘不上钩。

李商隐将《无题》诗写到极致，其以抒情的深细婉曲，意境的含蓄朦胧为主要特色。多采用主人公内心独白的表达方式，很少写时间、人物和客观生活场景。九思此首《无题》虽不尽为李商隐手法，但亦不无隐晦、含蓄的特色。诗以女主人公向意中人暗示爱情，对其倾心而不挑明，虽是单相思，但情感强烈而真挚。由于诗中用典多且确切，更显诗境宏阔深远。

首联将主人公置于特定的时间（黄昏）、地点（翡翠楼）、环境（寂寞西风）并交代其特别的状态（斜抱玉箜篌）。在这种寂寞黄昏时，刮着萧瑟西风，一个弱女子怀抱玉箜篌（弹拨乐器），痴痴地坐在“翡翠楼”（女子的绣楼）上，思念着远在天边的意中人，能不令人断肠？颔联以两个典故抒发女子不见情人的孤独与无奈，上句将秦弄玉、萧史的爱情故事反其意而用之，“彩鸾逐影”当是意中人的影像不住地在镜（彩鸾）中与自己的影像幻化，致使秦箫（也可理解为乐器）音响断绝。下句以唐代卢渥“红叶题诗”，终与宫女结为眷属的典故，借其意而用之：主人公只得将自己的心事付诸红叶“御水流”，以表示希望渺茫。颈联为警联，上句意为愈是思念那远在天边的意中人愈是不入梦，连梦中见之都不易。下句直观意为：看着象征团圆的团扇，感受秋寒的来临最易伤感。“团扇”之典，一为晋中书令王珉喜持白团扇，与婢女有情，不得团聚，女有“白团扇，憔悴非昔容，羞与朗相见”语；另汉班婕妤为汉成帝所冷落，作《团扇诗》（亦名《怨歌行》）以抒发其伤感之情。此处“团扇”似有此喻。其颔联、颈联对仗并不工稳，但“情真语自佳”，九思不以词害意。尾联又是反典故意而用之，李商隐“嫦娥应悔偷灵药，碧海青天夜夜心”，是古往今来公认的“寂寞嫦娥”，而主人公却以为嫦娥倒能忍住寂寞，而且会笑自己“明月疏帘不上钩”——一个不眠之夜。

另，九思以《团扇》诗名闻天下，且此诗为其入翰林的“敲门砖”。九思此诗是否自比弃妇（贬臣），不被夫君（皇帝）理解而哀怨，也未可知。

由于此诗一是用典多而确切，使诗意典雅，又反其典故而用之，即显诗句峭健不凡；二是用语华瞻，如“翡翠楼”、“彩鸾”、“秦箫”、“疏帘”等，使诗表绮丽婉约；三是诗意含蓄，又使诗境朦胧悠远。由于以上特点，全诗具有深邃高远的意境美。

《中秋不见月和答湘厓蒋子》（《渼陂续集》卷上）诗有：

懒上元龙百尺楼，清光不似去年秋。
南飞乌鹊浑无影，斜依阑干恨转幽。
纵有金罍谁共酌，空闻玉漏换更筹。
嫦娥只在云深处，闭却广寒应自愁。

蒋湘厓，即蒋阳（旸），字少济，和九思情谊深厚。据《王氏族谱·九思传》，蒋为御史时，曾向朝廷推荐起用九思而不见用，其可谓与九思相知甚深。但蒋在异地为官，九思十分思念。这首诗应是对蒋阳来诗和其韵的对答。从题目“中秋不见月”可知其写作时心情是压抑的。首联起句突兀，语词峭健，能抓住读者。九思对蒋阳说自己“懒上元龙百尺楼”的原因，是今年的中秋月不似往年中秋月那样清光明媚，并以“元龙高卧”（注）的典故说自己已无元龙的豪气。颔联又以曹操《短歌行》中“乌鹊南飞”比喻自己犹如一只绕树而飞、不知“何枝可依”之鸟，可见其茫然。他斜倚阑干，体味着这种由茫然转而为幽远无期之恨。颈联为眼看着岁月的流逝（玉漏换更筹），自己纵有美酒亦无人与之共酌，这里的“金罍”、“玉漏”当指皇室的盛酒器与计时器，可知九思盼望的“谁共酌”，当指蒋阳之类代表朝廷的官员。尾联化用李商隐“嫦娥应悔偷灵药，碧海青天夜夜心”联，意为自己犹如密云深处月中的嫦娥，紧闭广寒宫独自发愁。其“闭却广寒”亦指天阴看不见月亮，与诗题“中秋不见月”相呼应，为全诗的关合句。

这首七律多用典故，即显诗意高雅深沉。颔联、颈联对仗工稳，而且联间诗意跨度极大，初读似乎为完全不相干的事物，细品则内在关系极为粘连。通篇虽达不到李商隐诗的语意朦胧、情意缠绵、余味无尽的高度，但亦差强可比。

这也可认为是九思诗的绮丽婉约一类。

（注）《三国志·魏书》：陈登，字元龙，其无主客意，许汜见元龙，元龙久不与之语。自上大床卧，使汜卧下床。后以此为简慢客人，亦说元龙豪气。

大朴不雕的诗

明人俞宪《盛明百家诗·王渼陂集》认为九思诗：“礧磈廓落，有大朴不雕之风。”《明清曲家考》作者汪超宏认为“九思集中多是不加雕饰、自然淳朴的诗”，“确有一些不加雕饰，情真语佳的好诗”。其是以五言古风为例，而古风这种诗体本身就有自然朴拙与感情真挚的特点。但俞宪所谓的“大朴不雕”非专指古风，实际上是指九思整体诗风的大概。

九思这种“大朴不雕”的诗风，在某种程度上亦是对李东阳茶陵诗派重声调、重格律的反拨。同时也是其“吟诗四十年”后，对于复古主张在更高层次的理性认识。前述多有言及康海与王九思论文与诗的观点基本相同，康海认为“遇有所感，则诗若词应口而出，无俟点窜……至于填腔、诗韵得谐即已”。意为好诗并不讲求协韵合律，唯自然和谐而已。接着又以《诗经》为例，说明古人并不拘泥于音韵，认为“天地间所闻皆韵”，“歌之不离，即是大协”，要求作诗必须恢复到《诗经》自然朴实、崇尚真实的传统上，这也可视为九思诗歌大朴不雕的思想基础。以下我们选择有关诗歌（排除古风）以见其“大朴不雕”。

《答禹夫种竹之作次其韵》(《渼陂续集》卷上)：

修篁种得已多年，望里苍苍半亩园。
藜杖独穿春径雨，葛衣常坐晚凉天。
月移秦女乘鸾影，风落湘灵鼓瑟弦。
日日平安频有报，主人只在北窗眠。

《再次韵三首遣闷》(《渼陂续集》卷上)

（一）

林成今日忆当年，兴到青鞋踏紫烟。
昨夜乍闻千丈籁，塞云低压一重天。
种分东卫歌淇澳，翠拂南薰入舜弦。
俗态向来医却尽，不须肉食绣衾眠。

（二）

子猷乘兴任年年，半入苍云半入烟。
岁暮常分松顶雪，风光不逐杏花天。
几人杖屦同吟啸，何处亭台自管弦。
留待凤巢春万顷，绝胜莺唤柳三眠。

（三）

老圃开从甲子年，移来秋雨带秋烟。
才看碧落新生月，顿觉红尘别有天。
水傍琅玕清蘸玉，籁生枝叶细鸣弦。
山翁此日常为主，一榻清风笑独眠。

九思此四首诗为和其弟九叙（字禹夫）《种竹》诗，而次其韵，大约在几天内作，可以联读。

诗以“种竹”起兴，以竹之品格喻人，以竹林之烟云为景，以隐居之兴为情，景中有情，情中有景，情景交融，和谐浑朴。全诗整体上可见作者隐居的超脱心理，但又有隐隐的怨怼之情。

全诗用典确切，以典为词，使诗意高雅，基本上是按七律规范，格律音韵上亦都讲究。其中有佳联如“藜杖独穿春径雨，葛衣常坐晚凉天”、“月移秦女乘鸾影，风落湘灵鼓瑟弦”、“才看碧落新生月，顿觉红尘别有天”、“水傍琅玕清蘸玉，籁生枝叶细鸣弦”等，不但工稳妥帖、韵律和谐，而且词义优美雅致。尤其“才看”到“顿觉”，“月移”到“风落”的转折，使词句摇曳生姿。其余如“藜杖”（竹杖）对“葛衣”（粗布衣），“碧落”（青天）对“红尘”（大地）等名词的运用，对诗的造境作用非凡。而“春径雨”对“晚凉天”，“新生月”对“别有天”，“琅玕清蘸玉”对“枝叶细鸣弦”等动态词组的运用，又使诗境生动、开阔、悠远。

第四首的尾联“山翁此日常为主，一榻清风笑独眠”，既是对应第一首尾联“日日平安频有报，主人只在北窗眠”，也是关合全四首诗，使之浑然一体。从联意上看，如“藜杖独穿春径雨，葛衣常坐晚凉天”，可见经过一场春雨，竹林枝叶犹挂水珠，九思老人葛衣芒鞋，拄着竹杖，从竹林小径穿过，独自坐在林边的石凳上，一直到晚上天凉了。再如“水傍琅玕清蘸玉，籁生枝叶细鸣弦”，琅玕（这里指竹）为美玉，其本身就温润剔透，再蘸上清水，岂不是更加温润美伦！“枝叶细鸣弦”则是一种细微的体会，枝叶摩擦声（因为是琅玕）必然是“玉振”了。真乃天籁之音，当然美妙。

第四首诗似含隐情：“甲子年”为弘治十八年，值九思归省在家，移竹后不久弘治帝驾崩，“移来秋雨带秋烟”当指此。九思奉檄进京，从此仕途不顺，直至罢官。“才看碧落新生月，顿觉红尘别有天”，当指正德初年政局扑朔迷离。而今罢归二十几年的九思，无主可效忠，就只能“山翁此日常为主”了。对这种长期废处的境况，九思仍能“一榻清风笑独眠”，可见其超脱心理。

此四首诗在形式上仍体现了九思不加雕饰的浑朴风格。律诗的颔联、颈联是要求严格对仗的，但九思并不讲究，如第二首之颈联，“种分”与“翠拂”较勉强，而“歌淇澳”与“入舜弦”相对也不工，“淇澳”是《诗经》篇名，为一个词组，而“舜弦”意为舜有五弦琴，“舜”与“弦”为两个单词。而第三首的颔联就更随意了，这两联虽然格律要求不严，但词义仍然是不错的。其他联的对仗也有不同程度的随意，可见九思并不以形式害诗意。

九思的诗尽管以平淡、大朴不雕为特色，但正如北宋诗人梅尧臣（字圣俞）《读邵不疑学士诗卷》中说：“作诗无古今，惟造平淡难。”清代诗人袁枚说：“诗宜朴不宜巧，然必须大巧之朴；诗宜淡不宜浓，然必须浓后之淡。”（《随园诗话》）所谓“浓后之淡”说明清浅平淡的语言也需要苦心加工的。平淡不是淡而无味，而是将深切的情感、丰富的思想用清浅朴素的语言说出，是一种洗尽粉脂铅华，若“老树着花”的素美。其特点在于：意在言外，耐人寻味，若咀嚼橄榄，可从苦涩中体味出甘腴来。如《故乡》(《渼陂续集》卷上)：

雨雪今滞留，他乡忆故乡。春分催酿酒，燕至得开堂。
山月梨花院，园风竹笋墙。旧栽四青柏，应比昔年长。

尽是平常语，清新自然，但诗情画意尽在其中。九思被罢官因雨雪、战乱滞留寿州而思念故乡，回忆与想象故园春分酿酒、燕来开堂、月夜梨花以及自己亲手栽的四株青柏已经长高了。看似对故园乡俗风物的眷恋，给人一种清新恬淡的和谐与舒适。但一个“滞留”，又使这种美好的事物变成可望而不可及的水中景、镜中花，说明九思骨子里是痛苦的。以这样美好的事物比衬，就更见其被罢而不能归的悲痛，似乎故园越美，诗人痛苦就越深。

《中秋对月》(《渼陂续集》卷上)：

旧是他乡月，今从故园看。但闻玉笛声，无复忆长安。
仙桂分秋早，嫦娥耐夜寒。年年约相见，烂醉草楼端。

同样为平常语，似不经意中从口道出，若行云流水。这是九思历经千辛万苦，于正德七年冬从寿州回到故园，次年中秋做此诗。全诗以一种解脱而轻快的情绪，庆幸他乡旧月（指寿州）今天从故园看，同样听到玉笛声，但没有在寿州“他乡忆故乡”的惆怅与烦恼。颈联词义偏雅，但也流利。尾联看似平淡，实为“浓后之淡”，试想，正值盛年的九思罢归近一年，所谓的“解脱”给其带来的平静安稳还能维持多久？难道真的要年年望着中秋月“烂醉在草楼”？其实，“嫦娥耐夜寒”已经道出了难耐的寂寞寒夜。九思从思想深处已经厌倦了这种“烂醉”的生涯，此不过是一种自我解嘲而已。

而《雪后探菊一首》(《渼陂续集》卷上）则更见平淡、“大朴不雕”，其实，这种“大朴”是绵里藏针的。其诗曰：

老圃容何惨，东篱尔独芳。宁辞一日雪，直傲九秋霜。
红醉仙桃色，黄分月桂香。兴来还共赏，不必是重阳。

此诗看似平和直白，但骨子里却是极孤傲的。这种性格心理在其早期的诗作表露较为隐晦，诗风亦多靡丽，是作者精心雕琢的，但对读者印象却并不深刻。晚年诗风平和了，那深藏在心底的隐痛与孤傲，是于不经意中流露出来的。一旦体味出来，反倒使人觉得一种强烈的震撼。

首联首句语出突兀，并以“容何惨”与“尔独芳”相对照，形成一种落差，即以势夺人。“老圃”为九思自称。“东篱”非实指，是以陶渊明“采菊东篱下”的指代，增强诗的高雅。而此联又因拗折运用而读之顿挫有力。

颔联以菊喻人，一日雪虽寒，但为时短暂，而与九秋霜的对抗，则需要极大的耐力与坚强的意志，况且“直傲”意在顽强不屈。一个“傲”字将作者不阿世俗、不屈权贵的孤傲性格显露无遗，或谓明知霜后即雪会被冻死，但也不屈于九秋严霜。此联对仗工稳，并扣“雪”题。颈联转而述菊的柔美性格，其不但以“红”、“黄”展现艳丽之色，且以“醉”、“分”的动词将“色”写活，将普通的花点化高贵了。菊花似仙桃色是因为“醉”了，仿佛“一朵桃花扑面来”的醉美女，可见其艳丽；其香如丹桂，因为其“黄”是从月中仙桂分来的，可见其高雅。尾联既关合题旨与全诗，同时又意味深长地告诉：赏菊不必是重阳，即使是雪霜杀花也要赏菊，只有这时才更见菊花的傲雪霜性格，同时足见赏菊人的执着。

诗第三句第三字按律应为平声，而用了仄声“一”，也未拗救。如果将“一”代之以平声“三”，即合律，但“三”在此实无“一”得力。同样若硬去拗救，即将“九”换上任何平声数字都害意。所以说九思宁违律而不害意，亦见其大朴不雕之风。

九思有一部分六言诗。由于其不符合律诗、绝句的规范，也不是古风中掺杂的长短句，似乎有些不伦不类，也可将之看作大朴不雕的类型。六言诗，魏晋六朝时比较多，如汉末孔融的《汉家中叶道微》等，唐诗也间有之，如王维的《田园乐》、张说的《破阵乐词》等。句式一般为二字为节或二、四为节，与五言、七言诗有别。九思六言诗均收在《渼陂集》卷六中，有《城东观岩下柳四首》和《园亭秋兴六首》，皆为美诗。其中的佳句如“掩映一川花柳，分明十里阳春。兴到即穿芳径，何须更问主人”、“望望白云翠巘，悠悠流水霏烟”、“黄叶满阶未扫，碧山当户分明”、“秫酒有时独酌，柴扉昼日长关”、“小小碧亭如画，森森翠竹成围”等皆清雅别致，描写日常生活的坦荡自然。这十首诗每首皆八句，二、四句押韵，《渼陂集》将之编排于五绝之类，可见九思对于诗歌的规范并不在意，唯求其情真。再则，这种六言诗似乎是一种复古的追寻。

所谓“大朴不雕”主要是在形式上不太讲究，不以词害意，不以形式束缚内容。但作者须有真挚动人的感情力量，才能化朴拙为深沉，否则岂不是打油诗一流而贻笑大方！如清人周济（字保绪，晚号止庵）评李后主词“粗服乱头，不掩国色”，即不和词律，但其刻骨铭心的情感力量真挚动人，谁还计较其形式呢？

当时及后人评价康海诗曲“汪洋恣肆”，评价九思“大朴不雕”不无道理。汪洋恣肆如李白，来不及雕琢；大朴不雕如姚合，不屑于雕琢。此康、王之大气豪博也！成矣，败矣，任人评说！

日常生活的诗

王九思诗集里有大量反映日常生活的诗，其家庭生活不论事件大小都可入诗。九思从 50 岁到去世，几乎年年都要作生日诗或曲，如《辛卯生日四首》《生辰宴后歌》等。孙子出生作《志喜》诗，次子渭三十始读小学以诗叹之，侄沔自励不近音乐以诗勉之，甚至连禹夫弟送白菜都以诗答之。嘉靖年间，陕西巡抚翁万达评九思诗有：“先生齿德既高，践履纯笃，诸所应酬，罔不协道。若集中叹禹夫之货殖，善鹤夫之主农，惜瀛之宦成，戒渼之土木。施于有政者，概可见矣！”（翁万达《渼陂续集序》）翁对九思以日常生活入诗，完全持赞赏的态度，甚至认为对于“有政者”都是有用的。

九思于嘉靖初年，为康海之兄作《康德瞻集序》中，赞其作“骚赋、诗歌、曲则不诡，曲尽情理，庶几乎，金石之音而菽粟之味焉”。可见九思在中年即赞许并追求“菽粟之味”。

九思晚年生活范围逐渐狭窄，诗歌、散曲的创作也就局限于日常生活化。汪超宏在《明清曲家考·王九思诗的特征》中认为，九思到晚年，双目失明，求文与诗者依然日踵其门。九思口授，侍者记录。这样的创作方式和生活范围，使得其诗语言更粗率，题材也更狭窄，诗的内容完全成了个人日常生活的记载，年纪大了，晒背可写成《曝背》，睡觉起来后，他可以写成三首《睡起》（两首五律，一首七绝）。当然，汪超宏所言不无道理。但不可否认明清以来，文学作品走向平民，走向生活化无疑是一种进步。平心而论，九思晚年的生活化诗尽管粗率、不加雕饰，但其生活化的味道还是很浓、很感人的，往往于平淡中蕴含着生活情趣与人生哲理。这些诗将一个可亲可敬的智慧老人形象，活生生地展现在读者眼前。

另，据张治道《渼陂先生续集序》，九思晚年失明，求诗文者日踵其门，但“先生腹稿既定，口授侍者（官员的文书侍从），虽善书者，弗能给”。又李开先《检讨王渼陂传》中谈到，九思 82 岁为其《宝剑记》杂剧（也有当作传奇）作序时，“而文思尚如泉涌”。可见九思此时之作亦是“腹稿既定”，且文如泉涌，口授时，连善于记录的侍从都记之不及。如此创作激情旺盛的人，想必也不会全是粗率之作吧？

下面我们仅以《清欢》等几首诗为例，赏析其日常生活诗。这些诗大都是九思“耳顺”以后所作，尤其70岁以后更有大彻大悟的觉醒。《清欢》(《渼陂续集》卷上)：

病起无兼味，清欢亦可嘉。菜根煮香稻，莲子啜新茶。
扫径春生草，掀帘雪有花。暮年惟静坐，休遣思如麻。

“清欢”是相对于酒宴歌舞娱乐而言。晚年的九思寡亲无朋，摈弃了诗酒生涯，加之多病，生活便走向“清欢”之道。尤其大病初愈，必然食味清淡（无兼味），“菜根煮香稻，莲子啜新茶”的生活，相对于当年的诗酒饮宴，简直就是苦行僧了。颈联的“扫径”所为与“掀帘”所见，说明其深居简出。尾联的“静坐”则有了禅味，既进入佛境，前尘后事还要去思考吗？全诗生活气息浓厚，意境真切，读者似乎眼见病后的九思老人，吃饭、啜茶、扫径、掀帘看飘荡的雪花，然后回屋闭目静坐。诗之颔、颈两联对仗工稳。但九思毕竟不是心死如灰，他会对自己的行为反省，于是便有了《自笑》(《渼陂续集》卷上)：

自笑碧山子，岩居岁月奔。病回春有睡，老至梦多昏。
雪落天机动，诗成腹稿存。旧书犹未忘，时或枕边温。

九思感到了隐居“岁月奔”（“奔”字活鲜），虽然“病回春有睡，老至梦多昏”，但由于“雪落”触动了他的灵感（天机），诗句的“腹稿”立时拟就。九思并不自弃，“活到老，学到老”不忘旧时书，将之放置枕边，时刻温故，以图知新。一个诗翁的形象又浮现在读者眼前。“雪落天机动”为警句，可见九思思接天地、触景生情的机敏。于是九思便在生活中寻找乐趣，写下《睡起》(《渼陂续集》卷上)：

纳被南窗卧，悠然暖自通。邻鸡春觉曙，檐马夜知风。
道在千金贱，心闲万虑空。饭余无一事，击壤看儿童。

“春眠不觉晓”——九思老人“纳被南窗卧”，浑身暖融融。听到邻居春鸡报晓，听到“檐马”（风铃之类。九思必居高屋大房，才会有风铃。所谓“岩居”“草楼”“茅屋”之类均为隐居的代名词，抑或与朝堂宫殿相比，其高屋大房便是“茅屋”了）被夜风撞响。这一联不说鸡报鸣、檐马响，而采取“春觉曙”、“夜知风”的拟人化，给“邻鸡”与“檐马”赋予了生命，再加上句式的颠倒，读起来铿锵有力，且新奇生动。颈联便有了禅机，一个“空”之“道”，便将“千金”、“万虑”抛之九霄云外。尾联：饭后无事看儿童击壤游戏，说不定还参与其中，真是童心不泯。但九思毕竟是学养深厚的长者，他能在日常生活中悟出哲理。且看《春阴》(《渼陂续集》卷上）：

冬尽苦无雪，春来长作阴。雨旸无有数，消息自相寻。
因悟浮生理，潜窥造物心。悠悠谁共语，闭户理瑶瑟。

首联叙事切题。颔联意为雨晴是不以人的意志为转移的。《易·丰》有“天地盈虚，与时消息”。所以，生灭、盛衰（消：消减；息：增长）是自然规律，推之，人的生死气数亦是“自相寻”的。颈联：既然知天理、悟人生了，就要潜心探究自然规律、察微知著。这里九思居然变成哲人了，既是哲人即是圣贤，自古圣贤皆寂寞，九思找不到有共同语言的人，就只能“闭户理瑶瑟”了。瑶瑟泛指贵重乐器，中唐诗人贾至《长门怨》诗有：“深情托瑶瑟，弦断不成章”句，这种“闭户理瑶瑟”也就难免“弦断不成章”了，可见九思的寡欢与孤独。假如我们将尾联理解为清高自许，那就与九思的境况方凿圆枘了。

九思与其弟九叙曾经不和，后随着时序的推移，年龄的增长，又“泯恩仇”了。九叙给九思送来白菜，九思十分高兴，以诗答之。诗先言其“经春雨”，“自荷锄”种植的辛苦以及自己“尝新”的快乐。颈联“清白”双关语，以白菜的清白二色比喻其“清白家风在”，以此勉励和原谅九叙曾有为富不仁的行为。一味追求奢华，世间就没有了人情味，幸而这些都成了过去。在《再答送菜》诗中有“谁能知此味，尔独念同根”，表现了兄弟情深。“我园青吐甲，未久共盘飧”，兄弟终因送菜达到互相谅解，不久将同桌共餐。这两首诗亦生活化情绪甚浓，给人以手足情的亲切融洽，并不是“连送白菜都有诗”（汪超宏语）那样庸俗。

我们再说《曝背》（《渼陂续集》卷上）：

曝背茅檐下，游心药裹余。问医除老病，昏目弃残书。
孙爱餐留客，僮欢市得鱼。年丰时更泰，潇洒在林居。

首、颔联叙事：风烛残年的九思，问医求药之余，在屋檐下晒背驱寒。其时老人已举目无亲，惟一小孙山木侍候在侧。目昏几近失明，迫使其放弃手不释卷的习惯。然而，其仍然对人生充满情趣与信心。孙子留客吃饭，僮仆在市购得鱼都是喜事；年丰时泰，便觉居家潇洒。这完全是一种“随心所欲，不逾矩”的境界，一个人无欲无求，将届大限，岂能不通？这首生活化的小诗单独看，似乎不过如此，但若与九思一生联系看，便想到曾经春风得意于官场，又风流不羁于士林，而今风烛残年、孤独寂寞、老病缠身，还要寻找生活情趣。体味老人的心境，你不只是对其热爱、敬佩、同情、怜悯……真是五味俱全。那么这首诗便不俗了。

我们也可以反过来思考：就是这样简单的晒背，九思却能从中找出诗情，也是非常人可比了。所以汪超宏先生说九思“年纪大了，晒背可写成《曝背》的不屑感觉，似乎有点过。

梅圣俞诗所谓“作诗无古今，唯造平淡难”。这里的“淡”，既是无味，却是极其有味，即所谓“无味之味，是为至味”。那么九思日常生活诗的平淡，我们也就不应简单地予以评判了。九思日常生活方面的诗数量不少，大都清新淡雅，读之给人以纯朴自然之美。

（五）诗学杜甫

杜甫为中国诗坛一座高峰，后世诗人多以学杜为追求，尤其宋明以来最为盛行。前七子们“诗必盛唐”即是将盛唐代表人物李白、杜甫等作为追摹的对象。但李白任侠使气、尚武轻儒、豪荡不羁之天性，所形成的“以气为主，以自然为宗”（王世贞《艺苑卮言》）的诗风，一般人是学不来的。何况其“天马行空”、“落拓不羁”之诗意，与宋明以后士大夫追求端庄的“儒化”风范格格不入，亦为其“心诟”。所以，追李者鲜矣！前七子除李梦阳、康海少有李白气象外，其余皆无从谈起。相对于杜甫那种“致君尧舜上，再使风俗淳”的“儒化”观念与沉郁雄浑、抑扬顿挫的诗风，以及近体诗的整饬律化风格等，都易为宋明以后士大夫所接受与推崇。因而，学杜者众。

王九思在“诗必盛唐”思想的指导下，一生都在追摹杜甫。这除了其在仅有的诗论“不见少陵老，情真语自佳”标榜诗宗杜甫外，且在许多诗歌中提及杜甫，甚至在诗歌的事体、物象、形制上也多有所模拟。

在物象上，杜甫诗中有关“鸥”的形象较多，以这种游弋沙滩水边的鸟，征兆着水天空阔、绝尘远遁的独立人格精神，同时也喻之身世飘零无处归宿的孤独寂寞。其情调看似高举飞扬，实则是低沉伤感的。杜诗句有“白鸥没浩荡，万里谁能驯”、“万事已黄发，残生随白鸥”、“相亲相近水中鸥”、“但见鸥群日日来”、“飘飘何所似，天地一沙鸥”、“锦缆牙樯起白鸥”、“片片白鸥下急湍”等。

九思诗中用“鸥”的形象有“君若欲归归亦好，湘江春水白鸥群”、“缓行由马性，闲卧见鸥群”、“浮名羁绊有如此，愧尔沙边双白鸥”、“得食驯阶鸟，忘机狎海鸥”、“雨过水潺潺，轻鸥下急湍”、“彩鸾黄鹤无消息，唯有忘机鸥不猜”、“饮集西园红杏花，行穿南渚白鸥沙”等。无疑九思在寓意和兴味上与杜甫精神基本一致。

在事体上，如杜甫诗《闻官军收复河南河北》里有“白首放歌须纵酒，青春作伴好还乡”联，其中“青春”一词及此联的意思，在九思不同时期的多首诗中出现。如《三月晦日二首》（《渼陂集》卷五）其一：“准拟青春作伴归，坐看春尽怨芳菲”；其二：“白首庞公能避世，青春杜甫未还乡”；《盗贼止息，卜日西归，喜而有做》（《渼陂集》卷五）有“青春虽去不作伴，紫芝有约仍未违”；《送吴簿归二首》（《渼陂续集》卷上）有“白首思乡客，青春作伴归”；《太微子过访留诗，因次韵以赠》（《渼陂续集》卷上）有“青春不负岑参约，彩笔今看杜甫书”等。当然，这在一定程度上亦有模仿杜甫之嫌。

九思在《杜甫游春》杂剧中，更是自况杜甫，可见其一生之杜甫情结（在本书《〈杜甫游春〉杂剧与〈中山狼〉院本》一节将有专述）。

在形制上，如杜甫有《秋兴八首》为其代表作，向来被诗论家所推崇。九思在其 60 岁时亦作《秋兴八首》。此即能看出其在很大程度上，是追慕杜甫诗形制的。但作为不同时代经历相异的两位诗人自然有较大差异。

杜甫《秋兴八首》是其大历元年（766）旅居夔州时所作。八首七律蝉联，结构严谨，情感真挚。这八首诗歌体现了诗人晚年的思想感情，亦是其诗歌艺术成就的高峰。

其时，长达八年的安史之乱虽然平息，但吐蕃、回纥乘虚入侵，藩镇拥兵割据，战乱仍然彼起此伏，唐王朝复兴无望。流亡蜀地的杜甫，其靠山严武去世，生活失去保障，遂沿江东下，滞留夔州。时已 56 岁的杜甫故交凋零，生活困顿，其心境是非常寂寞抑郁的。面对巫山巫峡的萧瑟秋风、凄冷秋声，暮年多病的诗人，仍然关心着国家的命运，一往深情地发出苍凉悲壮的心声。

诗以对长安往日盛事的追忆，归结到诗人现实的孤寂处境，今昔对比产生无限哀愁。诗人目睹国家残破、民生凋敝，而自己又无所作为，其中的曲折哀怨又不能明言，则采取这种婉转低回、反复慨叹的吟唱。

《秋兴八首》的基调是悲凉凄冷的，按通常写法总应多用些清、凄、残、苦等字眼，然而，杜甫却在其间穿插有轻快欢乐的抒情，如“佳人拾翠春相问，仙侣同舟晚更移”；有壮丽飞动、充满豪情的描绘，如对昆明池水、长安宫阙的追述，以及以“锦缆牙樯”、“珠帘绣柱”、“日绕龙鳞”等，以能引起人美好联想的字词来写秋天的哀愁。这些不但没有不协调不统一的感觉，反而给人一种震撼的冲击感，增强了诗的悲愤力度。这正是所谓“相反相成”的特殊力量所产生的艺术效果。刘勰在《文心雕龙·丽辞》篇中讲到对偶时，指出“反对”较“正对”为优，即此理。

九思《秋兴八首》无疑是受杜甫《秋兴八首》启示而作。杜甫是“诗圣”，《秋兴八首》又是其代表作；九思是一般诗人，其《秋兴八首》又是受杜诗启示而作，所以，在品位与影响上，是不能同日而语的，当然，在艺术成就上也就不能等量齐观。但九思作为一个与杜甫有着不同经历、不同艺术境界的诗人，其所作自然有其独特之处。九思《秋兴八首》(《渼陂续集》卷上)：

雨余忽见南山雪，夜迥深知北塞寒。
明月万家砧杵急，画楼何处酒杯宽。
墙根蟋蟀如人诉，江上芙蓉耐晚看。
坐叹离骚悲宋玉，捷传飞将斩楼兰。

霜落长城万草枯，三边兵甲尽防胡。
千年充国屯田计，万里嫖姚出塞图。
寂寞鱼龙沉瀚海，哀鸣鸿雁忆菰蒲。
闲情欲共伊人语，白露蒹葭水满湖。

往年曾侍衮衣傍，环佩秋风出未央。
会揖夔龙真气象，退吟班马旧文章。
鼎湖自泣乌号后，林壑今看素发长。
一忆泰陵心万折，寒灯茅屋雨淋浪。

秋风昔伴逐臣回，此日逢秋意转哀。
贝锦有言谗巷伯，黄金无梦到燕台。
土阶步月青藜杖，草阁看花浊酒杯。
垂老光阴吾足愿，补天自有出群才。(以上为前四首)

川原回合浒西庄，门外南山对草堂。
词客坐吟青玉案，秦姬歌劝碧瑶觞。
高秋不断风云气，胜地今为翰墨场。
梧竹阴森余万顷，似闻鸣鸟在岐阳。(此为第六首。以下略)

首先，九思所处的时代在明中后期，农民起义此起彼伏，边镇战事不断，明王朝国运每况愈下。其与杜甫当时所处的时代相似，这就是王、杜之诗有背景相通的基础。其次，杜甫颠沛流离、羁旅江上，触景生情而作，自有“玉露凋伤枫树林，巫山巫峡气萧森”之大气象，且“巫山巫峡”为名地，其承载的历史文化必然厚重。再加上“江间波浪兼天涌，塞上风云接地阴”的气势，那“孤舟一系故园心”的怀念情愫自然隽永，而“白帝城高急暮砧”也就多有悲怨。

九思诗是在归隐林泉、罢官之恨无法排遣，在所谓“一肚子不合时宜”的境况下，触终南山之雪景而作。虽有“雨余忽见南山雪”的远望所见，而没有杜甫置身“凋伤枫树林”的“气萧森”之中，接受“江间波浪兼天涌”的淘洗。所以，九思诗的“夜迥深知北塞寒”是想象，杜甫“塞上风云接地阴”是感受，九思诗“明月万家砧杵急”是虚境，而杜诗“白帝城高急暮砧”是实景。两相比较则见诗境的高下。

然而，九思诗“明月万家砧杵急，画楼何处酒杯宽”所形成的穷与富、苦与乐、民与官的强烈对比，使人骤生悲悯、激愤之情。其“墙根蟋蟀如人诉，江上芙蓉耐晚看”的以小见大、细致入微以及以华丽（江上芙蓉）诉凄凉的相反相成都令人惊叹！当然，其以“坐叹离骚悲宋玉”的抑郁，对接“捷传飞将斩楼兰”的明快，亦显其“反对”之功，虽然飞将军未必斩灭楼兰（西域古国），但还是给人以激越悲壮之感。这种激越悲壮是在“汉离骚”、“悲宋玉”的反观下形成的。这种“反对”形式的运用，亦能使读者荡气回肠！

从整体上讲，九思诗也是以悲哀沉郁为基调的。但其中亦不乏轻快欢乐的抒情，如“词客坐吟青玉案，秦姬歌劝碧瑶觞”、“高秋不断风云气，胜地今为翰墨场”；亦有壮丽飞动、充满豪情的描述，如“闲情欲共伊人语，白露蒹葭水满湖”、“会揖夔龙真气象，退吟班马旧文章”；有抒发慷慨悲愤情绪的，如“一忆泰陵心万折，寒灯茅屋雨淋浪”、“贝锦有言谗巷伯，黄金无梦到金台”（注）。还有对其在朝廷的“往日曾侍衮衣傍”、“佩环秋风出未央”的志得意满的描述等。这些也都有杜甫诗以喜写悲“相反相成”的艺术效果。

九思《秋兴八首》前五首和杜诗差强可比，各有千秋。其余三首将诗意转入对昔日朋友的怀念上，即失去深意，不似杜诗八首蝉联，融为一体。虽然八首蝉联并非定例，但总觉得没有杜诗那样一以贯之来得痛快。

《明清曲家考》作者汪超宏以九思的《至家三首》为例：“诗作于正德七年壬申（1512）秋，由寿州归家时。第一首写亲朋在城东迎接，第二首写到家，第三首写家人团聚宴饮。秋风拂面，雨丝阵阵，诗人经过长途跋涉，冒着生命危险，穿过流民起义的淮南，终于到家了。这种悲喜交加的情感和场景，十分逼真。‘老父立堂上，母亦出后屋。牵衣哭不休，泪下满胸腹。宗族尽掩泣，邻人亦颦蹙’等句，与杜甫《羌村三首》其二的‘妻孥怪我在，惊定还拭泪。世乱遭飘荡，生还偶然遂。邻人满墙头，感叹亦嘘唏。夜阑更秉烛，相对如梦寐’十分相似，可见九思有意学杜。这也是康海所说的九思‘因怀陈致，因景道情之作’。”

当然，九思学杜甫（盛唐）绝不会达到杜甫（盛唐）的高度。这除个人诗学修养不及杜甫，也还缺乏杜甫那种颠沛流离的生活经历外，更多的则是时代使然，即明代绝无盛唐博大的精神气象（开放和多元文化），且明朝的士大夫都是在宋明理学的熏陶下，七子们及九思即使反抗也是有限的。另，明代八股取士制度将士大夫逼向狭窄的甬道中，“治国平天下”成为他们主导的价值取向，所以说九思的“策勋稷契俦，致主希虞唐”（《渼陂集·咏怀》卷二）的“使命感”，是科举“灌铸”出来的，不像杜甫“致君尧舜上，再使风俗淳”是自觉的，因而也就没有杜甫那样大气。

（注）巷伯：《诗·小雅》篇名，《诗序》以为刺周幽王，说：“寺人伤于谗，故作是诗也。”孟子（非孟轲）因被谗受宫刑。黄金台：燕昭王招贤筑高台置黄金千两于其上。此联意为由于谗言使自己无缘被朝廷启用。

（六）追摹陶渊明

一千多年来，陶渊明诗的自然古朴、淡雅悠远、清朗流畅、明白如话的艺术特色，一直是文人士大夫追摹的榜样，尤其其田园诗的淡雅清新，更被隐逸之士奉为圭臬。连苏轼那样性格豪放的诗人也对之崇拜有加，不但和其诗，且追摹其不加雕饰的古朴淡雅之风。如“南池绿钱生，北岭紫笋长”，造语平淡，似不经意间自然流出，且进入悠远的妙境。

九思早年与陶渊明一样，有着“猛志逸四海，骞翮思远翥”、“刑天舞干戚，猛志固常在”的建功立业理想。陶渊明屡仕而不能实现自己的理想，转而“归去来兮”，“逃禄而归耕”（主要还是对东晋王朝的失望与对刘宋政权的不合作）。九思不能为官而归田，进而追求人格的高尚与节操的完善，与陶渊明是相一致的。九思诗歌多为大朴不雕，从整体上看具有陶诗的古朴之风。到晚年（大概60岁以后）就有意追摹陶渊明了。尤其 70 岁以后复出无望，加之不善于经理家计，以致沦为穷困时，这种陶渊明情结便更加强烈。

九思诗歌中运用有关陶渊明的典故很多，诸如“桃源”、“武陵源”、“真率会”、

"五柳"、"篱菊"等，诗句中直接提名的如"陶令"、"彭泽令"、"陶元亮"、"靖节"等。这表明九思对陶诗审美情趣的认同与向往，也表明陶渊明的志趣尚好、精神理想、生活方式等已被九思象征化、模式化了，且与陶渊明产生很大的亲和力。

当然，九思追摹、推崇、学习陶渊明，并不是武步其尘、亦步亦趋，而是以陶诗的精神风范另出新意，借陶诗的神韵风采以为"起兴"，进而抒发自己的思想感情。如《雪后探菊一首》虽有陶诗平白如话、自然朴实的风貌，但其实质离陶诗较远，其"宁辞一日雪，直傲九秋霜"的孤傲虽与陶渊明"不为五斗米折腰"精神相似，但更多的是一种心灵深处的隐痛与伤感。

现以九思所作古风《对菊怀诸友》(《渼陂集》卷三)与陶诗《和郭主簿二首》对比，可见其追陶的形神。九思诗为：

东篱零露滋，秋色灿盈目。仙姿有殊英，密叶映深绿。
时维霖潦收，欣看秫醲熟。引觞聊自酌，玩此群芳馥。
白云何英英，南山亦矗矗。微风吹我衿，飘飘绝烦熇。
杖藜行且谣，清商发新曲。仰视归雁翔，翩翩亦何速。
慨我平生亲，佳人在空谷。逸气蛟龙腾，贞怀鸾凤伏。
川原邈相隔，鹓鹥不可属。徘徊日空暮，叹息倚修竹。

此为九思晚年怀友之作，诗的语言如陶诗明白如话。如吴小如先生所言：陶诗"尤不必加以评论和赏析"(吴小如《明彻达理，新奇真实——读陶渊明〈挽歌诗〉三首》中华书局《文史知识》1988年第7期)，意为过度"评论和赏析"会画蛇添足，甚或强加一己之见于作者，反而弄巧成拙。我们也可不必评论赏析九思诗，但可将其与陶诗对照，以见异同。

相对于九思前四句描写菊花，陶诗为"芳菊开林耀"、"和泽周三春，清凉素秋节。露凝无游氛，天高肃景澈"。九思前四句先以"东篱"与陶诗名句"采菊东篱下"相联系，立时使人想起陶诗来。四句分别以"零露滋"、"灿盈目"、"仙姿"、"殊英"、"密叶"、"深绿"等明亮清澈的词语将全篇领起，可见作者心境是爽朗欢快的。陶诗此几句亦是清澈爽朗的，但"露凝"、"肃景"二词使诗意略带萧瑟。

相对于九思诗五至八句"酿酒"、"饮酒"，陶诗为："舂秫作美酒，酒熟吾自斟。"九思诗"欣看秫醲熟，引觞聊自酌"与之何其相似，但仍可看作为化用：九思句之"欣看"的情感与"聊自酌"的情态，似乎都较陶诗灵动些。当然，九思"玩此群芳馥"的动态与欢欣情绪亦不俗。相对于九思九至十二句，陶诗为："陵岑耸逸峰，遥瞻皆奇绝”，“凯风因时来，回飙开我襟”。九思诗“白云何英英，南山亦矗矗”词意明朗，加之重迭词的运用，较之陶诗更加流畅上口。而九思的“吹我衿”、“绝烦熇”较之陶诗“因时来”、“开我襟”稍显滞涩。

九思诗之十三至十六句，是其诗的“腰腹”，有着上下相顾的“中枢”作用。又有奇语、峻语，形象生动，内蕴深刻。且看：秋日绵绵中，九思老人拄着藜杖，一边行走一边唱着自己新作的清商（南北朝时，南北音乐逐渐融合形成的新型音乐。到九思时泛指水准较高的民间歌曲）小曲，其曲略带悲伤。忽然一声雁叫，九思便停歌而仰视南归的大雁，不禁感慨地说：大雁啊，你们翩翩而飞固然潇洒，可为什么就一闪而过？是雁过“何速”，还是岁月湍急？这便勾起了诗人怀念友人，以及他们不能“蛟龙腾”而“鸾凤伏”的悲哀。既然与友人“川原邈相隔”，又不愿与“鹓鹥”为类，就只能徘徊到天黑，倚着修竹叹息。其情由乐突转为悲伤。

陶诗其一归结到“遥遥望白云，怀古一何深”，表达一种泛泛的怀古情，是一种淡淡的惆怅与伤感。其二归结到“衔觞念幽人”的怀念之情，但情绪却是“检素不获展，厌厌竟良月”的不快，且缓慢（厌厌）达月余天，其伤情也是淡淡的。

当然这种对比，并不是较谁之优劣，而是要看出九思追摹陶渊明，即使在题材、意趣、形制甚至句式都相似的情况下，并不亦步亦趋。那么，其他只在诗风与某种形式上追摹陶诗，就能另出新意了。另，七子们本就有“模仿”之嫌，此亦可为之开释。

九思《渼陂集》有五古诗116首，《渼陂续集》有五古诗18首，这些诗在形制上更应该接近陶诗（魏晋诗尤其陶诗，多为五言古风），追摹陶诗似乎更便捷些。但这些五古诗大都是中年所作，其在思想感情上与陶诗有分野。如《代赠康汝修》（《渼陂集》卷六）诗中有“冠盖见督邮，丈夫未为耻”句，可见其早年并不认同陶渊明。所以这些诗大都没有或少有追摹陶风的，倒是晚年作了不少五律、五绝，陶风甚浓。这是其仕途无望而返璞归真了，加之晚年家计困难，几近沦为农夫的必然。

其中较典型的如《林居杂咏学寒山子五首》（《渼陂续集》卷上）：其一：

山翁矮屋住，幽僻少尘埃。窗外潇潇竹，门前郁郁槐。
笛吹明月下，鹤唳白云堆。未必蓬莱阁，神仙独往来。

此首诗基调是欢乐的，其清心寡欲，去浮华、尚真实的恬淡心境，与诗歌本身朴实无华、明白如话的风格相得益彰。具有陶诗“似枯而实腴”（苏轼语）的风范。此首诗看起来是直陈其事的“赋”笔（叙述自己居住境况和环境氛围），却在不觉察中以比兴的手法寓情于景，那“少尘埃”、“潇潇竹”、“郁郁槐”、“明月笛声”、“鹤唳白云”似景语实为情话。这些情景交融之语，营造出一个可触可见的“蓬莱阁”。随之含义即出：矮屋即蓬莱，山翁即神仙。这又进一步告诉你无欲则心静，心静则神安。然而最后的“独往来”，却使你觉得这神仙其实是自我封闭的脱离人境的孤独者。人是社会动物，尤其曾是辉煌一时的士大夫，他的“独往来”是被迫的，是不得已的，其实他的心境是苦涩的。九思越是这样“旷达”的“独往来”，越使人感到悲哀，这难道不是苏轼所谓陶诗的“腴”吗？

其他四首诗，除具有陶诗的风范外，其中佳联警句迭出不穷。如“柴门无犬吠，高树有啼鸦”、“阵阵南风起，徐徐透体谅”、“洞栖一片云，门对千年雪”的景物描写，语言朴实而境界清新。“山翁方下榻，石鼎已烹茶”、“编篱围旧菊，汲水灌新篁”、“坐石沾云湿，滄梨带雨香”、“破袖舞春风，澄潭弄秋月”的生活举止与自然景物的结合，达到了水乳交融的程度。其中的“围”、“灌”、“沾”、“带”、“舞”、“弄”等动词的巧妙运用，更是得之自然之趣。还有“自起蹁跹舞，儿童笑我狂”的诙谐，“昼长槐树下，散发坐胡床”的慵懒，“野外瓜初熟，畦丁送我尝”的融融之情都十分感人。当然，那些“点拨语”如“不羡五侯家”、“光阴容易老”、“天机任飞跃”的寓意也都是深刻的。以上也可视为陶诗的“腴”。而《赴西村饮》（《渼陂集》卷四）更具陶诗的恬淡自然、浅显明了：

城下河流浅，桥西石路分。缓行由马性，闲卧见鸥群。
近树烟入村，迎风社鼓闻。主人能爱客，泥饮到斜曛。

鄠县城西有涝河，过河便是西村，大概是西村有牛王社（村社的会日）。九思当是应村人邀请赴宴。他出得县城，一路信马由缰地行来，过桥分路，见群鸥沙滩闲卧，是那样的悠然自得。颈联化用陶渊明“暧暧远人村，依依墟里烟”句，但却有创新：陶诗给人以恬静和谐的气氛，是一种静态的展示。而“近树烟入村”是骑着马由树到烟然后入村，是一种动态的行进，行进中很自然就迎风听到社鼓的喧闹。但这种喧哗并不破坏人的情绪，却给人以热烈和谐的气氛，想必九思也要参加村民的庆祝活动。活动完结，村民以酒宴招待，九思喝得烂醉如泥一直到落日黄昏。这是很有人情味的，那些朴实的农人，并不把这位翰林学士当作什么名人高士，而是和他一样豪饮到一醉方休。这首诗的尾联也与陶渊明的“过门更相呼，有酒斟酌之”有着异曲同工之妙。

再如写其日常生活的《晴起》（《渼陂续集》卷上）：

旭照浮虚牖，清愁破老颜。下床梳白头，开户见青山。

心已寒号足，身如野鹤闲。杖藜寻旧侣，同过碧溪湾。

再如写其白发布袍收果实的《秋兴》(《渼陂续集》卷上)：

苦热诗都废，逢秋兴转豪。上楼山色满，捣练月华高。

雨后收果园，风前着布袍。逐臣今白首，勿用赋离骚。

值得注意的是，九思这类诗的朴实与淡泊之情，往往是一种自觉的追求，而其中的悲凉又是一种自然流露。如此，两首诗中的“清愁破老颜”、“逐臣今白头，勿用赋离骚”，不是作者有意为之，而是在心平气和的叙事中带出来的。所以，当你参透其中的悲凉之意，其闲适淡泊之情也就增加一层厚重。

这两首质朴无华的诗，看似平淡而实有至理。不讲技巧而能得自然之趣，也就为平淡之外增加一分丰腴。

其他如《李尚书园亭十咏》《西郡杂诗十首》《杂赋符氏园景五十首》(三首皆《渼陂集》卷六)，皆以“莲塘”、“杨柳巷”、“菊花园”、“山寺”、“水硙”、“稻畦”、“甘露”、“白兔”、“秀麦”、“甘雨”、“杏坞”、“柿园”、“李溪”、“桃巷”、“葡萄架”、“蒜陌”等自然物象为题材，其诗句朴实无华、明白如话。如“不采塘中花，只作塘上草”(《李尚书园亭十咏》)、“朝闻山寺钟，暮看山头月”(同上)、“袅袅空中云，隐隐楼上角”(同上)、“采采东篱下，黄花烂似金”(同上)、“水滨不见人，只见明月上”(同上)、“竹里才寻寺，花前共倒樽”(《西郡杂咏十首》)、“山郡秋里风，积雪来广寒”(同上)、“一径无人到，梨花任意开”(《杂赋符氏园景物十首》)、“贫人俱望实，何处羡蟠桃”(同上)、“迢迢蹊径熟，日日有人窥”(同上)等。

九思这些对农家生活的礼赞，除在艺术上对陶诗追摹的执着外，更是对其痛苦的心灵的安慰。既然在社会中难以完成自己的人生理想，那么，就在日常生活的现实中，追求一种完美的人生境界。正因为此，诗人才不至于从悲愤中走向绝望，才能够保持一种心境的淡定与恬适，能够品味出山水景物、日常生活中美的意味，这也是诗人生活乃至人生的另一面。有谁能一生无时无刻处在悲愤之中？如果缺了这样一份旷达，九思还能长寿吗？这也许是九思晚年追摹陶渊明的真实意义。

(七)关于模仿

前七子的诗文，在明中后期影响很大是不争的事实。褒扬者将之推举极高，如以李攀龙、王世贞为首的后七子，以及后起的后五子、广五子等文学团体，不但继承其复古宗旨，并且效法其故事，对前七子声势的张扬起到巨大作用。也有对其代表人物推崇过高的，如陈田在其《明诗纪事》丁籤卷说："明中叶有李（梦阳）、何（景明），犹唐有李（白）、杜（甫），宋有苏（轼）、黄（庭坚）。"贬抑者，主要訾其模仿。最典型者莫过于钱谦益对李梦阳的批评，说其"牵率模拟，剽窃于声句字之间，如婴儿之学语……毫不能吐其心中之所有"，甚至说"先辈读书种子从此断绝"。当然钱氏对王九思也有所訾议，说："敬夫《渼陂集》粗有才情，沓拖浅率，《续集》尤为冗长。"虽不明言其模仿，但所谓"沓拖浅率"、"尤为冗长"的批评也不无模仿的含义。在近代尤以游国恩所编《中国文学史》批评激烈，认为其创作"一味模拟剽窃为能，成为毫无灵魂的假古董"。

既然前七子在中国文学史上，有所谓模仿的恶名，那么，研究前七子人物，有关模仿这一问题，就是不能迈过的坎。王九思虽不是前七子的代表人物，但作为重要成员，也免不了被作为评判的对象。

一个既成事实，必有其外部与自身的诸多因素。前七子主张复古，是在反对台阁体与茶陵诗派的前提下提出来的，反对派自然要在其复古上做文章。"复"必然是重复，重复也就是模仿，首先在名分上略逊一筹。接着再在其诗文上寻找些"证据"，似是而非地给你扣上一顶"模仿"的帽子，你也是难以辩清的。

然而，模仿这顶"绿帽子"，在很大程度上，还是七子代表人物给自己扣上的。我们在《前七子诗文复古概述》中提及到，在前七子复古过程中，曾发生李梦阳与何景明对复古方法的争论。他们各自坚持其主张，互相攻击，各不相让，在当时及后来的文人中，引起强烈的反响。其影响之大，居然使何景明取代康海，而被后世认为是前七子的领袖人物。

李梦阳认为："文必有法式，然后中谐音度。如方圆之于规矩，古人用之非自作之，实天生也。今人法式古人，非法式古人也，实物之自则也。"（李梦阳《答周子书》）这种看法虽然保守了些，但并无大谬：学习古人，自然要学古人的"物之自则"。而何景明针锋相对地驳斥李梦阳学习古人"法同则语不必同"，并进一步批评李"公为诗不推类极变，开其未发，泯其拟议之迹，以成神圣之功，徒叙其己陈，修饰成文，稍离旧本，便自杌陧，如小儿依物能行，独趋则仆。虽由此即曹刘、即阮陆、即李杜，且何以益于道也"（《大复集·与崆峒论诗书》）。何景明此段话即给李梦阳戴上了"模仿"而"不能自成一家"的帽子。李梦阳后来有所辩解："假令仆窃古之意、盗古形，剪裁古辞为文，谓影子诚可；若以我之情，述今之事，尺寸古法，罔袭其词……此奚不可也？”（李梦阳《驳何氏论文书》）这段话虽为辩解，其实已陷入何景明的“圈套”里，连他自己也说不清了。“尺寸古法”虽非“窃古之意，盗古形，剪裁古辞为文”，但说你“模仿”起码不为过吧！如此互相感情用事，终被反对者所利用：既然七子领袖人物主模仿，那么模仿的帽子就为七子所共有了。

有关王九思的模仿，历史上的评论者很少涉及，即使有之，大都是随前七子的模仿被笼统提及。但这对于王九思、康海是不完全公平的。比如康海居然旗帜鲜明地提出反对模仿。其在《送白贞夫序》（《康海全集》卷二七）中有“模仿剽窃，文实俱鲜”乃“文士之鄙习，非国士之鸿操也”。康海还有一段精辟的论述：“古人言以见志，其性情状貌求而可得，此孔子所以于师襄而得文王也。要自成一家，若傍人篱落，拾人唾咳，效颦学步，性情状貌洒然无矣，无乃类译人矣乎？君子不作凤鸣，而学言如鹦鹉，何其陋也。”（李开先《对山康修撰传》）既然王九思的诗文观与康海相同（在本书《概述》中已论述），那么王九思也应当是反对模仿的。这从其晚年为张治道所作《刻太微后集序》中可看出其对复古及模仿的看法：“呜呼，文岂易为哉！今之论者，文必曰先秦两汉，诗必曰汉魏盛唐，斯固然也。然学力或歉，模仿太甚，未能成一家之言，则亦奚取于斯也？”不过九思观点有些暧昧，似乎学力富足，模仿适可而止，就可以成一家之言了。聊备一说。

九思毕竟是模仿阵营一分子，难免遭人非议。如现代学者汪超宏在其《明清曲家考》一书的《王九思七题·王九思诗的特征》中，在肯定九思诗歌成就的同时，提出其“模仿”问题。

同样的词，可以在不同时期的多首诗中出现。如“青春”一词就在六首诗中用过。依次是《渼陂集》卷三《张方伯画图歌》其三：“青春董子常下帷，白首伏生能解疑。”卷五《三月晦日二首》其一：“准拟青春作伴归，坐看春尽怨芳菲。”其二：“白首庞公能避世，青春杜甫未还乡。”卷五《盗贼止息，卜日西归，喜而有作》：“青春虽去不作伴，紫芝有约仍未违。”《渼陂续集》卷上《送吴簿归二首》其一：“白首思乡客，青春作伴归。”卷上《太微之过访留诗，因次韵以赠》：“青春不负岑参约，彩笔今看杜甫书。”如此频繁地用同一个词，且模仿痕迹十分明显，除了说明诗人创造力衰退外，没有其他更好的解释。对此前人已有批评。

以上汪先生没有指出九思模仿谁的诗或句。况“六首诗中用过”“青春”即为模仿，不足为凭。

倒是九思《喜闻官军破河南诸盗》与杜甫《闻官军收河南河北》分相似。王九思罢官后因“河南诸盗”作乱，滞留寿州不得归，心情十分烦闷，与当年杜甫滞留夔州的处境十分相似。忽得邸报官军打败诸盗的消息，九思心情激动，写作《喜官军破河南诸盗》（《渼陂集》卷五）一诗。杜甫得知官军收复河南河北，心情激动，写下《闻官军收河南河北》诗一首。两首都是七律。现将两诗录于此，加以比较：

九思诗：

王师忽报收群盗，瘦躯醉后狂能舞。
乘胜长驱汝蔡间，长路平来好便归。
久客风尘繁老鬓，画舫喜看经汴国。
深春花鸟破愁颜，小车行见入秦关。

杜甫诗：

剑外忽报收蓟北，初闻涕泪满衣裳。
却看妻子愁何在，漫卷诗书喜欲狂。
白首放歌须纵酒，青春作伴好还乡。
即从巴峡穿巫峡，便下襄阳向洛阳。

这两首诗在题目、形制、内容、情感，甚至句式都有相似之处。看来杜甫诗对九思诗影响很大，其模拟痕迹是毋庸讳言的。但要以李梦阳“若依我之情，述今之事，尺寸古法，罔袭其词”的标准要求，还算差强人意。无奈李梦阳此论，已被后世论者以为模仿之口实。那么，王九思也就难辞其咎了。

其他如《待月》（《渼陂集》卷四）：

避地楼何迥，凭栏兴起予。目穷千里外，月上二更余。
素影流银汉，清辉透绮疏。聊将太白句，把酒问蟾蜍。

这首诗的颈联、尾联无疑有王之涣《登鹳雀楼》与李白《月下独酌》的影子，甚或有苏轼［水调歌头］的影子。

还有《秋兴制作湘厓见和复用韵二首》（《渼陂续集》卷上）有“爱客邀歌扇，频沽典缊袍”与杜甫《曲江二首》之二“朝回日日典春衣，每日江头尽醉归”等有模仿痕迹，或可认为是化用。

历来关于模仿与继承、化用与承袭这些相对概念间的界限是模糊的，有时是很难厘清的。

据周勋初《李白评传》（南京大学出版社，2005年），李白作品有230余首七言歌行，“值得注意的是，这些歌行体作品大多为李白模拟汉魏六朝乐府而来。在唐代诗人中，李白创作乐府诗最多，并且这些乐府诗中汉魏六朝古诗占80%以上。……他所作的赋、乐府和古诗都留下明显的模仿痕迹。”但李白并没有留下“模仿”的恶名。

再比如齐梁诗多写景咏物，虽然生活面较窄，但在构思取境上有不少争奇取巧的句子，为唐人提供了再创作的基础。“从萧绎的‘莲花乱脸色，荷叶杂衣香’（《采莲曲》）到王昌龄的‘荷叶罗裙一色裁，芙蓉向脸两边开’（《采莲曲》其二）；从刘孝绰的‘返景入池林，余光映泉石’（《侍宴集贤堂应令》）到王维的‘返景入林深，复照青苔上’（《鹿柴》）；从王僧孺的‘泪逐东流水，心挂西斜月’（《忽不任愁聊示固远》）到李白的‘狂风吹我心，西挂咸阳树’（《金乡送韦八之西京》）；从何逊的‘薄云岩际出，初月波中上’（《入西塞示南府同僚》）到杜甫的‘薄云岩际宿，孤月浪中翻’都可看出唐人的妙处，正是从齐梁人的妙处而来”（葛晓音《齐梁诗的功过》中华书局《文史知识》1986年第8期）。葛晓音先生将这些近似模仿的例子，称之为“唐人的妙处”，可见其对模仿与化用界限理解的宽泛。

另，沈佺期有诗句“雪白山青千万里，几时重谒圣明君”，杜甫有“白云青山万余里，愁看直北是长安”句；沈有“人如天上坐，鱼似镜中悬”，杜有“春水船如天上坐，老年花似镜中看”；李嘉佑有“水田白鹭飞，夏木啭黄鹂”，王维有“漠漠水田飞白鹭，阴阴夏木啭黄鹂”句。这些似化用又似模仿的诗句，很难说清。

更有甚者如陆游《游近村》“乞浆得酒人情好，卖剑买牛农事兴”联与苏轼《浣溪沙》“卖剑买牛真欲老，乞浆得酒更何求”；《小筑》中“生来不啜猩猩酒，老去那营燕燕巢”联与白居易《感性二首》之“樽前诱得猩猩血，幕上偷安燕燕巢”何其相似。甚至连其名联“山穷水复疑无路，柳暗花明又一村”也是化用绍兴间诗人强彦文“远水初见疑无路，曲径徐徐渐有村”联，但后人并没有说陆游是模仿。胡仔《苕溪渔隐丛语》：“苏子瞻‘山围故国城空在，潮打西陵意未平’，此非误用，直取旧句，纵横役使，知彼我为辨耳。难道苏轼不知杜牧‘山围故国周遭在，潮打空城寂寞回’？”到了名诗人苏轼那里，近似于抄袭都成了“直取旧句，纵横使役”了！胡仔进一步引用《石林诗话》语为之辩解：“读古人诗，多意有所喜处，诵忆之久，往往不觉误用为己语。”不过他还是原谅苏轼的做法。

据以上事例，我们可知人们对所谓模仿，有时也是有偏见的。一般能够原谅名诗人的模仿，且为之辩解，对一般诗人往往持挑剔与不屑的态度。与以上各家诗人的模仿或化用相比，王九思还是小巫见大巫了。因此，笔者以为在模仿这一问题上，我们没有必要过多地指责王九思。

其实，平心而论，从《诗经》《楚辞》直至唐宋元明，诗人积累的诗词意象、警语名句实在是太多了。你只要熟读几千首诗词，就掌握了诗人特有的那种语言意象，也就不经意间把前人的语言融入自己的语言当中，最后完全变成自己的语言了。这样一来，所谓的化用、借用就是自然而然、不加思索了。据《苕溪渔隐丛语》（卷二十五），宋初著名诗人王禹偁在商州作《春日杂兴》："两株桃杏映篱斜，装点商州副使家。何事春风容不得，和莺吹折数枝花。"其子嘉祐云："老杜尝有'恰似春风相欺得，夜来吹折数枝花'之句，语颇近似。"禹偁竟颇为得意："吾诗精诣，遂能暗合子美邪！"可见其人竟以"语颇近似"为荣。

关于《明清曲家考・王九思的诗歌特色》中，九思过多使用"青春"一词，并有模仿之嫌的认识，我们可以为九思辩解：九思对"青春"一词有特殊敏感（因为其在寿州受挫时开始用之），并将其凝结为一种语言定势，一有机会便自然跳出。再则，九思也并非"如此频繁的用同一个词（指青春）"，从《渼陂记》到《渼陂续集》集成，前后大约历时 40 余年，收集将近千首诗。文中所举诗句有在寿州时的，有的是晚年写的，可谓跨度大、时间久。这些"青春"句，湮没在九思的诗集中，读者是很难将之联系起来的。况汪超宏先生也在文中说其"在不同时期的多首诗中出现"。

平心而论，九思的大量诗作中，有和其他诗人一样的模仿或曰化用的地方，纵观中国诗歌史，我们还是应当对九思的所谓模仿看得宽一些。

（八）有关文的特色

以下我们再谈《渼陂集》与《渼陂续集》中文章的特征。

两个集子中议论文有《经筵讲章》《周语仁》《说官》《质斋对》《惑解》等。这些议论文条理清晰、逻辑通畅、论据坚实、说理透彻。这里我们仅以《惑解》（《渼陂集》卷七）为例。

明正德、嘉靖年间，社会生产力在相对稳定的社会环境下得到发展，商业资本逐渐活跃，城乡经济发展较快，社会财富积累日多。这必然带来社会崇尚金钱、追求奢靡的风气。嘉靖十二年（1533）王九思在其所修《鄠县志》中说："弘治初，渐入于奢，然旧风未殄，其犹可观焉。逮其末年益大变，竞相以弊浸淫。至正德极矣，自其服食器用观之，若华靡倍昔。"九思鉴于这种"去本就末、崇侈靡，远先王"、

“乡邑无老少习为浮华，见朴实忠厚者不侮则笑之”的社会现实，呼吁人们不要一味追求金钱，而忽视道德修养。

《惑解》就是在这种背景下告诫世俗的文章。此不足三百字的议论文，先以世人皆羡慕篯铿（彭祖，传说活了800岁）之寿，石季伦（崇）之富，并希望自己子孙及所爱的人能够得到。而这些人的子孙及所爱的人，对于这种希望也“受之怡然”，没有以为这是迂妄而责怪之。但对于忠孝这种“人之极焉”，人们虽然口头上没有不以为然，而在实际上并没有像希望寿与钱那样迫切，甚至有对此“以为迂且妄者也”。百余字对“惑”的现象展示，以之为论点。论述的第一层告诉人们“富与寿，命也”，即有很大的际遇变数，不是你想富就能富，想长寿就能长寿。而忠孝与道德是可以人为的，这是不容人迷惑的事实。但是有人会说尧舜、周公、孔子都是圣人，我再努力也是办不到的。九思认为只要你努力去做，即使做不了圣人，也可以做君子，至少也可以做一个善人。

第二层进一步推演：彭祖与石季伦是贼人，他们“以偷生寿”、“剽窃海舶富”，而异于常人，其实是贼的行为。而世人弃圣人之道而崇尚贼的作为，难道不是迷惑之至吗？更何况稍有常识的人，人称他为君子则“欣然以喜”，人称其为贼“未有不怫然而怒者”。而以其“所必怒者”去作为，“不以为迂妄”；而以“迂且妄”的作为，称之“甚喜者也”，这难道不是真正的迷惑吗？

结论：我今所言，今天的人如果以为迂且妄，是其迷惑不解也！如果解其迷惑，必不以我之言迂且妄，起码已经达到善了。因此作以《解惑》。

这种极强的逻辑推理和感情力量，大有“孟子见梁惠王”以排比逼进的问答，使梁惠王应接不暇，心悦诚服。其说理具有一种不可阻挡的气势和高举远慕式的飘逸。

这样的短文在《渼陂集》与《渼陂续集》还有不少。有的只有百余字，即言简意赅地说明问题，如《说官》《二山解》等。正如康海序其《渼陂集》说“其议论似孟子舆，而能从容于抑扬之际”，你不得不佩服九思驾驭散文的能力。

记、传、状亦都有佳作。其记事状物、记人述志均十分到位，且篇幅短小精致。如《西轩记》（《渼陂集》卷十）中记述西轩之环境：“其外则芳香畝直、苍黄绀碧，蔓络而挺秀，为草卉花树之繁。其内则天府之书，峄阳之桐，端溪之石，中山之毛颖，秦汉之篆籀，古今名家之诗。由其远以望之，则雷首诸峰，蜿蜒赑屃、森若拥戟，来若拱揖，阴晴昼晦变化而无穷。其近则碧瓦丹楹、挟云霓绝阛阓。主人于是静居而乐焉……”作者从内外、远近，空间、方位将西轩的自然美景、人文气氛烘托至极，且语言精炼、韵味十足，读之上口，思之幽远。七子们的复古宗旨是推崇先秦两汉文，对魏晋以来的骈俪形式则一概排斥。但王九思却不拘泥于此，而是参杂用之。这就使文章抑扬错落、顿挫有致，同时体现九思与其他六子的不同。正如欧阳修赞扬苏轼父子文曰："俪偶之文，苟合于理，未必为非。"（《论尹师鲁墓志》）是善于吸取前人的艺术成果。

其《柳屏精舍记》（《渼陂集》卷十），记其环境如"每春明，生意勃发、擎露横烟，若剪若织、望之若屏，居常容与其间，得以俯仰造化，寻识至理"。其记人尤精到："公自发解举进士，令宜阳，司谏垣，尹京兆，抚巡西夏，入副内台，且三十年矣。九思别公久，闻公须已近白，发白过半，则其所以忧天下者，从可知也。然年来未耳顺，神智勃勃逼人，出入将相之事，方倚注焉，岂能于柳屏之游矣！迨夫策云台之勋业，图麒麟之形容，然后奉身而退，优游柳屏之下，故今亦预设焉，以为他日之地耳，岂切切于此者也？若夫俯仰造化，寻识至理，乃公自得之妙，盖亦莲池庭草之意。"寥寥数语，将大中丞张汝霖的经历、现状、将来勾画清晰，其人就栩栩如生地站在你面前，而且你还知道其内心的秘密，直想与其交谈几句。此文则有欧阳公之"变化多端，开合自如，气脉流动，富于内在的节奏与韵律感"（吴充《欧阳公行状》）。

其传、状也都精致，如《汉阳太守传》《张附羽传》《怀远将军传》《陈本初行状》等都能将人物写活，且"不屑屑于言语之末"（康海《渼陂先生集序》）。如其《陈本初行状》，将一个乡试第二、会试第一、殿试二甲第三的才子，英年早逝的惨状尽述于纸，言其"死之日甚贫，盖禄之所入者，尽以养其家余二十口，又葬其亲，又为其二弟娶妇，又归其二妹，故间尝有称贷焉"，将一个穷京官（翰林院编修）的负累（应尽的义务）述之罄尽。又"子曰田田，生六岁矣，然能哭其父也"，看似闲笔，实于无形中增加陈本初死亡之悲哀，六岁遗孤哭父丧，能不令人动容！

墓志铭（包括墓碑、墓表等）在《渼陂集》《渼陂续集》中占三分之一。

其墓志铭，亦不乏佳作，用典精当，辞采华茂，富有情韵。唐宋以来的祭文，一般都是骈体，或骈散并用，且有一定的格式。而九思为其女所作墓志铭文，全无格式与套语，且不讲结构，尽以感情之流动而铺写，语气悲恸而一气贯注之。其对两子、两侄的墓志铭亦以感情流动为气脉，语言脱口而出，将其老年丧子的悲痛，哭诉得淋漓尽致，使读者唏嘘悲叹而不忍卒读。这真使读者"得意而忘形"，哪管什么格式规范，唯其如此，才是十足的美文。

九思写这类文章能运用不隐恶、不溢美的史家笔法，即使本族至亲也不例外。这在笔者所见到的墓志铭中实属稀罕。如在其长子王瀛《墓志》中说其“多欲幸酒，不肯读书”。在次子王渭《墓志》中说其“八岁人当攻小学，三旬尔始读遗编”。在其弟九叙《墓志》中说其“晚年颇以声伎自娱”。在其侄渼《墓志》中说其不善读书，“日事土木，费资甚钜，终日营营出贷”，并使其妾为之殉节，将其纨绔子弟行为跃然纸上。

当然，这类文字中，九思也间有“欺曜当世，贻误后世”（桓范《世要论·铭诔》）之作。如其为张鸾（其岳父之弟，为九思与张夫人结缡之媒介）所作墓志铭，就有“谀墓”（隐恶扬善）之嫌。史载刘瑾权柄炙热时，张鸾以“刑部左侍郎出使福建还，敛银二万馈送”于刘瑾，刘瑾纳张綵言，降黜张鸾，罚米二百石，将贿银送入承运库。而九思在为张鸾所作墓志铭中含糊其词地说：“（鸾）以江西（应为福建）事忤刘瑾，仅免祸，得致仕，而瑾犹怒而不止，犹罚米二百石。”这种为亲者讳的文字，无疑会“贻误后世”。九思不能免俗于私情。

王九思一生都在追求“文必先秦两汉”。具体地说，他在文上最崇敬的是司马迁，这在他的诗文中屡有提及，并且孜孜不倦地追求。康海在《渼陂先生集序》中说“予观渼陂先生之集，其叙事似司马子长（迁），而不屑屑于言语之末”，当是较为准确的评价。

二 《碧山乐府》与《南曲次韵》

（一）散曲创作的贡献

康海《碧山乐府·序》有：“山人（九思）旧不为此体，自罢寿州后始为之，其才情之妙，可以超绝斯世矣。”九思自认是正统诗人，初对散曲不屑为之。罢归后为歌妓制词，以为“浅斟低唱”，以解胸中郁闷，因此往往“兴之所至，或以片纸书之，已即弃去”（王九思《碧山续稿序》）。到后来逐渐认识到民歌俗曲的生辣活鲜、畅酣淋漓，比起温文尔雅、蕴籍中和的诗歌来，真是履及剑及，直刺赘疣，更加适于抒发其胸臆。于是罢归后 40 年，乐此不疲。事实上，明清以来，学者一般认为：九思的散曲影响远远超过其诗文。而况前七子的诗文，后世人多推崇李梦阳、何景明以及康海，相形之下九思的诗文较为暗淡。历代选家选九思诗文不多，但凡选散曲者，若非九思入则引以为缺憾。

王九思为什么将其散曲集命名为《碧山乐府》？碧山易解，九思晚年自号碧山叟。乐府，原为秦汉时所设的音乐官署，除掌管皇家宴飨、祭祀、出行所用音乐，主要是采集民间诗歌音乐。由于汉武帝的推崇，则乐府大行其道，因而后世往往将民歌俗曲称作乐府。明杂剧作家朱有燉（号诚斋）将其所作散曲（小令、组曲等）题名为《诚斋乐府》。实际上明初期往往散曲、杂剧（杂剧以散套曲为唱词）不分，到中（王九思时代）后期，乐府之名普遍使用，但却非秦汉乐府所指，其实是散曲的总称。所以王九思将其散曲（包括散套）集定名为《碧山乐府》。另，前七子以复古为标榜，推崇先秦两汉文，乐府既是秦汉的文学形式，那么，将其散曲归之乐府正合其意旨。

散曲由词演变而来，亦称之词余，在元明文坛盛极一时。其特点是除了音乐动听，主要是迎合大众口味，以具有生命力的诗文语言与民间俗语方言相结合，达到雅俗共赏。它去诗词所谓的哀而不伤、怨而不怒、含而不露的中和蕴藉风格，代之以“尖新倩意”、“豪辣浩烂”的特点。写闺情怨妇更是敢爱敢恨、语言直露而痛快淋漓！

套数又称散套。曲的特点更突出地表现在套数上，其以一定的方式将若干曲联成一组，扩大了篇幅，比较宜于叙事。联套的曲必须属于同一宫调。《碧山乐府》中套数占其半数，是九思长于驾驭的形式。

《碧山乐府》不但体现散曲的上述特点，且在题材方面扩大了散曲表现的范围。九思除创作传统散曲所反映的男女爱情、离愁别恨、淡泊恬退、闲情逸致外，还将散曲题材引入农事劳作与揭露官场腐败等方面。另外，散曲大都是文人雅士饮宴歌唱，为其寻欢作乐服务的。而九思将散曲的演唱引向民间，引向下层百姓的庙会与“牛王社”，这样的普及为民间俗曲形成地方戏曲，创造了一定的社会条件。对“诸花部”的兴起，进而形成成熟戏曲作出贡献。王九思与康海以套曲演绎故事，共创的“康王腔”，应是而今活跃于陕、甘、宁、青、晋、豫一带的眉户曲子的起源之一。

另，王九思、康海“为曲坛宗匠总在半个世纪以上，九思嘉靖初犹在，影响尤大”。（郑振铎《插图本中国文学史》，797 页），他们兼通南北曲，对北曲南渐进而形成成熟的南曲有一定的贡献。晚明人在南曲的基础上形成传奇，进而形成独擅中国剧坛百余年的昆曲，也应记王九思、康海一笔功劳。

（二）潜心创作散曲的原因

散曲的地位曾经是很低下的。史载北宋名相晏殊也喜欢作词唱曲，晏殊的晚辈王安石就曾批评他“作为宰相而作小词，可乎”。晏殊的儿子宴几道写词，也有人劝他不要做这种“才有余而德不足”的傻事（邵博《邵氏见闻录》卷十九）。而晏殊所作的那些艳情词在当时也招引了“好作妇人语”的戏嘲。所以当晏殊摆出一副“正经”面孔，问柳永“贤俊近来作曲子吗”，柳永偏不识相地回答“亦作曲子”。一个“亦”字，当然将道貌岸然的当朝宰相“亦”了进去，使晏殊好没面子。虽说柳永未中进士，是因为皇帝让他“且去浅斟低唱，何要浮名”，而与实际操权的晏殊有关。散曲到元代关汉卿、马致远、白朴等，更是混迹于青楼勾栏与歌妓为伍的营构，其艳词淫曲为正统诗文家所鄙视。甚至于到明代中期王九思、康海时代，散曲尤其艳曲仍在多数文人学士心目中没有地位。他们认为词是诗之余，曲是词之余。就连王九思这样从事散曲创作数十年，于晚年刊行的《碧山乐府》在未汇集前，亦分别命名为《碧山诗余》和《碧山拾遗》等。即使到清代，正统文人对王九思曲作亦略有微词。如在《四库全书总目·集部》中，对九思散曲艺术特色作肯定的同时，又说其“然士大夫而殚力于此，与伶官歌妓较短长，虽穷极窈眇，是亦不可以已乎”。

既然散曲地位如此低下，王九思为什么要执意而为呢？

一是情性。九思本来性疏狂，加上以“莫须有”罪名被罢归，且又因《杜甫游春》一剧屏斥不用，于是便“制曲造歌，自比俳优”更加狂放不羁。那种温文尔雅、中和蕴藉的传统诗文，已经不能宣泄其命运颠蹇、遭诬陷被排挤的忧郁与愤懑。他更不愿以正统的“言志”、“缘情”之诗教去教训别人，做伦理道德的卫士。而是如其在《碧山乐府序》中所言，“或性激而语谑，或托之以寄意，大抵顺乎情性而已”，即使“风情逸调，虽大雅君子有所不取”，他也不在乎。而且自我调侃：“谪仙、少陵之诗亦往往有艳曲”，而况我乎？于是他便放荡形骸，“忘其身之贫且朽”、“手舞足蹈”、“其乐洋洋矣”！

二是世风环境。据朱彝尊《日下旧闻》载：“（明）武宗尝于中夜，与诸嫔妃泛月禁苑太液池中，开宴张乐，令宫女披罗曳縠，前为八展舞，歌（张）可久［一半儿］词云，极欢而罢。”且武宗放荡，南巡道中见一村妇，令后乘载归，因赋词曰：“出得门来三五，偶逢村妇讴歌。红裙高露足，挑水上南坡。俺这里停骖伫瞽，她那里偷眼睃。虽不及俺宫娥，野花偏有艳，村酒醉人多。”（汪超宏《全明散曲补辑》）当朝天子尚且耽情艳词，行为放荡，而况世风环境！

另，明代藩王如朱权、朱有燉、朱载堉等，为避免皇室的猜忌而不问政治，专事制曲造歌、编演杂剧，组成庞大的伶伎家班，在社会上造成极大影响。帝王之家犹以唱曲造歌、娱乐助兴，文人墨客伴着诗酒生涯，就更离不开唱曲了。这种世风环境必然播及仕宦，甚至连著名理学家王阳明亦作曲抒怀，更易被“一肚子不合时宜”的逐臣、隐逸所接受而发扬光大。王九思、康海以及关中其他士人如马公顺、张治道、马理等聚会饮宴、携妓扶伶、制曲造歌，甚至成立家班，也就是顺理成章的事情。

明中后期随着社会经济的发展，农村风俗也由俭而奢，村民喜酬神报赛，倾囊不吝。而九思们也随着社会地位的变化，逐渐地融入到乡俗民众之中，于是他们便组织戏班（如当时的张宇鹏张家戏班）到庙会以及民间喜庆场合唱曲演剧。这在客观上就需要王九思、康海等文士为之度曲制乐。正如史载“王、康精通音律，而康海尤善弹琵琶”。九思初不谙此道，后以优厚报酬请名乐师，杜门学琵琶、三弦，演习诸曲，完全掌握了各种技巧，方才开门延客。他们二人经常切蹉技艺，通力合作，九思完成一曲，即由康海亲为演奏，其优美动听，即令老乐师也无不击节赞赏（见王世贞《曲藻》）。故稍后的明戏曲理论家兼戏曲作家王骥德在其所作《曲律》中说：“其时康对山、王渼陂皆以曲名，世争传播。”王骥德之友、戏曲理论家吕天成在其《曲品》中，将康、王的散曲列为“上品”，评王“秦韵铿锵”，康“绝技矜庄”。

三是实践“真诗在民间”的理论。根据董晓萍《论明七子在诗歌复古中对民间“真诗”的发微》（《北京师范大学学报·社会科学版》1992 年第 4 期）一文：前七子复古理论中的“文必先秦两汉，诗必汉魏盛唐”，除以“汉文、唐诗为典范，总结传统诗论的艺术规律，振兴封建正统文学，同时也将民歌俗曲视为国风乐府的同宗，纳入可比较的等价诗文”。七子们经过研究比较，竟认为“夫诗者，天地之音也。今途咢而巷讴，劳呻而康吟，一唱而合者，斯谓之风”（李梦阳《诗集自序》）。并认为“予之诗非真也，王子（叔武）所谓文人学子韵言耳，出之情寡而工之词多也”（引文同上）。他们把古朴天成、洗尽铅华的民歌谣谚，说成比那种中正平和、风雅蕴藉的文人诗更有时代性。在实践中李梦阳与何景明对“傻俊角，我的哥！和块黄泥儿捏咱两个。捏一个儿你，捏一个儿我，捏的来一似活托；捏的来同床上歇卧。将泥人儿摔破，着水儿重和过。再捏一个你，再捏一个我。哥哥身上也有妹妹，妹妹身上也有哥哥”的《锁南枝》等民歌俗曲的极端推崇，进而得出“真诗在民间”的理论。但七子们仍然将这一理论归结为先秦两汉正统（乐府）诗论的范畴，只是证明自己诗论渊源有自，是为他们构建新的诗论服务的。

董文对形成“真诗在民间”的理论过程，是以前后七子代表人物李梦阳、何景明、王世贞等的理论实践为例证的。历史已无法知道前后七子的其他成员，对此探索过程和理论结果，但试想作为有明一代无比辉煌的文学现象，总不至于只是几个领袖人物的探索吧！

王九思、康海作为前七子的中坚人物，虽然没有给我们留下“真诗在民间”的探索过程和理论结果，但从康、王二位数十年民歌俗曲的创作（其他五子包括李梦阳、何景明均无这方面的创作实践）实践及其留下大量的散曲与戏曲，我们可以说康、王二位必然是这一理论的探索与实践者。

事实也正如董文所述：“强调民歌的古文典范性和表现手法的传统性，竭力解释其与先秦正统诗学的联系，这对明代文坛迅速认同时调小曲的地位，有积极的推动作用。”

然而，“真诗在民间”理论在诗歌方面很难以突破。其原因是：中国古典诗歌到明代已经相当成熟，取得很高的艺术成就，其在格式、意境、语汇诸多方面形成的套路（规范）是难以逾越的。更何况民歌俗曲与诗歌创作主体的文人的修养与生活情感难以相容，因而也就难有大的突破。李梦阳在这方面做过较多努力，其许多诗如《童谣三首》《长歌行》等，即以民谣的格调加上古朴的语言写成，只是民歌的表现形式和语言特征，同文人的诗歌传统实在不易融合为一体，所以说李梦阳的努力是不成功的。而明后期“公安派”袁宏道兄弟力图以“性灵说”实践其“独抒性灵，不拘格套”以俚俗入诗，以“本色美”为追求的诗作亦都流于浅露、轻率，而不被后来者所认同。以袁氏兄弟的才情和颖悟，且在时序上晚李梦阳数十年，尚不能在旧形式中完成改造，而况七子们不占“天时地利”之便，岂能有所突破！

李梦阳们以正统诗论来研究民歌俗曲的路数，最终导致他们不能深入到民歌俗曲微妙“变异”的内部，致其不能创造出新型理论系统。也就是说，从客观上他们没有完成，也不可能完成这一诗文变革过程。另一方面，由于七子们天不假其年，均相对短寿（李梦阳 56 岁，何景明 39 岁，徐祯卿 32 岁，康海 65 岁），在他们短短的一生中，不可能再次发生理论上的变革，进而去完成民歌俗曲“导致明代文艺主潮由正统诗文到民俗文艺的转向”，不能享用散曲时调“为我明一绝”的风采气韵。

然而王九思、康海却避开诗歌一路，以散曲形式踵武李梦阳等的余绪，大力实践“真诗在民间”这一命题，再加上九思长寿（84 岁），即为“明代文艺主潮由正统诗文到民俗文艺的转向”贡献了力量。其成就即是对民间俗曲广泛搜集、改造，在北方形成当时被称作“康王腔”，进而演化成“小曲”流传至今的“秦声”；传至南方与当地民间小调融合形成南曲，则是昆曲形成的因素。戏曲即是民间通俗艺术的集中展现。同时康、王的这些实践成就，对后来在民歌俗曲研究上卓有成就的王世贞、李开先等大家的影响也是不可低估的。

但是，在将以散曲为基础的民歌俗曲的体裁归属上，王九思、康海也和李梦阳、何景明一样：竭力将其纳入复古的轨道，使之成为正统诗论的一部分。如康海五律《再读渼陂之作》(《对山集》卷五）赞扬九思“此曲今稀有，予歌怪底长。直堪追雅颂，不但睹文章”。可知康、王的散曲创作以追《诗经》(雅颂）为目标，也即是将散曲（乐府）创作向正统诗论上靠拢。诗中还有“水调惭苏子，鱼飧笑孟尝”句，也是将散曲向苏轼的《水调歌头》词上归附，以证明散曲不亚于词的正统地位。又如王九思还为自己散曲的艳冶，以“谪仙、少陵之诗亦往往有艳曲焉”(《碧山乐府序》)为解辩，当然其另一层意思也是将自己的散曲向盛唐李杜靠拢，仍不失其复古宗旨。

（三）《碧山乐府》的艺术特色

王九思的散曲，在本书的前半部分《王九思生平时略》中，作为梳理史实有所引用，也可略见其风采。这里我们将以赏析的角度，对其个别散曲进行解读，以见九思散曲的艺术特色。

豪放怨愤之作

九思被后世称为豪放派散曲作家，其散曲多有叹世、怨愤感怀之作。如《碧山乐府》开篇之作［水仙子带过折桂令］《归兴》，即抒写其政治上遭受挫折的愤懑不平，通过此曲将其胸中块垒畅酣淋漓地发泄出来，读来荡气回肠且韵味绵长。

一拳打破凤凰笼，两脚蹬开虎狼丛，单身撞出麒麟洞。望东华人乱拥，紫罗襕老尽英雄。参破邯郸一梦，叹息杀商山四翁，思量起华岳三峰。　思量起华岳三峰，掉臂淮南，回首关中。红雨催诗，青春作伴，黄卷填胸。骑一个蹇喂儿南村北垄，过几处古庄儿汉阙秦宫。酒盏才空，酣睡方浓，学得陈抟，笑煞石崇。

首句“凤凰”，实指凤凰池（中书省），魏晋时中书省掌管机要，因接近皇帝，为显要位置。九思在翰林院任职，接近皇帝，亦显要如凤凰池。《晋书・荀勖传》：“勖自中书监除尚书令，人贺之。勖曰：‘夺我凤凰池，诸君贺我也？’”荀勖被人夺了凤凰池，得尚书令而不乐，可谓患得患失。九思被强行罢官，因言一拳打破牢笼般的凤凰池，两脚蹬开相互倾诈、陷害如狼虎丛的朝廷，只身撞出麒麟（麒麟阁：汉代萧何所造，在未央宫，为绘制建立功勋者画像的地方。此处指储备贤才的翰林院）洞。九思将凤凰池称作“笼”，将朝堂称作虎狼“丛”，将麒麟阁称作“洞”，此三者皆非人居的地方，即是对官场的绝望、轻蔑与诋毁。此即以豪放之笔，写抑郁之情，以冷达之语，抒热怨之怀，毫不掩饰地表露其对官场的厌恶，以及要冲出牢笼的决心与气概。

笔锋一转，又是官场的庸碌与陈陈相因：望东华（国史馆在东华门内，此处指朝廷）人（官）乱拥（又有相互拥挤之意），身着紫罗襕（三品以上官员服装，此处指高官）使英雄无所作为，老死官场。原来自己“策勋稷契俦，致主希虞唐”的建功立业理想，竟是一场邯郸梦。这不由使他想起了隐居商山的四皓（皆80余岁，须眉皆白。汉高祖敦聘不至，但却应吕后请，进朝游说汉高祖不废太子。这里一个“叹息杀”，可知九思并非完全赞同四皓，以为他们的隐居有始无终），想起华山三峰的自然风光以及在那里隐居的陈抟（陈未应宋太祖之聘，在华山著述，其学说为后世理学家所接受，同时研究养生之术），九思认为陈抟才是真正的隐士。

下半阙即写其回到关中故里的红雨（落花）催诗、青春作伴、黄卷（儒家经典）填胸的诗酒娱乐生涯与追求隐逸、向往闲适的心境。你看他骑着毛驴儿（蹇喂儿）到南村北垄，过几处古庄儿，说不定这儿还曾是汉阙秦宫呢！这里有对朝代兴亡、人生无常的感慨。醉酒了，浓浓酣睡，学得了华山隐居的陈抟，笑煞了与人斗富、不得善终的石崇。

“全曲承转恰切，音律衔接自然，语势磅礴，也有舒缓。虽多用典故，但表意明确，雅俗兼备。堪称明代散曲中不可多得的‘雄爽’之作。”（刘英波《王九思及其散曲创作浅论》）

羊春秋（注）《元明清散曲三百首》中赞此曲：“以豪放之笔，写抑郁之怀，以极冷极达之语，抒极热极怨之情，奇而不怪，俗而能雅，豪丽参用，雅俗兼备，是明代散曲中的珍品。”

［双调・雁儿落带得胜令］《醉后作》（《碧山乐府・小令上》）

沉醉了花间鹧鸪卮，倒写了笔底龙蛇字，酒淹了销金翡翠衫，墨涴了腕玉蜂蝶使。歌一曲风雪子瞻词，赠一首锦绣李白诗。舌吐尽磊落胸中气，除非那飘摇天样纸参差，笑万古兴亡事，寻思不如咱饮三杯快乐时。

喝醉了，写字、画画，与妓女盘桓，行为颠倒，举止失措，将草字写倒了，将画面弄脏了，将妓女华贵的衣服“酒淹了”。唱的是苏轼的艳词，赠的是李白的酒诗。如此狂放不羁、慷慨任气、磊落使才，还不能吐尽胸中郁闷之气，要吐尽郁闷之气，除非飘摇天样大的纸，横竖陈放，才能写尽画完（元贯云石《双调·清江引·惜别》："不是不修书，不是无才思，绕清江买不得天样纸"）。寻思着，与其笑万古兴亡事，还不如快乐饮三杯酒。

此曲句句落意最后一个字，虽未一韵到底，但读起来却铿锵有力。前四句句头分别用了"沉醉了"、"倒写了"、"酒淹了"、"墨涴了"，为民间小曲语调。句尾的"鹦鹉卮"、"龙蛇字"、"翡翠衫"、"蜂蝶使"却为较典雅的名词。俗雅并用，读起来琅琅上口，唱起来想必也是顿挫有力，抑扬有韵。

羊春秋《元明清散曲三百首》评此曲："写醉后狂态，如见其人；泄胸中块垒，如闻其声。以豪放之词，写恬淡之思；在恬淡之中，寓激奋之情。令人一唱三叹，引起极大共鸣。"

［仙吕·寄生草］《杂咏》（《碧山乐府·小令下》共六节，此为第一节）

吃紧的丹心在，打熬的两鬓白。朱门休惹英雄怪，黄荠怎改贫穷态，青山且了登临债。韩退之枉作《送穷文》，苏子瞻苦犯吟诗戒。

吃紧的赤诚之心还在，煎熬的两鬓斑白。豪门权贵们不要惹了"英雄怪"（怪：关中俗语，以为烦恼、嫌恶），虽然吃盐腌的黄菜，也不改贫而有志的心态。登青山了却"登临债"（双关语：既指做官耽误了的登山赏景，又以登山偿还不做高官的债）。不要像韩愈那样枉作《送穷文》，穷有什么不好？但又像苏轼改不了"吟诗戒"：苏轼屡因诗得罪，但痴性不改。九思因诗文被贬、罢官，又因杂剧被诬，不得复出，但仍和苏轼一样痴性不改。

"朱门休惹英雄怪"，写足一个失败英雄，退守屏障作自卫的尊严，雄壮而悲凉！"苏子瞻苦犯吟诗戒"，既关合句首"丹心在"，又对怒目眦张态做以平衡，使词境平和了许多，不失文人曲的蕴籍。

羊春秋《元明清散曲三百首》评此曲："愤世嫉俗，洋溢于字里行间。中间的鼎足对层次清楚，属对工丽，概括力很强。此节，尤有性情，足叹观止。"

［商调·梧桐叶］《对酒》（《碧山乐府·小令上》）

斗来大黄金印，瓢样多白玉瓯，珊瑚树似车轴。走珠履三千客，聚春风十二楼。怎似我吟诗吃酒，终日家锁眉头。

"黄金印"指大官，"白玉瓯"为高级酒杯，"珊瑚树"珍贵陈设物。言其"斗来大"、"瓢样多"、"似车轴"，可见大富大贵，极豪极奢，实在是石崇、王恺之辈才配有的。《史记·春申君列传》："春君申客三千人，其上客皆蹑珠履。"言其显宦之家，门客众多。无名氏《双调·水仙子》：“望故国三千里，依秋风十二楼。”另，十二楼又指仙家居住之地，后专指富豪之家的楼阁。这样富有，门客盈门，居如仙境，怎能比得我吟诗吃酒，终日家锁眉头。“锁眉头”大概是吟咏沉思，或言这样的富贵豪奢，也无法解除我的愁肠。

羊春秋《元明清散曲三百首》评此曲：“极言大富大贵，极豪极奢的人，免不了患得患失，畏馋畏讥，整日价愁眉苦脸，不得宁贴。倒不如吟几句诗，喝两杯酒，过着无忧无虑、自由自在的生活好。言虽豁达，心实抑郁，外似恬淡，内实激愤；在粗豪的风格中，寄寓抑郁的情调，因而感人极深。”

（注）羊春秋（1922~2000），湘潭大学教授，中文系主任，著名韵文学专家。曾任中国散曲研究会名誉理事长、《中国韵文学刊》主编等职。代表作有《散曲通论》《元明清散曲三百首》等数十种著作。

隐逸闲乐之作

除豪放之曲，九思还有许多情景交融、情趣浓厚、雅俗共赏的散曲，可谓本色当行。

［双调·沉醉东风］《西村晚归》（《碧山乐府·小令上》）

明暮野青山彩霞，绕孤村流水桃花。天生成杜甫诗，雨染就王维画，落东风数点栖鸦。本待还归兴转加，因此上垂杨系马。

暮野尚明，青山彩霞映；流水绕西村，桃花点缀其间；趁着东风，有几点（高而飞，视觉如点）暮鸦寻归栖。这种天生的景象，应是杜甫绝句《漫兴九首》中描绘的“江亭”景色；这桃花“红雨”（染就）的西村晚景，就是王维诗意的画境。这样的美景，使本欲回家的九思，兴致突然增加：不走了，将马系在垂杨下。其实这“垂杨系马”、“游人兴加”也就融入这西村画境。青山、彩霞、桃花、流水、归鸦、垂杨系马、游人兴加，岂不是一副浑然天成的山水画！画中充满诗情。正所谓王摩诘：诗中有画，画中有诗。

羊春秋《元明清散曲三百首》评此曲：“写景如画，画中有人。青山、彩霞、孤村、流水、桃花、栖鸦，构成了杜甫诗、王维画。而把这醉人的景色移到画面上来的，正是‘垂杨系马’的那个人。”

《碧山乐府·套数上》［仙吕二阕］《康对山阻雨》，是写康海做客王九思家，遇连日大雨，渭河涨水，不能回家，心中着急。九思站在康海的立场，体味其因雨受阻的心情。

［点绛唇］云满秦川，客栖山县，何曾见野水连天，眼底秋将晚。

寥寥数字将天气、环境、时间、事件交代清楚。“何曾见”三字使平常景物有了跌宕。户县地处终南山北麓，晚秋多连阴雨，出峪数十条河流横溢，形成“野水连天”，家住武功北原的康海自然“何曾见”。

［混江龙］想着那碧梧庭院，雨声儿偏脑玉堂仙。他向那心头乱滴、耳畔直穿，四壁寒蛩如诉苦，满床屋漏搅愁眠。吃紧的清愁宋玉楚人悲，白头子美书生叹。那里有携樽北海、下榻陈蕃。

康海此时想着他那碧梧庭院，但是滴滴雨声却使这玉堂仙（康海）心烦。那雨向他的心头乱滴，直穿耳畔。秋雨使墙壁变寒，壁隙的蟋蟀也似在诉苦。屋漏床湿搅得人无法入睡。“搅愁眠”三字将以上情境概括，将客主心境的烦乱引向极致。如此才能生出“吃紧的”（衬字）以下的感慨：客人像清愁的楚人宋玉一样悲秋（宋玉在《九辩》中有“悲哉，秋之为气也，萧瑟兮草木摇落而变衰”！因之宋玉被后世认为是“悲秋”的代表），主人像满头白发的杜甫一般感叹（杜甫有名作《秋兴八首》也被目为“悲秋”之代表）。主客完全没有了孔融（东汉诗人，曾为北海相，史称北海，建安七子之一。北海好客，尝曰：座上客常满，樽中酒不空，吾知足也）携樽饮酒赋诗的雅兴，更无陈蕃（东汉大臣，桓帝时任太尉，因反对宦官专权被杀，性豪爽，不畏强暴）“大丈夫不扫庭院，当扫天下”的豪气。真是大雨困住了英雄、诗仙！用典密集，虽雅致却又不失曲的本色。

［油葫芦］刚喜中秋月影圆，喜嫦娥落舞筵，忽剌入广寒，宫阙锁婵娟。把一个翠微楼移在青泥坂，把一个紫微垣变做黄芦岸。半空中翻了海波，平地上滚着涌泉。一个个就长街要把浮槎泛，管什么牛斗是张骞。

中秋之夜月影圆，主客设宴歌舞作欢，美月（嫦娥）洒落当筵。忽剌（状声词）月亮（嫦娥）入了广寒宫，阙（宫）门紧锁住婵娟（美月）。也就是说忽然天变，月亮消逝，乌云如阙门锁住了月亮。天气的突变，好像将娱乐的翠微楼移到青泥的山坡（坂），将悠远的紫微垣（北斗星）变成黄芦丛生的河岸。半空中如翻了海波一样大雨倾泻，平地像涌泉一样滚流。一条条长街似要浮泛木筏（浮槎），那管什么天上人间（牛斗：高在天上的星宿；张骞，汉博望侯，多次出使西域；浮槎，为传说中天与海间往来的筏。据说张骞曾远到天边乘槎上天。此处形容天地间雨水浑然一统，不是张骞也能浮槎上到牛斗星际间）。这首曲里的“忽剌入广寒”的“剌”，“平地上滚着涌泉”的“滚”，都是散曲用字尖新的特点。其他句中的“落”、“锁”、“移”、“变”、“翻”等字，也都能化俗入雅。此曲真所谓“词之余”，其语意含蓄，用词典雅，意境宏阔。

［太平乐］谁唤取佳人舞绣筵，似这等迍邅，度一日胜一年。新进来孟尝君也不什么贤，谎话儿调弄的圆，脚踪儿趋避得远，因此上对西风费了些酒钱。

谁能将舞女佳人唤来华筵奏兴？这样处境困难（迍邅）地度日如年。号称如孟尝君一样的酒家也不贤了，谎话儿编排欺骗，小脚儿避得远远的，因此上，面对着西风（盼晴）多费了些酒钱。幽默、诙谐、通俗。

［寄生草］他待要入海口推出红日，炼石头补了漏天。把那青山尽露芙蓉片，青霄净洗嫦娥面，青鸾早赴蟠桃宴。打叠起寒窗一点一声愁，准备着佳人一舞一声劝。

前五句：盼天晴妙语连珠，但不着一字“盼天晴”。也是调侃康海要“入海口推出红日，炼石头补了漏天，把青山的雾雨扫尽，露出芙蓉般翠片，上青霄洗净月亮脸，然后如青鸾去赴王母的蟠桃宴”。奈何，掀开寒窗，一点雨，一声愁；且将舞女唤来舞一曲，叫声好，劝她再舞一曲。介乎雅俗之间，差可当行。

［赚煞］到明朝日丽晓，天青风卷痴云散。怕什么河宽路远，想着那宝马香车林外转，早来到武水边城绕华筵，箫鼓喧阗醉倒风流老状元。这紫阁下懒仙，是你白头的姻眷，你也可使心儿频寄彩云笺。

天不晴，便假设：到明天日丽云散，客人也就不管什么路远河宽（秋潦时，阻隔去武功的渭水往往漫淹十余里），那香车宝马出村绕过树林，一直到武功。家里为你摆的华筵（盛宴）前，箫鼓喧哗助兴，风流状元（康海）直喝得醉倒堂前。但是你不要忘记，紫阁山下的白头懒仙是你的亲家公，你可要记住经常给他寄书（彩云笺）来。

这一套曲虽无多大叙事功能，但作为文人写曲，作者发挥了诗人的含蓄蕴籍与比兴的智慧，既保留民间时调俗语通俗易懂的特征，又具有诗词的雅致与美感。如［混江龙］的最后三句，就发挥了诗歌用典之妙，将主客愁烦化结为宋玉悲秋、杜甫感叹，自然就缺乏了孔融携酒作诗的高雅与陈蕃胸怀天下的豪气，使曲增加了文人气度。在［寄生草］中，更是不着一字“盼天晴”，尽是“盼天晴”的连珠妙语，给人以妙喻之感。其他如“喜嫦娥落舞筵”、“宫阙锁婵娟”等都能以雅词入曲，使曲显得有较高的文学色彩。有生命的时调俗语，如“新进来孟尝君也不什么贤，谎话儿调弄的圆”，使人觉得酒家有一种农民的狡狯与油滑，但又不可恶，甚或有点幽默感。可见俗语采摘精当与妙用。又如“他向那心头儿滴、耳畔直穿”，能使人体会到俗语的穿透魅力，想那恼人不停的雨，滴点心上、穿透耳畔的感受，能不令你有心同身受的震动！

俗只有通了雅，才能发生质的变化，才能被人欣赏以为拙美。这是曲必须解决的问题。如果一味地以俗谣俚曲、秽语淫词为曲，那岂不有失质朴天成的本色而沦为俗鄙。所以俗曲“虽粗服乱头”，却要“不掩国色”，方是曲家本色。当然一味高雅含蓄，必然远离社会生活，远离普通民众接受能力，最终成为僵化的供文人孤芳自赏的案头之作。王九思《碧山乐府》的散曲大都能把握尺度，达到雅俗共赏的程度。

婉约艳丽之作

王九思在《碧山乐府》中，有不少闺情怨妇之作。“莫谓词家轻薄，此正是词家本色”，曲既为词之余，这也正是对曲家的注脚。更何况文人士大夫总是多情善感，风流韵事对他们也是平常事。王九思、康海长期与歌妓为伍，对她们的生活与思想有较深的理解，因而闺情怨妇之作在所难免。同时他们又在这种所谓的“离愁别恨”中，隐晦地宣泄自己心中不平与政治上的失意。

［山坡羊］《闺情二首》(《碧山乐府·小令下》)：

掩重门独看明月，恨多才难捱今夜。似这等鸾孤凤折，都做了风流孽。俏身憔悴些，俊庞儿黄瘦些，为之为离多会少，教我枉受了些闲磨灭。一会儿家猛上心来呵，思量杀无处说，愁的来（啤嗻）半折金莲十数跌。害的来（乜斜）一寸柔肠千万结。

绿槐高黄昏庭院，翠眉颦碧窗愁叹。多情误我倒做了无情的怨。泪盈盈脂粉残，睡昏昏针线懒，为之为离多会少，教我枉受了些闲磨难。一会儿家猛上心来呵，没乱杀，谁问俺愁烦：愁较深来，黄河较浅；苍天较近来，才郎较远。

说是写闺情，切题合意：写一怨女与情郎“离多会少”，我们不妨从另一个角度理解这首曲。南唐词人冯延巳有［鹊踏枝］小令：“几日行云何处去？忘却归来，不道春将暮。百草千花寒食路，香车系在谁家树？泪眼倚楼频独语，双燕来时，陌上相逢否？撩乱春愁如柳絮，悠悠梦里无寻处。”从词面看，写一妻子对游冶无度、久出不归的丈夫的哀怨，以及哀怨中的痴情与企盼。写作手法多用象征、暗示，以“行云”来喻游冶不归的丈夫，以“春将暮”象征闺房独守、青春逝去的怨怼，用“香车系在谁家树”指丈夫行踪，以“百草千花”暗指倚门卖笑之娼女，最后用“双燕来时”触景生情，暗示人不如燕，形只影单。前人有推测冯延巳以被遗弃女子的不幸，来宣泄自己在政治上失意之幽怨。这种说法是因为冯延巳先受宠于后唐中主李璟，几次为相，后用兵失败，屡遭攻击被罢相，政治上失意。此作以暗示、象征，发其幽怨也在情理之中。

王九思在《闺情》中开宗明义：一个隐者“掩门独看明月，恨多才难捱今夜”，孤独愁恨的形象跃然纸上。他躯儿“黄瘦”，容颜“憔悴”，都是因为“离多会少”。

他“似这等鸾孤凤折，都是做了风流孽”的生涯，使他做官十年而在野三十年，自然是“离多会少”，枉教他受了许多“闲磨灭”。一会儿愁烦上心来，思量煞人却无处去说，这愁使他（她）半折金莲（女人小脚）跌了数十跤，害得他（她）“一寸柔肠千万结”。他（她）“泪盈盈脂粉残，睡昏昏针线懒”，谁问他（她）愁烦，他（她）说：“愁较深来，黄河较浅；苍天较近来，才郎较远。”这种数十年的“愁磨难”实在比黄河还深；比起苍天来，才郎（应是暗指皇帝与朝臣）较远。聊备一说而已。

当然，我们不必穿凿太甚，九思《碧山乐府》里的许多“闺怨”散曲，我们还是从正面将它理解为代作或拟作的“离愁别恨”。即使这样，这些篇什亦不失为艳曲佳作。假若王九思没有这种“离愁别恨”的伤感，这些篇什岂能如此生动、情切？可见事出有因。当然其背后的象征与暗示也可见仁见智。

这里可顺便将词、曲作一比较。作为词，冯延巳的小令语言精练、简约，意味含蓄且词雅意正。寥寥 60 字所包含的内容，流露的感情，决不比九思近 200 字的二首小令差。但作为散曲，它却生辣活鲜、淋漓尽致，是对词过分典雅的反拨，同时亦为普通人的欣赏与歌唱带来方便。如“恨多才难捱今夜”、“俏身憔悴些”、“俊庞儿黄瘦些”、“泪盈盈粉致残”、“睡昏昏针线懒”等，就不避俗而显得生辣。而诸如“一会家猛上心来呵，思量杀，无处说；愁的来，半折金莲十数跌。害的来，一寸柔肠千万结”“愁较深来，黄河较浅；苍天较近来，才郎较远”等就淋漓痛快，像连珠炮一样发问、回答，再加上“一会儿家”等衬字的穿插，更使曲词响亮、语气通朗，唱起来必然琅琅上口。

［醉罗歌］《闺情四首》(《碧山乐府·小令下》)：

雨催催，催花枝放；风送送，送鸟声长。花鸟无情为谁忙，都来到咱心上。花枝开尽也不见郎，鸟声啼彻也不见郎，一春消息成虚旷。厌厌病，暗暗伤，闲庭无语对斜阳。

怨而伤感成病。“雨催催”、“风送送”、“厌厌病”、“暗暗伤”等叠字(民间俗语)的运用，使曲调生鲜活泼。但那“花鸟无情为谁忙”的伤感与“闲庭无语对斜阳”的孤寂与之对峙，又赋予叠字以深沉厚重，使之韵味悠长。想那“风送送”——不住的春风，送着不停的鸟声——风有多长，声有多长。

懒绣绣，绣鸳鸯带；倦整整，整凤凰钗。斜倚纱窗上心来，还不了相思债。何时花下看杏腮，何时灯下笑脱绣鞋，逐朝倚定门儿待。辗转望，着意猜，楚天云雨暗阳台。

这一首则毫不掩饰的把一个多情女子因情思而懒做红、倦整容，“斜倚纱窗”的心神不安神态，以及回忆郎君昔日的“花下看杏腮”、灯下与她“脱绣鞋”的情形揭示出来。接着更大胆地以“楚天云雨暗阳台”的典故，披露其对昔日“云雨”情的向往。

有情情，情灯花报；频听听，听鹊声高。试挽乌云（黑发）隔帘瞄，恰正是他来到。一春闲阔都在此宵，碧天明月团圆照。低低问，慢慢学，千金一刻莫虚抛。

盼回来了，情切意深，相亲相爱。“低低问，慢慢学，千金一刻莫虚抛”，温情亲昵，生动形象。

此四首曲的结局，不同其他“闺怨”词、曲的“空憾”结局，而是美满团聚的结局，虽无“空憾”的蕴籍，却有畅意舒情的欢快。这正是曲（也是王九思的创意）不同于诗词之处，它讲究的是畅酣淋漓，因为它来自民间（或吸取民间）民歌，为“天地之音”，“唯真而已”，也就是说不掖着藏着、直抒胸臆。既然我想他，受了许多折磨，就要有回报——团圆，就要“千金一刻莫虚抛”地“缠绵”一回了。

[风入松]《无题四首》(《碧山乐府·小令下》)：

春风满眼去年花，人隔天涯。昨来暗寄鲛绡帕，恨多情流落烟霞。断肠楼前系马，梦回窗外啼鸦。

旧情新怀，梦回断肠。陆游《钗头凤》词有“春如旧，人空瘦，泪痕红浥鲛绡透”句。此“春风满眼去年花，人隔天涯，昨来暗寄鲛绡帕”似与陆词有异曲同工之妙。且“暗寄鲛绡帕”进了一步：即将“泪痕红浥（湿透）”的鲛绡帕“寄给”情郎。怨妇梦见情郎系马“断肠楼”（断肠花、断肠草皆为相思意。南宋女词人朱淑贞有《断肠词》，自伤身世。此“断肠楼”当为九思创意），化用冯延巳“香车系在谁家树”意，且更进一层：原是梦境，梦醒窗外有乌鸦啼叫，惆怅之意竟难平息。可见其情切意迫。

此小令兼有词的风味，含而不露、怨而不悲、淫而不乱，虽不能说中正平和，倒也含蓄蕴藉。

[对玉环带过清江引]《吊咸阳妓》(《碧山乐府·小令下》）却是实有所指：

倚遍危楼，天涯人未还，梦破幽窗，花梢月已残。粉香和泪弹，灯影为愁伴。瘦损腰肢，鸳衾不耐寒；望断音书，龙门不易攀。鬼病为郎，郎去远，未死肠先断。绣鞋香带尘，罗帕春凝汗。留待郎归，横泪眼。

大概是咸阳妓的郎上京会试，妓思念过度而病。妓在危（高）楼上倚遍栏杆，伫望天涯未归人。危楼的“危”不全指高，而是妓女一种情绪危机——不祥之兆。梦冲出窗外，窗外花梢已凋零，月已残。醒来时，泪水和着脂粉在脸上流淌，只有孤灯下的人影与她为愁伴，一个“愁伴”将人与影分离又合一（愁人自有愁影）。这样的离愁忧思，使她腰肢瘦损，与郎曾共眠的鸳鸯被也不耐寒。望断音书而无奈地告诫郎：龙门不可攀。病是为了郎，而郎却远去不知音，这使她“未死肠先断”。如果我死了，那绣鞋香带上的灰尘、罗帕上春天凝的汗渍，留待郎归来。那时的郎只能面对这些遗物遗痕“横泪眼”。这种离愁别恨、以死殉情的悲哀，必然深深地打动了作者，不然作者怎么会如此深刻细微地体味出咸阳妓的感情来。这也可以算作九思的另一种离愁别恨！

［朱履曲］《戏作秋千二首》（《碧山乐府·小令下》）

画板轻，金莲双压。彩绳长，玉手牵拿。垂阳院落语喧哗。汗溶溶湿了杏脸，颤巍巍倚定桃花，困腾腾还要打。

轻巧似空中飞燕，精神似海上青鸾，分明平地起神仙。吃紧的松了宝髻，百忙里掉了花钿。步苍台归去懒。

对少女荡秋千的逼真写照。“汗溶溶湿了杏脸，颤巍巍倚定桃花”，极形象地描写了少女下秋千的模佯。妙在“困腾腾还要打”的细微心理窥视。长年锁深闺的少女，在荡秋千中，感受到一种情绪荡漾的激越。虽然手软心颤，但还是架不住那种刺激的诱惑。

下阕写少女们已经适应了，能够轻盈如飞燕腾空，精神似海上旋飞的青鸟，（秋千高扬）又如平地升起的仙女，优美动人。秋千直荡到松散了发髻，掉了花钿（钗之类）也不觉得。归去步履蹒跚，但心情却舒坦。打完秋千，作者又把我们带进另一境界：

［梁州序］《春夜》（《碧山乐府·小令下》）：

辘轳声歇，秋千人静，闲把栏杆独凭。东风犹峭，罗衣顿觉寒生。只见纱窗低掩，皓月西流，转过梨花影。云鬓香雾宝钗横。忽听得娇娃语笑声，悄悄问，低低应，向危楼又把秦箫弄。春似海，堪乘兴。

辘轳（秋千顶部系绳的轮）不响了，少女们荡完秋千，悠闲地凭栏独望。东风仍然料峭，罗衣轻薄顿觉寒意生。“皓月西流，转过梨花影”，其中“流”、“转”二字尖新、灵动，将时间以空间带入动态。纱窗低掩，当是闺房密室，不便敞露。那荡秋千吹乱了的云鬓冒着香雾（汗气），宝钗也横斜乱插着。我忽然听得美女们的笑语声，她们悄悄地问，低低地应，然后，又向危（高）楼去吹弄秦箫。春意似海，实堪令她们尽兴，也令作者痴迷。

李清照有［点绛唇］词："蹴罢秋千，起来慵整纤纤手。露浓花瘦，薄汗轻衣透。见有人来，袜划金钗溜。和羞走。依门回首，却把青梅嗅。"李词简约、微妙、生动，王曲密集、细腻，写了荡秋千的全过程。虽不及李词蕴藉，此正是曲"俗浅明白"之本色。也可见曲、词之分野。苏轼［蝶恋花］也有"墙里秋千墙外道。墙外行人，墙里佳人笑。笑渐不闻声渐悄，多情却被无情恼"句，其寓意深刻与"多情却被无情恼"之名句，九思是难望其项背的。

《曲苑观止》选作

王九思的散曲向来被选家所重视，但凡有曲选，必有其曲，且评价甚高。这里引用陈邦炎编选的《曲苑观止》（上海古籍出版社，1997 年版）上册三首小令及其选者的评语，以飨读者。亦可见九思曲之魅力。

［北越调寨儿令］《夏日即事》（《碧山乐府·小令上》）：

豆角儿香，麦索（穗）长，响嘶唧（缫丝车转动的象声词）茧车儿风外扬。青杏儿才黄，小鸭儿成双，雏燕语雕梁。红石榴花满西窗，黄蜀葵叶扫东墙。泥金团扇影，香玉紫纱囊（端阳节佩带的香包）。将佳节遇端阳。

讲析：题作《夏日即事》，所写为端阳将至的乡村风光，豆麦花果，点染出一片麦熟时节的田园景色，益以小鸭雏燕、茧车声扬，更增添了热闹喧腾的空气。作者犹恐节令前的气氛渲染不足，再添以泥金团扇、紫纱香囊，于是全曲均以物事铺染，而端阳节的风光全出，结句点出时令，有水到渠成之妙。

王九思工于北曲，步武元人本色，不避俗字，本曲也质朴自然，如率意挥写，而韵致盎然。

［北双调清江引］《惜春》（《碧山乐府·小令上》）：

风里杨花白似雪，一弄儿（一股脑儿）难扑灭。纷纷绕画楼，点点飘芳榭，生被他（活活被他）滚将春去也。

讲析：同调以《惜春》为题共四首，分别以杨花、秋千、杜宇、蜂蝶为词，言春被此四物"滚"、"打"、"叫"、"采"以去。此即诉杨花滚春去的第一首。

文人咏春景常喜与杨柳相连，自《诗·小雅·采薇》咏忆春日相别之"昔我往矣，杨柳依依"起，代有佳句。此曲前四句写杨花飞舞之状，与韩翃诗"春城无处不飞花"之情状相似；而杨花飞舞中春色渐逝之意，又与苏轼《水龙吟·次韵章质夫杨花词》的"春色三分，二分尘土，一分流水"的情调一致。末句"生被他"有无限憾恨之意，"滚"字尖新，真能化俗入雅。

通过以上对《碧山乐府》散曲的解析，我们还可以发现，散曲这种参差不齐的体式结构，在细致描绘、赋形状物、抒发幽情、曲尽人意诸方面，有着齐言体式所无法企及的长处，它委婉曲折、顿措有致的语言组合中，含有一种柔韧而清脆的形式张力，一种跳跃而连贯的节奏律动。这种委婉周折的形式感，与人的感情发展节律更加合拍。王九思的散曲创作，大都是供妓女演唱的，且在曲成后自己先手舞足蹈，唱而和之，或高亢激越，或一咏三叹，都自在胸中，因而他对这种长短参差体式的驾驭是非常成功的。

散曲规矩，全曲只可押某部韵字，不允许押其他韵部韵字。据刘英波、张俊阁《王九思北散曲小令用韵简析》："从王九思的北散曲小令用韵看，大多数作品还是遵从周德清《中原音韵》的用韵规定的，而在 232 首北散曲小令中（不含带过曲）有 17 类 75 首用韵超出了所规定的韵部，约占全部北曲小令的 32.33%，又知有 17 首小令用韵过宽或失律，约占全部北曲小令的 7.33%。故可知明代从事北散曲创作的曲家（康海、冯惟敏等大家与九思有相似情况）已经不严格遵守《中原音韵》所规定的韵部用韵了，而是根据韵字的发音特点或演唱的实际需要，程度不同地突破了韵部所规定的韵字，出现了不同韵部互押、隔句用韵、失律与赘韵等在元人看来不太规范的情况。对于这一现象，从用韵的规范程度看是不符合要求的，但从创作或演唱的实际需要看，未尝不是一个进步。"

这也可从李开先为九思纠正音韵说明。嘉靖十年（1531）李开先运军饷至宁夏，过鄠县在九思家做客。九思令家班为其演出《杜甫游春》杂剧，"楔子"有"四海讴歌百姓欢"句，李开先认为应改"欢"为"安"合韵，但从内容上看"讴歌"搭配"欢"更合适；"也不知谁家数去酒杯宽"句，李开先认为改"宽"为"干"合韵，但九思以为"宽"为酒多，"干"为喝完一杯，不合词意。"第一折"有"吃紧的把太真妃送在马嵬坡"，李开先认为应改"送"为"葬"合韵，其实"送"字为动态字，似乎在行进中，也更灵动些。"唐明皇走入益门镇"，李改"益门镇"为"夷门镇"更合韵，但拘于地名不能改，因为那个地方就叫益门镇。李开先还以此开玩笑："不是王学士押错了韵，是唐明皇走错了路。"惹得大家哄笑一场。在后来的版本上九思都维持原状。可见九思不大受用韵的限制，而是依演唱和内容的需要为标准的。

（四）《南曲次韵》的艺术特色

关于《南曲次韵》前面已有所交代，此为九思和李开先［南仙吕・傍妆台］一百首而作。从九思的自序中可知，李开先寄来［傍妆台］百首，是其归田后所作。九思“识而和之”，一边和一边歌唱，或作或辍，约两月完成。

史载：李开先于嘉靖二十二年（1543）因抨击当政窳败，被削职回家后，一口气写作一百首小令，名为［傍妆台］《百咏》，一时广为传诵，南北曲坛名家众口交誉，纷起唱和，影响很大。这百首小令全是表达作者立身处世的态度，从字面上看似乎胸襟豁达，气度宽宏，感情恬淡，其实骨子里隐匿着抱负难展、壮志未酬的郁结与愤懑。虽然当时和李作的人很多，但李开先认为九思所和曲最佳，在其《渼陂王检讨传》中说：“和予小令百首，远近传诵。其他和者，不下数十人，未有能上之者。”并且认为“予初碌碌，赖二翁（包括康海）称扬有名”。

其实不管九思自谦也好，李开先推崇也好，通观王、李［南仙吕·傍妆台］《南曲次韵》二百首曲，确能看出其高下之分。这里除李开先新罢归心态尚浮躁，九思已至暮年心地平和外，确有驾驭散曲创作能力的差异。试举几例比较：

［傍妆台］（李开先曲）

眼茫茫，醉魂飞绕水云乡。醒来已是三竿日，消尽一天霜。朝游道院求灵药，暮扣禅关惹御香。何须虑，不用忙，得潜藏处且潜藏。

［傍妆台］《南曲次韵》（王九思和曲）

眼茫茫，终南山下是吾乡。坐来挥扇消微暑，早织布御寒霜。四郊牟麦三农喜，一架蔷薇满院香。家家作，日日忙，又看秋敛与冬藏。

李沉浸醉乡，求仙问佛，避世索居，对人生抱一种消极态度，这和他以“强仕之龄”罢归的不平有关。

九思却清醒实在，过着平淡的农家日子。暑天挥扇时，就想到了“织布”、“御寒霜”。他满足于四郊大小麦丰收的景象和“一架蔷薇满院香”的享受，同时关心农家的忙碌和秋天的收获、冬天的储藏。他参透了人生的真谛，即如李贽所言：吃穿日用即是道了。

九思曲较之李曲通畅顺当，自然亲切，给人以农家生活的诗意美。同时一智慧老人关怀苍生的情怀和安然自得的形象跃然而出。

［傍妆台］（李开先曲）

曲弯弯，一轮残月照边关。恨来口吸尽黄河水，拳打碎贺兰山。铁衣披雪浑身湿，宝剑飞霜扑面寒。驱兵去，破虏还，得偷闲处且偷闲。

［傍妆台］《南曲次韵》（王九思和曲）

曲弯弯，一溪流水绕柴关。吟不尽春来景，画不出雨中山。社催燕子随时到，人替梨花怨春寒。风前饮，月下还，阿谁能得这清闲。

李开先曾运军饷至宁夏，目击塞上防务荒疏废弛，晚年曾作《塞上曲》多至百首。其中有："数千铁骑饱豺狼，虚把捷音奏上方。女哭儿啼逢忌日，新坟只葬旧冠裳。"当时虚报战功、隐瞒死亡已成军中常见现象，孤儿寡妇唯有将死者旧衣冠入葬了。此曲即其对边防不靖的感慨，引发出"恨吸尽黄河水"、"打碎贺兰山"的豪壮。但这豪壮似乎有些"银样蜡枪头"的调侃：黄河水口能吸尽？贺兰山拳能打碎？"铁衣"、"宝剑"二句，才是守边将士的真实写照。但是要"驱兵去，破虏还"建立功业而后，"得偷闲处且偷闲"，这对于罢官的他是不可能的，这种豪壮引发的仍然是悲凉与遗憾。正如后来他将自己仍关心时事，比为"譬如僧已受戒，尚论民事；妇已被黜，还为夫主忧"一样可笑。

而王九思罢归不久，对边事的关注、对时事的关心绝不亚于李开先。他也是在"朝廷、军国事岂容置喙"的嘲弄冷落下，只好"击剑悲歌，拊膺流涕"作罢而已！而今三十年已过，不要说功名心，连"悲凉与遗憾"已全无。百首和［傍妆台］，基本上都是针对李曲或同或异的见解。惟此和，只字不提边防事、建功业，而以自然景色、春光苦短，劝对方随缘顺时，"风前饮，月下还"，才是谁也比不上的清闲。其实这种"避实就虚"的对答，看似不答，胜似对答。此曲中"社催燕子随时到，人替梨花怨春寒"亦美联。

［南仙吕傍妆台］（李开先曲）

乌呀呀，行人应是早还家。自今新镊新白发，不戴旧乌纱。仰看晚雨沾飞絮，斜倚春风数落花。弹丝吹竹，顶续麻，得欢洽处且欢洽。

［傍妆台］《南曲次韵》（王九思和曲）

乌呀呀，垂杨庭院野人家。坐来风送黄鹂语，烟绕碧窗纱。高悬心事天边月，看破浮名树底花。春收茧，秋刈麻，农家儿女自情洽。

李开先因抨击朝政，壮岁即罢官回乡，伏居三十年不仕，纵情于结诗社和词曲创作。王九思也壮年罢归，又因撰《杜甫游春》杂剧影射时事，讥讽大学士，终生未得复官。两人遭遇相似，故李罢官后所作［傍妆台］一百首，自抒人生感慨，以寄声气相通的王九思，此为两人唱和的感情基础。王九思此时已是垂暮之年，世情淡薄。此曲自叙往昔用世之心久已高悬，富贵浮名亦已看破，优游林下也颇自得悠闲。"高悬"一联为曲旨中心，"天边月"指远离官场，冷眼静观人间世事；"树底花"语出宋诗僧清顺《题壁》："富贵荣华枝上葩，一朝飘落堕泥沙。劝君休恋闲名利，树顶花同树底花。”意指富贵、名利终将都是“堕泥沙”的“树底花”。前后诸句点染乡居景况，以烘托宁静淡泊的心境。

李开先曲“乌呀呀，行人应是早还家”，以晚鸦归巢起兴，喻自身之罢官回乡。王曲则以“乌呀呀”引出“垂杨庭院”，暗含唐人“终古垂杨有暮鸦”诗意，而不露痕迹，甚隽。

［南仙吕傍妆台］（李开先曲）

眼睁睁，世间多是假胡伶。功名不必毛锥子，只要孔方兄。但同父老开樽饮，不愿王公倒履迎。长杨馆，细柳营，得逃生处且逃生。

［傍妆台］《南曲次韵》（王九思和曲）

眼睁睁，口谈仁义行如伶。宦途交结为良友，敬爱似弟兄。争名暗使贼心害，狡诈还将笑迎面。龙蛇窟，虎豹营，怎教那里去求生。

王曲和李开先原唱曲意，痛责官场中人情险恶，满口仁义道德，如同做戏。其行为则如韩愈在《柳子厚墓志铭》所说：“平居里巷相慕悦，握手出肺腑相示，指天日涕泣，誓生死不相背负，真若可信。一旦临小利害，仅如毛发比，反眼若不相识，落陷阱不一手援，反挤之，又下石焉者皆是也。”因此作者叹息与此类龙蛇虎豹相处，何其可怕。王九思、康海救李梦阳而被列为“瑾党”，李梦阳不念旧恩，反“令他人擅其美”，对王九思、康海不置一词。还有王元凯、李东阳的无端诬陷，王讷诲的无中生有，都使九思十分愤慨。此曲实为作者政治生涯亲身感受。较之李开先原唱的泛喻世情，更加痛切。

［南仙吕傍妆台］（李开先曲）

傻哥哥，识人多处是非多。怎禁对面丢圈套，平地起干戈。片石要打千金磨，尺水翻成一丈波。南无菩萨，阿弥陀佛，得高歌处且高歌。

［傍妆台］《南曲次韵》（王九思和曲）

傻哥哥，鬓丝镜里近来多。留不住三春景，挥不起鲁阳戈。觉来一枕黄粱梦，跳出千层黑海波。说什么咒，念什么佛，春风一曲醉罗歌。

这是一老一少在历经波折后的心灵对话。九思罢归30年，历经坎坷磨难，已经洞察人生世故。他在语重心长地劝导李开先“跳出千层黑海波”，不必念咒礼佛，要“春风一曲醉罗歌”，远离或忘却“是非多”之处。

和曲大体要求与原唱风貌相似，且思想内容相近，因而易造成“次韵”者亦步亦趋、“双钩填廓”式地模仿，很难超越原唱。而九思在《南曲次韵》中，始终保持自己独立的个性追求。正如元好问对苏东坡和陶渊明诗评价：“东坡和陶，气象只是东坡。”（《跋东坡和渊明饮酒诗后》）纪昀认为苏轼“敛才就陶，而时时自露本色”（《纪评苏诗》）。九思于李开先大致如此。

（五）当时及后世的评价

王九思一生大部分时间，都在追求诗文的成功。对词曲一般是应时、应事而作，同时也是为发泄心中不平，因为只有曲这种形式，才能淋漓尽致地消除胸中块垒。《碧山乐府》卷一、卷二，于正德十四年（1519）公诸于世，受到文人学士及社会普遍认同，他才潜心于散曲的创作与探究。而其散曲对当代及后世的影响，远远大于其诗文的结果，是王九思始料不及的。王九思虽为前七子之一，但后世多对其散曲推崇，并认为其是有明一代的散曲大家。

《明史·王九思传》并未涉及诗文，只谈“（康）海、九思同里、同官，同以瑾党废。每相聚沜东、鄠杜间，挟声伎酣饮，制乐造歌曲，自比俳优，以寄其怫郁”，“后人相传仿效，大雅之道微矣”。这种正史的评价虽然不无贬抑，但从反面看，可知其影响之大，居然危及正统的大雅诗文，使其道衰微而不扬。

康海在其《碧山乐府序》中，作为挚友，对其散曲作了全面而公正的评价。他说：“山人（九思）旧不为此体，自罢寿州后始为之，其才情之妙，可以超绝斯世矣！”可见评价之高。“其声虽托之近体，而其意则悠然与上下同流，宕而弗激，迫而弗怒，即古名言之士或已鲜也”。这里康海以正统诗论评价九思散曲，说其声虽近体，其意则悠远，贯通上下古今，其流应与先秦国风、汉乐府同源。其特点是“宕而弗激，迫而弗怒”，具有传统诗文的蕴藉中和之美，所言即是文人散曲的特征。同时可见康海、王九思在正德十四年（1519）还不敢大胆承认散曲的重要地位。但康海仍认为“古名言之士或已鲜也”，意即古负有盛名之士少有与之比也。接着康海还是用《离骚》之意拟比：“诗人之词以比兴是优，故西方美人托诵显王（有德望的王），江蓠薜芷（香草类植物）喻言君子。读其曲，想其意，比之声，和之谱，可以逆知其所怀矣。”他又进一步为九思弃文就曲加以辩解：“或曰，山人以文章巨，公为当世所尊师，乃留情曲艺，顾又多雨云风月之咏，岂所以感发人之善心，惩创人之逸志耶？若是而录之，殆非愚谬所能识也！”意为：王九思是以文章有名，被当世文士尊之为师，但却去作曲，而且多是男女风情、风花雪月的咏唱，这难道是感发人之善心，劝诫人贪图安逸之行为吗？如果将这样的文字录而集之，愚谬之人是难以辨别认识的。康海又说：“不然，此正所以见山人之胸次，非倖倖硁硁者能拟也！夫壮士不以细事亮节，圣人不以小道弃理，诗之本人情该物理皆是物也！或人大悟进而曰：而今而后乃知豪杰之所存与细人异也！”意为：不然，这正是九思的胸怀，不是固执浅陋者所能比拟的。真正的士人不以细小事显示其节操，圣人不以小道理而放弃真理。诗人是根据人情而通晓物理的，人情物理其实质是一致的。这也会使人大悟，知道豪杰在世是与一般人不一样的！

当然，康海这一番辩白，没有后世直接肯定九思散曲来得痛快，但他的议论已比《明史》诬其“大雅之道微矣”进步许多。他是极力为散曲、为九思的散曲争一个社会地位，同时力证其与大雅的国风、乐府同出一源，并将世人的不理解，较为勉强地斥为“细民”不知“豪杰”之“胸次”。这种辩解其实又陷入到李梦阳、何景明硬要以正统诗论来解释民歌俗曲价值的泥淖。他所谓“悠然与上下同流”、“西方美人托诵显王、江蓠薜芷喻君子”也使之其与正统（《楚辞》）诗论接轨。其结果必然是将以民歌俗曲为基础的“真诗在民间”理论引向歧途，终无“创立新型理论的系统建树”的可能。

在这里我们可知康海早年（时康海仅42岁）也是持李、何观点对待民歌俗曲的。

到晚明，王九思、康海等去世几十年后，明人才普遍对散曲予以重视，并视之“为我明一绝”。

明季江南名士钱谦益为诗坛领袖，他矜才自负，傲视群伦，对前辈文人十分挑剔，尤其对前后七子多所非议，但他仍然对王九思作为散曲家较为敬重。其在《列朝诗集》中说：“敬夫（九思）、德涵（康海）同里、同官，同以瑾党放逐浒东、鄠杜间，相与过从，谈谦征歌教曲，以相娱乐。敬夫将填词，以厚资募国工，杜门学按琵琶、三弦，习诸曲，尽其技而后出之。德涵尤妙于歌弹，酒酣以往，搊弹按歌，更起为寿，老乐工击节，自谓弗如也。”

又钱谦益在其《列朝诗集小传》丙集有：“嘉靖四十五年（1566）许宗鲁家设戏班，承康、王之风流，作金元间词曲，无日不纵乐，并与何栋、杨石浸淫成俗。”

王世贞《艺苑卮言》卷一四九：“康德涵六十……时鄠杜王敬夫名位差亚，而才情胜之。唱和章词流布人间，遂为关西风流领袖。浸淫汴、洛间，遂以成俗。”汴梁、洛阳为先朝故都，又有周宪王朱有燉遗风，可见其曲影响。

徐复祚《三家村老委谈》：“若夫散曲、小令，则家和璧人随珠，未易枚举。试数其人，则……王敬夫、康德涵……彼皆海内精英，文章巨擘，羽翼大雅，黼黻王猷。正业之外，游戏为此，或滔滔大篇，或寥寥小令，含金跨元，真所谓种种殊别，新新无已矣。”

李中麓（开先）云：“敬夫词曲新奇，得元人之心法。”王元美（王世贞）云：“敬夫词曲与德涵齐名，秀丽雄爽，康大不如也。评者以为不在关汉卿、马东篱（致远）下。大率康、王皆工曲。”

明末戏剧理论家王骥德《曲律》云：“其时康对山、王渼陂皆以曲名，世争相传播。”同时代戏曲家吕天成《曲品》中将康、王散曲列为“上品”，评王“秦韵铿锵”，康“绝技矜庄”。

又，王骥德《曲律》云：“对山亦忤于时，放情自废，与渼陂皆以声乐相尚，彼此酬和不辍。康所作尤多，非不莽具才气，然喜生造，喜堆积，喜多用老生语，不得与王（九思）并驱。”

又，王骥德《曲律》云：“李崆峒（梦阳）、何大复（景明）必不能曲。其时康对山、王渼陂皆以曲名，世争传播，而二公（指李梦阳、何景明）绝然不闻，以是知之。”

《四库全书总目》卷二百《集部》五十三《词曲类·存目》：“《碧山乐府》五卷，陕西巡抚采进本，明王九思撰。九思有《渼陂集》已著录。此其所作杂曲小令也。……九思酷好音律，尝倾赀购乐工，学琵琶，得其神解。是编所录，大半依弦索越调，而带犯之，合拍颇善。又明人小令多以艳丽擅长，九思独叙事抒情，婉转妥贴，不失元人遗意。其于填曲之四声，杂以带字（衬字），不失尺寸，可谓声音、文字兼擅其胜。然以士大夫而殚力于此，与伶官歌伎较短长，虽穷极窈眇，是亦不可以已乎。”

近人郑振铎《插图本中国文学史》：“康海的散曲集有《沜东乐府》。王九思的散曲集有《碧山乐府》《碧山续稿》及《碧山新稿》等。他们为当时曲坛的宗匠总在半世纪以上。九思嘉靖初犹在，影响尤大。对这两位大作家世人优劣之论，纷纭不已。王世贞以为‘其秀丽雄爽，康大不如也。评者以敬夫声价不在关汉卿、马东篱下’（《艺苑卮言》）。王伯良也抑康扬王。其实二人所作皆流于粗豪，对山更甚。碧山则较为蕴籍，故深为学士大夫所喜。……碧山却没有对山那样屹立岗头的气概了。他也愤慨，他也不平，他也想奔放雄豪，然而，他的笔锋却总未免有些拘谨，有些不敢迈开大步走去。像‘一拳打脱凤凰笼，两脚蹬开虎狼丛，单身撞出麒麟洞，望东华人乱拥，紫罗襕老尽英雄’［水仙子］。未尝不想其气势的浩荡，却立刻便现出其‘有意做作’的斧凿痕迹来。远不如对山的浑朴自然，写得不经意。”

近人游国恩等所编《中国文学史》谈及明初期以贵族藩王朱权、朱有燉为首的戏曲、散曲作家影响的同时，认为他们的“散曲虽模拟元人格调，却多求仙慕道、调情享乐的自白，内容无其可取”。接着道：“至弘治、正德间，由于康海、王九思、王磐、陈铎等作家的出现，散曲的创作才有了新的进展。康海、王九思唱和很多。对现实的感受比较真切，个别作品迸发出愤懑的声音。”

近人黄卉在其《散曲在中国文学史上的地位》(《文史知识》中华书局 1994 年第 12 期）一文中，将康海、王九思列为明代散曲作家之首，认为康海、王九思继承了元代豪放派散曲的传统。

今人徐子方在其《明杂剧史》一书，列专章介绍王九思的散曲与杂剧创作及其成就。今人西北大学研究员袁卿武在新编的《王氏族谱序》认为九思杂剧纯朴自然，直抒胸臆，特别是散曲，富秦地瓦缶之声，是明代曲坛一颗璀璨的明珠。

今人刘英波、张俊阁在其《王九思北散曲小令用韵简析》中认为：“在明代散曲发展历程中，王九思是明代中期主要从事北散曲创作的一位大家，他为明散曲北曲的复苏与中兴所做的贡献可圈可点。”

今人李昌集在其《中国古代散曲史》（华东师范大学出版社，1991 年版，624 页）认为：“王九思和康海是明代散曲文学重新振起的首开风气者，是明代散曲史上继往开来的枢纽作家。”

今人赵义山在其《关于康海的散曲创作》(《文学评论》2005 年第一期）中，对康王散曲作了以下评价：“窃以为康、王是处于明中叶散曲文学由初盛到鼎盛的关键地位上的作家。明中叶的散曲经过以陈铎、王磐为代表的前期南派曲家在成化、弘治年间的开拓与创造，到正德、嘉靖年间，以康、王为代表的仕途失意文人加盟创作，‘力为振拔’(任讷《散曲概论》语)，这时，北派的康海、王九思、常伦、李开先、冯惟敏，南派的杨申、黄峨、沈仕、金銮等人，南北东西交相辉映，共同将明代散曲文学推向了繁荣发展的鼎盛时期。当以陈铎、王磐为代表的前期南派曲家驰骋曲坛时，其中大多数作家是绝意功名而寄情声色的风流才子，除王磐的作品而外，不少作家的曲作为歌儿们写作，内容上多艳情，风格上偏于婉媚，市井气难免太重，虽然他们的创作广泛赢得了市民文化消费的市场，但却难以在保持曲文学自然通俗特征的同时又提高他的文学品位。康海、王九思等人的创作就不同了。首先，他们以文坛巨子的身份投入散曲创作，将自己仕途失意的切身感慨写入曲中，由此丰富了散曲文学的情感内涵，而这些带有鲜明特征的愤世诉悲内容的融入，对提高明代散曲文学的品位确有巨大的作用。其次，以康、王为代表的北派曲家，都不同程度地具有一种豪雄之气，他们的散曲创作继承了元人关汉卿、马致远、贯云石等人的豪放曲风，保持了曲之所以为曲的本色风格，在南派曲家词曲合流的趋势中维护了曲文学自身的体式特征。总之，明中叶康海、王九思、李开先等仕途失意文人登上曲坛，变南派前期曲家的才子词场之曲为志士抒怀之曲，丰富散曲文学的情感内涵，提高明散曲的文学品位，维护曲文学自身的体式特征，为明中叶散曲的繁荣与鼎盛做出了不朽贡献。”

笔者以为：对于王九思（包括康海）散曲的成就地位，我们可以类比的方法阐述：词原是供歌妓演唱的，其多淫词烂腐之调，经李后主将词变成抒写家国灭亡之恨与个人遭际的悲；经苏轼将词变成幽思怀古与表现人生旷达情怀的形式。他们都写出自己的个性情感，使词这种“空中语”（黄庭坚语）的轻浮体式，转而为深沉、豪放的新诗形式，使词成为诗歌史一种重要体裁形式。而词演化成散曲在康海、王九思之前的元中期和明初诸大家那里，除作神仙佛道，也大都是抒写闺情怨妇、风花雪月，以供勾栏瓦肆与落魄文人“浅斟低唱”。到明中期康海、王九思等才将散曲转化为抒发个性情感的人生遭际及忧国忧民、针砭时弊、关怀百姓以至于农业生产、日常生活等题材，使散曲这种文学形式有了普遍的社会意义的内涵，从而强化了散曲为后世所承认的文学体式，也就成就了散曲“为我明一绝”的论断。因此我们可以说王九思、康海为开创一代曲风的人物。

总之，《碧山乐府》与《南曲次韵》是王九思的重要著作，也是中国文学史上可点可评的作品。它成就了王九思，使其在中国文学史上占有一席之地。

三　关于《碧山诗余》

张宗孟所刻《重刻渼陂王太史先生全集》中有《碧山诗余》，其中收入小令 22 阕，中调 11 阕，长调 23 阕。“诗余”谓之词，此即九思所填之词。《碧山诗余》首次刊刻时九思 84 岁，也即去世之年，由鄠县知县宋廷琦（山东人）出资刻印。宋在《后序》中说：

山东鄙人闻太史王渼陂先生之名旧矣，及壮游京师，获睹其文集及诸乐府，始竦然大骇曰：“是何富且奇也！”既而叨尹鄠邑，辱侍几杖。一日，杯酒从容，谈及诗余。先生笑顾其孙曰：“山木，吾春雨亭有一束书，取来。”拜领以归，详览精思者累日。见其篇少趣多，众体咸备，或慷慨激烈，或舒徐和平，或蕴籍含蓄，或清淑简易，要皆华敏高妙，与李太白、温飞卿为千年友，苏、黄而下不论也。始复悚然大骇曰：“是何雅且丽也。”夫美而爱，爱而传公也。遂锓诸梨，与好艺文者共之。

这位“东鲁豪杰之才，书无不读，文无不能”（九思语）的宋知县，可谓对九思偏爱之至，对其词的赞美无可厚非，谓“苏（轼）黄（庭坚）而下不论也”似有过誉。

九思在《碧山诗余序》中首先对词的流源、体式做解释：“夫诗余者，古乐府之流也，后人谓之诗余云。汉魏以上乐府拘题而不拘体，作者发挥题意，意尽而止，体人人殊。至唐宋始定体格：句之长短，字之平仄，咸循定体，然后谐音。乃若情之所发，随人而施，与题意漫不相涉，故亦谓之填词云。”再及其填词的原因：“余自出京师后，见太白、苏、黄诸作，恒爱之，间有所感发，应酬赠贺辄仿而为之。不自量其才之弗逮也！然亦漫不省记，稿多遗忘，所仅存者十三四耳。”

九思以诗与曲见长，尤其散曲为后世所推崇。对于词确实是“间有所感发，应酬赠贺”而为之，所以警策之篇什不多。词为艳科，九思多为艳词，应为本色当行。但语言虽艳，其意却悠远，正所谓“言已尽而意无穷”，决非只是狎艳。如［浪淘沙］《次对山四时闺怨》中第三阙：

鸿雁又南飞，月淡星稀，关河万里梦回迟。生死为君君负我，唯有君自知。袖卷藕丝衣，重理琴徽。君非荡子也非痴。玉辔雕鞍归定早，怎肯着迷。

词面意思当然是怨妇盼夫归。但“生死为君君负我，唯有君自知”，也可理解为武宗皇帝有负其“生死为君”的忠诚。同时九思对武宗的远去京师、游冶无度表示不满，但又对武宗不失去信心，认为其“非荡子也非痴”，相信“玉辔雕鞍”（指武宗）不会着迷于玩乐无度，总有一天会“归定早”的。此一理解有穿凿之嫌，聊备一说。再如［鹧鸪天］《戏对山子》：“凤凰池上人归早”，当指康海和自己壮仕之龄从朝堂罢归；“铜雀宫边水自流”则表达自己远离朝廷（铜雀宫，三国时曹操铜雀台储美人。杜牧有“东风不与周郎便，铜雀春深锁二乔”句，这里指朝廷）的遗恨。末句“见处还于梦里求”，更表达其想复出而不得的渴望与无奈。

词多为抒情状物，往往情感浓烈，较少以景喻人的闲适之情。九思在［蝶恋花］《夏日》中写其炎夏消暑的环境：“门外长槐窗外竹，槐竹阴森，绕屋重重绿。人在绿荫深处宿，午风枕箪凉如冰。”可谓荫凉宜人。全以静态绘景。下阕一转为动态：“树底辘轳声断续，短梦惊回，石鼎茶方熟。笑对碧山歌一曲，红尘不到闲人屋。”断续辘轳声，惊醒午休的短梦，似乎使石鼎煮的茶都沸腾了，整个境界活泛起来。这时只见主人（九思）手捧茶瓯，消停品味，心境极佳，禁不住面对碧绿的终南山高歌一曲，而尘世的喧嚣不会到闲人（九思自称）的屋子来。表现出隐居者的恬淡无欲和自珍自爱的情怀。难怪清末学人吴梅《词学通论》将这首《夏日》选录，以为上乘之作。今人饶宗颐又将之收入《全明词》中。

九思在寿州作词数阙，其中有［满庭芳］《寿州作》，据词意可知为接到罢官邸报之作。其词为：

佛骨忠臣，金莲学士，英雄盖世无双。风云变暴，奔走到殊邦。更有洛阳才子，长沙路，独吊湘江。纵留得名高北斗，谁胜又谁降。贤哉，陶靖节，田园归去，寄傲南窗。似秋空野鹤，夜月寒泷。管甚花开花谢，却都要酒满春缸。任他取肘悬金印，身卧碧油幢。

九思将自己比作谏佛骨被贬潮州的韩愈和洛阳才子贾谊被贬长沙的不幸，他们留得北斗高名，但到底还是失败者。相较之下，陶渊明才是贤者，其隐居田园，傲视权贵，似“秋空野鹤，夜月寒泷”。不管时光流淌（花开花谢），只要“酒满春缸”，还要什么荣华富贵！这是九思在寿州为自己未来设想的路。但真正走上隐居之道，却未能像陶令那样傲世鄙俗，以田园自乐，倒有着“小隐”于山林“颇能安”与“大隐”于朝市“残梦”萦绕的纠结。然而，同时也道出其不事遮掩的纯真，倒也可亲可爱。且看：［水调歌头］《抒怀次兀崖韵二首》（其一）

晨风开草阁，夜月掩柴关。长是吟风弄月，幽遁颇能安。无奈秋霜洒鬓，却笑春光背我，一去不重还。摩挲双眼碧，感激寸心丹。　忆东华，天正远，梦初残。十亩园林，潇洒容得此身闲。月底青松当户，风外苍筠绕径，嘹唳鹤声寒。可人来北海，浊酒对南山。

词的前半阙“晨风开草阁，夜月掩柴关”的“晨风”“夜月”，既是时间又是风光；“开”与“掩”相对，既是人的有为又是自然的无为，他们作用于“草阁”、“柴关”这种草莽野居，使隐居之境凄凉而幽远。但作者却在此境“长是吟风弄月，幽遁颇能安”，给人一种悠闲高雅的情调，使人为之一振。接着又是“无奈秋霜洒鬓，却笑春光背我，一去不重还”一番自嘲，使词意低落。又以“摩挲双眼碧，感激寸心丹”的暖色高扬，结束上阙。整个上阙起伏有度，跌宕有致，读起来虽非荡气回肠，也能使人心潮涌动。下半阙“月底青松当户，风外苍筠绕径”既是对词首“晨风”、“夜月”的关照，也是美不胜收的景色描绘，加上“嘹唳鹤声寒”、“浊酒对南山”的动态行为，岂不是一幅生动的画面！

隐居了，并非与世隔绝，居住地虽不近红尘，而“六根”未必清静。且看［念奴娇］《寄对山子》：

碧山如画，那人在流水杏花深处。昼掩重门初睡起，愁对满院风絮。玉府才人，锦袍贵客，别后难重遇。暗想前日，西村正及秋暮。垂柳不系青骢，斜阳空望断，佳期还误。闷拨琵琶歌未了，却被莺声相妒。不忿莺儿，能衔春色，飞入君家树。多情如我，不教同醉花露。

那人（九思）虽在“碧山如画”、“流水杏花深处”的深幽佳境中，但却是白天掩重门。刚睡起，面对满园的杨柳飞絮发愁，一幅凄凉景象。罢官后，昔日的贵客（玉府才人、锦袍贵客）不至，门前冷落车马稀，这使得他“闷拨琵琶歌未了”，但莺鸟（也许是贱交或歌伎）却前来掺合。不必怨她，她能衔来春色，飞入君（你）家树。多情的我，其实和你一样，难道不愿意和她同醉在花露下？此词反映出九思复杂的心理嬗变，即从与权贵交往转而与下层人为伍的过程。

九思词多有应酬送别篇什，一般都切题且熨贴。其中［望海潮］《送吴教谕度蜀》，词美而有豪气。词中吴教谕应为蜀人，与苏轼同乡。要离开鄠县到杭州做官，因与西湖关联。其词曰：

马蹄追电，龙泉冲斗，一朝变化风云。伯乐难逢，张华易老，这番持献明君。沉醉桂花风。正远山收雨，螺黛纷纭。烟霭西湖，淡妆浓抹更宜人。几回倚枕，警闻怪怒涛，卷雪明月堆银。暗想东坡豪吟丽句，纵横笔扫千军。崖刻尚嶙峋。有故乡才子来吊湖滨，万顷珠玑，尽教收拾来西秦。

词多化用苏轼句，但并不给人模仿感，且有一种对苏句的升华趣味。前七子初期认为“宋无诗”，李梦阳甚至对苏轼、黄庭坚不屑一顾。九思早年亦然，但到晚年诗文观有所改变。正如此词赞美苏轼：“暗想东坡豪吟丽句，纵横笔扫千军”，可见九思兼收并蓄的胸怀。

另，九思词的词牌如宋廷琦所言：“众体咸备”。如：［千秋岁］、［凤凰台上忆吹箫］、［烛影摇红］、［归朝欢］、［望海潮］等生僻词牌，一般人应用较少，九思亦涉及。

四 《杜甫游春》杂剧与《中山狼》院本

《杜甫游春》为王九思所作杂剧，以金元杂剧“四折一楔子”为模式。该剧为九思的代表作，也是有明一代杂剧代表作之一。《中山狼》亦九思所作，称院本。是承金元“行院”（相对官方教坊的民间演出组织）单折滑稽短剧形制，实际上是单折杂剧。

此二杂剧的主要内容及其作者要抒发的情感，在前《新怨旧恨，自比杜甫》一节已阐述，此不赘述。本节主要就其艺术特征等有关问题予以阐述。

（一）两杂剧产生的时代背景

所谓时代背景也可以说是产生的原因，可分为间接和直接原因。

间接原因

杂剧在宋、金已可观，元代发展到顶峰，出现了关汉卿、马致远、王实甫、白朴、纪君祥等剧作大家，产生了《窦娥冤》《救风尘》《望江亭》《汉宫秋》《西厢记》《梧桐雨》和《赵氏孤儿》等伟大作品。这是在蒙古王朝统治时期，推行民族歧视与民族压迫政策，汉族文人士子社会地位一落千丈，沦为下层末流，于是他们便沉沦于瓦肆勾栏，与歌妓贩夫走卒为伍，并以杂剧创作发泄自己的不平与愤懑，反映下层人民的生活情景与悲惨命运，从而使他们的剧作具有锐利的锋芒和坚实的社会基础。但随着蒙古政权日益巩固，并于延祐元年（1314）恢复科举，汉族士子逐渐融入蒙古统治集团，民族矛盾相对缓和。这时候文人士子也逐渐由社会底层走向社会中上层，杂剧的创作也随之上层化。这必然带来创作的脱离民众，脱离生活，脱离社会，使原本生动活鲜、锋芒毕露有思想光彩与本色当行的艺术特色，逐渐丧失殆尽，同时也使曾经光耀文坛的元杂剧由兴盛走向衰微。

明朝初期，由于文化专制政策的控制，一部分皇室藩王贵族如朱权（宁献王）、朱有燉（周宪王）等，招致一些由元入明的戏曲、散曲作家为朱明王朝歌功颂德、点缀升平，作出不少宣扬封建道德、求仙慕道、调情享乐的杂剧。他们模拟元人格调，虽然音律谐美，但内容实不足取。

“至弘治、正德年间由于康海、王九思、王磐、陈铎等剧作家出现，散曲（杂剧的主要成分）才有了新的进展。康海、王九思唱和很多。他们对现实感受比较真切，个别作品中迸发出愤懑的声音”（游国恩等编《中国文学史》）。随着明中后期商品经济的发展，平民阶层的崛起，绵延数代的杂剧开始经历着由贵族化向文人化过渡的变革。明英宗正统年间，朱权、朱有燉先后去世，明杂剧即结束了由御用文人、藩王贵族独擅场的局面。“从弘治年间王九思、康海开始，经杨慎、李开先，直到徐渭、汪道昆以至于整个明中后期的杂剧作家，都显示了他们崭新的创作特色”（徐子方《明杂剧史》第 11 页，中华书局 2003 年 8 月版）。这些文人即成为明中后期杂剧创作的主体。

随着创作主体的变化，杂剧的演出场所也发生了变化。这种不同的演出场所，同样制约着杂剧创作的创意与走向。元代杂剧盛行时，那些沦落底层的文人，混迹于“行院”，与瓦肆勾栏的妓艺歌女为伍，并且为她们作戏曲，甚至粉墨登场，以适应下层人的喜爱与欣赏。而明初藩王贵族的杂剧演出，往往与皇家教坊结合，演出场合自然是宫廷、王府及达官贵人的府第，以供他们娱乐和欣赏，其内容形式自然要适应他们的好恶要求，所以其创作也就向歌功颂德、粉饰太平、调情娱乐、神仙佛道方面发展。杂剧创作过渡到康海、王九思等下层文人手中，其演出场合先是在家中供饮宴取乐而演唱，进而为适应创作的需要而成立家班。王九思、康海、张治道、李开先等都曾有相当规模的家班。康海去世后，家遗大小鼓300多副，可见其规模。而王九思、康海又协助盩厔县张于鹏、王兰卿夫妇成立张家班，即后来的华庆班，在关中活跃数百年。这些私家班社初期演出场合主要是富家喜庆、寿宴、聚会，后来随着这些文人逐渐融于社会底层，家班的演出场合也就下延到庙会、报赛、农事节日等场合。史载王九思、康海经常带领家班活动于长安县、盩厔县、鄠县、郿县、武功县等关中地区。据李开先《康唐王王四子补传》，康海曾于武功“城东神庙报赛，集乐工数千人”，并组织青壮保证庙会安全，可见其是庙会的组织者。王九思也屡屡参与县城城隍庙会，并为之作《城隍庙祀神乐章》(《重修鄠县志》)，其家班参与庙会演出。既然家班的演出活动已延及下层社会，那么，他们的创作也必然面向普通民众。王九思、康海在长期趋向大众欣赏习惯的创作、演出中，最终形成大众喜闻乐见的“康王腔”，为陕西、甘肃、山西等省地方戏的最终形成，奠定了一定的基础。

直接原因

王九思、康海、李开先，甚至徐渭、梁辰鱼、吕天成、孟称舜等都是失意文人。他们或科场失意或官场受挫，往往有着愤世嫉俗的不平；他们都是书香门第出身，有着较高的文化修养，虽不及藩王贵族富有，但远非元代与妓艺为伍的穷儒寒酸，不存在生存与生活的危机。这就决定了他们的创作心态，是强烈地追求个性自由和人格尊严。在表现形式上便是疏狂不羁、愤世嫉俗与社会处一种对峙的状态，或者隐逸林泉、寄情山水与当权者处于一种消极对抗的情势。即使与下层民众的融合，也往往有一种自暴自弃的心态。

王九思、康海采取杂剧这种形式，正是他们追求自我、表现个性的实际需要。首先杂剧这种形式向来被上层文人，尤其是执掌文坛权要者嗤之以鼻，认为这是肖小无聊有伤风化的作为。因而王九思、康海等杂剧的创作与演出，也是对抗台阁体、茶陵诗派权要的继续。另，他们怀着一肚子的委屈，被当权者从仕宦的峰巅打到社会底层，那种胸中的不平与愤懑，已不是典雅蕴籍、中正平和的诗文形式和有限的篇幅所能容纳得下的。在杂剧这种相对宏大的结构框架中，他们能够纵横捭阖地驰情骋志，自由无羁地舒展情怀，又能利用其雅俗不忌、嬉笑怒骂皆宜的宽泛形式，淋漓尽致地刻画描摹以至于指桑骂槐、责权骂世了。难怪别人指责王九思以杂剧攻击当朝权要。

所以说王九思所作《杜甫游春》杂剧与《中山狼》院本，是客观社会环境与主体精神心态两相作用的产物。也就是说，除创作者个体行为，也是社会大背景使然。

（二）《杜甫游春》的艺术特色

《杜甫游春》题目作“唐肃宗擢用文人，曲江媪不识诗人”，正名作“岑评事好奇邀客，杜子美沽酒游春”。单从“题目”、“正名”就可以看出故事梗概。历来公论是作者借杜甫之口骂当朝权相李东阳，以不满黑暗现实、狂放孤傲的杜甫自况，抒发其遭受政治迫害、痛恨官场腐败的情绪。这种公论当是合情合理的。正如后七子领袖人物王世贞，在其《曲藻》中述：“敬夫（九思）有隽才，尤长于词曲，而傲睨多脱疏。人或谗之李文正（东阳），谓敬夫曾讥其诗。御史追论敬夫，褫其官。敬夫编《杜少陵游春》传奇剧骂。李闻之，益大恚。虽馆阁诸公，亦谓敬夫轻薄，遂不复用。”明人孟称舜在其《新镌古今名剧・酹江集》中，点评《杜甫游春》杂剧，与此用语大体相同。这段话虽然于事实有些粗略，但王世贞生年距史事不远，且是举世闻名的文豪，当然就有一定的权威性。

从正德十四年（1519）秋七月八日，康海为《杜甫游春》所作的《题紫阁山人子美游春传奇》，可见王九思、康海创作杂剧的心态。康文曰：“夫抉精抽思、尽理极情者，激之所使也；从容舒徐不迫不怒者，安之所应也。故杞妻善哀，阮生善啸，非异物也，情有所激则声随而迁，事有所感则性随而决，其分然也。”这说明九思作《杜甫游春》是与杞梁妻孟姜女之哭及阮籍的长啸于野一样，是因“情激”、“事感”而“声迁”、“性决”的。实际是暗示此剧实有所指。以下康海说其当年在馆阁读元人千种传奇（杂剧）之二三十，十分感动，以至于“潸然泪下”。认为这些剧作者都是有抱负的高才亮节之士，然而不被所用，所以才托之传奇而鸣不平矣！“今读《子美游春记》，悲紫阁山人（九思）之志，亦或是云尔”，认为九思作此杂剧与诸先贤的情致是一致的。“故题其首，使观者易识其所指，可以观士于穷达之际矣”。此处只差直道李东阳之名了，同时亦可见九思在穷厄之际，不忘对奸邪的痛斥，在通达之时，关心国家社稷的“高才亮节”情操。

康海《题紫阁山人子美游春传奇》，注明写作时间为正德十四年秋七月八日，这当是《杜甫游春》行世以后所题。据以上王世贞语，可粗略估计此杂剧的写作时间。九思是正德六年（1511）得邸报致仕，七年归家。而李东阳虽然卒于正德十一年（1516），却是正德七年致仕的。王言“李闻之，益大恚”，说明东阳还在世。那么，其写作时间应在正德八至十一年范围，并非有关史料所说的“正德六至七年”。况康海序九思《碧山乐府》言：“山人（九思）旧不为此体，自罢寿州后始为之”。其曾不为此体，一旦操起来就能得心应手，写出不朽之作也不大可能。因之，此剧创作于正德八至十一年较为合情理。

《杜甫游春》的艺术特色有以下几点：

对历史的重构

此剧以杜甫七言古诗《渼陂行》、七律《曲江对酒》《曲江二首》、五绝《绝句二首》等诗为依凭，根据作者创作意图对历史进行了重新构造，但又不脱离历史的基本事实。据“岑参兄弟皆好奇，携我远来游渼陂”（《渼陂行》），渼陂当时为长安旅游胜地，居长安的杜甫确实与岑参兄弟游过渼陂。杜甫《城西陂泛舟》诗为：“青娥皓齿在楼船，横笛短箫悲远天。春风自信牙樯动，迟日徐看锦缆牵。鱼吹细浪摇歌扇，燕蹴飞花落舞筵。不有小舟能荡桨，百壶那送酒如泉。”从中可见当时渼陂花团锦簇、美女如云，楼船锦缆、莺歌燕舞，“酒如泉”的繁胜景象。杜甫在“主人锦帆相为开，舟子喜甚无氛埃。凫鹭散乱棹讴发，丝管啁啾空翠来”（《渼陂行》）欢乐的境况下，心情是难得的欢快，并不是剧中杜甫嫉恶愤慨、满腔幽怨的形象。而且杜甫也并没有与名妓董妖娆在船上饮酒，董妖娆也就不能“转秋波暗与多才（杜甫）”，杜甫也不会有“怎恋你云雨楚阳台”的妄念了。

杜甫被安史叛军押解长安无法脱逃，目睹叛军肆虐，长安破败，发出“国破山河在，城春草木深。感时花溅泪，恨别鸟惊心”（《春望》）的悲叹。剧中虽然是事后的回忆，倒还与历史事实不差，但杜甫并没有直接抨击李林甫的事实与诗文。

另，杜甫历次游渼陂的时间，均在安史之乱前、长安兴盛繁华之时，这从杜甫有关渼陂的诗篇可知。安史之乱后，杜甫没有机会再到与长安一样破败的渼陂。

九思创作《杜甫游春》的目的，自然在于借杜甫之口抨击朝政，痛骂如李林甫一样的奸相。所以他就不能拘泥于历史事实而亦步亦趋，这样必然不能达到其创作意旨。因此九思将这些历史事实与事件打乱重组，使历史事件为其创作目的服务。同时在推演历史可能的情况下，虚构了如李林甫、岑秀才、贾婆婆、卫大郎、董妖娆等人物及与他们相关的情节，这就使剧情更加合理合情，且能以情感人。尤其李林甫（暗场）情节的设置，能将杜甫的悲痛愤懑与当政者的嫉贤妒能联系起来，以便痛斥这些“狠心似虎牢，潜心在凤阁”当权者的“恶心肠，忒忌恨，笑冷冷掌定三台印”，将英雄才俊“暗里编排”，都断送了。

文学创作的虚构，有唐宋人的笔记小说与元明杂剧的先例，但具体到有“圣”之称的历史人物却为罕见，因此，九思对“诗圣”故事的虚构也是一种创新。同时九思这种创作历史剧的方法也与现代历史剧创作规律相吻合：拘泥历史则缺乏戏剧性，脱离历史则诓人欺世，即须在历史真实的前提下，创造故事，编排情节，安置人物。

以杜甫、岑参等的诗为创作材料

剧中正末（杜甫）、副末（岑参）出场均有出场诗，且多以人物各自的诗作材料。“楔子”与第一折，正副末出场诗均为九思所作七律；第二折，正末出场诗为杜甫《曲江二首》之二（七律八句）；第三折，正末出场诗为杜甫《曲江对酒》（七律八句），副末出场诗为岑参《和贾至舍人〈早朝大明宫〉之作》（七律八句）；第四折，岑秀才出场诗为杜甫《绝句二首》其一（五律四句），副末出场诗为岑参《寄左省杜拾遗》（五律八句），正末出场诗为杜甫《渼陂行》（古风八句）。除出场诗外，剧中联曲多有引用李白、杜甫及其他诗人之诗句，还有不少化用杜甫、贾至、岑参等诗句的地方。

这些诗句的直接运用与化用，使句词优雅，剧情含蓄。因为这些为人熟知的诗句已深入人心，所以，在这里戏剧演出的“即时性”并不阻碍观众对戏词的理解与欣赏。这一层障碍的破除，就会变晦涩为通俗了。雅致诗词的应用，必然增加剧情的深度，正如此剧选者孟称舜点评语：“每折皆借杜工部诗作料，故处处清豪悲慨。”

《明杂剧史》评价

徐子方在其《明杂剧史》一书中，对《杜甫游春》的艺术特色论述基本不差：“似这些充满愤世嫉俗情绪的曲词，在元曲中多出于神仙道化剧，最终结果大都是消极遁世，升仙入道作结。此剧则始终没有脱离人世间的现实，题材的处理方法上与传统拉开了距离。不仅如此，与以往的文人生活历史故事剧相比，此剧也有不同之处，即结尾虽然出现了使臣赍旨封赠场面，但并非传统的金榜题名。正因为看破了世情，剧中杜甫对使臣到来的宣名并不感到受宠若惊，相反他更多地表现了对开明政治的期望。剧本虽写杜甫受封赏，但也没有忘却提醒‘见如今四海数载，倒有些异才，愿丞相专心接待’（[太平令]）。于此似有未足，最后还表示：‘让与他威风气概，我只要沽酒再游春，乘桴去过海。’（[离亭宴带歇拍煞]）应当说，这只有经过仕途上酸甜苦辣的人，才会有如此复杂的感受。在长期废科举、出仕无门的元杂剧作家是很难体会出的。正因为如此，他们的同类题材到最后就只能是自怜自恋式的金榜题名大团圆了。就这一点而言，此剧的创新之处还是相当明显的，它显示了明杂剧在思想内容方面新的时代特色。”（《明杂剧史》209 页）

《秦腔艺术谈》评价

苏育生《秦腔艺术谈·王九思、康海及其杂剧》（西安出版社，1996 年 7 月版）一文，将王九思《杜甫游春》与康海《中山狼》杂剧相比较，认为康海剧“结构严密”、“一环扣一环，戏剧性很强”，而王剧“着重抒发人物内心情感，但缺乏应有的戏剧冲突和艺术感染力”。北京大学语言文学系、中国古典文学教研室编的《中国文学史纲要》中也有相似的观点，认为《杜甫游春》剧“侧重抒写抑郁悲愤之情，不大注意关目排场，和当时大量案头剧的情况相似”。他们的说法也有一定的道理，但这只是以传统戏曲的铺排故事、讲究起承转合的完整性为要求，这自然有其历史发展的原因。但它比起现代戏剧注重刻画人物、挖掘人物内心活动来表现人的情感，传统剧曲似乎略逊一筹。即使传统戏曲也有许多淡化情节而加重人物内心刻画的剧目，如《周仁献嫂·悔路》居然以人物内心自白的独角戏演到底，其艺术感染力十分突出，百年来长盛不衰。其实以上两家之言，也提到了“着重抒发人物内心感情”和“侧重抒写抑郁悲愤之情”，这正是《杜甫游春》杂剧，较之当时重戏剧冲突、重故事铺排戏曲特有的优长。

（三）《中山狼》院本的艺术特色

王九思两种杂剧都没有注明写作时间，《杜甫游春》我们可以根据相关历史记载推算，《中山狼》院本则毫无蛛丝马迹可循。徐子方在其《明杂剧史》中认为王九思的《中山狼》院本晚于康海的《中山狼》杂剧，但无确凿证据。笔者推测，王九思的院本必然早于康海的杂剧。理由是：王剧单折，剧情简单，缺乏当时推崇的戏剧冲突与情节推进的要求。康剧采取传统的“四折一楔子”模式，情节复杂，有当时人推崇的戏曲特征。而且当时后世都认为康杂剧优于王院本。想必王九思一大文人，既然康海已写出如此高质量的《中山狼》杂剧，作为同一题材，自己不为则已，为之必要超过康剧。然而他竟尾随其后作一篇幅短小、形制简单的院本，恐怕不合情理吧！合情理的倒是王九思先作《中山狼》院本，康海认为还不尽意，有必要再创造、再深化，于是便在九思的基础上创作出《中山狼》杂剧。但由于九思的院本在先，甚至已经上演，加上其有一定的特色，也就并存了。

我们先将王的院本与康的杂剧在形制上加以比较：王剧为单折，称“院本”，用［双调新水令］套曲，由末扮东郭先生主唱，相当于康杂剧第四折。康杂剧为“四折一楔子”，由末扮东郭先生主唱。第一折用［仙吕点绛唇］套曲；第二折用［正宫端正好］套曲；第三折用［越调斗鹌鹑］套曲；第四折用［双调新水令］套曲，全剧严格恪守元杂剧的规范。王、康的不同处理，也说明当时杂剧形式不是固定的，可以根据作者的意图安排。这又吻合王国维先生对明杂剧的评论：“至明中叶以后，则以戏曲之短者为杂剧，其折数则自一折以至六七折皆有之，又舍北曲而南曲，又非元人所谓杂剧矣。”（齐森华《试论王国维在戏曲理论上的杰出贡献》，《华东师范大学学报》1983 年第 5 期）因此，王九思的“院本”虽承宋金“行院”本形制，但仍然是杂剧。

徐子方在其《明杂剧史》的 205 页，谈到王九思《中山狼》院本的形制特征认为，其一：九思院本将动植物形象如狼、杏、牛拉上舞台，这在此前是没有先例的，可以称得上是我国古代寓言剧的开创者。其二：此剧突破了自元以来四大套北曲四折一楔子的基本形式，仅一折且标为“院本”，有意恢复宋金杂剧院本滑稽调笑、即兴演出的传统，然而宋金杂剧院本并无传世剧本，九思显然要自我作祖，有所突破。元代虽有王生的《围棋闯局》为一折，也是为增补《西厢记》而作，实非独立的单折杂剧。可以说九思之前无此例。

徐子方先生的结论是：王九思的《中山狼》院本实际上是明清短杂剧之祖。稍后经徐渭《四声猿》、汪道昆《大雅堂乐府》等名家名作的扩展和弘扬，作为文人剧的主体，短杂剧便作为一种新的戏剧体裁，如雨后春笋般地出现在明清剧坛上。这在戏曲史上是值得重重地写上一笔的。

徐子方在该书第 211 页又谈到，既然王九思的《中山狼》院本在杂剧由元入明之体制发展变化中起到开先河的作用，也可以说是对传统北曲体制的根本性突破，那么为什么不被当时人所重视，连祁彪佳《远山堂剧品》列举同题材剧作时竟不言及王作，“以王九思在当时曲坛之地位影响，这是很骇怪的。究其原因，只能说明时下对北杂剧体制作根本性改变尚未被人认可”。这种评论的“错位”要到文人剧的成熟期，即嘉靖、万历以后才得到真正的改变。从王九思的《中山狼》院本及李开先的《园林午梦》《打哑禅》开始，直到明末不断有单折剧的创作和演出，在清代也有较大的影响。“这些单折剧的共同特点是选题严肃、线索分明、结构紧凑，自始自终为一个完整的行动所贯穿，而且还有一定的深度和广度，自成一个整体。从这个角度上说，它们即可以被看作近代意义上的独幕剧”。

（四）与康海《中山狼》杂剧情节的比较

王九思的《中山狼》院本，基本上是根据马中锡小说《中山狼》敷衍情节的，且规模为一折。而康海剧为四折一楔子，规模较大。所以王剧较之康剧在情节上必然粗略，甚至不惜于改变小说情节。如将东郭先生与赵简子周旋一段，放在狼未来之时，这就不如康海剧放在狼来后有戏剧性。既然东郭先生未救狼，心里就没有负担，也不担什么风险，就能理直气壮地对付赵简子，没有人物的心理落差，缺乏戏剧效果。剧末又以“小鬼夺剑杀狼”，将藜杖老人变成土地神等，都比不上康海剧的思想性。

康、王杂剧都是通过中山狼形象，对世上忘恩负义之徒进行无情批判。康剧在剧末以杖藜老人之口，骂世上负君的、负亲的、负师的、负友的中山狼式人物，使人感到与剧情有所分离，是作者硬加上的，且有说教之嫌。王剧则以中山狼之口，道出了忘恩负义之徒的卑劣心理。当东郭先生质问中山狼为何如此忘恩负义，且看中山狼是怎样说的：“师父，你看世上的人，一个个穿衣戴帽。都说他是好人，他是君子。一旦受了人的厚恩，一切都忘了。遇到讨便宜处就下手。又有那乱臣贼子，什么做不出来？我本是个禽兽，怎么责我忘恩负义，我比这些人如何？”中山狼在这里以忘恩负义之徒与乱臣贼子的不义为例，进而说“我本是一个禽兽”，忘恩负义也是理所应当的。这看似合理，实为以强盗逻辑为自己开脱，既深刻又辛辣，不禁使人憎恨。同时也告世人：正是那些上层的“穿衣戴帽”的“君子”和“乱臣贼子”忘恩负义的行为，引发了世上的“禽兽”无比凶残且振振有词。这正是王剧比康海剧深刻之处。

相对于康剧，王剧没有将狼脸谱化，既暴露其“狼性”，又透露其人性一面，进而揭示出其狼性与人性矛盾冲突的心理历程。任何人做坏事不是不思考的，更何况别人刚刚有恩于自己。中山狼因饥饿又折回来，想吃掉东郭先生时，就觉得难以启齿。虽然其话语支支吾吾，但作为剧情的逻辑推进却是极妙的：“（狼云）我有一句话要和师父商量。（生云）什么话？你说。（狼云）我从早晨到如今，饿了一日，肚里没得吃，故来投奔师父。（生云）你来投奔我，教我哪里寻些物件与你吃？连我也受饿没得吃哩！（狼云）我有一条妙计，只得碍口不好说。师父，你试猜！（生云）我急且猜不着，你急忙说了罢。（狼云）师父，师父，你救了我一场，把我若还饿死了，不如不救哩！（生云）你这等说，要如何处置？（狼再做难科）（叩头云）师父！不如把你着我吃了罢！异日一总报恩。（狼做咬生科）”中山狼几次欲言又止，犹豫许久方才拐弯抹角，一边叩头一边说出要吃掉东郭先生。终于是人性泯灭，狼性暴露，而康剧对中山狼要吃东郭先生的处理就显得简单了些。

狼既颠倒黑白为自己找出堂皇的理由来，再经过老杏树、老牛“狼该吃”的“评理”，狼更有了底气。见了老丈居然振振有词地说：“他救便是救来，不是好意。”（老丈云）“如何不是好意？”（狼云）“他当时把我着绳子捆了，放在箱子里，要害我的性命。幸得我命长，不曾死了。如今要吃他，正为报仇哩！望老公公细察。”这时的狼丝毫没有了作难和转弯抹角，倒是理直气壮地为自己申冤报仇呢！这难道不是生活中恶人行事的轨迹吗？九思真是入木三分地揭示了狼的本性。而康剧在此的处理也嫌简单。

再则，王剧由于篇幅短，在语言上追求凝练简洁，既没有生僻词句，也没有可有可无的话语，情节推进急缓有度，显得从容不迫。康剧虽在语言上多有醒豁华瞻之处，但也有过分追求“文词”典雅之弊，而在情节推进上多有徘徊粘滞之处。

总之，由于两剧形制的不同，篇幅的差异，以及作者不同的个性（康相对较狂放，王则较严谨）和艺术追求，使两剧各有特色。

（五）两杂剧的语言特色

自元杂剧衰落，直到明成化、弘治间，邵灿所撰杂剧《香囊记》，开“文词派”戏曲创作之先河，延续到清初一直是戏曲创作的重要流派。文词派的戏曲创作一味追求典雅绮丽的语言风格。如万历间沈德符《顾曲杂言》说他们：“（词曲）徒逞其博洽，使闻者不解为何语”，“宾白尽用骈语，饾饤太繁。”连当时戏曲名家沈璟也自谓其《红蕖记》：“字雕句镂，止供案头耳。”这期间有汤显祖与沈璟传奇语言“雅”与“俗”之争，虽然旗鼓相当，但还是汤显祖影响更大些。所以，后来的传奇以至于南戏的结晶——昆曲，都沿袭着“文词派”“雅”的语言风格，这也是昆曲走向衰落的主要原因。当然形成这种语言风格与文人的艺术修养及其性格特征有关：典雅绮丽的语言风格与文人的浪漫情思和蕴藉意绪相符合，有利于抒发其细腻含蓄的艺术情感和表达深邃悠远的精神境界。中国古代文人都以高雅为人生修养的极致，这种以雅为高的审美意识往往将高攀古代经典作为最高审美追求，认为“言之无文，行之不远”。基于此，文词派企图以典雅绮丽、文彩斑斓的语言风格达到其才情外化、精思达幽的境界，并以之使其剧作具有高雅灵动的生命力。

其实在王九思、康海创作杂剧时，尚未形成所谓“文词派”，此是万历年间南曲传奇兴盛时形成的以汤显祖为代表的戏曲语言流派。但在九思、康海时代不能说没有“文词派”之风。所以对杂剧语言风格的追求，王九思、康海无疑是具有“选择”的空间的。

然而王九思、康海杂剧语言风格却与文词派大相异趣。其原因是，他们在朝为官时曾在诗文上讲求典雅绮丽，讲求文彩与才情，这在他们早期诗文中随处可见。但当他们政治上受到打击，仕途断送，罢官归里，从人生峰巅一下子跌到低谷，心灵上的伤害改变了其人生态度，进而否定其前半生的仕途得意与诗文盛名。加之在偏僻乡野，长期与农樵为伍，逐渐斫丧其“文人的浪漫情思和蕴藉意绪”以及对才情与文采的追求。再加之王九思自觉地实践前七子“真诗在民间”的后文学主张，这就使其在杂剧语言上逐渐趋俗。如其在《碧山乐府》自序中有“善为秦声”、“风情逸调，虽大雅君子有所不取”、“或兴激而语谑”等语，都说明其作品语言趋俗。

这些“秦声”、“谑语”在其两杂剧中俯拾皆是，如《中山狼》院本中：“(狼云)他当时把我将绳子捆了，放在箱子里。他要害我的性命，幸得我的命长，不曾死了。如今要吃了他，正为报仇哩。”再如：“(老牛云)你听我说，这主人家将我从牛犊儿喂养着。后来长大了，与他犁地，与他碾场，与他曳车，使我的筋舒力尽了。如今见我老了，出不得力，把我丢在这野外。主人公还好说：‘这牛无了气力，且丢了罢。’他那妇人最是个长舌不良之妇，她说：‘这个老牛只管喂着做什么？早早的寻个屠子来杀了。将皮卖与乐人家挣鼓，肉就卖与屠家。杂脏留与家里吃。牴角卖与镞簪儿的。骨头留着烧灰漆家活用。莫不是好！’迟不得三两日，就要来下手我。我有许多厚恩在他家，也都忘了。你说这些恩义儿做什么？”这些极端通俗的秦声，几乎与今天关中方言无二。这里丝毫没有沈德符《顾曲杂言》所谓的“宾白尽用骈语，饾饤太繁”之弊端。当然其词曲也无沈德符言之“徒逞其博洽，使闻者不解为何语”的毛病。如《杜甫游春》中骂李林甫曲［寄生草］：“他空皮袋，无学问，恶心肠，忒忌恨。笑冷冷掌定三台印，慢腾腾送了千人俊，乱纷纷造下孤辰运。”［绵搭絮］：“不怕你经纶夺世，锦绣填胸，前挤后拥，口剑舌峰。呀，眼睁睁难分龙与蛇，烈火真金假铜，似这等颠倒英雄，不如的激流中归去勇。”再如《中山狼》院本中［雁儿落］：“行道儿这荒郊野草间，寻了个老杏树为公案。他说道，狼该把我餐。好叫我有口难分辨。”又［得胜令］：“呀，都一样平地起波澜。这得是叉手告人难。乌头虫不把恩来报，白面狼直从怀里钻。不由我心酸！却原来狼恶我心善。何处去伸冤？吃紧的天高皇帝远！”

这些不论是宾白还是词曲，可谓是“作剧戏也须老妪解得，方入众耳，此即本色之说也”（王骥德《曲律卷三·杂论》），也做到了“曲本取于感发人心，歌之，使奴童妇女皆喻，乃为得体”（徐渭《南词叙录》）。

当然这也是王九思深知戏曲的功用，他要“托之以寄意”，要骂奸佞坏了朝纲，要骂中山狼忘恩负义，还要天下士人、妇孺、奴童皆知其良苦用心，他就得懂戏曲的特殊性以及与其他文学形式的差异：戏曲作为时间艺术，不像其他文学作品那样仅仅形诸于纸上，可以重复阅读，细心琢磨，慢慢体味其中的妙诣。戏剧舞台演出的即时性、流动性，不容许戏剧语言“令人费解，或初阅不见其佳，深思而后得其意之所在”，而只能是通俗浅显，即闻即白。再则戏剧本产生于民间，虽然进入文坛，步上宫廷，但始终以广大平民百姓为主要观众，戏剧作家只有以“不读书人”、“妇孺、奴童”为对象，适应他们的审美趣味和欣赏需求，“从而使戏剧获得旺盛的生命力，这种以俗为美的审美意识是将迁就舞台演出和平民需要为审美极致的，因此也可以称为通俗化的现实思维”（郭英德《雅与俗的扭结》，载《北京师范大学学报》1998 年第 2 期）。

但王九思的根基毕竟是中国传统文人，且是才华横溢的前七子之一，这又使他不会一俗到底。他似乎在追求一种明白晓畅而又文采华茂的语言风格，达到雅俗共赏、老少咸宜的艺术效果。如他在《中山狼》院本中唱曲，［双调新水令］：“晓风残月到山中，怎生般直恁地马驰人窜。尘烟数十里，器械许多般。咳！原来是打猎的军官，这势煞几曾见。”以“晓风残月”景色对“马驰人窜”形成反差，营造一种未知原委的境界——悬念。接着便利用空间距离推进，尘烟、器械的渲染，才揭开了打猎军官的未曾见过的阵势。其语言也还接近口语，能于深浅、浓淡、文野之间达到雅俗共赏的效果。在《杜甫游春》中也有“如骈语”、“徒呈博洽”，使人不能“即闻即白”的词曲。如［满庭芳］：“深拼醉倒，青春已去，白发难饶。满园桃李，风吹落，万点飘摇。高塚外麒麟卧草，小堂中翡翠为巢。推物理须行乐，浮名蜗角何用绊吾曹。”这样的词曲，即使在今天能打字幕，若一闪而过你也未必都能懂得，这又是王九思传统文人本色的自然流露。正是这种亦俗亦雅以俗为主的特征，方是王九思杂剧的语言特色。

（六）当时及后世的评价

王九思的杂剧虽然仅此两种，但其影响却是巨大的。首先它是在元代杂剧衰落一百年后，明初朱权、朱有燉等藩王贵族将杂剧引向迷途时，起到明代杂剧向高峰挺进的承前启后的作用。从形式上它继承元代杂剧的合理形制：北曲四大套（北仙吕、北中吕、北越调、北双调），对明中期以后杂剧的创作起到一定的规范作用。在内容上继承元代文人杂剧面向中下层，反映普通人生活的传统，完全摈弃明初朱权、朱有燉等歌功颂德、粉饰太平、神仙佛道的不痛不痒的平庸滑俗之风，开创干预社会、抨击腐败、冲击黑暗，体现个性自由的风气。此后一直延续到清初，杂剧基本上保持这一优良传统。

由于王九思、康海在杂剧创作与普及（乡村演出）方面的贡献，历代文人对其均有较高评价，这也就奠定其在中国戏曲史上举足轻重的地位。近五百年以来，凡谈戏曲史、杂剧史的著作无不涉及王九思、康海，且都予以较高的评价。在此谨录部分评价资料。

（1）明人祁彪佳《远山堂剧品》将王九思杂剧二种列入“雅品”，与元代关汉卿《单刀会》以及明代朱有燉、汪道昆等名家并列。评语曰：“王太史作此痛骂李林甫，盖以讽刺时相李文正者，卒以此终身不得柄用。一肚皮不合时宜，故其牢骚之词，雄宕不可一世。”

（2）明人沈泰编《盛明杂剧》收录王九思《杜甫游春》改题作《曲江春》。所附评语：“渼陂高才废处，作此以嘲时相，悲啼唏嘘，如怨如诉。”

（3）明代文豪王世贞《曲藻》，将九思《杜甫游春》与康海杂剧作了比较，认为：“敬夫与康德涵俱以词曲名一时，其秀丽雄爽，康大不如也。评者以敬夫声价不在关汉卿、马东篱（致远）之下。”

（4）明人王骥德在其《曲律》中，认为王世贞评语有些过，他认为：“此剧盖借李林甫以骂时相者，其气雄宕，固凌厉一时，然也多杂凡语（王骥德以“文词派”标准要求），何得与元人抗衡。王元美（世贞）复谓不在关、马之下，皆过情之论也。”

（5）明人李开先在其《六十子诗》中评价王九思：“编戏今丽曲，善作古雄文。振鬣长鸣骥，能空万马群。”又在《渼陂王检讨传》中说九思：“诗文苍古，而词曲则新奇，不止守元人之家法，而且得元人之心法。脍炙人口，洋溢人耳。”

（6）明人沈德符在其《顾曲杂言·杂剧院本》中有：“本朝能杂剧者不数人，自周宪王以至关中康（海）、王（九思）诸公，稍称行当，其后则山东冯（惟敏）、李

（开先）亦近之。”

（7）明人孟称舜在其《酹江集》所收本中评：“此剧（指《杜甫游春》）雕琢自喜而不失浑厚之气，固应与胜国（即前朝）诸名家相伯仲。”

（8）明人孟称舜评冯惟敏《梁状元不服老》杂剧：“有气蒸云梦，波撼岳阳之概，堪与王渼陂《杜甫游春》曲媲美，置之元人中亦自未肯低眉也。”

（9）孟称舜在其《酹江集》所收康海《中山狼》杂剧眉批为：“康对山与王渼陂同以声乐相尚，或谓王艳而整，康富而芜，彼此各有短长。又谓康所作莽具才气，然喜生造、喜堆积、喜多用老生语，不得与王并驱。然此剧淡雅而微带风丽，视王（九思）《沽酒游春》曲殆不肯居轻。吾谓微逊王者，正少其雄宕耳。”

（10）明人何良俊《曲论》称：“康对山跌宕，然不及王渼陂蕴籍。如渼陂《杜甫游春》虽金、元犹当北面，何况近代？以《王兰卿》（康海杂剧）较之，不逮远矣！”

（11）据广州中山大学中国古文献研究所黄仕忠《日藏明孤本〈四太史杂剧〉考》：明代大理学家焦竑“故官太史，被谗谪服外”，与明中期杂剧作家四太史（均在翰林院任过职）杨慎、王九思、胡汝嘉、陈沂有相同的遭际，能体会其“触时愤事，成物出世之怀”，而“抚时自感，沾沾而激赏此四者”，因命其门生孙学礼刊刻《四太史杂剧》。据《四太史杂剧·引》：万历三十一年（1603）孙学礼之舅父程巨源，携孙拜会焦竑，“酒间论文，间及词曲”，焦竑“首肯”巨源之说。然后拿出其杂剧藏本：杨慎的《洞天玄记》、王九思的《杜子美沽酒游春记》、胡汝嘉的《红线金盒记》、陈沂的《善知识苦海回头记》。嘱其门生孙学礼“梓而布焉”。并且谓此四杂剧“体格玄超，机宜奥妙，音调尔雅，大足当家。其触时愤事，成物出世之怀，无庸深问。至其雅俗并陈，意调双美，声流香动，态悉情输，只字之悲欢，销魂艳骨。词组之抑扬，色夺神怡。开心志则倾倒儒绅，婾流俗则鼓舞妇孺。世禘名理，知识节侠之风，观者得之，而思过半矣”。

《四太史杂剧》于万历三十三年（1605）刊行，焦竑为之题词。阐述国初藩王朱权、朱有燉等“尚南音”，而使北音不闻之弊，而重点即在王九思等继金元古音，“假音节以稍泄其胸中之奇”。这正符合了焦夫子“抚时自感，沾沾而激赏”的心境，且与之发生共鸣。此“题词”距王九思创作《杜子美沽酒游春记》后约九十年左右。

焦竑（1541~1620）字弱侯，号澹园、龙洞山农。应天府江宁人。万历十七年（1589）殿试第一（状元），授翰林院修撰。二十二年（1594）受命修纂国史，侍讲东宫。二十五年（1597）主顺天乡试，遭诬劾贬福宁同知。未几弃官归田，讲学东南二十余年，主阳明良知之学。为隆庆、万历间江南著名理学家。作为理学家，其对杂剧这种俗文学情有独钟，亦甚为奇特。

《四太史杂剧·杜子美沽酒游春记》卷末有“行草刻之”《游春记后跋》：“《游春记》之作也，其当正德之时耶。作记者其大有所拂郁耶！李林甫其有所指耶，是故其气激切，其词怨而婉，匪直为己私也，抑亦为天下若类伤也。时嘉靖乙丑秋八月门人友山道人，书于濩泽乐亭。”（此跋诸版本均无）

（12）据汪超宏《明清曲家考》书中《汪道昆四题》：胡应麟（浙江兰溪人，能诗，有文名，王世贞将其置诸“末五子”之列）于万历十九年（1591）往安徽歙县访汪道昆，居两月，其间作两首赞美汪道昆杂剧“演出盛行及流传甚广”的诗。其中《湖上酒楼听歌王检讨敬夫、汪司马伯玉二乐府及张伯起传奇，戏作》三首，为回忆万历十一年癸未（1583）胡应麟与汪道昆等在西湖相会，于湖上酒楼听王九思、汪道昆杂剧和张凤翼（伯起）传奇。此事距九思去世已近40年，可见九思杂剧在文人中影响之深。其第一首为王九思而作：“光阴百年迅流霞，一曲东篱擅马家。何似翰林［新水令］，秋风迁客走天涯。”其时距九思生已百年，胡应麟将九思与马致远相媲美，说马的《东篱乐府》何似九思的散曲［新水令］。“秋风迁客走天涯”即九思［新水令］首句（汪超宏根据胡应麟《少室山房集》卷七十六）。

（13）游国恩等主编的《中国文学史》有：“明中叶出现的比较有成就的戏曲作家有康海、王九思、李开先等，他们都是在统治集团里被排挤出来的人物，从而对统治集团的腐败性多少有所认识”，“至弘治、正德年间，由于康海、王九思、王磐、陈铎等作家的出现，散曲的创作才有了新的进展。”

（14）吴国钦著《中国戏曲史漫话》（上海文艺出版社，1980年6月版）有：“明代杂剧以王九思的《杜甫游春》、康海的《中山狼》、徐文长的《四声猿》、徐复祚的《一文钱》等最为有名。《杜甫游春》只有一折（作者有误，应为四折一楔子），是一个‘借他人之酒杯，浇自己块垒’的杂剧，剧中杜甫的形象并非唐代大诗人的再现，而是作者的化身。剧作者借‘杜甫’之口，指斥明中期政治之黑暗，指桑骂槐，痛下针砭，确有独到之处。”又有：“明中后期的剧坛，是继元杂剧之后我国戏剧史上另一个繁荣时期。这时期出现的戏剧作家很多，康海、王九思、徐渭、梁辰鱼、李开先、汤显祖、沈璟、孟称舜等，可以说人才辈出，济济楚楚。”还有：“戏曲形式的演进和表现手法的多样化，在这个时期也是很突出的。杂剧的成就虽不及元代，但康海、王九思、徐渭、王磐、徐复祚等的杂剧作品，光芒依然不可磨灭。”

（15）徐子方《明杂剧史》列专章评论王九思两杂剧，其观点散见于本节。

（16）黄仁生在其《论王九思及其杂剧创作》(《中国文学研究》1988年第2期）一文中说："王九思与康海，虽然早年都以诗文名世，因而同被称为七子之一，但他们罢官后主要以杂剧和散曲名世。特别是他们的杂剧，赫然振起沉寂近百年的明代剧坛，对杂剧艺术的发展有着起衰振弊、继往开来的重要意义。"

五 《中山狼》院本与《中山狼》杂剧探幽

王九思《中山狼》院本与康海《中山狼》杂剧所指，五百年来一直是学术界争论的问题，这桩公案至今仍然扑朔迷离。我们研究王九思，必然涉及《中山狼》所指的问题，这里不妨略抒己见。

（一）康海、王九思等救李梦阳事件

这一事件是厘清《中山狼》所指的关键。虽然在本书前节已有所交待，这里不妨再叙述一下。先是李梦阳代户部尚书韩文草疏参劾刘瑾，遭到失败。刘瑾已贬谪李梦阳，但仍觉未解其恨，又罗织罪名将李械系至京下狱，欲置其于死地。康海当时为翰林院修撰，与李梦阳同有文名，但"各自负不相下"。刘瑾执柄重用陕人，且慕康海才名（康为弘治十五年状元），常想将其招致门下，虽然多次设法延请，康都避而不见。李梦阳既下狱，其妻弟左舜卿到狱探视，说："若再迟缓决无生路！现在唯一能救你的人是康海。"梦阳说："吾与海素不相下，今生死之际托之，宁不愧乎？"左舜卿再三强调非康海莫救。梦阳才以片纸书数字："对山救我，唯对山能救我。"（李开先在《对山康修撰传》中则说李梦阳扯衣襟，咬指以血书密书）康海见字，即与王九思计议，说："为朋友死是做人之分，但将老母如何安置？"九思说："最多不过是罢官，想必不妨老母事。"康海言："如此我何吝惜一官而弃二人（还有韩文）性命呢？"当时张潜、何景明也促其相救。康海遂去见刘瑾，刘瑾大喜，延康海以上座。康海说："昔唐玄宗任高力士，宠冠群臣，且为李白脱靴。公能之乎？"又言及"韩文虽然不识事体，但久负正人君子名，李梦阳文章超绝，为今世李白，可为乡里（李梦阳，庆阳人，时庆阳属陕辖）之光彩"。如果你杀了此二人，公的威望将受到损害。刘瑾说："这是朝廷的事情，今天先生你既然说了，我一定设法开脱他们。"康海遂解带与刘瑾饮酒，直到天明才离去。李梦阳、韩文以此得以释放，而康海与刘瑾往复，"竟遭清议"。

正德五年（1510）秋，刘瑾事败，康海被以瑾党削职为民，王九思以瑾党贬寿州，不一年又以瑾余党罢归。（以上事实分别据《明史纪事本末》、李开先《渼陂王检讨传》《对山康修撰传》《李崆峒传》。）

李梦阳因为是刘瑾案受害者，复官擢为江西提学副使。以李梦阳当时的处境以及出于道义，均应出面为康海、王九思澄清是非。但史无记载李梦阳有何举措，至于落井下石亦无明确指实。

而康海、王九思罢官不久，便分别写作《中山狼》杂剧与《中山狼》院本，其题旨即斥责忘恩负义之《中山狼》一类人。后世便以此认为王九思、康海是指骂李梦阳的，也有以为此两剧是泛指，非指李梦阳而争论不休。

（二）有关资料的对比分析

笔者以为这件事的是与否，首先要以明人尤其与事件关系密切、或与事件时间较近的人或事为依据，才能接近事件的真实性。

首先，我们应以李开先的记述分析。李开先虽然与王九思、康海、李梦阳等不是同龄人，但由于诗文方面的爱好，和这些人均有交往。尤其与康海、王九思交往甚深。他于嘉靖八年至二十一年在朝为官，前朝（正德）事虽已过往，但时仅二十年，且影响深远的刘瑾事件，在朝廷上下议论仍然不会消失。李开先作为留意政治的文人，不会不对此敏感。这从其在《李崆峒传》中记述康海救李梦阳事件的细节可见端倪。其记述康海及门投刺上谒刘瑾：“门阍入报，瑾喜而出，曰：‘吏礼两部正缺侍郎，何不俯就？我朝状元以子居首，此同乡之光也。’对山欲脱友难，假为谀词云：‘乡尊相业，张太宰（张綵）政事，李梦阳文章，谓之关中三绝，而区区不与焉！’瑾云：‘此人安在？’应以‘见在狱中’。瑾不信，取狱符观之，笑云：‘乃原任户部李郎中，不记其名为梦阳。在孝庙轻薄上言，连及宦寺。正德初又代写草本，从谀韩尚书弹劾吾辈，方欲夺之，以快吾心。’康又云：‘乡尊能法太祖为治，梦阳能法太祖为文，杀之或失士林之望。’其家老仆姜达亦从旁申救：‘管仓日曾听其卖粮获利。’瑾乃德崆峒，欲官之吏部，终赖康言，力请得归。”这样的言语行止，连其家仆参与的细节都详录，非访之当事人是不可得的。

从李开先《李崆峒传》可知李开先终生未与李梦阳谋面，而与康海、王九思于嘉靖十年（1531）相与盘桓月余日，他们“相见恨晚”。其间除游览终南诸胜，又切磋诗文词曲，更观其家班演戏，想必《中山狼》院本、杂剧总是要演的。康、王对其讲述两剧的起因及始末也是顺理成章的。在康海、王九思、李梦阳过世后，李开先分别为他们作传，将康、王救李梦阳事特在《李崆峒传》中写之甚详，而在《对山康修撰传》中相对较简单非无用意的。在《康王王唐四子补传》的康海传中写道："(海）数次援人于死地，弗望报也，而获生者反造谤焉。因为《差差辞》及《中山狼传》，而后咎有所归也。"这就说得非常明显了。

又据《康王王唐四子补传》云，"对山志则马溪田、状则张太微"所为。也就是说李开先此言当是依据马理与张治道所撰康海墓志及状文而来的。而张治道的《翰林院修撰对山康先生状》中，还有翰林院编修何伯斋（何瑭）与此事的细节："编修何伯斋谓众人曰：'康对山若往瑾救之，献吉可活也。'人以是语先生，先生曰：'我何惜一往而不救李耶？'先生虽承往而人犹难之。明日先生同某御史往左顺门，值伯斋自内阁出，曰：'此为献吉来耶？'先生曰：'是。'伯斋附先生耳曰：'此可独往，不可与他人同也。'先生遂不之往，且谓伯斋曰：'瑾横恶肆权人也，性好名，可诡言而夺，不可正言而论也。'伯斋曰：'此唯先生能之，他人不能也。'又明日，先生往瑾所。"张治道这样拘泥于细节，除力证此事的确实外，不会无用意的。

马理、张治道与康海、王九思同朝为官，又是同乡，致仕或罢官后长期与康海、九思相过从，尤其张治道对晚年的王九思特别关照，他们对康海、王九思作《中山狼》的用意就更加知晓了。他们这样说的目的，也正如上文，是将康海作《差差辞》及《中山狼传》"后咎有所归也"，也就是说将其与李梦阳的恩恩怨怨有个归结。当然，亦可理解为梦阳后遭诬陷被罢官的报应了。

我们也可从康海自己读《中山狼传》一诗看得明白："平生爱物未筹量，那计当年救此狼。笑我救狼狼噬我，物我两忘各无妨。"这里的《中山狼传》当指马中锡（即康海、王九思、李梦阳的老师）《东田集·中山狼传》散文。史称马中锡此文即刺李梦阳负于康海。康海看了能不激动而为诗？而这首诗也许成了康、王创作《中山狼》的契机。且看"平生爱物未筹量"、"物我两忘"，不正是与《中山狼》剧中东郭先生的墨家"物我混同"的"兼爱"相呼应吗？"救此狼"、"狼噬我"也是明白不过地指李梦阳了。

再列举几种说法：

（1）明人沈德符《顾曲杂言·填词有他意》中断言："填词出才人余枝，本游戏笔墨，然亦有寓意讥讪者。……康对山之《中山狼》则指李崆峒。"

（2）明人马中锡《东田集》中有《中山狼传》，何良俊（明人）《四友斋丛说》卷十五、李诩（明人）《戒庵漫笔》卷八，皆谓马中锡刺李梦阳负康海事而作。

（3）清人焦循在其《剧说》引何元郎（即何良俊）语云："李崆峒为韩道贯（文）草疏，极为切直。刘瑾切齿，必欲置之死地，赖康浒西（海）营救而脱。后浒西获罪，崆峒议论严刻，马中锡作《中山狼》以诋之。"何良俊生于正德元年（1506），卒于万历元年（1573），历经正德、嘉靖、隆庆三朝。其言"崆峒议论严刻"，当是唯一见李梦阳忘恩的议论。嘉靖年间何良俊正是壮仕之龄，又任南京翰林院史官，其言当可信。

（4）焦循《剧说》中引王士禛（清诗人）语云："《中山狼》，见马中锡《东田集》。东田，河间故城人。正德间，崆峒、对山皆其门生也。按《对山集》有读《中山狼传》诗云：'平生爱物未筹量，那计当年救此狼。'则此传为刺崆峒无疑。"

（5）北京大学语言文学系、中古典文学教研室所编《中国文学史纲要》中说："据清人王士祯《池北偶谈》记载，马中锡写《中山狼传》，也是针对康海的冤屈而对李梦阳进行讥讽的。康海《对山集》中有一首《读中山狼传》诗：'平生爱物未筹量，那计当年救此狼。笑我救狼狼噬我，物我两忘各无妨。'可见从马中锡的传记散文到王九思、康海的剧本都是有所为而作的，确有所指。"

（6）新编的《武功县志·文化编》（663页）谈康海杂剧曰："明弘治状元康海为救友李梦阳，往谒公公刘瑾，李始得救。正德间刘瑾事发，海受株连，李为座上客，不置一词相救。海遂归里，放情泉石，自办班社，作杂剧《中山狼》传世。"

以上事实说明，康海、王九思撰《中山狼》杂剧与《中山狼》院本，所指即李梦阳无疑。

（三）《中山狼》具有普遍的社会意义

近现代以来，有不少专家学者撰文，认为王九思、康海所作《中山狼》杂剧所指不是李梦阳。其所本大都与清初学者朱彝尊在其《静志居诗话》卷八中所述有关，其语为："《中山狼》乃东田马中锡作，今载其集中。世传訾李献吉者，数其负康德涵也。考之康、李，未尝隙末，黄才伯（黄佐，正德十六年进士，选翰林院庶吉士，后为翰林院编修）有《读见素（林俊，成化进士，官至刑部尚书，历成化、弘治、正德、嘉靖四朝）救崆峒疏》诗云：'怜才不是云庄老，愁杀中山猎后狼。'然则当日所訾，乃负见素耳。"

据金宁芬《康海研究》（59页），最早见诸史籍有关《中山狼》杂剧为"讽刺李梦阳负恩康海"而作的是黄佐《董大理传》，文章在述及康海救李梦阳经过之后说："其后崆峒反嫉害对山，知者至为《中山狼传》刺崆峒，然对山未尝仇崆峒也。"文中还说此事是作者在南京任职时，从马理处得知的。可见黄佐本持李梦阳“负恩”、“嫉害”说，并从“康救李事件”的当事人之一：康海、王九思同乡好友马理处得知，以坐实其说。黄佐《读见素救崆峒疏》所作“怜才不是云庄老，愁杀中山猎后狼”诗句，确实是指有负林俊（见素）的。问题是朱彝尊却将这两句诗与“考之康（海）、李（梦阳）未尝隙末”联系起来，容易使人误解：世传马中锡作《中山狼》为訾李梦阳（献吉）负康海之说不成立，康海与李梦阳之间没有隙末，即交谊不终而反目成仇之事；黄佐那两句诗是说李梦阳有负林俊的。推之，康海、王九思所作杂剧、院本《中山狼》也就不是讽刺李梦阳了。接着朱文又列举康海归田后，耽心词曲、死后惟遗物腰鼓三百副等例，说明其不愿作“风雅”之属的正统诗文，只以俗曲小令之类来发泄其“从今后花底朝朝醉，人间事事忘”的不满情绪而已。其意为进一步补证“康、李未尝隙末”与《中山狼》非訾李梦阳的观点。

我们先不说黄佐的“负恩”、“嫉害”观点如何，仅就朱彝尊此说是否符合事实，来反证《中山狼》杂剧所指。

笔者以为朱彝尊的说法不符合事实，其原因有以下几点：其一，王九思、康海《中山狼》院本、杂剧创作时间当在正德八至十一年。李梦阳牵连到宁王宸濠事件为正德十四年八月（宸濠为网罗人才，曾招致梦阳为其写《阳春书院记》谀文，宸濠反叛被杀），而后林俊（号见素，时为刑部尚书）与杨廷和（内阁首辅）上疏论救。所以，《中山狼》院本、杂剧与此无关。其二：李梦阳无负于林俊。李梦阳在江西提学副使任上（正德六年底至正德七年底），林俊曾以都御史身份巡视江西。据李开先《李崆峒传》，林俊北上时“曾以诗六首见贻，崆峒乃如数奉和”。其和诗中有“潭起汉娥留佩赋，井传王粲倚楼题”、“谢安实费登山屐，司马虚传谕蜀文”、“半生心事白头知”等句，分别赞美林俊诗文可比汉娥（疑为班昭或班婕妤）与王粲（建安七子之一），功业比运筹帷幄的谢安高一筹（谢安得到淝水之战胜利的消息，对客镇静若常，进门“不觉屐齿之折”，其矫情镇物如此。林俊任四川巡抚都御史时，曾镇压保宁州农民起义军有功。可不费登山屐），也可比司马相如使蜀传檄（谕）而定（安民）。并说自己读了林俊的诗，“半生心事”到了“白头”才明白，可见其对林俊的推崇与敬慕。而李梦阳也于当年（正德七年）底，因与江西督抚陈金、巡按御史江万实等纠纷而下狱，得救归家（大梁，今开封），从此再未出仕。而况六年后李梦阳又牵扯到宸濠谋反案中，林俊又救了他，其不在官场也不可能有负林俊。其三，考之王九思、康海与林俊无交往，但二人分别作《中山狼》剧，不为自己辩诬，而去为林俊抱不平恐怕太牵强了吧。其四，黄佐读林俊（见素）《读见素救崆峒疏》后，所作“怜才不是云庄老，愁杀猎后中山狼”句，不是更加说明李梦阳“中山狼”之名，早已在士大夫圈子甚至社会上“坐实”。

至于朱彝尊说“考之康、李，未尝隙末”，显然不符合史实（前已述康、李间怨怼颇深）。

笔者所能见到与朱彝尊所说相近者还有：张中的《为李梦阳辩诬——谈明杂剧〈中山狼〉》（《西北师范学院学报》1982 年第二期）、辛雨的《〈中山狼〉的公案》（《学林录》二）、蒋星煜的《康海〈中山狼〉杂剧并非为讥李梦阳而作》（《中国戏剧钩沉》一书）、穆甲地的《杂剧〈中山狼〉思想实质剖析》（《唐都学报》1998 年第 12 期）等，都持非指李梦阳说。

穆甲地文中言康海、李梦阳之间并无嫌隙，其“友谊自始至终，一往深情，既没有因施恩求报而耿耿于怀，也没有因忘恩负义而反目成仇”。其理由是康海罢官后，与李梦阳之间互相寄赠感怀诗多首。穆文列举了李梦阳以《寄康修撰海》古诗两首相赠，康海则有《李献吉二首》回应。考之李梦阳两首赠诗均为其在江西提学副使任上事，康海所回赠为散曲［普天乐］《崆峒》与《送崆峒还山》律诗一首。其背景为李梦阳在江西任上与江西督抚陈金等不合，又遭巡按御史江万实指控“伪造奏章”，而被“羁广信狱”。由于“声其冤者万口一词”，才得“冠带闲住”，回归故乡。其回到汴梁（其时李梦阳已移家汴梁）后，赠诗康海，康以曲、诗回赠。以上所赠及往还的诗句均情真意切，是所谓“堪称一往深情”了。

其实康、李友谊“自始至终”的说法是站不住脚的。

前面我们已经说过，即使无康海救李梦阳的恩怨，康、李之间也“各自负不相上下”，李到生死关头亦无颜求救于康。但康海还是不计前嫌，“舍操守”而向宦孽低头。康海、王九思既然以此牵连瑾案，李无解脱康、王之举，更无言语涉及，已属不义，况其又擢升为江西提学副使，可谓踩着康、王脊梁上了一级，康海乃性情中人，岂能无动于衷？

四年后，李梦阳在江西任上遭巡按御史指控，心中委屈，体味到不白之冤（参劾刘瑾是一种义举，即使冤也是明白冤）之痛苦，于是联想到康海因救他而遭不白之冤，致削职为民，其深为愧疚，寄书慰问，也在情理之中。如其《寄康修撰海》中“鸡食鸾凤饥，娥眉遭谗深”，表示对鸾凤遭饥饿、峨眉遭谗言的康海深切同情。其“海水有可测，伤哉谁谅心”、“欲往河无梁（桥），念子忽如迷”两联，已表达一定的歉意和向往之情。来而不往非礼也，康海回书也表示谅解。

及至李梦阳因宸濠案险些儿丧了性命，以康海、王九思这种疏狂之士，其大度之气概，同情李梦阳也合情合理。在非常时候与李梦阳几至绝交的何景明，尚能以泯前嫌而请杨廷和救李梦阳，康海、王九思为何不能寄两首诗表示同情呢？当大家都落魄时，以惜惺之情勾起昔日在朝的七子情也是情理中事，但断不能因此而证明康、李之间并无“嫌隙”，进而证明《中山狼》不是针对李梦阳的。

前七子间的恩恩怨怨也实在难以说清，如何景明与李梦阳失和十几年“绝交也”，但何在弥留之际嘱其友及子侄“墓文必出崆峒手”。朋友子侄认为“状去，崆峒文必不来”（《李开先集·何大复传》），没有求李梦阳。若以李梦阳之疏狂豪放，状至，墓文必来。可见何景明的自信心，也可见前七子间道不明的恩怨。

即使康海、王九思作《中山狼》为“骂世”，以一种儒士喻世、劝道的目的作为创作契机，其执笔时也不会忘记救李梦阳事件对其的伤害，尤其康海，那毕竟是致其罢归的原因。这也可视为一种所指吧！

“中山狼”这种人在社会上普遍存在，也是一种社会现象。所以康海、王九思是骂李梦阳也好，骂中山狼也好，骂世风也好，作品一旦写成，便有了普遍的社会意义。和现代作家一样，即使将一己之经历与感受诉诸其创造的对象，也因为作家和对象都是社会的人，在他们这些个性身上必然寓含着共性的东西，也就是普遍的社会性。当其作品公诸于世，他的普遍社会意义也就跳出了作家原来狭隘的圈子。正像《红楼梦》，曹雪芹当初写作时，也不过是“一把辛酸泪”，但今天居然有人说其是一部“封建社会的没落史”。这难道是曹雪芹写《红楼梦》的初衷吗？

可见当初《中山狼》一出世，便不是康海、王九思指骂李梦阳之作了，而是有了普遍的社会意义。但追根溯源，我们可以说康海、王九思创作《中山狼》的初衷，起码是指骂李梦阳的。

（四）《康海研究》的有关资料

在《康海研究》中，金宁芬对此事的标题为《说似真来真似假，说是假来假亦真》。仅就标题即可知金先生是无定论的，采取“诸说并存”的方法。其中许多资料对澄清此一问题比较重要。其一，金先生根据安侃《李崆峒先生年表》等史籍，梳理出李梦阳正德二年正月至六年五月的经历：

正德二年正月刘瑾矫诏降李为山西布政司经历并致仕。李于是年二月归大梁，筑草堂而居。正德五年五月，刘瑾又罗织他事矫旨诏狱，必欲置李于死地。得康海相救，李于是年八月八日被赦，回大梁闲住。正德六年二月，刘瑾被诛后半年，台谏交章荐李忠直，诏起为江西按察司提学副使。李四月十七日得简书（按理：既是“台谏交章荐李忠直”又擢升为提学副使，此时即向朝廷上疏为康海鸣冤，方见其真“忠直”），五月赴官。在江西三年。其间，因与图逆宸濠牵连获罪，得何景明上书冢宰杨一清乞为申解。于八年冬寓南康府卧病待罪；九年正月，寓江西广信，候勘结；五月罢官北还。此后再未出仕。

此“经历”说明康海、王九思被定为“瑾党”（正德五年八月）时，李梦阳还未被起用，且家居汴梁，所谓“嫉害”、“议论严刻”是不存在的。其二：

（1）吕柟于《大明前翰林院修撰对山先生康公墓志》中说：“李（梦阳）既免死，后著他人文字时擅其美。”且王世贞《弇山堂别集·史乘考误》转录文为“先生（康海）既用策脱之，李（梦阳）后著文，令他人擅其美”。

（2）李梦阳在《左舜卿墓志铭》（左字国玉，为其妻弟）中有：“前余罹首祸黜还，寻被钩织械系北行。厥势雷轰山崩，人人自保窜匿，若将及之。舜卿独立疾从，酷暑无昼夜行饥渴。盖是时瑾威权炽矣，顾颇独礼修撰康海，敬之。于是舜卿为书上康子，累数十百言。其大要有四：言瑾持天下衡，必不以怨杀人，一；又为天下惜才，必不忍杀李子，二；又康子必匡瑾以古大臣之业，三；又康、李义交也，即为之死诤不为过，四。康子为敛容谢焉。”左舜卿（国玉）一路护送李梦阳进京，历尽艰辛。由于劳累过度，归后逾年病卒，这应是正德四年事。“由这段文字看，康海救李似乎因左氏晓以大义后才答应的”。其中“顾颇独礼修撰康海，敬之”，似乎康、瑾之间还有说不清的关系。其二、三居然还有刘瑾“持天下衡”，康还会帮助其成就“古大臣之业”的；并说刘瑾是不会冤枉好人，是爱惜人才的，也不忍心杀他的。其时已是正德六年八月，刘瑾已伏诛，李梦阳尚如此说，可见不仅是“令他人擅其美”，简直就是“嫉害”和“议论严刻”了。在以后所作的《崆峒先生传》《述征集后记》以及根据李梦阳之子李枝所述而作的《明江西按察司副使崆峒李公墓表》等作品中，凡涉及“康救李”事件的，都主要提及其妻弟左舜卿之功劳，很少或不提及康海。当然有失公允。

（3）“据吕柟等说，是李梦阳手扯衣襟，噬指血书曰：‘康子救我！’康海与王九思等友人商量后，才不顾个人安危谒瑾相救。张治道并强调‘此信尚存’，以证明此事属实。若李梦阳事后没有讳言，张治道何以如此申明！”“今见《崆峒集》中，除很少几处对康海空泛的褒奖之词外，从未见有为其被归入‘瑾党’鸣冤的文字。相比他人如吕柟、王廷相、王九思、何瑭、马理、李开先以及霍韬等人，力为康海辩冤或分析其蒙冤原因之作，显得淡漠得多。”“康海被定为‘瑾党’，直至嘉靖八年李氏逝世的近二十年时间里，为何不对此事置一词以为康海鸣冤呢？”

从以上三点我们可以得出结论：说李梦阳“嫉害”、“议论严刻”和“忘恩负义”当是不冤的。所以说康海、王九思的《中山狼》是讽刺李梦阳，也不是空穴来风。

（五）《中山狼》杂剧作者之争

据金宁芬《康海研究》：《中山狼》杂剧的作者，自明代以来就存在着不同看法。最早明确指出杂剧《中山狼》为康海所作，是万历年间沈德符所撰《万历野获编》。书中说：“填词出才人之余枝，本游戏笔墨间耳。然亦有寓意讥讪者，如王渼陂之《杜甫游春》则指李西涯及杨石斋、贾南坞三相；康对山之《中山狼》则指李崆峒……”此后崇祯时沈泰辑刊的《盛明杂剧》、明末祁彪佳所作《远山堂剧品》、记载晚明赵琦美藏书的《也是园书目》等均持此说。

不同记载，见于明正德十六年进士黄佐所作《董大理传》，黄氏在南京时曾从马理处闻说康海救李梦阳事件。但“其后崆峒反嫉害对山，优伶至为《中山狼》杂剧以刺崆峒，然对山未尝仇崆峒也”（《泰泉集》卷五七）。文中于此有一小注：“崆峒后仇对山，时人作《中山狼传》讥之。”此说早于沈德符近百年。其后明末清初人顾景星《白茅堂集》卷十六《书康对山集》诗末注：“《中山狼传》对山门人作，非出对山。”

近二十年来，《文学遗产》杂志刊登数篇文章，认为《中山狼》杂剧不能肯定是康海所作，理由是未见当时人记载。其中最典型的为朱迎平《康海作〈中山狼〉杂剧斟疑》（《文学遗产》1989年第6期），其文认为：“从正德以后的近百年间，尽管康海和王九思名震一时，声流不绝，尽管二人的作品流风遗韵，历久不衰，尽管其杂剧作品均被议及，《杜甫游春》因语涉讥讽，尤为人所乐道，但其间却绝无《中山狼》杂剧的任何踪迹，也无康海作过《中山狼》的任何记载，更无康海作《中山狼》讽刺梦阳负恩的任何议论。如果康海确有《中山狼》之作，并公诸于世，以他的名声，以《中山狼》杂剧的思想、艺术水平（决不在《杜甫游春》之下），上述现象怎能令人置信呢？康、王并称当时，但《杜甫游春》一再为人议及，而《中山狼》却无人问津，世人岂能如此不公？这样一部刺世嫉邪的名家名作，在明代中叶近百年间产生的曲论、笔记中未留下任何踪迹，实在叫人不可思议。”“综上所述，康海作《中山狼》杂剧之说，在明代中叶近百年间杳无音信，突然出现于晚明又来历不明，因此，康海究竟是否有《中山狼》之作，不能不认为还是个疑案。”

朱文接着又言："其实前人对此早有觉察。清初钱谦益撰《列朝诗集小传》，于康海传中未提及作《中山狼》事，而在王九思传中，则明确记载其作《杜甫游春》以骂李东阳事，这是颇能说明问题的，钱氏恐怕不会不看到《野获编》《盛明杂剧》等著述（二著作为百年后所作，均有《中山狼》杂剧为康海所作的记述）。

金宁芬先生认为：一、写作剧本对当时文人来说是游戏之笔墨，作者往往不署名或仅署别号。二、沈德符等人著作"引征亦为赅洽"，且都见过剧本而后有署"康海作"的，不会凭空杜撰。三、康海门人未有如此学养者可作《中山狼》杂剧。四、李开先《康王王唐四子补传》中提及的《中山狼》应指杂剧，不是康海《读〈中山狼传〉》诗。五、王九思、康海二人和诗、和曲很多，因此，康海与王九思同时作《中山狼》的可能性很大。六、《中山狼》杂剧的内容与康海一贯思想相符（主要是反对墨家"兼爱"思想）。七、康海为曲家高手，其剧严遵《太和正音谱》《中原音韵》。

结论："这部审音而作、合律依腔的作品，在康海同时的北曲作家中，除王九思外（王已作有《中山狼》院本），其作者非康海莫属。"

应当说金宁芬先生的论述是有一定道理的。但是，据王世贞《史乘考误十》，有"《中山狼传》撰自马左都中锡（指马所作散文），而杂剧则出王太史九思。以为讥献吉，理或有之"之说。王世贞为嘉靖时大文人，后七子之首，其《史乘考误》旨在考辨史籍之误，说明其是经过一番历史考证的。更何况王世贞据此事年代未远（不过 20 余年），时传《中山狼》院本与《中山狼》杂剧若为不同人所作，想必其会分别予以阐述的。为什么只谈"杂剧则出王太史九思"呢？

另，在康海的诗文中，从未见涉及《中山狼》，而其作《王兰卿贞烈传》却屡有涉及。王九思在其著作中未涉及康海《中山狼》杂剧，倒有不少地方提及其所作《杜甫游春》的事实。

以上两则可作为《中山狼》杂剧作者辨误的资料，姑且记之。

六 "康王腔"是否为秦腔

在有关介绍、研究王九思及康海的文章中，往往提到"康王腔"或"康王曲"。如《陕西省戏剧志·西安卷》、苏育生《秦腔艺术谈》、徐子方《明杂剧史》等专著，以及 20 世纪 80 年代以来，许多报刊杂志都有这样的提法。而一些研究地方戏的人，往往通过这些只言片语，即认为"康王腔"就是秦腔或秦腔的初创形式，也有认为其是“眉户”的原型。

当然，我们在王九思的诗歌集中，也常能看到如“有客过予者，善为秦声”（王九思《碧山乐府·自序》）、“高歌发秦讴”（《渼陂集卷二·罨翠楼听歌》），还有偶尔提到“秦韵”的地方，这些都是地方戏研究者，认为“康王腔”是秦腔或眉户的依据。

到底“康王腔”、“康王曲”是否为秦腔或眉户的先声或原型，我们有必要先弄清秦腔与眉户的流源和特征，然后与康、王杂剧、散曲等进行比较，方能得出结论。

（一）秦腔的流源及特征

周传家《腔高板急、激越慷慨——说说梆子腔和梆子戏》（《文史知识》中华书局1993年第2期）文中认为，板腔体的秦腔并不是从曲牌体戏曲（杂剧、传奇等）声腔中直接蘖生出来的，它的源头甚至比曲牌体戏曲还要邈远，他认为民间说唱可以分为乐曲系和诗赞系两大类。所谓乐曲系，指采用长短句语言结构和单曲、专曲或联曲体音乐结构，是曲牌体戏曲声腔的前身。所谓诗赞系，则指以齐言上下对偶句式为语言结构的说唱体系，它与板腔体戏曲声腔有着更为直接而密切的联系。“秦腔演剧，虽不知始自何时，然其声自明以来，即与南北曲并行，似其来历悠远，上有所承，绝非晚近始出者。观其词之句法体格，实与讲唱经文变文中之偈赞为近”。但它始终没有发扬光大，仍以说唱形式在民间流传。明代中后期，“秦腔”的名称已经出现，它是在传统“西音”、“秦声”的基础上经过长期实践，逐渐形成自己的独立声腔。但它始终与元、明杂剧、传奇（昆曲）是并行的，比起高度成熟的杂剧、传奇它是微不足道的。

明末清初，以昆曲为代表的曲牌体高雅戏曲，由于其“复杂的内容、艰深的语言、严格的格律、缓慢的节奏”，已经逐渐地脱离普通民众，仅为少数达官贵人、文人雅士所欣赏，变得毫无生气，开始走下坡路。这时崛起于民间的土生土长的小戏，以其清新的内容，通俗的语言，活泼的形式，浓郁的生活气息，赢得了普通民众的拥护，如雨后春笋般地发展起来，终于取代高雅昆曲的统治地位，一跃成为中国戏曲的主流。这就是中国戏曲史上的“花雅之争”——诸花部的胜出。所谓“花部”，就是包括秦腔在内的各种地方戏。而秦腔在“诸花部”中为发展最快的剧种，到清乾隆、嘉庆时，已经跃居“诸花部”之首。秦腔在当时也称“乱弹”，时梨园以艺人戏路宽者称为“昆（昆曲）乱（秦腔）不挡”。即后来被目为国剧的京剧，也是在吸收秦腔、徽剧、昆曲、汉调二黄等剧的营养而后形成的。

“康王腔”所本，当是康海、王九思的杂剧以及其大量散曲。这些杂剧与散曲在流行的过程中，逐渐被本土民歌俗曲所改造，形成地方人士喜闻乐见的戏曲形式和音乐特点。及至经常到庙会等场合演唱，又被广大民众所接受。但其所本仍然是曲牌体戏曲音乐的路数，不会与“诸花部”的秦腔融合，更不可能发展成现代意义上的秦腔。所以从流源上讲“康王腔”不是秦腔的根源。

从戏曲特点上讲，秦腔是板腔体，它的唱腔是以上下句反复吟唱为基本调式，唱词为整齐的七字句或十字句的排偶形式。它的音乐里也有曲牌体式，但已没有唱词配合。其作用是渲染舞台气氛和配合角色感情变化，或使唱腔板式自然过渡以增强舞台效果等，属于戏曲音乐的辅助部分。

而“康王腔”的杂剧、散曲，再变化也是曲牌体，它当然是以散曲的长短句式结构演唱。曲牌是它演唱的根本，唱词是以曲牌的严格规定填写的。即使在长期实践中吸收本土民歌俗曲的营养，也只能丰富而不能改变自己，所以它不会变成秦腔的板腔体。

秦腔理论家苏育生在其《论秦腔的流源和形成》一文中说：“（康、王）这种剧本，完全继承了元杂剧的衣钵，与后来的秦腔剧本毫无共同之处。戏剧家李开先，因事北上，专程到鄠杜一带拜访王九思与康海。王、康特设宴演戏招待，演的不是别的，而是王编的《杜甫游春》杂剧。按理说，秦腔此时如果十分发达了，那么，作为一个地地道道的陕西剧作家，所谓秦腔一派——‘康王腔’的创始人，为何连一本类似后来秦腔的剧本都未写呢？哪怕一本也好，可惜没有。从康海、王九思的剧本及其演出来看，我以为从反面证明，至少在他们生活的明中期社会，秦腔还没有正式形成，只有到了明末清初，在昆曲逐渐衰落之时，秦腔伴随着‘花部’，显示了巨大威力，而驰骋于剧坛了。”

据金宁芬《康海研究》（301页），正德十四年（1519）三月，“吕楠再至武功，（康）海与宴饮、同游、唱和”，吕柟作诗数首，其中《宴康氏世爵堂有作》（《泾野先生别集》卷五）诗中有“铜鼓发春院，瑶丝落凤凰。芝燕登武水，名讴出秦腔”句。这当是（嘉靖初年）较早出现“秦腔”之名称，但仍附带“名讴”一词（康、王著作多出现此名）。其中“铜鼓”应分别为演出伴奏之铜器（相当于今之铙、钹、锣之类）与板鼓（康海去世所遗大小鼓三百副），击节则以板鼓为主，以铜器渲染气氛。“瑶丝”则指弦索，主要为琵琶（“瑶”在此是对琵琶的美称，不会是瑶琴）或三弦（今眉户的主要伴奏乐器））等丝弦乐器。

据此，这首句诗中的秦腔，我们推测仍然是杂剧、散曲演唱之秦讴。但其时是否已有了秦腔，“秦腔”这一名词的出现，也许为我们提供了历史信息。

（二）“康王腔”与眉户的关系

流传于陕西、山西、宁夏、甘肃等地的眉户，倒与“康王腔”、“康王曲”有许多相似的地方。我们不妨作以比较。

“眉户”的名称来自“郿鄠”二字，分别代表郿县、鄠县。1964年9月10日经国务院批准陕西省十三个县名简化，其中郿县改为今眉县，鄠县改为今户县。康海为武功县人，武功县曾辖于一度为郿州的郿县。据《辞海·武功》条：“东汉置武功县，故址在今眉县境（秦置）。”实际上武功县是从郿县分出来的。康海在今眉县秦岭北麓曾置有彭麓山庄（别墅性质。今属周至县）。王九思是户（鄠）县人。眉户约形成明末清初，或者更晚一些。当时康海、王九思在陕西影响很大，一般称他们为康状元、王学士。民间长期流行着“康状元唱杂剧，王学士演曲子”的传说。所以外地人很可能将从眉（郿）县与户（鄠）县传出之“康王腔”或“康王曲”，称作眉户（郿鄠）。久而久之，这个名称又返回本土，于是乎“康王腔”或“康王曲”便逐渐被眉户（郿鄠）的名称所取代，一直流传于今。

眉户，在陕西、山西、甘肃三省民间也称小曲，也有叫曲子、清曲（明人有将散曲称清曲与曲子的）的。其主要演唱形式为农闲或晚上或庙会或庆典，艺人们自带乐器，围坐一圈，边奏边唱，往往是一唱而群和之，很有气氛。这与康海、王九思当年唱散曲的形式（演杂剧除外）基本相似。李梦阳在《诗集自序》中言及民歌俗曲时，引用山东曹县王叔武语：“今途咢而巷讴，劳呻而康吟，一唱而群和之者，其真也，斯之谓风也，”李梦阳虽竭力将“巷讴”、“康吟”向“国风”上拉，但那民歌俗曲“一唱而群和之者”，当是民间俗曲演唱形式的特点。

王九思《碧山乐府》卷三（《全明散曲》）[南北越调合套]《寿对山先生》中有[梅花酒南]：“雪儿再讴，紫云舞就，起来不觉金钗溜，笑酾酒满金瓯。愿从今游宇宙昆仑海东头，快乐远游。状元郎万年寿。休得迟留，天风满袖。黄鹤舞罢青鸾又，看山色烂如绣。愿从今游宇宙昆仑海东头，快乐远游。状元郎万年寿，状元郎万年寿！”其中“愿从今游宇宙昆仑海东头”重复一次，“状元郎万年寿”重复两次，应是加强演唱的分量与气氛，这种重复演唱法，至今眉户演唱仍然保留，且大都是“一唱而群合之”。

眉户演唱至今沿袭曲牌体，以固定的曲牌填充唱词进行演唱，同一曲牌在演唱时可以反复使用。号称 72 大调，36 小调，虽演绎数百年，但曲调（曲牌）中仍然保留有很多明代散曲、杂剧常用的曲牌。如［点绛唇］、［普天乐］、［朝天子］、［耍孩儿］、［雁儿落］、［银纽丝］、［打枣竿］、［罗江怨］、［越调］、［背宫］等。眉户曲子为表达一个完整的戏曲情节，就将若干曲调予以有机地组合，连续运用，这叫做套曲，但始终用一种曲调（调式）演唱，这似乎与明代的散套用同一宫调演唱相似。“散套”具有叙事功能，它是向杂剧过渡的形式。在伴奏乐器上，眉户以三弦为主奏，与散曲以三弦、琵琶为主要乐器相近。

眉户音乐研究者姚伶、米晞、任应凯编著的《眉户音乐·眉户音乐简述》中，将眉户与南北曲进行了比较：“南北曲在伴奏乐器上，和眉户在‘地摊子’时期伴奏乐器几乎完全相同，都是以丝竹弦索为主，没有大锣大鼓，唯南曲以笛为主，而笛在眉户中却是从属地位。南北曲中的套曲规律，也和眉户中套曲规律相近似。二者的一般套曲公式都是：起腔‘月头’，尾声必是‘月尾’；起腔‘背头’，尾声必是‘落背’；起腔‘先背后月’，尾声也必然是‘先背后月’。眉户中有［风入松］、［耍孩儿］、［混江龙］、［梅花落］、［满江红］等曲调名目，南北曲也同样有这些曲调。根据我们收集的［满江红］、［四大景］、［哭五更］等曲调来看，我们可以肯定地说，南北曲和眉户确有密切的关系。”这里所说的南北曲，其北曲则为康海、王九思等明中期所操持的散曲（康、王兼擅南曲）。南曲则是北曲渐衰，由南方文人在北曲的基础上发展起来的，与北曲相较，主要是脱离北曲四大套（北仙吕、北中吕、北越调、北双调），而另用新调。但其形制基本一致。

姚伶等文还有：“眉户所用的乐器三弦、板胡（二胡是后来加的）、四页瓦、星星、扁鼓等，和‘赚词’、‘弹词’伴奏乐器差不多。眉户在‘地摊子’上演唱，一般人都习惯把它叫‘念曲子’，可能较早时期是一人‘念’，一人伴奏。目前农村中仍然有很多一二人自弹自‘念’的，这不是很像‘弹词’的风格吗？北宋时的‘参军’，演变为南宋的‘弹词’、‘赚词’，进而再演变为元杂剧，这样我们就可以看出眉户在此时的发展线索，以及元杂剧的痕迹了。”其实明杂剧也是继承元杂剧，他们都是以套曲反映故事情节与人物思想感情的。这就使我们看出眉户的渊源与散曲有同源的关系，或者干脆说眉户是在继承明中期以来散曲的基础上，又不断吸取民歌俗曲与其他戏曲的特点发展而来的。这就是说，“康王腔”或“康王曲”就是眉户的祖先了。

另，眉户继承了明代散曲尖新、爽快、直言敢怒的民歌俗曲风格，其内容往往是自编自乐的民间生活、爱情故事，极少帝王将相故事。因之其唱词中充满农民粗犷豪放的味道——笑骂随意、酸咸不拒。如眉户曲子保留剧目有《二姐娃害相思病》《男寡夫上坟》《秃娃尿床》等。所以“眉户不敬神”之说，至今民间犹存。

另，王九思、康海对关中农村酬神报赛活动很积极，每会必至，经常以会首身份出现。先后主持过东至华岳、西至凤翔府，数百里地域的许多大型庙会，每会必率家班演出。这也和 20 世纪 50~60 年代农村眉户班子一样，到处赶庙会，义务演出，往往形成十几摊曲子比赛的场面。

所以说“康王腔”、“康王曲”与流行于陕西、山西、宁夏、甘肃的眉户是继承中发展的关系。

（三）“康王曲”与昆曲的关系

昆曲为南戏，是在南曲、传奇的基础上发展起来的，但它的渊源仍然可以追溯到“康王曲”。

明中期康海、王九思为北曲坛主，其追随者有王廷相、何瑭、吕柟、彭泽、韩邦奇、韩邦靖、李开先及康海堂弟康河、甥张鍊等，这些人均有散曲传世。他们大都仕途不顺，或贬或罢或蒙冤被黜而归田。胸中自有一番激愤，便继承元曲“本色”，成为豪壮一派。这一派人物并非只擅北曲，他们大多是南北曲兼顾，如王九思和李开先《南曲次韵》一百首影响很大。据李开先《闲居集 · 乔龙谿词序》：“康对山每赴席，稍后，座间方唱南词，或扮戏文，见其入即更之。其所刻《沜东乐府》南词亦错其间，以为只长于北，是岂知词与对山哉！”可见康、王兼擅南曲。

当时南曲的代表人物主要有王磐、陈铎、徐琳、金銮、唐寅、祝允明、沈仕、杨慎夫妇等。他们活跃的时代稍晚于康、王等，且是在继承北曲的基础上，将南方民间小调融合其中，逐渐形成轻柔婉转、流丽悠远的南曲风格。但康、王曲在南方的影响仍然很大，虽然有关康王参加苏州虎丘中秋曲会事被认为是杜撰，但其流传之广，可见南曲作家对康、王的推崇。另从《明清曲家考》可知，王九思去世 70 年后，南曲名家胡应麟、汪道昆等还于西湖酒楼以听王九思、汪道昆杂剧（散曲）为时尚，说明康、王曲之南北兼顾，也被南曲名家所欣赏。

据胡忌、刘致中《昆曲发展史》，明代嘉靖年间，寓居太仓南关的“曲圣”魏良辅，“愤南曲之讹陋”，以流传于昆山、太仓一带的昆山腔为基础，吸收其他声腔和北曲的优点，创造出流丽悠远的“水磨调”，即昆曲。

据清初宋直方（见下节简介）《琐闻录》记载：张野塘，寿州人（一说河北人），

“以罪谪发苏州太仓卫，素工弦索。既至吴，时为吴人歌北曲，人皆笑之”。魏良辅“一日至太仓，闻野塘歌，心异之，留听三日，大称善，遂与野塘定交。时良辅五十余，有一女，亦善歌”，“至是竟以妻野塘”，“野塘既得魏氏，并习南曲”，“改三弦式”，“名曰弦子”。从此魏良辅在张野塘、过云适等的协助下，从南曲的基础进行改革，以“无南腔南字者佳”（《南词引证》），吸收海盐腔、余姚腔以及江南民间小调的特点，将南北曲融为一体，最终形成昆曲，独擅中国剧坛数百年。这样推演的结果，应当说“康王曲”是昆曲的源头之一。

据金宁芬《康海研究》，引现代曲论家任讷《散曲概论·卷三·派别》：“尚有小曲一派，为不可不述者，兼源于南北曲，而文字则得于北曲者独多。其声所及，昆腔以后之各家小令，无一不受其影响着。即康（海）、冯（惟敏）之小令中，亦每存小曲面目也。陈宏绪《寒夜录》记卓珂月之言曰：‘我明诗让唐，词让宋，曲让元，庶几吴歌［桂枝儿］、［罗江怨］、［打枣竿］、［银铰丝］之类，为我明一绝尔。’此言大有识见。……若明人独创之意，为前人所无者，只此小曲耳。……甚至所以优（伶）为之者，不仅在小曲本身，且侵入南北小令之中矣。”接着以康海小令［月云高］为例，说明小曲“侵入南北小令中”。这一段论述亦可作为康、王为代表的北曲中的小令，为昆曲（腔）组成的重要因素。

另据 2009 年 3 月 1 日，《东南商报》的《我与古戏台的旖旎往事》栏目，征集一篇《新屯戏台学问大》短文。作者称其几十年前在鄞（宁波）奉（化）交界处的新屯庙戏台上，看到一石刻楹联，十分喜欢，立即抄录下来：“古调传关汉卿马致远；新声出王九思康德涵。”作者当时不知王九思、康德涵何许人也。经查阅，方知此二位亦戏曲大家。其推断此联应为明末至清中期作品。可见南戏流行区域对康、王的推崇。这当与流行于当地的昆曲有绝大关系！同时从对联的对应关系看，此联以关汉卿、马致远为北曲代表无疑，倒似乎以王九思、康海为南曲的代表。聊备一说。

七　王九思康海是否参加过苏州虎丘曲会

清初学者宋直方，名徵舆，号林屋，松江华亭（今上海松江）人。生于明万历十五年，卒于清康熙六年，官至右副都御史。工诗赋，与陈子龙、李雯称“云间三才子”。尝与陈子龙共选明诗行世，学者宗之。有《林屋诗稿》十四卷、《林屋文稿》十六卷、《琐闻录》一卷、《琐闻别录》一卷等著作传世。其在《琐闻录》“康对山、王渼陂”条中有如下记载：

一日，二公来吴中，值中秋，游闲子弟毕集虎阜千人石，纵倡乐。二公从舟中起，对山披虎皮为衣，着大帽，渼陂葛巾野服，肩随而行。语杂秦音。诸少年怪之，且嘲弄之。二公不顾也。顷之，吴人操乐，首歌渼陂所制［绛都春序］，对山目摄而笑。歌毕，对山起曰：“向曲我亦习之，诸君假我乐器，愿尽所长。”吴人或言与，或言勿与。已，竟以琵琶授之。对山即为曼声，曲折流丽，字若贯珠。至“井梧坠叶”，渼陂笑曰：“可止矣。”对山即抛琵琶于地，携渼陂入舟。吴人莫测，迹之，知为康状元、王文选，皆叹服绝技。时祝京兆（允明）、文翰林（徵明）家居，二公解维去，竟不相见。

据《明清曲家考》：虎丘中秋曲会，在明清两代是一大盛事。据胡忌、刘致中二先生《昆剧发展史》推测，曲会“自十六世纪初期开始即有，延至十八世纪清代中叶，先后盛行达三百年之久”。明清两代有不少文献记载这一活动，而尤以袁宏道《虎丘》一文的描绘最为细致生动。袁宏道说，一到八月十五晚上，苏州城内，上至衣冠士女，下至黎民百姓，无不靓装丽服游虎丘，预曲会。规模之盛大，演技之高妙，令人神往。

从千人石至山门，栉比如鳞，檀板丘积，樽垒云泻。远而望之，如雁落平沙，霞铺江上，雷辊电霍，无得而状。布席之初，讴者百千，分曹布署，竞以新艳相较。雅俗既陈，妍媸自别。未几，而摇手顿足者，得数十人而已。已而明月浮空，石光如练。一切瓦釜，寂然停声。属而合者，才三四辈。一箫一寸管，一人缓板而歌。竹肉相发，清声亮彻，听者销魂。比至深夜，月影横斜，荇藻凌乱，则箫板亦不复用。一夫登场，四座屏息。音若细发，响彻云际。每度一字，几尽一刻。飞鸟为之徘徊，壮士听而下泪矣。

胡忌、刘致中二先生为了说明苏州曲会之发源，还把康海、王九思“拉到”这一活动中。《昆剧发展史》说：“康海、王九思两位著名曲家，也曾参加苏州的中秋曲会。”（《昆剧发展史》52 页）刘水云博士的新著《明清家乐研究》也说：“康、王曾隐瞒名姓，有意在虎丘曲会上展示他们高超的弹唱技艺，令吴中子弟叹为观止。”《明清曲家考》作者汪超宏认为：上述有关康海、王九思参加苏州虎丘曲会的根据，都是来自宋直方的《琐闻录》，并认为《琐闻录》的记载是不足信的。其理由：

一、［绛都春序］曲的作者尚难以确定为王九思。认为：［绛都春序］属［南黄钟］，整套曲由［绛都春序］、［出队子］、［闹樊楼］、［滴滴金］、［画眉序］、［啄木儿］、［三段子］、［滴溜子］、［下小楼］、［耍鲍老］、［尾声］组成，“井梧坠叶”是

［三段子］曲下首句。套曲全文见谢伯阳先生编《全明散曲》第 991~992 页（齐鲁书社，1994 年版）。此套曲是否是王九思作颇值得怀疑，因为九思的曲集《碧山乐府》《碧山续稿》《碧山新稿》都没有收录这支套曲，问题是收录此曲的明清曲选所署作者五花八门。如《乐府先春》《吴骚集》《群音类选》《吴歈萃雅》《词林逸响》《姗姗集》《吴骚合编》《南音三籁》《古今奏雅》《玩锦清音》注王渼陂撰，《词林白雪》署张凤翼，《南词韵选》《昔昔言》《南宫词纪》皆不注撰人，《新编南九宫词》注旧词，《南词新谱》引［闹樊楼］一支，注陈荩卿（所闻）作（《全明散曲》1001~1002 页）。因此，在弄清此曲的真正作者之前，对它的归属还应存疑，不宜直接认定作者就是王九思。

二、王九思罢归后一直未离开关中：祝允明卒于嘉靖五年，不可能与康、王会面。认为：王九思于正德六年冬罢官，七年归家后，再未出过关中。康海罢官后有一次南方之行，时在嘉靖七年，而祝允明卒于嘉靖五年（1526）。因此，不可能有康、王结伴南游，参加虎丘中秋曲会，祝、文欲见而未能的事实。

三、康海弹九思曲在关中。认为：从康海去世到宋直方出生，时间已过七十多年，有关康海的传说很多。这些传说都有一点根据，但又不完全是事实。康海琵琶技艺精湛，且确实弹过王九思的散曲。王世贞《艺苑卮言》附录一就说："德涵于歌弹尤妙，每敬夫曲成，德涵为奏之。即老乐师，无不击节叹赏也。"但那是在关中，而不是在吴中。王九思《游山记》记载了一次康海唱曲活动，时在正德十五年庚辰（1520）三月十五日壬寅，康海、王九思、何景明、张用昭、段德光、王明叔等人同游终南山诸名胜，康海自弹琵琶，歌王九思［越调］曲。

以上汪先生的推论大体合情合理，但尚有可商榷之处。

一、王九思的散曲和其诗歌一样，亦非全部收集在《碧山乐府》等集内。［绛都春序］散佚在其他文献典籍是否也未可知（汪先生本人即搜集出王九思散曲集以外的"佚诗九首"），而况汪先生所列举有十一种选集都署名王九思，可见为王九思所作可能性较大。

二、据王世贞《艺苑卮言》："德涵于歌弹尤妙，每敬夫曲成，德涵奏之。"一个"每"字，尽道出康海经常歌弹九思曲。这在关中不假，但若康、王二人真到苏州虎丘，康海弹九思曲也视为正常。问题不在弹不弹九思曲，而是去没去苏州。反过来，假若康、王去苏州虎丘事为杜撰，杜撰者正因为康海经常弹九思曲，才将之作为杜撰的材料，使世人信然。

三、其实九思是否到过苏州，亦不是没有蛛丝马迹。九思在其《碧山乐府·小令下》中有［驻云飞］南《偶书》，共五阕，前四阕主要以宴乐、艳情，抒发其浮生若梦的出世思想。第五阕为：

一点朱唇，任是无情也动人。语吐龙涎喷，歌转莺声嫩。嗏，樊素出芳尘，压碎红裙笑饮。琼卮带雨樱桃润，肠断苏州总为君。

这一阕主人公不用说是樊素。九思从“一点朱唇”兴起，接着一语夺人：“任是无情也动人。”然后以“龙涎（一种香料）喷”形容其语言，以莺歌形容其声音嫩。又以“压碎红裙笑饮”以及红润的樱桃小口衔酒杯，来描绘樊素的风情万种。樊素为九思随身带的歌妓之一，从此小令看，九思对其情有独钟。以上诸多描写为铺垫，最后归结一句：“断肠苏州总为君。”从这一句我们是否可以说九思到过苏州，而且是“肠断苏州”，自然是一次不平常的有意义的活动了。在这一首小令中，九思将情感集中在樊素身上，似乎到苏州的活动“总为君（樊素）”。这么说，宋直方《琐闻录》的记述，虽不是康、王“肠断苏州”，起码也是“令吴中子弟叹为观止”有了可能。而且康、王此行苏州还带着樊素也是可能的。

2007 年 10 月，笔者去浙江大学拜访《明清曲家考》作者汪超宏教授，以此曲与其商榷，汪教授认为“肠断苏州总为君”是九思为樊素代言，以为是樊素去苏州。

在此不免将［寨儿令］《偶书》形式作一分析：

《偶书》共五阕，其形制都是先言情写景，以为铺垫或烘托，最后一句作为点题性总结，以抒作者情感目的。如第一阕：先写“酒酽华浓，春色无端殢酒翁，今夜阳台梦，明夜桃源洞。嗏，月上碧阑东，花影重重，一曲秦箫吹彻云中凤”。这无疑是写景言情，氛围、情境俱现。其实都是铺垫，是为最后一句“花酒年年倚翠红”服务的。这结语无疑是表达作者感情目的的。同样第三阕“清夜沉沉……买笑追欢莫把黄金吝”的言情写景，也为结语“一刻春宵抵万金”铺垫服务的。第一、第四阕亦如是。

按曲的一般结构法，在同一曲里各节的结构形式是相同的。那么，“断肠苏州总为君”就绝非作者为樊素代言，更不是单指樊素去苏州。毋庸置言，那就只能是九思（或带着樊素）去苏州了。

当然这也是一条孤证，不足以说明九思到南方去苏州。我们不妨换一思维方式。笔者在翻阅有关王九思的资料及其著作中，一直未发现其去过南方的记述或诗歌。只是在《渼陂集·卷五》一首排律《赋洪广文金陵游》中，看到九思贺洪广文金陵游，言及南京形胜。其中有“江带暮城回素练，山浮晓日送青天。迢迢帝阙云霄上，簇簇人家雨路边。花柳近郊铺锦绣，蓬莱平地走神仙。春光迤逦遥东海，王气葱茏迴接天。碧石清泉萧寺月，长松修竹汉宫烟。汀州芳草凫鹭乱，楼阁东风翡翠联”等，这其中所写并不都是名胜古迹，却多是些细微景观的描述。九思虽然没有到过南京，以其文学修养，对付几句也是能敷衍成篇的，而况历史上不乏其例。据说王勃作《滕王阁序》、范仲淹作《岳阳楼记》均未到现场。

但笔者忽然发现汪超宏先生从《经世宏辞》中，录出九思佚诗《恭谒孝陵》五律一首，这样九思到过南京不是就证实了。同时其《赋洪广文金陵游》中的形胜景物，也就是其亲见亲历，诗意立时给人以真实感。这样两相印证岂不坐实了吗？同理，宋直方《琐闻录》中所提到的［绛都春序］，虽然大多数著作“注王渼陂撰”，但还不能完全确定为九思的作品，今忽然发现了“断肠苏州”之说，既证明了九思到过苏州，同时也多少印证了［绛都春序］的著作权。

四、康海、王九思对其活动的专门记载极少。按说康海嘉靖七年（1528）到南京祭祖，看望何瑭、吕柟已为不争的事实（《明清曲家考》一书已证实），但康海并无专文记述其事，其只是在《与吕仲木书》中旁及此事。康海去世，九思为其所作《神道之碑》文中，也只记述其“西到吴岳（陕西陇县南），东到太华（华山，在陕西）、中条（晋南，与陕西隔河相望），南到经台（陕西周至）、白云（陕西太白）、紫阁（陕西户县），北到嵯峨（陕西中部）、九嵕（陕西中部）”。这些除中条山在与陕西一河之隔的晋南，其余皆在陕西，并未记其南京之行。同理，九思对其去苏州一事也可以无专文记载，我们不能因此说九思未去苏州。幸而其散曲中有所旁及，为我们留下了一条史证。

当然以上这些证据，还不能说明康、王到过苏州虎丘中秋曲会。也不要紧，宋直方的记载以及与宋持相同观点的文献资料，起码告诉我们一个事实：在明中后期直到清初期，康海、王九思在中国曲坛的影响是很大的。正如近代学者郑振铎所言：他们（康海、王九思）为当时曲坛宗匠者总在半个世纪以上。”南曲是在北曲的基础上形成的，昆曲是在南北曲融合基础上形成的，因而康、王在曲坛的地位一直是崇高的。也因此曲坛、戏曲界总愿将康、王附会其中，以证明其地位崇高、历史悠久。

八 王九思的著作情况

《渼陂集》与《渼陂续集》为王九思的诗文集。《渼陂集》以古人对乐器分类的金、石、丝、匏、土、革、木等八音为序，分为八册，十六卷。行世有三种版本。一为嘉靖十一年（1532）山西监察御史咸阳人王维臣刊布于山西，内有康海撰《渼陂先生集序》与九思自撰《渼陂集序》，以及“门人南沣王献”所作跋。二为嘉靖二十五年（1546）右副都御史陕西巡抚翁万达（广东揭阳人）刊刻《渼陂集》十六卷。三为崇祯十三年（1640）鄠县知县山西人张宗孟刊刻本，并有其所撰《重刻渼陂王太史先生全集序》，其中《渼陂集》部分与嘉靖版形制、编次相同，且收入清乾隆年间编辑的《四库全书总目・集部》中。今民间流传极少，偶有者多为残本。户县图书馆有《渼陂集》一套，为崇祯本，一残套为嘉靖本（5册）。陕西师范大学图书馆有全套《重刻渼陂王太史先生全集》，为崇祯版。武汉大学图书馆有《渼陂集》十六卷，为翁万达刊本。西北大学有一套《渼陂全集》，未知版本详细。陕西省图书馆有《四库全书》版的影印本。香港大学和国家图书馆均有《渼陂集》藏本。

《渼陂集》共收赋2篇、四言诗26首、古乐府16首（实为20首）、五言古诗116首、七言古诗28首、五言律诗125首、五言排律8首、七言律诗88首、七言排律1首、五言绝句76首、六言诗10首、七言绝句85首、杂著18篇、序25篇、记12篇、碑文10篇、墓志铭34篇、表5篇、传5篇、状4篇。

《渼陂续集》三册，分上中下三卷，行世两种版本。一为嘉靖二十五年（1546）陕西巡抚翁万达刊行于陕西，内有太微山人张治道撰《渼陂先生续集序》与翁万达所撰序言。二为崇祯十三年（1640）张宗孟所刊刻《重刻渼陂王太史先生全集》之《渼陂续集》，其形制、编次与嘉靖二十五年（1546）版相同。今流传情况，仅武汉大学图书馆、陕西师范大学图书馆与西北大学图书馆有，民间偶见残本。

《渼陂续集》收赋2篇、古体诗8首、五言古诗18首、七言古诗23首、五言律诗122首、七言律诗73首、五言绝句27首、七言绝句23首、杂著5篇、序13篇、记8篇、碑文4篇、墓志铭23篇、表2篇、传4篇。

另据汪超宏《明清曲家考》：嘉靖《寿州志》，乾隆《山西通志》，王锡爵、沈一贯编《经世宏辞》三种著作中有王九思轶诗9首。

《渼陂集》《渼陂续集》所收集诗作及9首轶诗，总计870首。

《碧山乐府》共收小令336首，套数36套，中调11调，长调23调。又据《辞海·碧山乐府》条："《碧山乐府》：散曲集。明王九思作，二卷。又《拾遗》《续稿》《新稿》各一卷。收小令303首，套数23套。有近人刊本。另外明刊本数种，崇祯本编为八卷。"《南曲次韵》[南仙吕·傍妆台]为和李开先而作。李原曲100首，九思和100首，共200首合刻。

《碧山诗余》（词）嘉靖三十年（1551）鄠县知县宋廷琦刊刻。收集小令22阙，中调11阙，长调23阙。

各种典籍记载王九思的著作目录有所差异。崇祯年间知县张宗孟《重刻渼陂王太史先生全集》目录，也与其他典籍所录不一。这里有的是同著异名，有的是记录错误，也有漏记的。

（一）张宗孟刻全集著目与《王氏族谱》《鄠县志》所录著目比较

（1）张宗孟所刻《重刻渼陂王太史先生全集》目录：

《渼陂集》十六卷（诗文集）

《渼陂续集》三卷（诗文集）

《碧山乐府》近体四卷（小令上卷、小令下卷、套数上卷、套数下卷）

《碧山诗余》（小令、中调、长调）

《南曲次韵》一卷（与李开先[傍妆台]合刻二百首）

《碧山诗余》一卷

《游春记》一卷（四折）

《中山狼院本》一卷

（2）《王氏族谱》王九思著述目录（1996年王恩荣主编）：

《渼陂集》十六卷

《渼陂续集》三卷

《杜子美沽酒游春记》一卷

《碧山乐府》五卷

《续碧山乐府》一卷

《和李中麓词》一卷

《诗余》一卷

《六君子赞》一卷

《中山狼》一卷

《鄠县志》

《王氏族谱》一卷

（3）《鄠县志》（1987 年版）王九思著作目录与《王氏族谱》同。族谱目录可能来自《鄠县志》记载。

正德、嘉靖年间，王九思的诗文集、词曲集是陆续刊行的。最早为《碧山乐府·小令上》，集成于正德十四年（1519）；《渼陂集》刊行于嘉靖十一年（1532）；《碧山乐府·套数上》刊行于嘉靖十二年（1533），当时也叫《碧山续稿》；《碧山乐府·套数下》刊行于嘉靖二十年（1541），当时也叫《碧山新稿》；《渼陂续集》刊行于嘉靖二十五年（1546）；《碧山乐府·小令下》刊行于嘉靖二十六年（1547），当时也叫《碧山新稿》；《碧山诗余》一卷刊行于嘉靖三十年（1551）；《鄠县志》刊行于嘉靖十二年（1533）；《王氏族谱》刊行于嘉靖十一年（1532）。其他如《杜甫游春》、《中山狼》作于正德八至十一年，《南曲次韵·傍妆台》作于嘉靖二十四年（1545），未见刊行。大概到崇祯十三年（1640）张宗孟刊刻渼陂全集时录入，并对零星刊行之版本进行归纳整理。当时未收《鄠县志》，原因是已失传。《王氏族谱》乃私家谱牒，不便刊行。

据西北大学教授贾三强《清·雍正〈陕西通志·经籍志〉著录文集研究》（三秦出版社 2011 年 1 月版，219~221 页）：《中国古籍善本书目》和《稿本中国古籍善本书名索引》：《渼陂集》十六卷，明嘉靖十二年王献等刻本；《渼陂续集》三卷，明嘉靖二十四年翁万达刻本；《重刻渼陂王太史先生全集》二十七卷，明嘉靖十二年王献等刻，嘉靖二十四年翁万达刻，崇祯十三年张宗孟递刻重修本，计有《渼陂集》十六卷、《渼陂续集》三卷、《碧山乐府》四卷、《碧山诗余》一卷、《南曲次韵》一卷、《杜子美沽酒游春记》一卷、《中山狼院本》一卷；《碧山诗余》二卷，明嘉靖三十年宋廷琦刻本。

《二太史乐府联璧》四卷：《浒东乐府》二卷、《碧山乐府》二卷，分别为明刻本和明刻清印本；《碧山乐府》二卷，明正德刻本；《碧山乐府》二卷、《拾遗》一卷，明正德刻清印本；《碧山乐府》二卷，明嘉靖三十四年张书绅刻本；《碧山乐府》二卷、《拾遗》一卷、《南曲次韵》一卷（后者为与李开先合作），明嘉靖刻本；《碧山乐府》一卷、《拾遗》一卷、《续稿》一卷，明嘉靖刻本，请丁丙跋；《碧山新稿》一卷、《续稿》一卷、《南曲次韵》一卷，明嘉靖刻本。《四库全书存目丛书补编》第四十五册影，明嘉靖八年初刻。

再版情况：

近人卢前所辑《饮虹簃所刻曲》（原刻民国二十五年（1936）4 月，1980 年扬州广陵古籍刻印社复印）将《碧山乐府》套数、小令均收入。1946 年文艺与生活出版社出版《碧山乐府》一册，其中有郑骞的跋。1974 年台湾伟文图书出版有限公司出版《渼陂集》《碧山乐府》。1989 年上海古籍出版社出版《碧山乐府》一册。

1994 年山东齐鲁出版社出版谢伯阳选编《全明散曲》，共收录王九思小令 448 首（其中北小令 232 首，南小令 207 首，带过曲 8 首），套数 38 套，复出小令 4 首，套数 1 套。

2004 年 7 月，首都师范大学中国诗歌研究中心编《中国古典诗歌要集丛谈》第三集《词曲总集别集——曲 10》收入《南曲次韵》。另明清以来各种曲选集，如《曲苑观止》（上海古籍出版社）《全明散曲》等均有王九思散曲入选。

（二）关于《鄠县志》

《鄠县志》由王九思修纂于嘉靖十二年（1533），据今近 500 年。《鄠县志》今已第十一修（2013 年 12 月）。王九思修成《鄠县志》后，康海为之作序，张治道为之作《后序》。行世后影响较大，被称为关中七大名志之一。但在万历二十五年（1597）知县王九皋《重修鄠县志》成，“王太史原版自此失传矣”（《重修鄠县志·官师》）。失传原因有云“后续者毁其原刻”（汪一诚序孙景烈《鄠县新志》），也有言毁于明末战乱。但据万历四十六年（1618）赵崡序刘璞《鄠县志》，言王九思志过于简，王九皋志过于冗，刘璞要取其中。可以推测时王九思《鄠县志》尚存，所谓王九皋毁王九思志原版不足为据，所以还是以毁于战乱为准确些。应当说，崇祯年间张宗孟修《鄠县志》时，王九思志已失传，不然，张宗孟重刻渼陂先生全集也会将之收录的。

虽然王九思《鄠县志》失传，但康海、张治道为其所作序言传世，还有后来者对九思《鄠县志》的评价散见于各种史籍。我们不妨摘录有关段落，以推想九思志的状貌。

（1）康海《鄠县志序》（1933 年《重修鄠县志·卷八·艺文》）：

渼陂先生既为鄠县志，时南皋公（王尧封，字伯圻，号南皋，定兴人，弘治进士）在陕西抚堂，闻之，取其稿付知西安南埠李侯（名文极，北直隶宁山卫人）刻之以传。谓志者，记也，记其地之沿革、风俗异宜与政教文献之大略尔。顾世多昧焉，弗知猥繁冗杂，漫不足视。刻是志，所以启后之作者，使知方也。而民之疾苦，役之繁简，政之得失，官师淑慝（慝：邪念、恶念），咸于是乎具之。又所以昭鉴戒、慎从违，其训远矣！李侯承命唯瑾，随付之梓人。刻将成，渼陂公以书抵予，谓予当序诸首。予唯鄠丰镐之地、周之王京，其故迹遗墟，虽父老弗知也，况其文献乎？予每以语渼陂公，冀亟为之。乃南皋公有此佳举，岂非斯地之一幸乎？遂序其岁月于首，以示鄠之后贤君子，知所自云。

嘉靖十二年癸巳正月念又一日甲子，浒西山人康海序

张治道所做“后序”：

鄠志盖渼陂王先生撰之以传者也。余考鄠，古崇地，在汉唐与杜并称，虽今非其地，而移置弗远，古今人物、风俗遗迹，皆可传诵。而旧志遗误，殆不可读，先生伤之，此今志所由作也。志凡八例，笔削考订，他志弗及，而又附以兴颓救弊之论，以借观风者采纳改革焉。是又作史之裔笔也，然余于此不能无感。鄠之山川疆里，犹夫昔也，而生畜日繁，赋役日广，独人材日索。若此者，果所谓畜气以待耶？抑后生者罔继也。为鄠人者，观此亦可以省矣。志既成，抚台南皋王公闻而善之，曰：“此吾辈所有事也。”于是致诸西安郡守南埠李侯刻梓以传，又足以风励乎四方矣。（《张太微后集》卷三）

2012年7月，第十一修《鄠县志》终审时，陕西省地方志办李川提供了张治道为九思《鄠县志》所作《后序》。此前一直认为九思《鄠县志》为创修。据此序“而旧志遗误，殆不可读，先生伤之，此今志所由作也”，可知鄠县旧有县志，只是“殆不可读”而已。

正德十四年（1519）秋，康海已修竣《武功志》，吕柟、何景明先后为之作序，盛赞其志“绪理要会，粲然明备”，“核事显义，用昭劝鉴”，堪称“志之良者”。其志两万余字，篇目有：《地理》《建置》《祠祀》《田赋》《官师》《人物》《选举》七篇。康海在序九思志中说，“予每以语渼陂公，冀亟为之”，于是九思才在时隔十五年后修《鄠县志》。既然康海修志有例在先，且被大学问家目之为“志之良者”，想必九思编修《鄠县志》也会效法其体例的。

康海认为：“志者，记也。记其地方之沿革、风俗异宜与政教文献之大略尔。顾世多昧焉，弗知猥繁冗杂，漫不足视。”即认为志书止记诸端大略，反对“猥繁冗杂”造成的“漫不足视”。因而其《武功志》不过两万字。康海既推崇王九思《鄠县志》，说明王九思为志必不“猥繁冗杂”，从而篇幅也不会超过《武功志》，当然也不会“漫不足视”了。从后来人对九思“为志过简”之评论看，参诸同时期韩邦靖《朝邑志》仅六七千字尚为名志，估计九思《鄠县志》也不会超过两万字。

从康海序言之“民之疾苦，役之繁简，政之得失，官师之淑慝，咸于是乎具之”，知九思《鄠县志》除客观记述民、役、征、官、师之作为，并不隐讳民之疾苦，役之繁冗，政之过失，师之懈怠，官之非为。其目的是“昭鉴戒，慎从违”，其

作用自然“训远矣”。

但是，王九思《鄠县志》与康海《武功志》“以人文历史贯穿始终”相似，被后世讥之达不到“史以记事，事贵详；史以为文，文贵简”的要求。这就是说康海与九思都将史志“详以记事”的功能降为作文，失之过简。他们由于被迫离开仕途，发愤著述，即使是记述名胜古迹、山川河流、风土习俗都用以寄兴。如其在记风俗时，就感叹人心不古，风俗自“弘治间渐入于奢，然旧风未殄，犹可观焉！逮其末年，益大变，相竞以弊浸淫，至正德极矣！……乡邑老少，习为浮华，见朴实忠厚者，不侮则笑之，又抉人短长，以为能，不论德行论富论势力，以此成俗，求如成化时不可，况望其上乎！”纯粹是带着“一肚皮不合时宜”去谈道论世，没有史志那种客观记事的风度。但作为陕西地方志初创时期，王九思《鄠县志》具有原创性，是州县志的拓荒之作。也达到了康海对其要求的“启后之作者，使知方也”，后世才有十修《鄠县志》的举动。

（2）赵崡（赵为盩厔县终南镇人）序刘璞《增补鄠县志》（1933 年《重修鄠县志·卷八·艺文》）摘录：

鄠刘侯有事终南，过余偏园，则谓余曰：“将为鄠志。”余曰：“独不有王太史九思之书乎？”公曰：“志，言之属也。使言者言，不若使身者言也。王太史言者也，而不佞则身者也（刘璞为鄠县知县，因谓身也）。且志以志时与事，王太史不能逆夫今也！故不佞欲增于太史者也。”余曰：“然则又独不有王令九皋之书乎？”公曰：“志又史属也。史以记事，事贵详；史以为文，文贵简。王令尹之为志，是欲详于王太史，而失之冗者也，故不佞又损于王令尹者也。”

（3）汪一诚序孙景烈《鄠县新志》（1933 年《重修鄠县志·卷八·艺文》）摘录：

尝闻阮亭王氏（清王士祯）言，近世郡县志无逾秦者，以其文简事阂，犹有《黄图》《决录》之遗，而于康对山《武功志》外，即推王渼陂《鄠志》，洵钜识也。余自乾隆甲午摄鄠篆即访渼陂《志》原本，意欲重刻，以公同好，不可得。次年聘武功太史（孙景烈）酉峰先生主明道书院讲席。先生至鄠，即以渼陂旧志为问。余复悬重价购之，终不可得。今所存《鄠志》，不知其于渼陂原《志》若何增删，无从雠校。第以对山《武功志》律之，所谓文简事阂者安在？且如对山《鄠志》序云，云者安在也！况错讹假伪比比乎？盖自渼陂创志，后续者毁其原刻，屡续而屡失其法，则《鄠志》之宜作而不可再续。审矣，酉峰先生深于志法者，其所评对山《武功志》及所撰《合阳志》，皆潜心斯道者共赏。若欲汇集古今为新《鄠志》，以彰圣朝文献，并考据文献之在明以前者，使渼陂之书已失，如未之失，舍先生其谁欤！

（4）王阮亭（士祯）《蚕尾集·新城县志序》对王九思、康海志的评价：

以予所闻见，前朝郡邑之志，不啻充栋。而文简事闳、训词尔雅，无如康对山《武功志》，其他若王渼陂志鄠，吕泾野志高陵，韩五泉志朝邑，乔三石志耀，胡可泉志秦，赵俊谷志平凉，孙立亭志富平，汪来志北地，刘九经志郿，张光孝志华，其地率秦地，其人率秦人也。故予尝谓前明郡县之志无逾秦者，以其犹有《黄图》《决录》之遗焉。

阮亭又云：近世志书能文简事闳、训词尔雅，无如对山之《武功志》，次则王渼陂之《鄠志》，吕泾野之《高陵志》，韩五泉之《朝邑志》……皆秦人，皆比美于对山者。

虽然我们不能见到王九思的《鄠县志》，但从以上对其直接、间接的评论评价，即可知其梗概。

（三）关于《王氏族谱》

《王氏族谱》是王九思创修于嘉靖十一年（1532），此后凡十一修，最后一次为1996年王恩荣、王来梦等修。《王氏族谱》为户县最完善、唯一未中断的族谱，其谱牒意义与史料价值弥足珍贵。

从王九思《王氏族谱·自序》可知，王九思受其父生前之托，27年之后，于嘉靖十一年（1532）完稿。其旨意在于王氏五世之后也能知其先祖，并昭示子孙立身处世勿忘祖训祖德。《王氏族谱》由三部分组成："始之世繇，以著其本；次之世系，以明其世；终之列传，以表其行。"九思以前，其族无谱，靠记忆口传，九思上溯六代约200余年。

《王氏族谱》成，即请康海、张治道分别作序言。

（1）康海《王氏族谱》序言（1996年《王氏族谱》283页）：

渼陂子尝与予言："明宗昭系，莫要于谱，君为邢台张氏谱，盖甚善。予欲为之，顾以忧患相寻，未暇也。"是岁秋末，以书抵予曰："谱幸成矣，君盍序之，以示予之后人。"夫大家世族五世之后，不能识其先人者皆是也，况阛阓之子乎？渼陂子有忧之焉。此《王氏族谱》之所由作也。上推所自，以及其所生，所以昭其系也；摭拾遗行，不为溢美，所以昭其德也；体貌有述，窀穸有地，所以敦其思也；援昔据今，开谕恳切，所以昭其训也。王氏子孙读是谱者，其亦知所勉乎？

关中言名族者，咸宁之杨、三原之王、陇之阎、华之东、鄠之王，指不三四屈也。非其先人之德，基宥延施，开启厥后能至是乎？夫盛者衰之渐也，穷者通之本也。能以盛为惧，而一事一为，必率循祖德而迎承休美，则鄠之王又将转而为临沂之王矣！可不勉乎，可不勉乎？此亦渼陂子之意欤。其所欲言者，岂惟王氏之子孙所当勉之？凡为人之子孙者，皆宜有所勉焉，可也。

嘉靖壬辰冬十月辛卯浒西山人康海序

（2）张治道序《王氏族谱》序言（1996 年《王氏族谱》283 页）：

长安杨虞坡刊渼陂王先生族谱成，以示余。而渼陂先生且于余序诸首，曰：古之为谱者多矣，独欧阳氏、苏氏谱传于世；世之为谱多者准焉，岂非以其人耶，苟非其人传斯泯矣，谱虽良，族姓虽繁，奚准焉！余闻王氏九世以前勿可悉考矣，九世以后代不乏德。至渼陂公始以文章、节行为当代钜儒。故今海内虽三尺之童，无勿知渼陂公者。其视欧阳诸明公何让焉？百世之下，因人以信谱，稽谱以名其族，景慕靡休，诵说斯远。斯谱也，盖将千万世传也！虽然谱所以发前德、昭后世，祀续之良，又在其后。为王氏子孙者，观此可不知所以兴起哉，可不知所以兴起哉？

时嘉靖壬辰秋八月丁丑太微山人张治道序

（3）孙景烈《鄠县重刻旧谱序》（1996 年《王氏族谱》293 页）：

王氏族谱世世有述之者，而是谱则明渼陂王太史所撰也。余阅古今族谱多矣，求其当于谱义而文复足传，惟宋之欧、苏谱为最。《欧阳谱》六一居士撰，《苏谱》老泉氏撰者。明弘治、正德间，有李崆峒所撰《李氏谱》、康对山所撰《康氏谱》及邢台《张氏谱》，其义与文皆可与欧、苏两家并传。余欲和五谱刻之，以公同好。未遑顾对山《康氏谱》，余自雍正壬子岁，尝见其原刻，极完善。是后忽见康氏刻之以传者，竟为对山未成云云。呜呼，异矣！余虽旁询博考，实知其故，而原刻不可得，岂足征欤！然终欲觅得之而后已。客岁乙未，余来鄠，得渼陂族谱读而好之。窃谓其不欺世、不诬亲，与欧苏康李诸谱义既合符，而文亦与之相伯仲也。遂妄加点评，偶有疑而缺者，于大体无所碍。余以曩者亲见《康氏谱》，未及抄存为征，即今门人手录藏诸行箧，候他日与前五谱同付之梓，而王氏贤裔上舍君士蔼与族弟文学作绳及族侄县学生者梦，不以余点评为妄，乃先余而付梓焉。余喜是谱之可永传，不至如康氏之谱，已成忽云未成，而莫传于后世也，于是手书。

乾隆丙申八月下浣武功酉峰孙景烈时年七十有一

此序非孙氏《王氏族谱》原序，但从其客观评价，可见《王氏族谱》之价值。

（四）关于《难经集注》

王九思的著作目录中并无《难经集注》，近几十年有关《难经集注》（又名《王翰林集注黄帝八十一难经》）的研究却比较热门。仅从版本情况看，现存有1652年日刻本，1955年商务印书馆刊印，俱署名“明·王九思等辑”。2011年1月，中国医药科技出版社以《中医非物质文化遗产临床经典读本：难经集注》出版。署名：（明）王九思等辑，穆俊霞、翟春涛、王玉校注。其《内容提要》及目录如下：

《难经》又称《黄帝八十一难经》，战国时秦越人（扁鹊）著，是现存最早的医学经典之一。书中将《黄帝内经》的主要内容设八十一个问题，以解释疑难的方式，对脉学、经络学、藏学、疾病、腧穴、针刺等中医理论均有发挥。全书叙述简要，辨析精微，其中论脉尤为精要，内容包括切脉部位、时间、脉数以及各种不整脉的辨认等，对经络学说、命门和三焦等的见解，在《黄帝内经》理论的基础上均有所发展。《中医非物质文化遗产临床经典读本：难经集注》对于中医理论的形成与发展，具有承前启后的作用，受到历代医学家的重视，是学习研究中医的主要医籍之一。

《难经集注》一书是现存最早的《难经》注本，全书共分五卷十三第八十一首。系明王九思等人辑录三国时吴太医令吕广，唐杨玄操，宋丁德用、虞庶、杨康侯等人有关《难经》的注文汇编而成。其中吕注是已知《难经》的最早注文。《难经集注》多处引用《黄帝内经》等经典以及其他经史书籍之文，对后人整理研究《难经》、了解《难经》早期注本情况及相关古医籍的研究等，均有参考价值。

《难经集注·目录》

神圣工巧第十一（凡一首）

脏腑井腧第十二（凡十三首）

卷之五

用针补泻第十三（凡十三首）

除王九思的著作目录无《难经集注》，其诗文曲也未提及此事此书。但诸版本俱以（明）王九思署名，况其与（明）马莳《黄帝内经灵枢注证发微》、卢复《神龙本经》等均开近十年中医经典文献研究之风，不得不引起关注。是否王九思所辑或校注虽难以定论，但略记于此，亦可供喜好者明辨。

第四章　杂　录

一　沽酒游春（《杜甫游春》）

选本说明：此剧选自孟称舜编选之《古今名剧·酹江集》。孟称舜为明末清初戏曲家，字子若、子适，山阴（今浙江绍兴）人，一说乌程（今浙江吴兴）人。其作品今知之有传奇五种、杂剧六种，现存传奇《二胥记》《贞文记》《娇红记》和杂剧《英雄成败》《死里逃生》《花前一笑》《眼儿媚》《桃花人面》。又编选元明杂剧合成《柳枝集》《酹江集》，合称《古今名剧合选》。其对王九思《沽酒游春》（同《杜甫游春》）杂剧十分推崇，言其“虽金元人犹当北面，何况近代”。选本说“诸本首折无岑参及岑秀才口白，今觅得余姚孙氏藏本，于每曲皆有问答语，较为妥当，特改而从之”。可见版本多且芜。

明王九思著　明孟称舜评点　刘启胤订正

正目　　唐肃宗擢用文臣　曲江媪不识诗人

岑评事好奇邀客　杜子美沽酒游春

楔　子

（正末扮杜子美上云）天门日射黄金榜，春殿晴薰赤羽旗。宫草霏霏承委珮，炉烟细细驻游丝。云近蓬莱常五色，雪残鹳鹊已多时。侍臣缓步归青琐，退食从容出每迟。小官姓杜名甫，字子美，本贯杜陵人也。方今大唐御世肃宗即位，改元至德二载，蒙主人圣恩，拜我为左拾遗之职。喜得三月初间，官闲无事，正好饮酒作诗，不知何处可以游玩也，呵！

［仙吕赏花时］这的是一代中兴千载难，四海讴歌百姓欢。为官职，得

清闲，青春较晚，也不知谁家数去酒杯宽。（下）

第一折

（副末扮岑评事上云）西掖重云开曙辉，北山疏雨点朝衣。千门柳色连青琐，三殿花香入紫微。平明端笏陪鸳列，薄暮垂鞭信马归。宦拙自悲头白尽，不如岩下掩荆扉。小官岑参是也，见为大理寺评事。前日在朝中，与杜子美先生言及渼陂泛舟之乐，杜先生许我，待官闲无事同去赏玩一遭。今蒙圣人赐百官赏春恩假，索命舍弟岑秀才将请书去请他，与他约在第三日同赴渼陂泛舟。岑秀才在哪里？（秀才）有，在此。（副末）你将这请书请杜拾遗先生去，说道家兄特命小生奉请先生，至第三日同往渼陂泛舟，千万拨冗一行。（秀才领命下）

（正末上）小官杜甫是也，今奉圣人赏春恩假，吩咐家童准备下沽酒青钱，明日往城南游玩一回。外边看有人来，报俺知道。（童）理会得。（岑秀才上）小生岑秀才是也，奉家兄命请杜先生走一遭去，可早到了也。琴童正在门首，你道岑秀才来下请书。（童报科）（正末）道有请。（童）有请（做相见科）（秀才）家兄特命小生奉请先生，第三日同赴渼陂泛舟。（正末）这是数日前令兄与我约下的，足下不必再来相邀，我明日先去曲江池游赏，待令兄车驾到曲江，即同赴渼陂去也。（秀才）先生抱经济之才，当位极端揆、致君尧舜，怎生蹭蹬到于今日？（正末）小官自幼读书，要与朝廷出力，端的要致君尧舜上，再使风俗淳，不料举进士不第。天宝十三载，明皇主上在御，曾献大礼三赋。明皇主上甚是称赏，使我待制集贤院，后除我参军之职，只想与朝廷建功立业，不幸天下有事，蹭蹬到今日，莫非是命也，呵。

［仙吕点绛唇］奋志乾坤，致君尧舜闲评论。稷契何人，要与他相攀引。

［混江龙］想着我少年时分，读书万卷笔通神。那时节李邕识面，王翰为邻，两手要扶唐社稷，一心思画汉麒麟。谁承望天边黄阁隔千峰，不觉的镜中白雪盈双鬓，辜负了两朝帝王，空忧了万国黎民。

（秀才）人都说开元年间，海内太平，却怎生得恁地来？（正末）想那开元年间，明皇主人用了些好宰相，致的海内太平，真个是紫极临关天地阔，黄金台贮俊贤多。我略说一遍咱：

［油葫芦］四海安危系宰臣，恰不曾错用了人。想着那凤凰鸦鹊不同群，

有一个姚元之，扶得朝廷稳；有一个宋文贞，拨得天心顺。那时节风雨又调，日月又新，边尘不动，蛮夷又顺，端的是四海一般春。

［天下乐］张相国从来德望尊，但有个条陈似扁鹊真，韩相国的谏诤又频，太上皇的依随又紧，因此上得从容过了几春。

（秀才）后来怎生那等不太平啊？（正末）明皇主人后来用了那李林甫做宰相。他是个奸邪的小人，专一嫉贤妒能，坏了朝政。他虽是死了，后来祸乱都是他留下的。我也略说一遍咱：

［哪吒令］后来用了那小人，蒙蔽了主君，害了那细民，养活了他己身，惹了那叛臣，番腾做祸本。想着那安禄山，排着兵阵，攘起那风尘。

［鹊踏枝］唬杀俺大唐君，走出这未央门。林甫奸邪，你原来是廊庙尊臣，着紧遗下这病疢，那些个是二十年台阁丝纶（注）。

［寄生草］他空皮袋，无学问，恶心肠，忒忌恨。笑吟吟掌定三台印，慢腾腾送了千人俊。乱纷纷造下孤臣运。吃紧的把太真妃送在马嵬坡，唐明皇走入益门镇。

（秀才）自明皇主人幸蜀后，日月昏霾，江山破缺，曾见先生哀江头之诗，令人伤感万倍。（正末）自从明皇主人往成都去了，我曾到曲江池上，则见那胡尘满眼、宫殿萧条，春光依旧，物是人非，真个好伤感人也呵。

［邨里迓鼓］遥望见九重宫殿，都做了一天愁闷。你看那帝子王孙，一个个有家难奔。这的是日月昏霾，江山破缺，凭谁整顿。我见了这细柳新蒲，想起那蜀门剑阁，看了那江树野云，天哪，你便是铁石人也辛酸泪滚。

（秀才）先生诗云：杜陵野老吞声哭。此却是事实呵？

［元和令］（正末）我要哭来却又吞，待住呵，恐难存，满城中胡马似云屯。这些个羊犬们，东奔西掠各成群，谁知有帝王尊！

［上马娇］你看那百姓们逃，贤士们隐，十户九空门。那贼呵，心肠毒恨偏生忿，太不仁，残害了些好忠臣。

［胜葫芦］凝碧池头弦管纷，憔悴不堪闻。公子梨园容貌损，霓裳调寝、羽衣谁问，思量杀太平君。

［么］花落空宫春闭门，风雨锁黄昏。我伫立江头还自忖，这场危困几

回评论，李林甫是根因。

（秀才）这场祸乱不知怎生得平定来？（正末）这场祸乱赖功臣郭子仪等，以次平定。肃宗主人在灵武即位，复了宫阙，将明皇主人迎入大内，端的是乾坤再造，日月重明，周宣汉武，今王是孝子忠臣后代看。

［后庭花］假若是显中兴千载勋，也须索刻摩崖一代文。若不是洗兵马银河净，怎能够望宫闱玉辇尘。我只见瑞氤氲，喜只喜天开景运，避风雷胡气寝。抚乾坤龙座稳，蓬莱殿五色云。紫宸朝万国臣，赏名园桃李芬，买长安面米春。

［青哥儿］呀，我是个文林文林豪俊，常与那帝王帝王亲近，怎做的富贵粗豪那样人。玉斝银盆、翠袖红裙，列鼎重裀、炙凤炮麟，他们都伎俩全无二三分，空皮囤。

（秀才）圣人在上，天下太平；贤者在位，能者在职，先生庙堂之器，经济之才，不久当遂心也。（正末）自家思量，年纪四旬有余，每日家随众趋朝，因人成事，上无益于朝廷，下无功于百姓。这的是衮职（注）全无一字补，许身丑比双南金。平日的志气，几时能够遂心也呵！

［寄生草］我呵，日晏归青琐，平明上紫宸。衣冠笑惹天香润，云霄咫尺天颜近。笙簧潇洒天风顺。这的是凤凰池上侍朝臣，怎能够麒麟阁上功臣分。

（秀才）小生告辞先生，回家兄话去也，是必第三日后光降小庄，咱贱兄弟谨当恭候。（正末）生受秀才多多拜复令兄，第三日定索在曲江池相候也。（岑秀才下）（正末）今日天色已晚，明日往城南游玩一遭。兀的长安城中一段好晚景也，呵，这的是秦城楼阁烟花里，汉主山河锦绣中。

［赚煞］花片御沟红，树色琼楼近，使碎了浓胭淡粉。我只见万点杨花风外滚，恰是半空中瑞雪缤纷。近黄昏，画阁朱门。想着那芍药阑边翡翠裙，爱梨花酒醇。又只怕海棠春褪，他把这锦长安风月巧温存。（下）（点评：“风月温存”用得妙。）

（注）丝纶：丝，细缕；纶，粗涤。比喻皇帝一句极细微的话，也可产生很大的影响。后以此比喻帝王诏书。

（注）衮职：衮，皇帝的衣服；衮职，供职皇帝身边。

第二折

（净扮卖酒姑上）二月已尽三月来，渐老逢春能几回。莫思身外无穷事，且尽生前有限杯。妾身贾婆婆的是也，在这曲江池上开着一个酒店儿。前日杜子美在此饮酒，因无酒钱，他将一领朝衫当下。今日压下新酒，看有什么人到来。（发科了下）（外扮酒客上）马上谁家白面郎，临街下马坐人床。不通姓字粗豪甚，指点银缸索酒尝。小人卫大郎是也，父亲曾作工部尚书，家中有几文钱，才性鲁不能读书，好饮几杯花酒。这曲江池上贾婆婆店内卖的好酒，我那里饮几杯去，却不是好？（外净相见介）（净）大郎这两日如何不来饮酒？我这里客官虽多，能有几个似得大郎！我只敬重你，接待不着休要见怪。（外）我今日要欢饮几杯，你唤两个能歌会舞的小娘子来劝酒，我多予你些酒钱。不要教那穷酸的人来搅席。（净）我知道了。

（正末上）朝回日日典春衣，每日江头尽醉归。酒债寻常行处有，人生七十古来稀。穿花蛱蝶深深见，点水蜻蜓款款飞。传语风光共流转，暂时相赏莫相违。小官昨日退朝晚了，约在今日要往曲江池游玩。琴童在那里，备过蹇卫（注）来，我骑上走一遭者。

［中吕粉蝶儿］白发青袍叹英雄，不同少年怨东风。吹损花梢，只恐怕玉楼中、金殿侧，早寒尤峭。想人生富贵空劳，谁又肯惜芳春，赏心行乐。（评点语：每折皆借杜工部诗作料，故处处清豪悲慨）

［醉春风］我这里风软帽檐低，身轻驴背好。见一个采花人过粉墙东，起的来早早。岁月无情，河山依旧，古今堪笑。

骑着这蹇卫，不觉来到长安城外。这城南一段好景，想着那前日的离乱，却又有今日的繁华呵。

［普天乐］曲江池，长安道，垂杨绕岸，绿水平桥。锦绣堆，烟花套，一曲中兴黎民乐。绕东风，锦瑟鸾箫；金鞍马骄，层楼日晓，紫陌香飘。

早至曲江池上，这里有个贾婆婆卖的好酒，我前日因无酒钱，将朝衫当下，一向不曾来取。今日带了几百青钱，把一半去赎朝衫，一半沽酒游玩。既到门首，便索进去。（净末相见介）（净）杜先生有钱呵，赎了朝衫去。不索上楼，这里有一佳客饮酒，不许穷酸来打搅。（末）他是一个什么人？（净）他是富贵的卫大郎。（末）不曾闻说此人，我试问你：

［快活三］他敢是王右丞运彩毫？（净）不是。（末）李翰林挂锦袍？（净）不是。（末）是谁家小儿曹倒有些湖海气元龙傲。

我每番来登楼饮酒，今日如何见却？不索拦挡，须索上楼饮几杯去。（末上楼与外相见介）（外）先生是谁？（末）小官杜子美。（外）久闻先生，未能会面。请问先生何事到此？（末）沽酒游春，吟诗遣兴。（外）久闻先生高作好便好，只是太深奥些。我闻得先父尝说，李林甫丞相的诗最好，清新流丽，人人易晓。先生曾见来么？（末怒介）你说那李林甫做什么？他是个奸邪之徒，专一嫉贤妒能，把朝廷的事都坏了，我试说与你听咱：

［朝天子］他狠心似虎牢，潜身在凤阁。几曾去正纲纪、明天道。风流才子显文学，一个个走不出漫天套。暗里编排，人前谈笑，把英雄都送了。你说他的好诗，他写诗贺人生子，把弄璋写作麞鹿的麞字，闻者无不大笑。又能吟出什么好诗来？他手儿里字错，肚儿里墨少，那里有白雪阳春调。

（外）似你这般说来，他如何得到宰相地位？（末）你说他那宰相做什么？

［四边静］说什么，清风黄阁口儿能甜，命儿凑巧柱国当权。不怕傍人笑二十年，鸦栖凤巢，兀的不虚费尽堂食钞。

李林甫已是死了，今后再不劳挂齿。（外）不说他也罢，且问先生囊中是什么东西，你试取将来，与这唱的小娘子做个锦缠头。（末）我秀才家有什么好物件，这囊中是文房四宝。（外大笑介）这个东西要他有何用？（末）自有用处，我说与你听咱：

［脱布衫］端溪砚黑玉常飘，白玉版紫兔频摇。霎时间连真带草，忽剌的雨飞云落。

［小梁州］千首诗成字字高，风雅离骚。草堂明月转花梢，乌纱帽斜戴饮春醪。

［么］醉眠又遣春鸡报，整罗衣，金阙随朝。我又无瓜子金、鸦翎钞，追欢买笑，一任你话儿嘲。

（外）贾婆婆，你看这穷酸在此搅席。（净怒介）杜先生，将钱来赎了朝衫去。不要在此打搅！（末）这是三百文青钱。（净）定要五百文。（末）我只有五百文青钱，予你三百文，留二百文沽酒。（净）我定要五百文，将钱来，你去罢！（做送末下楼介）（末）不须这等仓卒。

［上小楼］扬子云（扬雄）何须猛跳，王仲宣（王粲）难寻东道。你便是雪里蓬莱，月底青鸾，海上黄鹤，恰撞着这一遭，胆惊魂落，再不上谢家楼，依阑吟眺。

（净外下）（末）将五百文青钱尽予她去了，如今无钱沽酒，未免再寻一个东道，将这朝衫又典了沽酒。这慈恩寺南边有一座酒店，我试问咱。（店主人）请在此处饮酒。

［么］（末）我将这朝衫当了，又只怕郎君不要。（店）当下朝衫最好。（末）也不是紫绶金章、玉带金鱼、宝剑金貂。假若是换几瓢、添两勺，天昏日落，只吃的醉淋漓，仰天长啸。

将酒来，春光已暮，对景伤怀，好痛饮一场也呵！

［满庭芳］深拚醉倒青春易去，白发难饶，满园桃李风，吹落万点飘摇，高冢外麒麟卧草。小堂中翡翠为巢，推物理须行乐，浮名蜗角，何须绊吾曹。

饮酒中间，只见风雨来也。这雨中又是一段景致。

［耍孩儿］我只见，长空霭霭浓云罩，低压着花梢树杪。纷纷微雨洒南郊，把春光用意妆描。我只见，烟横贝阙禅林远，风摆金铃雁塔高。忽听得儿童报，绿莎牛背、赤脚山樵。

［四煞］蓬莱宫望转迷，斗城门路匪遥，淡烟疏雨频凝眺，林花着雨胭脂湿。岸柳和烟翡翠摇。忽听得佳人报，画阁中红残芍药，湖山下绿满芭蕉。

［三煞］琼卮酒满斟，锦囊诗正好。倚楼对景穷搜掠：叶心润带蝴蝶粉，花片香归燕子巢。忽听得诗人报，吟就这一联佳句，费尽了多少推敲。

［二煞］坐黄昏风雨冥，对青灯庭院悄。梨花无语伤怀抱，彩毫细点城南景，碧殿长怀梦里朝。忽听得游人报，逍遥呵今夜，赏玩在明朝。

［煞尾］良宵欹枕眠，浮生随处好。霎时儿酒醒晨钟报，不似那一刻千金怕到晓。（下）

（注）蹇卫：驽弱的驴子。卫，驴的别称。

第三折

（正末上）苑外江头坐不归，水晶春殿转霏微。桃花细逐杨花落，黄鸟时兼白鸟飞。纵酒久拚人共弃，懒朝真与世相违。吏情更觉沧洲远，老大徒悲未拂衣。小官昨日在曲江饮酒，雨阻不能回家，就在此处宿歇了。今日起来，喜得天气晴朗，看有甚人到此。（副末扮岑参上）鸡鸣紫陌曙光寒，莺啭皇州春色阑。金阙晓钟开万户，玉阶仙仗引千官。花迎剑珮星初落，柳拂旌旗露未干。独有凤凰池上客，阳春一曲和皆难。小官岑参的是也，见为大理寺评事之职。今日早朝回来，要请杜子美先生往鄠县渼陂庄游赏。闻得他在曲江饮酒，我就到那里寻他走一遭。（正副末相见介）（正末）这慈恩寺塔，一向不曾到上面一看，今日与足下同登，然后往渼陂庄去也不迟。（副末）最好最好。（正末）不觉来到塔上，真个好一座宝塔也呵！

［越调斗鹌鹑］红雨初晴，青山乱拥。宝塔凌空，金铎舞风。社稷千年，江山一统。我只见，昆仑三两峰，银河一水通。王气笼葱，蓬莱翠耸。（评点：登高作赋，感慨万千，一腔块垒，不必借酒杯浇之）

［紫花儿序］兀的是，秦陵汉冢烟霭重重，日色融融，九嶷何在，楚树云封，湘水连空。想着那瑶池上丹霞满空，他将那八骏马丝缰紧控。当日个暮饮朝还，今日个有影无踪。

［金蕉叶］只见那，点青霄飞来的远鸿，虚飘飘无一个定踪。这正是雁飞不到处，人被名利牵。为着这利名场奔忙到始终，我如今老来也方才自懂。（评点语：兴尽怀归，绝似登高凭吊人语）

［调笑令］我这里从容问苍穹，为着那平地里风波，损了英雄。三三两两断搬弄，管什么皂白青红。把一个商伯夷生扭做虞四凶。兀的不笑杀了懵懂，怨杀了天公。

［小桃红］汨罗铜雀黑朦胧，都落在邯郸梦。自古道聪明的却贫穷，昏子谜做三公。棘针丛怎宿丹山凤？因此上，采芝心乐，钓台人去，甘心儿不听景阳钟。

（副末）我们下塔去，早些儿到渼陂庄上游玩两日。（正末）琴童备过蹇卫来。

［秃厮儿］我这个小童儿跟随着老翁，他将那锦囊儿斜背着丝桐（琴）。我这个蹇驴虽小能骤风，索强似帝闲（马厩）中花骢。

正行间，见前面有一村落，不知是什么所在？（副末）是昆吾村。

［圣药王］（正末）我只见，花影重、山色浓，霎时间不觉的来到村中。

（副末）此处有一个田父与小官相识，正好在此饮一杯。（田父）酒在此，请先生暂留。（正末）只见他唤老农厮陪奉，竹篱茅舍小桥东。把一盏春糯酒，斟的来满溶溶。

［麻郎儿］忽听得，春鸠叫午风，他伴着那灵鹊儿唧哝。可人意的莺儿，他在杨柳中，都做了管弦相送。

（田父）请先生留半晌，务尽此酒。（正末）去也去也，饮不得了。

［幺］他那里不从，要瓦钟饮空。我这里踏青泥，万点残红。问前途，三川旧陇；望浮云，千山闲空。

（副末）先生且慢行，前边是御宿川紫阁峰。（正末）不觉来在紫阁峰下，试停鞭多看会儿。

［络丝娘］恰行过御宿川，红围翠拥。早来到紫阁峰，天开地拱。劝东君（东君：日神或春神）从容挽金控。好山也！恰便是层楼上耸。

［东原乐］相映着日色红，恰便似青莲隐约在风前动。瀑布飞来百尺虹，堪题咏。我待要避人来也，住在这紫云深洞。

（副末）先生正当向用之际，何以有此山林之念？（正末）你不知道。

［绵搭絮］不怕你经纶夺世，锦绣填胸，前推后挤、口剑唇锋。呀，眼睁睁难分蛇与龙，烈火真金当假铜。似这等颠倒英雄，不如咱急流中归去勇。

（副末）已来到渼陂庄上，不觉得天色晚了。有一舍弟秀才在此读书，颇知音韵。叫他出来与先生相见。（秀才与正末相见介）（副末）开了翠微楼，与先生夜坐小酌，待明日去渼陂泛舟。（秀才）知道了，请先生同行。（正末）好一个翠微楼，眼前风景无不可爱。

［拙鲁速］住着个隔红尘的水晶宫，对这个倚青云的锦屏风。花儿有几丛，树儿有几重。碧澄澄的银蟾（月亮）上梧桐。暖融融柳摆着风，香馥馥的春瓮，喜孜孜的昆仲，便唤作大罗仙也可通。

［幺］这的是陆海中金谷同，凤鸟林鹦鹉丛。我只见花香风送、月影云笼，玉琴闲弄，雅会难逢。又只怕旅魂残梦，云片也似浮空，各自西东。那时节倚阑千思万重。

［尾声］从今须把愁眉纵，怕什么山遥路永。想起那曲江池上，酒家婆子无

礼呵！

我则寻这翠微楼风月作诗仙，再不见那鬼门关，烟花爱钱种。（下）

第四折

（岑秀才上）迟日江山丽，春风花草香。泥融飞燕子，沙暖睡鸳鸯。小生岑秀才是也，昨日家兄请杜子美先生来此游赏，今日要往渼陂泛舟，未免整办下酒肴，安排下船只。又闻得歌妓董妖娆（注）也在此赏春。左右那里？便去唤将她来，再有好歌妓也多唤几人来，同此侑酒。（董妖娆上）百宝妆腰带，珍珠络背韝（注）。笑时花近眼，舞罢锦缠头。奴家董妖娆是也，自家在此游赏。岑大人家遣人来呼唤，与这几个小娘子同走一遭去咱。（副末上）联步趋丹陛，分曹限紫微。晓随天仗入，暮惹御香归。白发悲花落，青春羡鸟飞。圣朝无阙事，自觉谏书稀。小官岑参的是也，昨日请杜子美先生到此，今日要往渼陂泛舟，已吩咐舍弟整办，不知完备了不曾？（秀才）俱已完备。（副末）既然完备，索去请杜先生来登舟游玩。

（正末上）青娥皓齿在楼船，横笛短箫悲远天。春风自信牙樯动，迟日徐看锦缆牵。鱼吹细浪摇歌扇，燕蹴飞花落舞筵。不有小舟能荡桨，百壶那送酒如泉。昨日岑大理请小官来此游赏，约在今日往渼陂泛舟，看有甚人到来。（秀才）家兄命小生请先生泛舟。（正末）就此同行。（副末）远劳先生到此，敬请登舟，少伸薄意。（正末）这渼陂真个一段好景也呵！

［双调新水令］彩云红日下蓬莱，响笙箫晓风一派。水添春浪阔，帆飐锦船开。春满胸怀，把长剑倚天外。

［驻马厅］笑隐桃腮，舞袖歌裙成列摆。眉横螺黛，金杯玉斝竞前抬。太平闲杀济川才，风流还却游春债。数十年在平地屣，今日看风波，恰是东洋海。

（副末）妖娆向前些，高歌一曲与先生发兴。（秀才）先生曾有诗云：请能载酒开金盏，唤取佳人舞绣筵。今日却有此事。（正末笑科）是则是矣，但白头老子恐为佳人所笑。

［沉醉东风］安银甲罗囊笑解，拂银筝雁足斜排。她那里对客羞，我这里停杯待。一声声燕悄莺猜，她在花鸟丛中显俊才。兀的不暗笑煞白头坐客。

妖娆唱的此曲是李太白作的［菩萨蛮］，真个唱得好，这的是名下无虚。（妖娆）

上官却是知音，下妾见人多矣，如此知音者最少！如何以老为辞？（秀才）先生曾有诗云：诗酒尚堪驱使在，未须料理白头人。今日须要放怀畅饮。（副末）妖娆向前奉劝一杯。（正末）老夫不能多饮。（妖娆）下妾手内务饮五杯。

［落梅风］（正末）年华迈，酒量窄。怎当她玉天仙把人禁害，待推辞，恐摧花上色。软心儿把她宁耐。

妖娆也要饮三杯。（妖娆）下妾平日不饮。（副末）长者赐不可辞。（妖娆）饮了三杯不觉的醉也。

［水仙子］佳人微醉笑颜开，两朵桃花上脸来。酒酣越显风流态，似垂杨风内摆。转秋波暗与多才。袖结鸳鸯带，髻偏鸾凤钗，困倚瑶台。

（秀才）渼陂西岸有一钓鱼台，将这船儿系在柳荫下，在这台边略饮数杯。（正末）如今世上有几人知此钓鱼之乐？

［折桂令］钓鱼人谁守河厓，利锁多韁九棘三槐（注），多少英雄，一齐回首，尽老尘埃。七里滩（注）名更姓改，蟠溪（注）岸雾锁云埋。布鞋青袜，有乐无灾。闲杀渔矶，谁肯归来。（评点语：前折登慈恩塔上许多慷慨，至登钓鱼台，便有兴尽归来之意，皆是实身体验语）

（房丞相上）今代麒麟阁，何人第一功。君王自神武，驾驭必英雄。小官丞相房琯的是也，今日早朝，肃宗主人问朝中臣宰何人学问最高。我举了左拾遗杜甫为首。肃宗主人大喜，要将他升官受赏。闻他在鄠县渼陂庄上，与岑评事赏春饮酒。圣旨吩咐遣一使，命急急宣了他来。（使命上）不觉的来到渼陂庄上。杜甫在哪里？有圣旨宣你回朝，要将你升官受赏。（副末）先生早则是喜也呵！可急急回朝。（正末）惭愧惭愧，感谢圣恩。

［雁儿落］那里有凌云司马才，倒欠些饮酒刘伶债。扶我上青霄白玉堂，难忘了淡饭黄齑菜。

（秀才）先生再留半日呵！

［得胜令］（正末）争捨得诗酒渼陂宅。（妖娆）上官何忍遽别？（正末）怎恋你云雨楚阳台？常言道钟鼎非吾愿，谁想道奋庸熙帝载。想那曲江池上的勾当，真是可笑。前日个抢白，怎做得漂母淮阴待，今日里和谐，休猜做孟尝君门下客。

（正副末相别俱下）（使命云）不觉的来到朝门外厢，兀的房丞相来也！（正末做相见介）（房云）杜子美，有圣旨升你做翰林院学士，赏你锦袍金带、黄封酒十瓶。望阙谢了恩者。

［殿前欢］（正末）这喜也自天来，我只见玉堂仙子笑盈腮。锦袍象简黄金带，谢皇恩拜舞在瑶阶。我这里整乌纱两鬓白、忧愁大，愿吾皇早把干戈裁，清平了四海，扫荡了风霾。

（房）将酒来与学士贺喜。（正末）小官岂敢当此，有一言禀复丞相咱：

［沽美酒］他将那黄封头酒满釃，我这里羞答答手难抬。告丞相息怒停嗔休见责，杜甫也自揣怎做的栋梁材。

［太平令］敢只是燕昭王买骏求才，公孙弘东阁重开。先收了微臣草芥托，赖着皇恩广大。呀，见如今四海数载倒有些异才，愿丞相专心儿接待。

［离亭宴带歇拍煞］从今后，青山止许巢由采，黄金休把相如买。摩挲了壮怀，想着那骑马上平台，登楼吟皓月，倚剑观沧海。胸中星斗繁，眼底乾坤大，你看那薄夫菲才，谁个是庙堂臣，怎做得湖海士，羞惭杀文章伯紫袍，金阙中骏马朝门外，让与他威风气概。我只要沽酒再游春，乘桴去过海。（同下）

（注）韝：臂套，用以束袖，以便动作。

（注）九棘三槐：九棘，古代朝廷树棘以别官员品位，左右各九，称九棘。三槐，有三槐堂之典，代表三公之位。九棘三槐在此指高官位。

（注）七里滩：严子陵钓鱼处。

（注）蟠溪：姜子牙钓鱼处。

（注）董妖饶：亦作董娇饶。杜甫《春日戏题恼郝使君》诗有：“细马时鸣金腰袅，佳人屡出董娇饶”句。温庭筠在《题柳》一诗中有“香随静婉歌尘起，影伴娇饶舞垂袖”句，在《张静婉采莲曲》诗序中说张“其容绝世”。温氏将董、张并提，或者，董娇饶原是歌伎，以声容舞态见称于世。东汉宋子侯有乐府《董娇饶》。

二 《中山狼》院本

（副末扮赵简子引小卒拿弓箭器械上）寡人赵王简子是也。今早引着这些军卒，来此山中打猎。遇着一个野狼，射了一箭，不曾射得着，往前走了。大小军卒，快往前跟赶去者！（末扮东郭先生驴驮书箱上）某东郭先生是也。本燕国人氏。平生学墨翟之道，以济人利物为本。前日魏王有书来，请我至魏国讲道。不免要走一遭。行了这数日，不觉来到这赵国中山地方，正行中间，只见远远的许多人马来了。（做远觑科）（生云）看了一会儿，原来是一伙打猎的人马。似这样打猎的势煞，我平生不曾看见呵！（唱）

［双调新水令］晓风残月到中山，怎生般直恁的马驰人窜。尘烟数十里，器械许多般。咳！原来是打猎的军官。这势煞几曾见。

（外作赵简子并卒子赶上东郭先生科）（卒子发科）（问生云）哪路旁站的是什么人？（生答云）我是燕国人东郭先生。前往魏国去，从这里经过。（卒子云）恰才有一个狼去将这里来了，你一定看见来。快说！往哪厢去了？（生云）不曾见！不曾见！（卒子云）你那箱儿里是什么？我是搜咱。（生云）里面是书册。（唱）

［驻马听］行李孤单，箱内书册装较满。（卒子云）你不行路，在这里等什么？（生唱）蹇驴迟慢，路途遥远步行难。（卒发科做搜了）（卒子云）你若见狼来。快说，不要哄我！（生唱）见他何又敢欺瞒，狼应有路逃灾难。（卒子云）假若哄了我，就将你杀了！（就拔刀砍地科）（生唱）休太惨，甚来由要杀孤身汉？

（简子云）他不曾见狼，也罢！我们急忙往前赶将去。（下）（生云）造物底！没来由撞着这些乔汉，几乎把我害了。我在此且歇一会儿咱。（军卒又做赶狼科）（下）（净扮狼上）我中山狼也。今早赵王打猎，把我射了一箭，不曾射得着。如今则管寻我哩！怎生是好？（狼做指生科）（狼云）兀那远远的有个人坐着哩！我投他去。（狼做见生科）（狼云）师父师父！救我一命。（生云）你敢是兀那人马赶的狼么？（狼云）止是，止是！千万望师父救命。（生云）我救你的命？恰才为你，险些儿连我的命弄了。我是行路的人，怎么救得你？（狼云）师父！将你那箱儿里的书册都取出来。把我藏在里面，可不救了我也。（生云）你身子大，箱儿小，放你不下。（狼云）有个法儿，兀那驴鞍子上，有一条欠支绳。拿将来，把我的脚手捆在一处。把头捆在胸前，塞放在箱儿里面。将锁子锁了，驮在驴上。休说是赵王人马，便是千里眼也不知道我在里面。（生云）也罢，也罢！我依着你。异日有了性命，不要忘了我！（狼云）师父的厚恩，怎么敢忘了。异日杀身相报！（生做捆狼驴驮走科）（狼在箱子里发科）（叫云）师父，你看那人马远近如何？（生云）还看见哩！（狼云）既是这等，你把驴而赶动些！（生云）我知道，我知道！（又走一会科）（狼云）师父，你看去得远了么？这里边捆死我了。（生云）去得远了，看不见了！（狼云）既是这等，把我取出来罢！（生做开锁取狼出解绳科）（生云）狼也，狼也！你的性命有了。（狼云）师父的性命也有了。（狼做拜谢科）（狼云）师父的这一场大恩我何日得报。若我负了师父的恩，天地鉴察。把我万剐凌迟了也不亏！（生云）我平生以济人利物为本，怎望你报恩？你如今信意走了罢！（狼辞生走了做寻思科）（狼云）我从今早晨被赵王军马追赶，直缠了这一日。如今天色将晚，我肚子里饥饿，没处寻些虫蚁来吃。不能着那师父救出性命，若还饿死了，也是徒然。我见那师父是个慈悲的人，罢，罢！我还寻他去，有个商量。（狼做赶上相见科）（生云）你又怎么了？（狼云）我有一句话儿要和师父商量。（生云）什么话，你说！（狼云）我从早晨到如今，饿了一日。肚里没的吃，故来投奔师父。（生云）你来投奔我，叫我哪里寻些物件与你吃，连我也受饿没的吃哩！（狼云）我有一条妙计，只得碍口不好说。（生云）什么妙计，只管说将来，大家商量处置！（狼云）计策虽是妙，只是不好说。师父，你试猜！（生云）我急且猜不着。你急忙说了罢！（狼云）师父，师父！你救了我一场，把我若还饿死了，不如不救哩！（生云）你这等说，你要如何处置？（狼再作难科）（叩头云）师父，不如把你着我吃了罢！异日一总报恩。（狼做咬生科）（生躲避发怒科）（生云）天，天，天！这个禽兽好生无礼！我救了他的性命，他倒要吃我。这等忘恩背义，是何道理？（狼云）师父，你看世上的人，一个个穿衣戴帽。都说他是好人，他是君子。一旦受了人的厚恩，一切都忘了。遇着讨便宜处，就下手。又有那乱臣贼子，什么做不出来？我本是个禽兽，怎么责怪我忘恩背义。我比这些人如何？（生云）你这花言巧语，只是要吃我哩。我淘不得许多气。古人言说道："若要了，问三老。"咱两个往前边去，遇着什么人，问他该吃不该吃。（狼云）也罢，也罢！依着师父说。（外办老杏树立住科）（生做指树科）（生云）兀那远远的似一个站者哩！可同去问他。（生云）来到跟前，却是个老杏树。没奈何须索问他。（生云）老杏！你听着！这个狼被赵王打猎的人马赶得慌了，央我救他。我将它藏在书箱里面，救出他性命。他如今倒要吃我。老杏，你说该也不该？（老杏答云）该吃！（生云）如何该吃？（老杏云）主人家将我种下，过了三四年，就结杏儿。一家大小吃，又待客又送人，知他吃了多少。到如今四五十年，见我老了，不结杏儿了，把枝梢先砍将去烧了，不久来砍这孤桩子。我有四五十年厚恩，尚且忘了。你救他只是一时，有甚恩义？该吃，该吃！（狼做咬生科）（生躲避科）（唱）

［雁儿落］行道这荒郊野草间，寻了个老杏树为公案。他说道，狼该把

我餐。好教我有口难分辨。

［得胜令］呀！都一样平地起波澜。这的是叉手告人难。乌头虫不把恩来报，白面狼只从怀里钻。不由我心酸！却原来狼恶人心善。何处去申冤？吃紧的天高皇帝远！

（生云）遇着个老杏，他也说该吃。如何是好？那狼，你原来说问三个人，才一个了，我们还往前去！（外扮老牛立住科）（生做指牛科）（生云）兀那前面站者的，不只是什么人，好同去问他。（生云）来到跟前，却是个老牛。（向前问云）这个狼被赵王打猎的人马赶得慌了，投我救他。我将它藏在书箱里面，救活性命。他如今倒要吃我。你公道说！该也不该？（老牛答云）该吃！（生怒云）怎么该吃？（老牛云）你听我说！这主人家将我从牛犊儿喂养着。后来长大了，与他犁地，与他碾场，与他曳车，使我筋舒力尽了。如今见我老了，出不得力，把我丢在这野外。主人公还好说："这牛出了气力，且丢着罢！"他那妇人最是个长舌不良之妇。她说："这个老牛只管喂着做什么？早早的寻个屠子来杀了，将皮卖与乐人家挣鼓，肉就卖与屠家，杂脏留着家里吃，觝角卖与镟簪儿的，骨头留着烧灰漆家活用。莫不是好！"迟不得两三日，就要来下手我。我有许多厚恩在他家，也都忘了。你说这些恩义儿做什么？该吃，该吃！（狼做咬生科）（生躲避科）（唱）

［川拨棹］怪你个老牛奸。磨着牙，睁着眼，委实该餐。不索留难，一任摧残。天哪！吓的我愁眉泪眼。要脱身难上难！

（狼云）师父，这两个都说该吃，早些儿着我吃下罢！饿死我了。（生云）一言既出，须是再问一个人，你吃了我，我也心甘。（又俱走科）（副末扮老人柱杖上云）我是这山中土地之神。恰才小鬼来报，有一游士，救了狼的性命，反被狼要吃他。这是什么道理？我因此化作一老人，处置此事去咱！（老人前行科）（生指老人云）兀那来的是个老公公。我们向前去问他，看他怎么说！（生见老人跪云）老公公，这个狼被赵王打猎追赶的慌了，央我救他，我把它藏在书箱里面，救活他性命。他倒要吃我。我说，若要了，问三老。前面问那老杏，老杏说该吃。问那老牛，老牛说该吃。如今幸遇着老公公，望老公公替小生申冤！（老人云）唤那狼过来！这秀才原救你来不曾？（狼云）他救便救来，不是好意。（老人云）如何不是好意？（狼云）他当时把我着绳子捆了，放在箱子里。他要害我的性命，幸得我的命长，不曾死了。如今要吃他，正为报仇哩！望老公公细察！（老人唤生来前云）这个东西，你救他做甚的？等我如今与你处置。（老人唤狼云）那狼，你虽是这等说，我只是信不了。你的身子大，箱子小，如何容得你？你实说！果然他要你的性命，你今也该报仇。把他着你吃了也相应。（狼云）委实放在箱子里来，不敢说谎！（老人云）虽是这等说，须是将你重新放在箱子里，我才肯信。那秀才他也信服。你吃了他也不抱怨。（狼云）也罢，也罢！（老人唤生云）你照前把他捆了，放在箱子里，我试看。（生做捆放锁了科）（老人云）真个是实。这贼狼无理，就杀了，就杀了！那秀才佩的不是一口剑么？（生答云）是！（老人云）你有这剑，如何不杀他？教他这等窘你。（生云）小生读书学道，济人爱物，不忍杀他。（老人笑云）这秀才差了，你学孔孟仁义之道便好，如何学姑息之道？岂不闻当断不断，反受其害。正是你这迂腐之人！（生云）承老公公教诲，小生知道了。只是不忍杀他！（狼在内叫云）不要做耍！早些儿放我出来，把他吃了报仇。（小鬼发科云）秀才，你还不杀他哩。（小鬼夺剑杀狼狼做叫科）（生云）狼也，你听着！（唱）

［七兄弟］你当初哄啗，靠啗得平安。得平安，忘了遭危难。背着身，弄出巧机关。几乎间险把先生馔！（完）

三 王九思亲属网络表

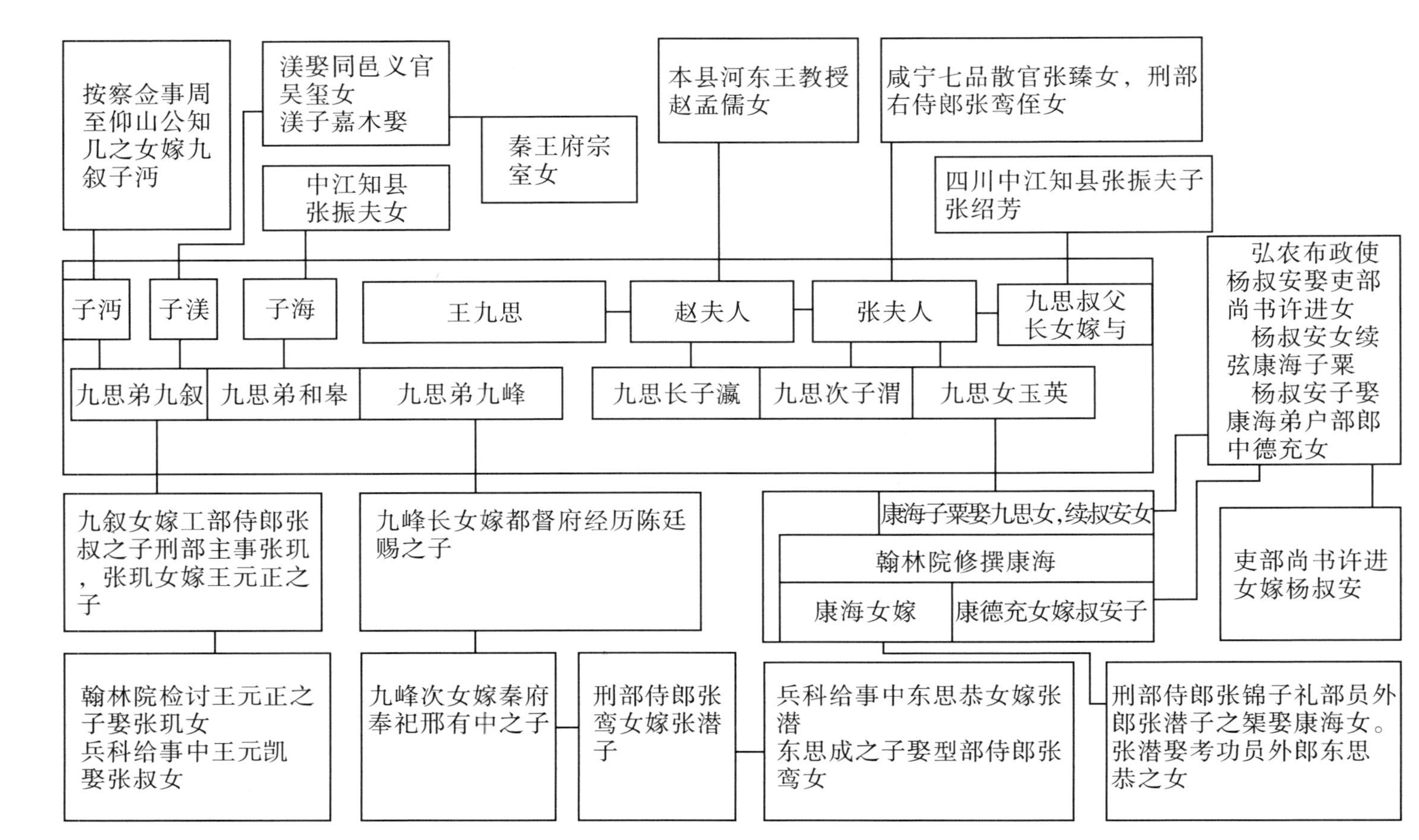

按察佥事周至仰山公知儿之女嫁九叙子沔
渼娶同邑义官吴玺女
渼子嘉木娶
秦王府宗室女
中江知县张振夫女
本县河东王教授赵孟儒女
咸宁七品散官张臻女，刑部右侍郎张鸾侄女
四川中江知县张振夫子张绍芳
子沔
子渼
子海
王九思
赵夫人
张夫人
九思叔父长女嫁与
九思弟九叙
九思弟和皋
九思弟九峰
九思长子瀛
九思次子渭
九思女玉英
弘农布政使杨叔安娶吏部尚书许进女
杨叔安女续弦康海子栗
杨叔安子娶康海弟户部郎中德充女
康海子粟娶九思女，续叔安女
翰林院修撰康海
康海女嫁
康德充女嫁叔安子
吏部尚书许进女嫁杨叔安
九叙女嫁工部侍郎张叔之子刑部主事张玑，张玑女嫁王元正之子
九峰长女嫁都督府经历陈廷赐之子
翰林院检讨王元正之子娶张玑女
兵科给事中王元凯娶张叔女
九峰次女嫁秦府奉祀邢有中之子
刑部侍郎张鸾女嫁张潜子
兵科给事中东思恭女嫁张潜
东思成之子娶型部侍郎张鸾女
刑部侍郎张锦子礼部员外郎张潜子之榘娶康海女。张潜娶考功员外郎东思恭之女

四 王九思年谱

年代	年龄	事项
成化四年（1468）	1	生于鄠县北街王氏宅中。
成化七年（1471）	4	父王儒乡试中举。
成化八年（1472）	5	四叔父铃种瓜涝河西湾，瓜甚美，往往游戏其中。时父辈已析产，而公爱九思，唯恐其不往。
成化九年（1473）	6	祖父铉及诸兄弟有美酒佳肴必聚饮。九思常侍其侧。※李梦阳生。
成化十年（1474）	7	五叔祖钦，信方士言，炼丹破家，至死不悟。九思惜其执迷不悟。※王廷相生。※何瑭生。
成化十一年（1475）	8	叔祖彦明尽力农圃，九思常临其地。叔祖爱而抚之，意其后必有兴者。※康海生。
成化十二年（1476）	9	从师句读或习诗，能吐奇语。师惊曰：“当以文章名天下，匪独区区科第也。”※边贡生。
成化十三年（1477）	10	曾祖母焦夫人卒。※父王儒挈家卒业于太学，九思随往。
成化十四年（1478）	11	父王儒举副榜例为教谕。与九叙、九皋与母同往四川巴县任。
成化十五年（1479）	12	父王儒迎养祖父于巴县任上。六月一日母生九峰于教谕舍中。※堂叔王佑从父王儒受蔡传《尚书》等经典。九思随侧旁听。※徐祯卿生。
成化十六年（1480）	13	堂叔伟从父王儒受《尚书》等，九思随侧陪读。
成化十七年（1481）	14	从父巴县读书，“勤励日犹不足，夜以膏灯继日”。
成化十八年（1482）	15	父杂其于多士试之，每次可居前列，恐骄其志，故抑末后。试日回宅更衣，母必令童仆守之，以防其窃取旧文。
成化十九年（1483）	16	读书之余，游览巴州名胜。※何景明生。
成化二十年（1484）	17	读书期间，参加巴县考试。

年代	年龄	事项
成化廿一年（1485）	18	读书期间，参加巴州府考试。
成化廿二年（1486）	19	由巴县归里，叔父佑扣之学问，以为颇有端绪，即每夜与之议论，极其友善。
成化廿三年（1487）	20	补官学弟子员，结识咸阳张钺。
弘治元年（1488）	21	明孝宗即位，诏民高年有行者赐冠服，祖父铉得与焉。※父王儒巴县任满，携眷归鄠县故里。
弘治二年（1489）	22	九思乡试中举。提学马中锡曰：“必作天下名士。”※与赵孺人结缡。※父王儒补祥符教谕，随父游学大梁。
弘治三年（1490）	23	九思赴京会试不第。※父复任河南祥符教谕，母及弟九叙、九皋、九峰随往。
弘治四年（1491）	24	九思在祥符继续攻读，九峰从其受《四书》。※妻赵氏于祥符生长子，小字曰东京。
弘治五年（1492）	25	九思与蒲州梁梦卿同受《易》于燕山车先生。秋，携眷入京，卒业于太学。注册吏部，有意谒选。
弘治六年（1493）	26	九思会试又不第。春，游于太学，与童秉虔、杨宗文、孙敬之等同舍讲学。※李梦阳中进士，父母相继亡，守制六年。
弘治七年（1494）	27	九思游学京师。因思念父母，冬，回大梁（祥符）。
弘治八年(1495)	28	九思在大梁攻读并与梁孟卿交游甚欢,闲暇时游览名胜。
弘治九年（1496）	29	九思会试北上，河水不可渡，取道中牟，于大梁西门外遇自蒲来之梁孟卿。孟卿言必中进士，并赠文帙二端。果中丙辰科进士。以七律《川扇》为李东阳赏识，选为翰林院庶吉士。为志喜，为其子命名瀛。遂使赵孺人及瀛入京租屋而居。※登门拜访御史竹泉先生阎介。※父迁南阳府教授，举家入南阳。九峰从张文粹受《易经》。
弘治十年（1497）	30	春，九思作七律《梦中应制作于丁卯春》。※夏，赵氏病，九月生一男婴。久病不治，于十二月卒于京师邸舍，时年 31 岁，男婴夭折。※九思援例送瀛及赵孺人灵柩归里。

年代	年龄	事项
弘治十一年（1498）	31	九思扶柩便道省事父母于南阳。※夏五月三日葬赵氏于祖茔。秋，聘张氏。※获奉敕封母、妻（张氏），父见任，不及。※九峰回关中参加乡试不第，复入南阳卒业张文粹所。※八月，九思过大梁，夜宿相国寺僧舍，与陆汝清对榻夜谈。※冬，授翰林院检讨。※得知竹泉先生之子阎钦中举，九思往贺之。
弘治十二年（1499）	32	父王儒因父丧辞职归里。※虎谷王应韵督学关中，九峰得张文粹推荐，得为官学弟子员，入正学书院，与高陵吕柟等同受其业。
弘治十三年（1500）	33	六月，九思与张氏人结缡。氏为长安富商张臻侧室女、刑部右侍郎张鸾侄女。
弘治十四年（1501）	34	九思三年考绩无过，妻张氏得封孺人。※九峰乡试中举。
弘治十五年（1502）	35	九思充殿试堂卷官。※康海中状元，何景明、王廷相等中进士。※九峰会试不第。※元夕，九思随朝臣陪孝宗幸游御苑，应制作七律《壬戌元宵应制》两首，七绝《壬戌元宵应制》八首。※秋，张佾以事入京，与九思相会。
弘治十六年（1503）	36	九思与康海、李梦阳、何景明、王廷相等为内阁大学士李东阳座上宾。
弘治十七年（1504）	37	九思自翰林奉告归省，时父母俱在，九叙、九峰皆中举，举家团聚，其乐融融。
弘治十八年（1505）	38	五月，明孝宗崩。※九思买地作衎庆堂，奉二亲以居。※梁孟卿骑马专程来鄠杜，九思与之谈笑信宿。携眷北上京师，梁孟卿于长安相送。※春，九思充殿试同考官，因不关照李召繁（李东阳子，李效法焦芳，引嫌回避不参与殿试）而得罪李东阳。※九峰会试不第，乃入太学。※九月二十九日，张孺人生次子渭于衎庆堂，甫两月抱入京师。
正德元年（1506）	39	明武宗即位，祭祀孔庙，九思充陪祀官。※九思参、

年代	年龄	事项
		与纂修《孝宗实录》。※十月，诸大臣请诛刘瑾。十一月，韩文、李梦阳罢官。刘瑾恨李梦阳代韩文草疏，逾月谪山西，勒致仕。
正德二年（1507）	40	正月十六日，九思为吕洪撰《明故鸿胪寺序班赠奉直大夫陕西清吏司署郎中事员外郎吕公合葬墓志铭》。※二月，作《正义大夫南京刑部左侍郎张公行状》。※八月，作《陈本初行状》。※八月十三日，明故禹城知县凤翔王玺之妻卒，其子监察御史冠求为母铭，铭之。※九月，瀛满十八岁加冠，李梦阳为之取字子洲。※秋，瀛纳妇杨氏。※十一月，作《明故承直郎刑部福建清吏司主事东君墓表》。※冬，张孺人与康海妻俱怀孕，九思与康海乃指腹为婚。 ※九思翰林院检讨六年考满，充经筵讲官。※九思召九峰至京，昼夜督课。※九思促成朝廷旌表祖姑，其父甚喜。
正德三年（1508）	41	正月，械李梦阳至京，九思与康海等谋救，康海谒瑾，梦阳得救。※武宗开经筵，九思进讲于文华殿，庆成宴得坐中左门。※六月十九日，赵孺人生女玉英于邸舍。※十月十日，康海妻生子栗。往贺，并作套数［南吕］《贺对山生子》。※秋，九峰中进士，吕柟为同科状元。※韩邦靖中进士，爱其才，九思与康海等联名推为庶吉士，不果。※竹泉先生子钦中进士，九思往贺。
正德四年（1509）	42	《孝宗实录》成，进呈各得赏赐。九思得白金彩币之赐，兼宴于礼部。※四月十二日，九思以经筵讲官为正德帝进讲。※将及九年考满，九思例升二级。值刘瑾专权，凡在翰林者除状元不动，余悉改调部属，历练政务。因对刘瑾不恭而左迁吏部主事。※秋，阎钦选为吏部给事中。※康海之父母合葬，九思为作墓志铭。

年代	年龄	事项
正德五年（1510）	43	二月，九思擢吏部文选司郎中。※八月刘瑾败，九思以“与瑾同乡”被参劾，贬为寿州同知。※九月，携眷从京师出发赴任，途中作五言古诗《彭城别段德光，追曾圣初、侯景德、黄仲实不及，夜泊宿迁南县独坐无寐，万感俱集，述五百六十字》、七律《赴寿州宿张家湾》※冬，谪居寿州同知书屋，教授郡士张昇等。※陆汝清以书赠之，“累数百言，词翰并妙，把玩不忍释手”。
正德六年（1511）	44	六月，寿州淫雨夹旬，城将摧，人将为鱼鳖。九思率众修河防洪，并作《寿州祭水文》祭水神，沉牲，雨竟止水落。※秋，弟九峰以病归自京师。※冬，九思复以“瑾党”被参劾，得邸报“勒致仕”。收到父来信，开导宽慰甚殷切。
正德七年（1512）	45	正月，盗贼横行，九思阻滞寿州。※准备西归，作七绝《西归留别吴守》四首。※三月十六，带领士民修寿州城，未完工，继任天台林君代之。※州士薛銮从之游，九思为其从祖父作《明故处士薛洪墓道之碑》。※四月七日，九思作《与亳州守张希贤书》，叙旧，并赞扬、鼓励其靖肃一方。※四月十九日，寿州正阳镇河渠竣工。应士民请，九思作《寿州正阳镇新修河渠记》。※五月，平贼将军右都督时源驻军寿州，九思往军门拜谒。※五月五日，修寿州城完工，应士民请，九思作《寿州修城记》。※闰五月，贼平，九思取道西归。十九日作七律《喜官军破河南诸盗》《盗贼止息，卜日西归，喜而有作》。※七月，作《送平贼将军右都督时公序》。※夏末，九思取水路至河南朱仙镇。时李纪在陈留任知县，冒暑五十里来会。陆汝清亦冒暑来会，坐柳荫中叙契阔至夜分。翌日分别，汝清送至中牟，相与执手，垂泪而别。※秋，九思携眷至家，做五古《至家三首》。

年代	年龄	事项
正德八年（1513）	46	春，康海见王瀛《论汉文帝前席贾生》文，大赏其才。秋八月，瀛中举。※十一月二十六日，父王儒卒，九思作《先公行实》。※寿州同知林君来信，同知书屋修葺告竣，约九思作《寿州同知书屋记》。※张治道中举。
正德九年（1514）	47	春，张佾跃马来看望九思。※张治道中进士。※十一月二十六日，父王儒归葬县城北之六老庵祖茔。※八至十一年作九思《杜甫游春》杂剧。
正德十年（1515）	48	秋，九思病重，吐血，久治不愈。于省垣访得秦王府医正王秉常，施药奏效。※为王玺故妻作《明故诰封巩氏墓志铭》。※梁孟卿遣子元贞来鄠杜探望九思。
正德十一年（1516）	49	春，九思女玉英与康海子栗订婚。※六月，九思与康海为张杰（前国子监博士，四川重庆府通判）庆八十大寿。作《五福堂贺寿文》。※八月，致仕大学士李东阳卒。※九思为弟九皋构置新屋，母太恭人喜。※九思常与康海等饮宴作歌于武功康家之世爵堂。※九思《中山狼》院本约作于此年。
正德十二年（1517）	50	二月，右参政郭桂归葬，九思为之作《明故亚中大夫山西布政使司右参政郭公墓志铭》。※二月七日，挚友马应祥之父马伦卒，九思为之撰《大明封吏部文选清吏司主事马公墓志铭》。※十月，九思应陕西都转运盐使司请，为之作《新修河东陕西都转运盐使司盐池周垣之碑》文。※九思作《与刘德夫书》，追述在翰林友情，述其人生蹉跎感怀。※九思杜门谢客学琵琶、习音律，请老乐工校其散曲。
正德十三年（1518）	51	夏，韩邦靖（五泉子）来鄠看望九思。※秋，杨武（康海姊丈，官至都察院左佥都御史）与康海过鄠杜，与九思同游终南山紫阁诸峰。※九思家班成立，聘玲珑、雪儿、小蛮、小环、小红、樊素等歌妓，演唱散曲及杂剧。

年代	年龄	事项
正德十四年（1519）	52	二月十八日，为秦瓒及妻作《明赠文林郎广西道监察御史秦公合葬墓志铭》。※三月二十三日前，九思为少子渭卜婚，往问东川先生。告知咸宁种氏女可婚。遂缔结婚姻。※《碧山乐府》集结成，七月六日，康海为之作序。※韩邦靖之父韩绍宗归葬，为之作《大明忠顺大夫福建等处提刑按察使司副使封中宪大夫莲峰韩先生墓志铭》。
正德十五年（1520）	53	正月二十二日，大雪，九思突接元贞书，得知梁孟卿卒，悲甚。急于葬，当夜即为之作《明故国子监生梁孟卿墓志铭》。※三月五至八日，何景明以陕西提学副史校士于鄠杜，应何约，先后与康海、张用昭、段德光、王叔明等，游鄠杜南山化羊庙、金峰寺、楼观台、仙游寺诸胜。※春，鄠县知县离任，为之作《送王令序》※夏，染伤寒甚危，王秉常治愈。※七月，重修咸阳城隍庙工讫，为之作《重修咸阳城隍庙记》。※十月二十三日，九思作《游山记》，记三月与何景明等游终南山诸胜。※十一月六日，种胤（次子渭岳丈）卒，六月七日与其配（上年三月卒）合葬，为之作《明故处士种君配胥氏合葬墓志铭》。※十二月二十五日，李玺归葬，为之作《明故嘉议大夫河南等处提刑按察司按察使致仕李公墓志铭》。
正德十六年（1521）	54	三月，明武宗崩，四月，嘉靖帝即位。九思与康海复出有望。※何景明卒。
嘉靖元年（1522）	55	嘉靖帝诏京官降外任致仕者，仍照原职致仕，九思得按吏部郎中（五品）致仕。内阁拟编纂武宗实录，有荐九思复出者。※三月十三日，岳父弟张鏊（正德十四年四月二十四日卒）归葬，为之撰《明故通议大夫刑部左侍郎张公墓志铭》。※十一月二十八日，母太恭人八十大寿，九思作套数［双调］《寿母太恭

年代	年龄	事项
		人》。※应孙大经请，为其祖父撰《明故昭勇将军直隶潼关卫指挥使孙公母碑》。※为岳父张臻（弘治十八年卒）作《明故七品散官张公墓表》。
嘉靖二年（1523）	56	春，九思接韩邦靖（时在朝邑故里养病）书，言秋来看望。※春，阎钦来书，请撰仲父阎侃（字允中）墓志铭，并随寄其乐府诸作。为之作《明故奉训大夫四川顺庆府蓬州知州阎军墓志铭》。※四月二十日，韩邦靖卒。六月二十二日归葬，九思为之撰《明故朝列大夫山西等处承宣布政使司左参议五泉韩子墓志铭》。※十月，九思女玉英与康海子栗结婚。※十一月十八日，华州举子东君实妻卒，为之作《东孺人张氏墓志铭》。※九思因《杜甫游春》杂剧，被连襟王纳诲谮之吏部，复出无望。※陕西巡抚王汝温，命鄠县知县以廪余，为九思建春雨亭于其家十亩园。
嘉靖三年（1524）	57	正月十五，九峰援例归省。九思作诗《甲申元夕喜寿夫归省》记之。※九月一日，山西使君王德徵来书，称九思为“一世豪杰，风流才子”。八日，九思作《答王德徵书》，情意恳切，恨不相见。※十一月，张潜（累官山东左参政，康海女翁）配卒，为作《张安人东氏墓志铭》。※十一月十二日，张杰（字世英）卒，为之作《明故承德郎四川重庆府通判前国子博士张公墓志铭》。※十二月，南京工部尚书李善之子李守经（字正之）卒，为作《明故锦衣卫冠带总旗授七品散官李正之墓表》。※十二月十四日，九思到武功为康海庆寿。※春雨亭建成，康海为之作记。
嘉靖四年（1525）	58	二月七日，友张铎归葬，九思为之作《明故文林郎直隶河间府静海知县张君墓志铭》。※李善卒，为之撰《明故资善大夫南京工部尚书进阶光禄大夫李公墓志铭》。※十月，杨一清（邃庵）倡修白马城竣工，应士民请，九思为之作《固原东路创修白马城记》。

年代	年龄	事项
		※王瀛屡次会试不第，谒选为罗江知县。※王九峰致仕。
嘉靖五年（1526）	59	四月八日九思母卒，作《求太恭人墓志铭状》。※六月，武功知县姜恩（字锡年）倡修县衙竣工，为之作《武功姜侯重修县治之碑》。※六月十八日九峰病故于家，九思甚恸。※女玉英赴鄠县奔祖母丧，小产，九月十七病卒。※十月四日，玉英归葬武功浒西康氏祖茔，为之作《康氏女墓志铭》，悲痛甚。不久又作五律《哭康氏女》四首。※十二月四日，故友马应祥（字公顺）卒，走哭尽哀，为之撰《明故中宪大夫山西等处提刑按察司副使致仕猗湖马公墓志铭》。
嘉靖六年（1527）	60	正月，程章之卒，九思为之作《明故迪功郎山西盂县县丞程公墓表》。※二月，山东按察佥事李纪（字维之）之配康氏卒，为之作《明故李孺人康氏墓志铭》。※二月，咸阳才子张钺卒，与其配合葬。为之作《明故咸阳才子张公合葬墓志铭》。※四月，作古乐府《猫相乳》。※八月，良医王鼎（字大器）卒，为作《明故秦府良医王君墓志铭》。※八月，九思过兴平，看望李纪。李告之呕血，“觉少差矣”。※九月十六，处士杨洪归葬，为作《明处士杨君墓志铭》。※秋，九思生日，作小令［水仙子］《六旬自寿》二首。※十一月十日，母与父王儒合葬于六老庵祖茔。同日，葬弟九峰于祖茔，为作《明故中宪大夫山西等处提刑按察司副使白阁山人王寿夫墓志铭》。※十一月二十五日，李纪卒。※张纬（字文之，咸阳人）归葬，为撰《明故文林郎江西道监察御史张君墓志铭》。※九思养一外户，寄情不一，乃谢绝。李开先作［沉醉东风］戏之。
嘉靖七年（1528）	61	追崇礼成（嘉靖帝追其生父为兴宪皇帝），诏京官五品以上、年六十以上致仕者进一阶。九思按例进一阶，为从四品。※秋，作小令［沉醉东风］《六十一

年代	年龄	事项
		自寿》。※十一月二十二日，李纪归葬，为撰《致仕李君墓志铭》
嘉靖八年（1529）	62	五月二十二日，女婿康栗卒，九思作《康生子宽墓志铭》。※八月二十四日，阎钦卒，九思甚惜之。※秋，作小令［折桂令］《六十二自寿兼喜得第三孙》。※十一月七日，康栗继配杨氏食砒霜殉夫，九思为之作《康烈妇墓志铭》。※十一月二十八日，康栗合窆玉英、杨氏于康氏祖茔之侧。
嘉靖九年（1530）	63	三月张孺人病，秦府医正王秉常医治。※四月，杨一清（邃庵）卒。※秋，作小令［醉太平］《六十三自寿》二首。※十一月十日，阎钦归葬，作《明故朝义大夫河南布政司右参议定峰阎君墓志铭》。※十一月二十七日，张孺人卒，年52岁。※李梦阳卒。
嘉靖十年（1531）	64	四月，巡抚刘天和（养和）倡修咸阳河岸完工，九思为作《咸阳县新修河岸之记》。※五月五日，作《渼陂集序》。※秋，作小令［水仙子］《六十四自寿》。生日，瀛为设宴春雨亭。作诗《辛卯生日四首》。※十月十五日，王秉常归葬（卒于三月二十一日），为之作《明故秦府良医正西林王君墓志铭》。※十一月，陇州阎仲容配卒，为作《明故河南按察司经历阎公配孺人王氏墓志铭》。※十二月，故南京工部尚书陇郡李善之二室卒，为作《明故李母鲍氏墓志铭》。※李开先转饷历庆阳，返程专访九思于鄠县，盘桓十余日，与之谈论诗文甚洽。并观《杜甫游春》杂剧演出。※王瀛迁顺天府通判。
嘉靖十一年（1532）	65	春，《渼陂集》刊行，康海作序。※夏，撰写《鄠县志》。※秋，作小令［河西六娘子］《六十五自寿》四首。※十月，《王氏族谱》刊行，康海、张治道分别作序。※十一月十六日，继室张孺人归葬，启赵孺人之柩与之合葬。作《妻赠孺人赵氏继室封孺人张氏合

年代	年龄	事项
		葬墓志铭》。※十二月二十六日，祖姑朱节妇卒，与夫君合葬，作《祖姑朱节妇墓志铭》。※十二月，胡士济卒，作《明故四川双流县学教谕致仕封奉直大夫南京吏部验封司署郎中胡先生合葬墓志铭》。
嘉靖十二年（1533）	66	二月，作《碧山乐府序》。※《鄠县志》刊行，康海、张治道分别作序。※秋，作小令［朝天子］《六十六自寿》四首。※杨武归葬（上年十一月卒），为之作《明故中宪大夫都察院左佥都御史北山杨公墓志铭》。
嘉靖十三年（1534）	67	三月四日，张治道（太微）母归葬，为之作《张母高夫人墓志铭》。※作诗《瀛来书，云良木孙常于梦中呼予而泣，予闻之痛心，挥泪赋诗二首示瀛》。良木6岁夭折，为之悲痛不已。王瀛悲痛致病。※夏，礼部主事白贞夫使韩藩，过鄠县看望九思。八月七日，使事毕返鄠县拜别，互赠诗文。有《送白贞夫八首》《白子行送贞夫》等诗，并作《渼陂赠别序》。※秋，作小令［画眉序］《六十七自寿》，作《生辰宴后歌》。※十月二日，作《与教谕张晦夫书》。※作《扶风知县杨公（名瞻，字淑后）去思碑》。
嘉靖十四年（1535）	68	正月，同庚、同举，交情四十余年的孙大经（字天常）归葬，为之作《明故奉政大夫光禄寺少卿致仕进阶朝列大夫西溪孙君墓志铭》。※十五日，受绛州张廷仪托，为曲沃李公作《贺太子少保礼部尚书李公八十寿序》。作套数［双调］《寿礼部尚书曲沃李公八十》。※三月二十四日，王瀛卒于顺天府通判任上，时年46岁。※四月，故两淮转运司同知高渭坡继室任氏卒，为之作《明故封安人任氏合葬墓志铭》。※六月二十日，康海61岁生日，九思作套数［双调］《贺对山六十一寿》。※九思于十亩园及春雨亭置九石，以寓天象，进而喻人才难得。七月五日，作《九石记》。※九月，作《西安郡守修治之记》。※秋，作

年代	年龄	事项
		小令［沉醉东风］《六十八自寿》。※十月二十六日，场圃夜二更失火。作《警火赋》。※十一月二十七日，王瀛归葬，为之作《长男瀛墓志铭》。
嘉靖十五年（1536）	69	三月四日，九思带领子侄孙辈扫墓，作《清明展墓作》。※秋，作小令［朝天子］《六十九自寿》。秋，张佾来看望，临别谓："明秋当来贺七十寿。"※十月，江津知县张崇德母卒，与其父张尚文合葬，为之作《明故茂才张君墓志铭》。
嘉靖十六年（1537）	70	秋，九思七十大寿，康海、吕柟、张治道等来贺。作套数［正宫］《七十自寿》。何瑭为之贺寿，寄所作套数［双调］《奉渼陂先生七十》。※十二月三十日，九思作五律《七旬》。
嘉靖十七年（1538）	71	六月六日，作《闻蜩》。※秋，作套数［中吕］《七十一自寿》，孤独、寂寞、悲凉。
嘉靖十八年（1539）	72	秋，作套数［南吕］《七十二自寿》。※十二月，次子渭卒于家，年35岁。九思屡遭骨肉之戚，此后不制词曲自寿数年。
嘉靖十九年（1540）	73	十月十二日，渭归葬，九思作《次男渭墓志铭》。※十一月二十八日，弟九叙卒于家。※康海卒于武功家中，九思悲痛甚。※秋，九思率众修涝河石桥。※"重庆是闲刘公以广东左参政致仕居家二十余年，明年庚子寿登七十有六，其孺人七十有五。其仲兄文简公之子惟静秉宪陕臬，谋所以奉贺者"，请为之言，作《奉贺是闲刘公双寿序》。是闲公与九思为进士同年。
嘉靖二十年（1541）	74	二月十三日，作《碧山新稿序》。※五月八日，王九皋卒，九思甚痛。※十月，康海与尚安人合葬，九思为之作《明翰林院修撰儒林郎康公神道之碑》。
嘉靖廿一年（1542）	75	三月十日，张佾卒。四月二十日，与其配合葬，九思为之作《明故七品散官秋泉张公墓志铭》。※八月六日，弟九叙与其配张氏合葬，九思作《明故甲子乡

年代	年龄	事项
		进士爱松山人王禹夫墓志铭》。※十月十八日，侄王渼（九叙子）卒。※十二月二十八日，侄王沔（九叙子）卒。※弟九皋与其配杨氏合葬，九思作《弟处士鹤夫合葬墓志铭》。※九思为马理、吕柟所作《陕西通志》作序。※挚友吕柟卒于高陵家。※忘年交李开先罢归。※涝河石桥修成，陕西巡抚赵廷瑞为之记，并名太史桥。
嘉靖廿二年（1543）	76	春，九思病痰，甚危。七月，病起，眼昏花。※冬，何瑭讣至，病新愈，不能哭，作《哭粹夫》泄哀。
嘉靖廿三年（1544）	77	春，九思病痊愈。※夏，监察御史西蜀卞公倡导重建教场竣工，为之作《凤翔府岐山县重建教场记》。※八月，侄渼、沔先后归葬，分别为之作《侄渼墓志铭》《侄沔墓志铭》。※秋，作套数［双调］《七十七自寿》。※秋，西安府守宁阳六泉吴公祈雨城隍祠，得雨。会城士大夫歌而和之成帙，马理题曰“喜雨歌谣”。九思为之作《书喜雨歌谣帙后》。※秋，西平人鄠县知县王训，奉乡亲父老意，请九思作《西平新建真武庙记》。其文劝父老勿佞神，勤劳作；讽刺永乐、嘉靖帝崇佛佞道。※友张震夫卒，“病起，不能临棺一哭，甚恨”。归葬，九思为之作《明故文林郎四川中江知县张君震夫墓志铭》。
嘉靖廿四年（1545）	78	三月，镇民冯荣等倡修渼陂镇石桥竣，知县西平王公请九思为之作《渼陂镇重修石桥记》。※三月二十八日，太微山人张治道为《渼陂续集》作序。※堂叔王佑归葬，九思为之作《明故将仕佐郎河南汝宁府儒学教授致仕前文林郎直隶新河县知县王公墓志铭》。※秋，九思双目失明。和李开先［南仙吕・傍妆台］一百首。
嘉靖廿五年（1546）	79	十二月十五日，陕西巡抚翁万达作《渼陂续集》序。翁为是集刻传者。

年代	年龄	事项
嘉靖廿六年（1547）	80	二月，西安府守东郡六泉居人吴孟祺为《碧山新稿》作序。
嘉靖廿七年（1548）	81	九思自撰墓志（佚）。寿日，马理、张治道等来贺。马理作［醉太平］《寿渼陂先生》曲四首。
嘉靖廿八年（1549）	82	九月九日，九思为李开先《宝剑记》作序。李开先文有："年已八十二矣，而文思尚如泉涌。求文者日踵其门，只凭腹稿口占，而善书者不能给。"
嘉靖廿九年（1550）	83	童仆扶持，尚日造春雨亭，忆往事，偶占诗句。
嘉靖三十年（1551）	84	鄠县知县宋廷奇出资刊刻《碧山诗余》并作序。九思自序《碧山诗余》。※微疾而终。葬六老庵祖茔，与赵张二夫人合葬。

参考引征文献书目

书名（或文章题目）	年代	作　者	出版单位及版本情况
《渼陂集》（8 册 16 卷）	明	王九思	崇祯年庚辰（全集）本
《渼陂续集》（上卷）	明	王九思	嘉靖丙午（单刻）本
《渼陂续集》（中卷）	明	王九思	《四库全书存目丛书》影印本
《渼陂续集》（下卷）	明	王九思	崇祯庚辰（全集）本
《碧山乐府》（小令上）	明	王九思	《续修四库全书》影印本
《碧山乐府》（小令下）	明	王九思	崇祯庚辰（全集）本
《碧山乐府》（套数上）	明	王九思	崇祯庚辰（全集）本
《碧山乐府》（套数下）	明	王九思	崇祯庚辰（全集）本
《碧山诗余》	明	王九思	嘉靖辛亥宋廷琦刻本
《南曲次韵》	明	王九思	1936 年金陵卢前客《饮虹簃所刻曲》
《沽酒游春》（《杜甫游春》）	明	王九思	《古今名剧·酹江集》（明孟称舜集）
《中山狼》院本	明	王九思	《明人杂剧选》周贻白选注，人民文学出版社 1958 年
《王氏族谱》（第十二修）	当代	王恩荣等	1995 年内部出版物（陕 10173 号）
《对山集》（康海诗文集）	明	康　海	《续四库全书·集部·别集类》
《沜东乐府》（散曲集）	明	康　海	三秦出版社 1995 年 3 月出版
《李开先集·词谑》	明	李开先	路工编，上海古籍出版社 1959 年
《中山狼》（杂剧）	明	康　海	《明人杂剧选》周贻白选注
《李开先集·康对山修撰传》	明	李开先	路工编，1959 年上海古籍出版社
《李开先集·渼陂王检讨传》	明	李开先	（同上）

《李开先集·李崆峒传》	明	李开先	（同上）
《李开先集·何大复传》	明	李开先	（同上）
《李开先集·康王王唐四子补传》	明	李开先	（同上）
《苕溪渔隐丛话》	宋	胡　仔	人民文学出版社 1984 年
《随园诗话》	清	袁　枚	《时代文艺出版社》2001 年 11 月
《论明七子在诗论复古中对民间“真诗”的发微	当代	董晓萍	《北京师范大学学报》1992 年第 4 期（社会科学版）
《论王国维在戏曲理论上的杰出贡献》	当代	齐森华	《华东师范大学学报》1983 年第 5 期（社会科学版）
《雅与俗的纽结——明清传奇戏曲语言风格的变迁》	当代	郭英德	《北京师范大学学报》1998 年第 2 期（社会科学版）
《论王九思及其杂剧创作》	当代	黄仁生	《中国文学研究》1988 年第 2 期
《康海作〈中山狼〉杂剧斟疑》	当代	朱迎平	《文学遗产》1989 年第 6 期
《康海文学思想初探》	当代	穆甲地	《西北大学学报》1984 年第 1 期
《李梦阳〈石将军战场歌〉探讨》		穆甲地	《唐都学报》1991 年第 4 期
《杂剧〈中山狼〉思想实质剖析》		穆甲地	《唐都学报》1998 年第 2 期
《明史》332 卷	清	张廷玉	光绪壬寅春上海文澜书局石印版
《明史纪事本末》	清	谷应泰	中华书局 1963 年版
《重修鄠县志》	民国	吴继祖等	西安西山书局 1933 年版
《武功县志》	明	康　海	《武功县志·文化》附录 1988 年版
《康海的方志学思想》	当代	穆甲地	陕西社科院《人文杂志》1984 年
《裴节妇完节全夫》	清	听风堂主人	《醒世恒言》十月文艺出版社 1994 年

《明杂剧史》	当代	徐子方	中华书局 2003 年 8 月版
《明清曲家考》	当代	汪超宏	中国社会科学出版社 2006 年 11 月版
《康海研究》	当代	金宁芬	崇文书局 2004 年 9 月版
《王九思及其散曲创作浅论》	当代	刘英波	聊城大学文学院 2006 年稿
《王九思北散曲小令用韵简析》	当代	刘英波、张俊阁	聊城大学文学院 2007 年稿
《关于王九思〈中山狼院本〉的体制问题》		刘　竞	广东技术师范学院中文系 2007 年稿
《曲苑观止》(上下册)	当代	陈邦炎	上海古籍出版社 1997 年 5 月版
《历代小令注析》	当代	陈友冰	三秦出版社 2000 年 5 月版
《元曲三百首》	当代	任中敏等	三秦出版社 1996 年 9 月版
《眉户音乐》	当代	姚伶、米晞等	陕西人民出版社 1981 年 7 月版
《秦腔艺术谈》	当代	苏育生	西安出版社 1996 年 7 月版
《中国古代音乐简史》	当代	廖辅叔	人民音乐出版社 1982 年 7 月版
《中国戏剧史漫话》	当代	吴国钦	上海文艺出版社 1980 年 6 月版
《中国文学史》	当代	游国恩等	人民文学出版社 1997 年 11 月版
《中国文学史》	当代	章培恒、骆玉明	复旦大学出版社 2000 年八月版
《读史札记》	当代	吴　晗	生活·读书·新知三联书店 1983 年 7 月版
《中国文学史纲要》	当代	赵齐平、周强	北京大学出版社 1984 年 9 月版
《中国十大宦官》	当代	水田月	三秦出版社 1997 年 5 月版
《历代名人游户县诗选注》	当代	薄希昭	《户县文史资料》1990 年增刊
《明诗三百首》	当代	金性尧	上海古籍出版社 1995 年 4 月版
《八百种古典文学著作介绍》	当代	黄立振	中州书画社 1984 年 6 月版
《陕西戏剧志·西安卷》	当代	鱼讯等	三秦出版社 1998 年 9 月版
《中国古代佞幸史》	当代	王丙岐	香港天马出版有限公司 2005 年
《腔高板急，激越慷慨说：梆子腔》	当代	周传家	中华书局《文史知识》1993 年 2 期

《明代的乡绅》	当代	任　昉	（同上）
《柳永因何被晏殊黜退》	当代	杨海明	（同上）1994 年第 1 期
《明朝宦官专权代表人物刘瑾》	当代	廖新一	（同上）1988 年第 12 期
《晚明时尚与社会变革的曙光》	当代	刘志琴	（同上）1987 年第 1 期
《明清传奇的价值》	当代	郭德英	（同上）1996 年第 8 期
《中国戏剧为什么晚熟》	当代	侯光复	（同上）1987 年第 9 期
《南戏、杂剧、传奇的区别》	当代	钱南扬、俞为民	（同上）1986 年第 8 期
《乐府和乐府诗》	当代	王运熙	（同上）1986 年第 12 期
《诗、词、曲之分途》（上）	当代	廖　奔	《人民政协报·学术家园》1999 年 5 月 19 日
《中国古代戏剧的乐感文化》	当代	张燕瑾、汪龙麟	（同上）2000 年 11 月 24 日第 4 版
《五光十色的思绪和情愫：谈元曲的趋俗性》	当代	张燕瑾	（同上）2001 年 8 月 24 日第 4 版
《诗、词、曲之分途》（下）	当代	廖　奔	（同上）1999 年 5 月 29 日第 4 版
《温州杂剧与中古代戏曲》	当代	周先慎	中华书局《文史知识》1996 年第 10 期
《散曲在中国文学史上的地位》	当代	黄　卉	（同上）1994 年第 12 期
《明代的民间结社》	当代	任　昉	（同上）1996 年第 9 期
《明代的官员退休制度》	当代	钟　文	（同上）1999 年第 2 期
《明代的知识宦官》	当代	方志远	（同上）1990 年第 7 期
《明代的巡按御史》	当代	王世华	（同上）1991 年第 10 期
《明朝的官制》（上）	当代	许大龄	许大龄（同上）1987 年第 6 期

《身死从人说是非，诗史应留才者名：严嵩诗文》	当代	曹国庆	（同上）1993 年第 11 期
《历史名城古寿春》	当代	陶　易	（同上）1993 年第 4 期
《尚真的文学观和明代民歌》	当代	周先慎	（同上）1987 年第 3 期
《词中令、引、近、慢与小令、中调、长调如何划分的》	当代	王景林	（同上）1987 年第 8 期
《明代著名政治家李东阳》	当代	冯宪军	（同上）1995 年第 12 期
《严嵩与嘉靖中后期文坛》	当代	廖可斌	（同上）1993 年第 7 期
《论明代封建地主阶级及其历史作用》	当代	许大龄	《北京大学学报》1984 年第 4 期
《试论明代的科道官》	当代	王天有、陈家禾	《北京大学学报》1989 年第 2 期
《关于康海的散曲创作》	当代	赵义山	《文学评论》2005 年第 1 期
《日藏明刊孤本〈四太史杂剧〉考》	当代	黄仕忠	中山大学中国古文研究所

后　记

三十年前，我以文学青年有幸被当时的县志总编看中，调到县志编辑室，承担《人物》分志的编纂工作。这是我第一次从旧志书中接触到王九思的名字，后来陆续见识了他的著作，并知道其在中国文学史、戏曲史的地位，觉得他是个了不起的人物。县志的人物传多则千余字，实在不足以反映一位大家的生平及其思想历程，于是便产生为其作传记的想法。县志编纂结束，我被调到政协搞文史资料工作十几年，虽无闲暇接触这一问题，但此心不泯，时不时就跳出为王九思作传的念头。

2003年秋天，因为《户县农民画研究》一书行世，我被香港中文大学中国研究中心以访问学者邀请，在研究中心浩瀚如海的资料中，查阅了全国一些著名大学社科类学报，收集了几十年来众多学者有关前七子及王九思的论述资料。经过认真阅读、记录，为王九思写一评传的思路逐渐地清晰起来。

但这一部评论式的传记还只是开端，要全面地认识王九思，就得将与其相关的人和事搞清楚，起码将前七子以及陕籍与王九思相过从的文人士大夫情况弄清。诸如康海、李梦阳、何景明、王廷相、马理、吕柟、张治道，还有山东的李开先，他们都是文学家、戏曲家或理学家，且都有著作传世。由于年代久远，加之历史的原因，这些人的有关历史资料很少，要弄清只有求诸其著作了。而这些著作的收集，对于一个在县级部门工作者谈何容易？但总不能因此而草率从事！不用说这是一个必须突破的关口。

王九思的著作从书目上看有十多种，可在户县图书馆能找到的不足一半。我到陕西师范大学图书馆、西北大学图书馆，看到张宗孟编的王九思的《全集》，但作为古籍善本书我不能复印，只好稍微翻阅一下，饱饱眼福。后来杨照林、陈炳森二先生分别提供《渼陂续集》残本，接着又在刘珂的帮助下，找到陕西省图书馆郎菁女士，经她的查找，终于将差缺补齐。尤其难能可贵的是将《杜甫游春》剧本从《古今名剧选》中找到。此前觉得此剧本找到无望，只好凭其他著作的只言片语研究了。

郎菁女士后又找到康海的《对山集》以及李梦阳、何景明、王廷相的部分著作，使我得以在其中选择有关王九思的事。李开先的著作是上海师范大学王璞提供信息，最后在陕西师范大学图书馆找到。《王九思评传》（后改名《明代前七子诗曲大家王九思研究》）的完稿，无疑得感谢这些人。

《明史》以及有关史籍对王九思仕宦生涯的记载，尚可采摘梳理，其罢归后四十年的林泉生活史籍极少涉及。因而，其后半生的人生经历、心路历程只能依靠其诗文、散曲等进行抽象、梳理，其形象难免空疏、单薄，也是不得已而为之。

差不多所有人都对其地方以“人杰地灵”、“钟灵毓秀”誉之。这虽然不是绝对的，但大抵出自对家乡的热爱也可接受。户县的历届领导总喜欢说“户县是文化大县”，这就不能简单地说是对家乡的热爱，而是实指了。但户县能拿出手标榜文化大县的，好像就是户县农民画了，农民画虽有民间文化的传承，但毕竟兴起于 1958 年，缺乏深厚的历史积淀。在一次讨论户县文化的小型会议上，鉴于我对王九思的研究说：“文化大县要有文化巨人支撑，否则称不起文化大县。”那么，户县有王九思这样在中国文学史上有名，在中国戏曲史上有地位的文化巨人，就能支撑起“文化大县”这个天的中部，再加后来的理学家王心敬以及书法家张玉德（二人均清代前期全国知名人物）等，就足以支撑起“文化大县”这个天。

但是对于王九思（包括王心敬、张玉德），我们今天的户县有多少人知道其人其事？又有多少搞文化的人详知其人其事？王九思在世时已被称为“弘治七才子”之一，名播朝野，为士林所敬仰。随着时间的推移以及明代诗文总体水平的影响，近现代以来似乎被人们淡忘了。但他毕竟是一位文学巨人，是户县山水的灵气毓成的优秀人物，使户县堪称“人杰地灵”。于是我觉得自己有义务、有责任对王九思进行研究，使其再现昔日光辉，同时为户县文化事业做些贡献，俾其“文化大县”名副其实。

王九思于嘉靖十二年（1533）修《鄠县志》，近 500 年来历十一次重修，其创修时的基本史实均被继承。2005 年户县即将撤县设区（后因故未果），户县人民政府决定重修《户县志》，意为今后将不再修县志（后将为区志），因而要求观照两千多年建县史，立足改革开放二十年，编修一部集大成的《户县志》。

我被户县人民政府聘请担任《户县志》主编，也许是一种历史的机缘：王九思编修了现存的第一部《鄠县志》，470 多年后的今天，有一位研究王九思的人，主编了户县最后一部县志，王九思和这个人有始有终地完成大《户县志》。这也算我和王九思有缘吧！

本书原以评传形式撰写，后又增加了研究性篇幅。因而采取诸多同好者建议，将《王九思评传》改名《明代前七子诗曲大家王九思研究》，可能有不合体例的情况。希望读者见谅。

在撰写这本书时，县文化馆崔伏虎馆长，不但提供许多资料，同时给予方便。浙江大学中文系教授汪超宏，陕西省社科院研究员陈辰、孙立新，西北大学文学院副院长刘韦评，西安市文化局原局长苏育生，文化学者乔国基，户县文化馆研究馆员刘珂，《户县报》编辑李养民等分别阅读初稿，并提了许多修改意见。三秦出版社总编辑赵建黎、刘夏丽审阅书稿，并将之申报为陕西出版资金项目，促成了本书的出版，责任编辑何飞燕在本书的出版过程中付出了辛勤的劳动。西北大学文学院教授贾三强为本书作了序言。在此一并表示感谢。

作者　2013 年 7 月 5 日